LA CIVILISATION

EN ITALIE

AU TEMPS DE LA RENAISSANCE

PARIS. — TYP. PLON-NOURRIT ET Cie, 8, RUE GARANCIÈRE. — 8670.

LA CIVILISATION

EN ITALIE

AU TEMPS DE LA RENAISSANCE

PAR

JACOB BURCKHARDT

TRADUCTION DE M. SCHMITT, PROFESSEUR AU LYCÉE CONDORCET

SUR LA SECONDE ÉDITION ANNOTÉE PAR L. GEIGER

TOME PREMIER

Deuxième édition

PARIS

LIBRAIRIE PLON

PLON-NOURRIT ᴇᴛ Cⁱᵉ, IMPRIMEURS-ÉDITEURS

8, ʀᴜᴇ GARANCIÈRE — 6ᵉ

1906

Tous droits réservés

*

AVANT-PROPOS

Au mois d'octobre 1875, je reçus l'honorable mission de publier la troisième édition, devenue nécessaire, du présent ouvrage. L'auteur et 'M. le professeur B. Kugler, qui avait dû à l'origine être chargé de ce soin, m'avaient autorisé, il est vrai, à remanier le livre à mon gré; néanmoins, convaincu comme je l'étais que je ne pourrais pas faire mieux, j'ai cru devoir respecter le caractère général de cet ouvrage et me contenter de faire des changements de peu d'importance. J'ai donc laissé subsister le texte presque en entier, me bornant à ajouter fréquemment des mots isolés ou même plusieurs lignes; ce n'est qu'à titre d'exception (particulièrement p. 236 ss., 243 ss., 261 ss.) que j'ai intercalé des passages d'une certaine étendue. Il est résulté de cette manière de procéder que, partout où nos idées sur le sujet traité par l'auteur se sont modifiées par suite de recherches plus récentes, les notes que j'ai remaniées, en prenant pour base les recherches en question, ne cadraient plus exactement avec le texte. (Comparer surtout p. 114 ss., p. 183 ss., p. 215 ss., p. 236

et d'autres encore.) En général, pour ce qui concerne les notes, j'ai cru pouvoir user d'une liberté plus grande. C'est ainsi que j'ai comparé les citations, rectifié celles qui étaient inexactes, ou que je les ai modifiées d'après des éditions plus récentes; que j'ai développé des indications sommaires et fait des emprunts à des ouvrages nouvellement parus ou que l'auteur n'avait pas pu consulter. La multiplicité des notes qui en est résultée m'a décidé à mettre ces notes à la suite de chaque partie du livre, sans rappeler chaque fois qu'elles émanaient de moi. J'ai fait d'autres changements purement extérieurs : j'ai donné à cet ouvrage un format plus commode; je l'ai partagé en deux volumes, et j'ai subdivisé chaque partie en plusieurs chapitres distincts. Le tome II, qui contiendra un Index, paraîtra encore, je l'espère, à la fin de cette année.

Louis Geiger.

Berlin, mars 1877.

LA CIVILISATION

EN ITALIE

AU TEMPS DE LA RENAISSANCE

PREMIÈRE PARTIE

L'ÉTAT CONSIDÉRÉ AU POINT DE VUE DU MÉCANISME

CHAPITRE PREMIER

INTRODUCTION

La lutte entre les papes et les Hohenstaufen avait laissé l'Italie dans une situation politique qui différait essentiellement de celle du reste de l'Occident. Si en France, en Espagne et en Angleterre le système féodal était tel qu'il devait naturellement aboutir à l'unité monarchique ; si en Allemagne il aidait à maintenir au moins l'unité extérieure de l'Empire, l'Italie avait presque entièrement rompu avec lui. Les empereurs du quatorzième siècle étaient accueillis et considérés tout au plus comme des chefs et des soutiens possibles de puissances déjà formées, et non plus comme des seigneurs suzerains ; quant à la papauté, avec ses créatures et ses points d'appui, elle était juste assez forte pour empêcher toute unité dans l'avenir, sans toutefois pouvoir en créer une elle-même [1]. Entre l'Empire et le Saint-Siége il y avait une foule de corps politiques, villes et souverains despotiques, soit anciens déjà, soit récents, dont l'existence appartenait à l'ordre des faits purement matériels [2]. C'est là que l'esprit politique moderne apparait pour la première fois, livré sans contrainte à ses propres instincts; ces États ne montrent que trop souvent le déchaînement de l'égoïsme sous ses traits les plus horribles, de l'égoïsme qui foule aux pieds tous les droits et qui étouffe dans son germe toute saine culture; mais quand cette funeste tendance est neutralisée par une cause quelconque, on voit surgir une nouvelle forme vivante dans le domaine de l'histoire; c'est l'État apparaissant comme une création calculée, voulue, comme une machine savante. Dans les villes érigées en républiques, comme dans les États despotiques, cette vie se manifeste de cent façons différentes et détermine leur forme intérieure, aussi bien que leur politique extérieure. Nous nous bornerons à examiner le caractère avec lequel elle se montre dans les États despotiques, parce que c'est là que nous le trouverons plus complet et mieux accusé.

La situation intérieure des territoires obéissant à des souverains despotiques rappelait un modèle célèbre, celui de l'État normand de l'Italie inférieure et de la

---

[1] MACHIAVELLI, *Discorsi*, l. I, c. XII. *E la cagione, che la Italia non sia in quel medesimo termine, ne habbia anch' ella ò una Republica ò un prencipe che la governi, è solamente la Chiesa; perche havendovi habitato e tenuto Imperio temporale non è stata si potente ne di tal virtu che l'habbia potuto occupare il restante d'Italia e farsene prencipe.*

[2] Les souverains et leurs partisans s'appellent ensemble *lo stato;* plus tard, ce nom a pris la signification d'existence de tout un territoire.

Sicile, tel que l'avait transformé l'empereur Frédéric II. Ce prince, qui, dans le voisinage des Sarrasins, avait grandi au milieu des trahisons [1] et des dangers de toute sorte, s'était habitué de bonne heure à juger et à traiter les choses d'une manière tout objective : il est le premier homme moderne sur le trône. Ajoutez à cela la connaissance exacte et approfondie de l'intérieur des États sarrasins et de leur administration, et cette guerre avec les papes dans laquelle les deux partis jouaient leur existence, et qui les forçait tous deux de faire appel à tous les moyens et à toutes les ressources imaginables. Les mesures prises par Frédéric (surtout depuis 1231) tendent à l'établissement d'une autorité royale toute-puissante, au complet anéantissement de l'État féodal, à la transformation du peuple en une multitude inerte, désarmée, capable seulement de payer le plus d'impôts possible. Il centralisa tout le pouvoir judiciaire et l'administration, d'une manière jusqu'alors inconnue dans l'Occident. Il est vrai qu'il ne supprima point les tribunaux féodaux, mais il établit l'appel aux tribunaux de l'Empire; il défendit de nommer aux emplois par la voie élective; les villes qui se permettraient de recourir aux élections populaires étaient menacées de la dévastation, et leurs habitants devaient perdre leur condition d'hommes libres. L'impôt sur la consommation fut établi; les contributions, basées sur un cadastre et sur la routine musulmane, furent exigées avec cette rigueur, avec cette cruauté sans laquelle on ne peut obtenir de l'argent des Orientaux. Ici l'on ne voit plus un peuple,

---

[1] E. WINCKELMANN, *De regni Siculi administratione qualis fuerit regnante Friderico II.* Berlin, 1859. A DEL VECCHIO, *La legislazione di Federico II, imperatore.* Winckelmann et Schirrmacher ont parlé avec beaucoup de détails de Frédéric II en général.

mais une foule de sujets taillables et corvéables à merci, qui, par exemple, n'obtenaient le droit de formariage qu'en vertu d'une permission spéciale, et à qui il était absolument interdit d'aller faire leurs études hors de chez eux, surtout dans la ville guelfe de Bologne. L'Université de Naples, que Frédéric favorisait par tous les moyens possibles, donna le premier exemple en matière de contrainte scolaire, tandis que l'Orient laissait, du moins, la jeunesse libre sous ce rapport. Par contre, Frédéric restait entièrement dans la tradition musulmane, en trafiquant, pour son propre compte, avec tous les ports de la Méditerranée, en se réservant le monopole d'une foule de produits, tels que le sel, les métaux, etc., et en privant ainsi tous ses sujets de la liberté commerciale. Les kalifes fatimites, avec leur doctrine de l'incrédulité, avaient été, du moins au commencement, tolérants à l'égard des croyances de leurs sujets; Frédéric, au contraire, couronne son système de gouvernement par une inquisition contre les hérétiques, qui paraît d'autant plus condamnable si l'on admet qu'il ait persécuté dans les hérétiques les représentants des idées libérales dans les villes. Il choisit, pour composer sa police et pour former le noyau de son armée, les Sarrasins qui avaient quitté la Sicile pour venir se fixer à Lucérie et à Nocera, exécuteurs impitoyables des volontés du maître et indifférents aux foudres de l'Église. Les sujets, qui avaient perdu l'habitude de porter les armes, assistèrent plus tard à la chute de Manfred et à l'usurpation de Charles d'Anjou, sans rien faire pour s'y opposer; quant au prince français, il hérita de ce mécanisme gouvernemental et s'en servit pour son propre compte.

A côté de l'empereur centralisateur surgit un usurpateur d'une espèce toute particulière : c'est son vicaire et son beau-fils, Ezzelino da Romano. Il ne représente pas un système de gouvernement et d'administration, attendu que toute son activité se dépense en luttes qui ont pour objet de lui assurer la domination dans la partie orientale de l'Italie supérieure; mais, comme exemple politique, il a son importance aussi bien que son protecteur impérial. Jusqu'alors toutes les conquêtes et toutes les usurpations du moyen âge avaient eu pour prétexte un droit d'hérédité réel ou prétendu, ou bien d'autres droits, ou elles avaient été la suite de luttes entreprises contre les infidèles et les excommuniés. Ezzelino, au contraire, est le premier qui essaye de fonder un trône par des massacres généraux et par des cruautés sans fin, c'est-à-dire par l'emploi de tous les moyens, sans autre considération que celle du but à atteindre. Aucun des imitateurs d'Ezzelino n'a égalé ce dernier, sous le rapport de l'énormité des crimes commis; César Borgia lui-même lui est resté inférieur à cet égard. Mais l'exemple était donné, et la chute d'Ezzelino ne fut ni le signal du rétablissement de la justice pour les peuples, ni un avertissement pour les criminels de l'avenir.

C'est en vain qu'à cette époque saint Thomas d'Aquin, né sujet de Frédéric, tout en proclamant la royauté la meilleure forme de gouvernement et la plus régulière, établit la théorie d'une monarchie constitutionnelle, où le prince s'appuie sur une Chambre haute nommée par lui et sur des représentants choisis par le peuple; c'est en vain qu'il reconnaît aux sujets le droit de révolte [1]. Ces théories ne franchissaient pas l'enceinte des salles

---

[1] BAUMANN, *Politique de saint Thomas d'Aquin*, Leipzig 1873, surt. p. 136 ss.

où elles étaient exposées, et Frédéric, ainsi qu'Ezzelino, continuaient d'être pour l'Italie les plus grandes figures politiques du treizième siècle. Leur image, déjà reproduite sous des traits à moitié fabuleux, se détache des « Cent vieilles Nouvelles », dont la rédaction primitive date certainement de ce siècle [1]. Frédéric y apparaît déjà avec la prétention de disposer en maître absolu de la fortune de ses sujets, et il exerce, par sa personnalité même, une influence considérable sur les usurpateurs tentés de l'imiter; Ezzelino y est nommé et représenté avec ce respect mêlé de terreur qui est la marque la plus sûre d'une imagination vivement frappée. Sa personne devint le centre de toute une littérature qui commence à la chronique des témoins oculaires et qui va jusqu'à la tragédie à moitié mythologique [2].

Aussitôt après la chute de ces deux hommes, on voit surgir en grand nombre les tyrans particuliers, dont l'usurpation est facilitée surtout par les querelles des Guelfes et des Gibelins. Ce sont généralement des chefs gibelins qui s'emparent du pouvoir; mais avec cela les circonstances au milieu desquelles s'accomplit l'usurpation sont si nombreuses et si variées qu'il est impossible de méconnaître dans tous ces faits particuliers un caractère général de fatalité. Relativement aux moyens à employer, ils n'ont qu'à marcher sur les traces des partis, c'est-à-dire à exiler, à exterminer, à ruiner ceux qui les gênent.

---

[1] *Cento Novelle antiche*, éd. 1525. Pour Frédéric, nov. 2, 21, 22, 23, 24, 30, 53, 59. 90, 100: pour Ezzelino, nov. 31, surt. 84.

[2] Scardeonius, *De urbis Patav. antiq.*, dans le *Thesaurus* de Graevius, VI, III, p. 259.

CHAPITRE II

LA TYRANNIE AU QUATORZIÈME SIÈCLE

Les agissements des grands et des petits tyrans du quatorzième siècle montrent assez que des impressions de ce genre devaient porter leurs fruits. Leurs méfaits étaient monstrueux, et l'histoire les a enregistrés en détail; mais, quand on examine le mécanisme politique de leurs États, on ne peut s'empêcher de reconnaître que cette étude présente un intérêt supérieur.

Le calcul raisonné de tous les moyens, calcul dont pas un prince étranger à l'Italie n'avait alors l'idée, et le pouvoir presque absolu que les souverains de la Péninsule exerçaient dans l'intérieur de leurs États, produisirent des hommes et des situations comme on n'en voyait pas ailleurs [1]. Pour les plus avisés parmi les tyrans, le principal secret de la domination consistait à laisser, autant que possible, les impôts tels qu'ils les avaient trouvés ou organisés à l'origine : c'est-à-dire un impôt foncier basé sur un cadastre, des impôts déterminés sur la consommation et des droits sur l'importation et sur l'exportation. A cela venaient s'ajouter les revenus particuliers de la maison régnante; la seule possibilité d'élever le chiffre de l'impôt tenait à l'augmentation du bien-être général et à l'extension des

<hr>

[1] SISMONDI, *Hist. des rép. italiennes*, IV, p. 420; VIII, p. 1 ss.

relations commerciales. Il n'était pas question d'emprunts, comme on en voyait se faire dans les villes; plutôt que d'emprunter, on se permettait de temps à autre un coup de force bien combiné, qui était supposé devoir laisser intact l'ensemble de l'édifice politique, comme, par exemple, la destitution et la spoliation des employés supérieurs des finances, qui rappelait les procédés des sultans[1].

Au moyen de ces ressources, le prince cherchait à faire face à toutes les dépenses, c'est-à-dire à entretenir sa petite cour, sa garde personnelle, l'armée qu'il soudoyait, les édifices publics, et à payer les bouffons aussi bien que les gens de talent qui faisaient partie de son entourage. L'illégitimité, entourée de dangers permanents, isole le souverain; les relations les plus honorables qu'il puisse nouer sont celles qu'il entretient avec des hommes doués de grandes qualités intellectuelles, quelle que soit d'ailleurs leur origine. Au treizième siècle, la libéralité des souverains du Nord s'était bornée aux chevaliers, aux serviteurs et aux trouvères de noble extraction. Il n'en est pas de même du tyran italien, qui rêve de beaux monuments, qui a la passion de la gloire, et qui, par suite, a besoin de s'entourer d'hommes de talent. Vivant au milieu des poëtes ou des savants, il se sent sur un terrain nouveau, il est presque en possession d'une nouvelle légitimité.

Tout le monde connaît sous ce rapport le tyran de Vérone, Can Grande della Scala, qui entretenait toute une Italie dans la personne des illustres réfugiés qui peuplaient sa cour[2]. Les écrivains étaient reconnaissants;

[1] Franco SACCHETTI, *Novelle* (61, 62).
[2] Dante a sans doute perdu la faveur de ce prince, tandis que les bouffons l'ont toujours gardée. Comp. l'histoire curieuse

Pétrarque, dont les visites à ces cours ont été blâmées si sévèrement, a fait le portrait idéal d'un prince du quatorzième siècle [1]. Il demande au seigneur de Padoue, auquel il s'adresse, beaucoup et de grandes choses, mais en termes qui font supposer qu'il le croit capable de répondre à son attente. « Tu dois être, non le maître de tes sujets, mais leur père ; tu dois les aimer comme tes enfants, que dis-je ! comme toi-même [2]. Tu dois aussi leur inspirer de l'affection pour toi, non de la crainte, car la crainte engendre la haine. Tes armes, tes satellites, tes soudards, tu peux les tourner contre l'ennemi ; contre tes sujets, tu ne peux rien avec une garde du corps ; ce n'est que par la bienveillance que tu peux les gagner. Sans doute, je ne parle que des citoyens qui désirent la conservation de l'État, car celui qui ne rêve sans cesse que des changements est un rebelle et un ennemi de la chose publique. » Puis, entrant dans les détails, il expose la fiction toute moderne de la toute-puissance de l'État : le prince doit être libre, indépendant des courtisans ; mais, avec cela, il doit régner sans faste et sans bruit, pourvoir à tous les besoins : créer et entretenir des églises et des édifices publics, veiller à la police des rues [3], dessécher les

---

qu'on lit dans Pétrarque, *De rerum memorandarum*, lib. II, 3, 46.

[1] PETRARCA, *Epistolæ seniles*, lib. XIV, 1, à François de Carrare (28 nov. 1373). Cette lettre a souvent été imprimée à part, sous ce titre : *De Republica optime administranda*, p. ex., Berne, 1602.

[2] Ce n'est que cent ans plus tard que la femme du prince devient aussi la mère du pays. Comp. l'*Oraison funèbre de Blanche-Marie Visconti*, par Jérôme CRIVELLI, dans MURATORI, *Scriptores rerum Italicarum*, XXV, col. 429. C'est à la suite d'une plaisanterie du traducteur qu'une sœur du pape Sixte IV porte dans Jac. Volaterranus (MURAT. XXIII, col. 109) le nom de *mater Ecclesiæ*.

[3] Il exprime accessoirement le vœu, qui se rattache à un entretien antérieur, que le prince défende de nouveau qu'on laisse les porcs se vautrer dans les rues de Padoue, attendu que c'est un

marais, favoriser la production du vin et des céréales; faire rendre partout une exacte justice, fixer et répartir les impôts de telle sorte que le peuple en reconnaisse la nécessité et qu'il voie que le prince puise à regret dans la bourse d'autrui, travailler au soulagement des pauvres et des malades, enfin protéger les savants distingués, et vivre avec eux, dans l'intérêt de sa gloire future.

Mais, quels qu'aient été les côtés lumineux de ces États en général et les mérites de quelques-uns d'entre eux, le quatorzième siècle n'en reconnaissait ou n'en pressentait pas moins la fragilité de la plupart de ces tyrannies et le peu de garanties qu'elles offraient. Les constitutions politiques, comme celles dont nous parlons, ont naturellement des chances de durée en rapport avec l'étendue des États; aussi, les autocraties les plus puissantes tendaient-elles toujours à absorber les plus faibles. Quelle hécatombe de petits princes a été sacrifiée en ce temps-là aux seuls Visconti! Mais à ce danger extérieur correspondait presque toujours une fermentation intérieure, et le contre-coup de cette situation sur le caractère du souverain devait nécessairement, dans la plupart des cas, être funeste au dernier point. La fausse toute-puissance, la soif de jouir et l'égoïsme sous toutes ses faces, d'une part, les ennemis et les conspirateurs, de l'autre, faisaient de lui, presque inévitablement, un tyran dans la mauvaise acception du mot.

Si, du moins, les princes avaient pu se fier à leurs plus proches parents! Mais dans des situations où tout était illégitime, il ne pouvait s'établir un sérieux droit

spectacle désagréable, qui est surtout dégoûtant pour les étrangers et qui rend les chevaux ombrageux.

d'hérédité, soit pour la succession au pouvoir, soit pour le partage des biens; aussi, dans les moments de crise, un cousin ou un oncle résolu écartait, dans l'intérêt de la maison elle-même, le fils mineur ou incapable du prince qui n'était plus. De même il y avait des discussions continuelles à propos de l'exclusion ou de la reconnaissance des bâtards. Il arriva ainsi qu'un grand nombre de ces familles comptaient dans leur sein des membres mécontents, qu'on voyait assez souvent recourir à la trahison ouverte et se venger en tuant leurs proches. D'autres, vivant dans l'exil, se résignent à leur sort et considèrent leur situation sous un point de vue tout objectif, comme, par exemple, ce Visconti qui péchait au filet dans le lac de Garde [1]. Le messager de son rival lui ayant demandé comment et quand il comptait revenir à Milan, il lui répondit : « Par le même chemin par lequel j'en suis sorti, mais pas avant que les crimes de mon ennemi aient dépassé mes propres méfaits. » Parfois aussi, les parents du souverain immolent ce dernier à la morale publique, violée d'une manière par trop scandaleuse, afin de sauver ainsi la maison elle-même [2]. Dans certains États l'autorité réside dans l'ensemble de la famille, de telle sorte que le prince régnant est tenu de s'éclairer des conseils des siens; dans ce cas aussi le partage du pouvoir ou de l'influence provoquait facilement les plus sanglantes querelles.

Chez les auteurs florentins du temps, on rencontre

---

[1] PETRARCA, *Rerum memorandar.* liber III, II, 66. — Il s'agit de Matthieu Ier Visconti et de Guido della Torre, qui régnait alors à Milan.

[2] Matteo VILLANI, V, p. 81 : *le Meurtre de Mathieu II* (Mattiolo) *Visconti par ses frères.*

l'expression de la haine profonde que cet état de choses avait excitée. Les pompeux cortéges, les costumes magnifiques par lesquels les tyrans voulaient peut-être moins satisfaire leur vanité que frapper l'imagination du peuple, suffisent pour provoquer leurs sarcasmes les plus amers. Malheur au parvenu qui tombe entre leurs mains, comme ce doge de fraîche date, Agnello de Pise, qui avait l'habitude de sortir à cheval avec le sceptre d'or et qui, rentré dans son palais, se montrait à la fenêtre « ainsi qu'on montre des reliques », appuyé sur des tapis et des coussins de brocart d'or ; il fallait le servir à genoux et lui parler comme à un pape ou un empereur [1]. Mais souvent ces vieux Florentins parlent d'un ton grave et élevé. Dante [2] reconnaît et désigne à merveille ce qu'il y a de bas et d'inintelligent dans l'avidité et l'ambition des princes de nouvelle création. « Que disent leurs trompettes, leurs grelots, leurs cors et leurs flûtes, sinon : A nous, bourreaux ! à nous, oiseaux de proie ! » On se représente le château du tyran sur une hauteur isolée de toute autre habitation, plein de cachots et d'oreilles de Denys [3], comme le repaire de la méchanceté, comme l'antre de la misère [4]. D'autres prédisent toute sorte de malheurs à ceux qui entreront au service des tyrans, et finissent par plaindre le tyran lui-même, qui est inévitablement

---

[1] Filippo Villani, *Istorie*, XI, 101. — Pétrarque aussi trouve que les tyrans sont parés « comme des autels aux jours de fête ». On trouve une description détaillée de l'entrée triomphale de Castracani à Lucques dans la vie de ce prince, écrite par Tegrimo. Murat. XI, col. 1340.

[2] *De vulgari eloquio*, I, c. XII : ...qui non heroico more, sed plebeo sequuntur superbiam, etc.

[3] Les détails ne se trouvent, il est vrai, que dans des écrits du quinzième siècle, mais ils sont certainement inspirés par d'anciens souvenirs. — L. B. Alberti, *De re ædif.*, V, 3. — Franc. di Giorgio, *Trattato*, dans Della Valle, *Lettere sancsi*, III, 121.

[4] Franco Sachetti, nov. 61.

l'ennemi de tous les hommes bons et intelligents, qui ne peut se fier à personne et qui peut lire sur le front de ses sujets l'espérance de sa chute. « De même que les tyrannies s'élèvent, grandissent et se consolident, de même grandit en silence dans leur sein le germe fatal d'où sortiront pour elles le trouble et la ruine [1]. » Les auteurs ne font pas assez ressortir un contraste plus frappant : en ce temps-là Florence était occupée du développement le plus large des individualités, pendant que les tyrans n'admettaient d'autre individualité que la leur et celle de leurs plus proches serviteurs. Déjà le contrôle le plus minutieux s'exerçait sur les citoyens, et la surveillance s'étendait jusqu'aux passeports [2].

Cette existence inquiète et maudite prenait une couleur particulière dans l'imagination des contemporains, par suite des superstitions astrologiques ou de l'incrédulité de certains souverains. Lorsque le dernier Carrara, prisonnier dans sa ville de Padoue que la peste avait changée en désert, ne pouvait plus garnir de soldats les murs et les portes, tandis que les Vénitiens enveloppaient la place, ses gardes du corps l'entendirent souvent la nuit invoquer le diable et lui crier de venir lui donner la mort.

Le développement le plus complet et le plus instructif de cette tyrannie du quatorzième siècle se trouve incontestablement chez les Visconti de Milan, à partir de la mort de l'archevêque Giovanni (1354). Tout d'abord on

---

[1] Matteo VILLANI, VI, 1.

[2] Le bureau des passe-ports qui existait à Padoue au milieu du quatorzième siècle est désigné par Franco Sachetti, nov. 117, comme *quelli delle bullette*. Dans les dix dernières années du règne de Frédéric II, alors que régnait le contrôle le plus minutieux, le système des passe-ports devait être déjà très-perfectionné.

reconnaît à ne pouvoir s'y méprendre dans Bernabo un air de famille avec les plus cruels des empereurs romains [1]. Son principal but politique, c'est la chasse au sanglier; celui qui ose empiéter sur les droits de l'auguste chasseur périt dans les plus affreux supplices; le peuple tremblant est obligé de nourrir pour lui cinq mille chiens de chasse, et répond sur sa tête du bien-être de ces animaux. Il fait rentrer les impôts par tous les moyens de contrainte imaginables, il donne à chacune de ses filles une dot de cent mille florins d'or, et amasse un trésor énorme. A la mort de sa femme, il adressa une notification « à ses sujets »; ils devaient, disait-il, partager sa douleur comme ils partageaient ordinairement ses joies, et porter le deuil pendant un an. — Ce qui est caractéristique au plus haut point, c'est le coup de main par lequel son neveu Giangaleazzo s'empara de sa personne (1385); c'est un de ces complots heureux dont le récit fait encore battre le cœur des historiens d'un autre siècle [2]. Giangaleazzo, méprisé de sa famille à cause de son amour pour les sciences et de ses sentiments religieux, résolut de se venger : il quitta Milan sous le prétexte d'un pèlerinage, surprit son oncle qui ne se doutait de rien, le mit en lieu de sûreté, pénétra dans la ville avec une troupe d'hommes armés, s'empara du pou-

---

[1] Corio, *Storia di Milano*, fol. 247, ss. Sans doute des historiens italiens plus modernes ont fait observer que les Visconti attendent encore leur historien, c'est-à-dire un auteur qui tienne le juste milieu entre les louanges exagérées des contemporains (de Pétrarque, par ex.) et les diatribes violentes d'adversaires politiques postérieurs (Guelfes), et qui puisse porter sur eux un jugement définitif.

[2] Celui de Paul Jove, par ex. : *Elogia virorum bellica virtute illustrium*, Bâle, 1575, p. 87. Dans la *Vita* de Bernabô, Giangal (*Vita*, p. 86, ss.) est pour Jove *post Theodoricum omnium præstantissimus*. Compar. aussi Jovius *Vitæ XII vicecomitum Mediolani principum*, Paris, 1549, p. 165, ss.

voir et fit piller le palais de Bernabo par le peuple.

Chez Giangaleazzo se montre dans toute sa force le goût des tyrans pour les choses colossales. Il a dépensé 300,000 florins d'or à faire construire des digues gigantesques, afin de pouvoir détourner à volonté le Mincio de Mantoue et la Brenta de Padoue, et priver ces villes de tout moyen de défense [1]; il serait même possible qu'il eût songé à dessécher les lagunes de Venise. Il fonda [2] « le plus merveilleux de tous les couvents », la chartreuse de Pavie, et le dôme de Milan, « qui surpasse en grandeur et en magnificence toutes les églises de la chrétienté »; peut-être le palais de Pavie, que son père Galéas avait commencé et qu'il acheva, était-il de beaucoup la plus splendide résidence princière de l'Europe d'alors. C'est là qu'il transporta sa bibliothèque et la grande collection de reliques qu'il avait réunies et pour lesquelles il avait une vénération toute particulière.

Il serait extraordinaire qu'un prince de ce caractère n'eût pas, dans le domaine politique, recherché les plus belles couronnes. Le roi Wenceslas lui conféra le titre de duc (1395); mais il ne rêvait rien moins que la couronne de roi d'Italie [3] ou la couronne impériale, lorsqu'il tomba malade et mourut (1402). On prétend qu'outre les contributions régulières, qui s'élevaient à 1,200,000 flo-

---

[1] Conio, fol. 272, 285.

[2] Cagnola, dans les *Archives*, stor. III, p. 23.

[3] C'est ce que disent Conio, fol. 286, et Poggio, *Hist. Florent.*, IV, dans Muratori, xx, col. 290. — Cagnola parle ailleurs des vues de Giangaleazzo sur la couronne impériale; il en est aussi question dans le sonnet qu'on trouve dans Truchi, *Poesie ital. inedite*, II, p. 118 :

Stan le città lombarde con le chiave
In man per darle a voi..., etc.
Roma vi chiama : Cesar mio novello
Io sono ignuda, et l'anima pur vive :.
Or mi coprite col vostro mantello, etc.

rins d'or, ses différents États lui ont encore payé, en une seule année, 800,000 florins d'or à titre de subsides extraordinaires. Après sa mort, l'empire qu'il avait fondé au moyen de toute sorte de violences, tomba en ruine, et, en attendant, ses héritiers purent à peine en conserver les éléments primitifs. Qui sait ce que seraient devenus ses fils Jean-Marie († 1412) et Philippe-Marie († 1447), s'ils avaient vécu dans un autre pays et sans connaître la maison d'où ils sortaient? Mais, issus d'une telle race, ils héritèrent aussi l'immense capital de cruauté et de lâcheté qui, de génération en génération, s'était accumulé dans cette famille.

Jean-Marie est, lui aussi, célèbre par ses chiens; mais ce ne sont plus des chiens de chasse qu'il a, ce sont des bêtes dressées à mettre des hommes en pièces, et dont les noms nous ont été conservés comme ceux des ours de l'empereur Valentinien I[er][1]. Lorsqu'au mois de mai 1409, pendant que la guerre durait encore, le peuple affamé lui fit entendre un jour dans la rue le cri de : *Pace! pace!* il fit charger la foule par ses soudards, qui tuèrent deux cents personnes. A la suite de l'événement, il fut défendu, sous peine du gibet, de prononcer les mots de *pace* et de *guerra;* même les prêtres reçurent l'ordre de dire désormais : *Dona nobis tranquillitatem,* au lieu de *pacem.* Enfin quelques conjurés saisirent le moment où Facino Cane, le grand condottiere de ce fou couronné, était mourant à Pavie, pour assassiner Jean-Marie à Milan, près de l'église de Saint-Gothard; mais, le même jour, Facino fit jurer à ses officiers de soutenir le frère du duc, Philippe-Marie, et demanda lui-même que sa femme se mariât avec ce prince, quand il ne serait

---

[1] CORIO, fol. 301 ss. Comp. AMMIEN MARCELLIN, XXIX, 3.

plus[1]. C'est ce qui ne tarda guère à arriver : Béatrice de Tende épousa l'héritier de Jean-Marie. Nous aurons occasion de reparler de Philippe-Marie.

Et c'est à une pareille époque que Nicolas de Rienzi rêvait de fonder un nouvel empire d'Italie sur le fragile enthousiasme des fils dégénérés de la Rome d'autrefois! A côté de princes comme ceux-là, qui appliquent une sauvage énergie à poursuivre, non pas des chimères, mais des réalités, et qui arrivent à leur but parce qu'ils se servent de tous les moyens, même les plus condamnables, il est impuissant, lui, le rêveur mystique, qui souille la pureté idéale de ses aspirations par des cruautés dont l'atrocité même accuse sa faiblesse, et il disparait misérablement de la scène où il avait si fièrement débuté.

[1] Voir Paul Jove, *Elogia*, p 88-92, *Jo. Maria Philippus*, et l'ouvrage cité p. 14, n. 2, p. 175-189.

CHAPITRE III

LA TYRANNIE AU QUINZIÈME SIÈCLE

La tyrannie au quinzième siècle présente un tout autre caractère. Un grand nombre de petits tyrans, et même quelques-uns des plus considérables, tels que les Scala et les Carrara, ont cessé d'exister; les puissants se sont arrondis et ont donné à leurs États une organisation plus savante; sous la main de la nouvelle dynastie aragonaise, Naples obéit à une direction plus énergique. Mais ce qui caractérise surtout ce siècle, ce sont les efforts des condottieri pour arriver à la souveraineté indépendante, et même à la couronne : c'est un nouveau pas vers le triomphe de la force; en même temps c'est une prime élevée, qui peut tenter le talent aussi bien que la scélératesse. Pour se ménager un appui, les petits tyrans entrent volontiers au service des États puissants et deviennent leurs condottieri, ce qui leur procure un peu d'argent et, d'autre part, leur assure l'impunité de plus d'un méfait, peut-être même l'agrandissement de leur territoire. En somme, grands et petits sont désormais obligés de se donner plus de peine, de joindre l'intelligence et le calcul à la force, et de s'abstenir de cruautés inutiles; ils ne peuvent plus commettre d'autres méfaits que ceux qui leur permettent d'arriver à leur but; ceux-là, les juges désintéressés dans la question les leur pardonnent. Ici l'on ne trouve point de trace de cet amour, de ce respect qui faisait la force des princes légitimes de l'Occident; le souverain italien a, tout au plus, une sorte de popularité qui se borne à sa capitale; ce qu'il lui faut pour réussir, c'est le talent, la prudence, le calcul. Un caractère comme celui de Charles le Téméraire, qui se lance avec une passion furieuse dans des entreprises qui n'ont aucun caractère pratique, était pour les Italiens une véritable énigme. « Mais les Suisses ne sont que des paysans, et, quand même on les tuerait tous, leur mort ne constituerait pas une réparation pour tous les seigneurs bourguignons qui pourraient périr dans la lutte! Lors même que le duc posséderait la Suisse sans avoir à la conquérir, il n'y gagnerait pas cinq mille ducats de revenu annuel, etc. [1]. » Ce qui, dans Charles le Téméraire, rappelait le moyen âge, c'est-à-dire ses fantaisies ou ses idées chevaleresques, l'Italie depuis longtemps ne le comprenait plus [2]. Le prince qui allait jusqu'à donner des soufflets à ses lieutenants, et qui pourtant les gardait à son service; le prince qui maltraitait ses troupes pour les punir d'un échec subi, et qu'on voyait ensuite blâmer ses conseillers intimes en présence des soldats, devait être, pour les diplomates du Sud, un homme condamné. Quant à Louis XI, cet habile politique qui, en matière d'astuce, en aurait remontré aux princes italiens, et qui se posait en grand admirateur de François Sforza, sa nature vulgaire le place, sous le rapport de la culture de l'esprit, bien au-dessous de ses modèles.

Dans les différents États italiens du quinzième siècle,

---

[1] DE GINGINS, *Dépêches des ambassadeurs milanais,* Paris et Genève, 1858, II, p. 200 ss. (N. 213.) Comp. II, 3 (n. 144), et II, 212 ss. (n. 218).
[2] Paul JOVE, *Elogia,* p. 156 ss. *Carolus Burgundiæ dux.*

le bien et le mal se trouvent mélangés dans une bien singulière proportion. La personnalité des princes devient si remarquable, souvent si imposante, si caractéristique[1] pour la situation qu'ils ont et pour le rôle qu'ils doivent remplir, qu'il est difficile de les juger d'après les règles d'une morale inflexible.

L'illégitimité est le vice originel dont le pouvoir des princes est entaché; il s'y attache une sorte de malédiction contre laquelle rien ne peut prévaloir. Leur reconnaissance ou leur investiture par l'Empereur n'y peut rien, parce que le peuple ne tient nul compte du morceau de parchemin que les souverains sont allés chercher dans quelque pays lointain ou qu'ils ont acheté à un étranger de passage dans leurs États[2]. Si les Empereurs avaient été bons à quelque chose, ils auraient empêché l'avénement des tyrans; voilà ce que disait la logique du simple bon sens. Depuis le voyage de Charles IV à Rome, les Empereurs n'ont plus fait que *sanctionner* en Italie l'état violent qui s'était formé sans eux, sans toutefois pouvoir le *garantir* autrement que par des chartes sans valeur. La conduite tenue par Charles en Italie, les deux fois qu'il y a séjourné (1354 et 1368), est une des plus honteuses comédies politiques qu'on ait jamais vues. On peut lire dans Matteo Villani[3] comment les Visconti l'ont promené sur leur territoire

---

[1] C'est ce mélange de force et de talent que Machiavel appelle *virtù* et qu'on peut aussi concevoir comme étant compatible avec la *sceleratezza*, p. ex., *Discorsi*, I, 10, à propos de Sept. Sévère.

[2] Voir sur ce sujet Franc. VETTORI, *Arch. stor.*, VI, p. 293. « L'investiture faite par un homme qui réside en Allemagne et qui d'un empereur romain n'a que le nom, ne saurait faire d'un scélérat le vrai seigneur d'une ville. »

[3] M. VILLANI, IV, 38, 39, 44, 56, 74, 76, 92; V, 1, 2, 14-16, 21, 22, 36, 51, 54. Sans doute il reste à examiner si, par suite de l'antipathie qu'inspiraient les Visconti à cet historien, il n'a pas raconté

et l'en ont fait sortir finalement, l'escortant toujours et partout ; comme il se démène, vrai marchand forain, pour se faire payer sa marchandise, c'est-à-dire les priviléges qu'il vend à ses clients ; quelle pitoyable figure il fait à Rome, et comment il repasse enfin les Alpes avec son escarcelle pleine, sans avoir donné un coup d'épée ! Malgré cela, des patriotes exaltés, des poëtes, qui rêvaient le rétablissement de l'ancienne grandeur de l'Italie, fondaient sur son apparition de grandes espérances, qui naturellement furent ruinées par sa déplorable conduite. Pétrarque avait, dans mainte lettre, engagé l'Empereur à passer les Alpes pour rendre à Rome son ancienne splendeur et pour restaurer l'empire de l'univers. Quand Charles IV fut venu en Italie, naturellement sans penser le moins du monde à d'aussi grands projets, il espéra voir ses rêves se réaliser et ne se lassa point d'entretenir le prince de ses idées ambitieuses, soit par ses discours, soit par ses lettres ; mais il finit par se détourner de lui quand il crut voir l'autorité humiliée par la soumission de Charles IV au Saint-Siége [1].

Du moins, lors de son premier voyage (1414), Sigismond avait la bonne intention de chercher à intéresser le pape Jean XXIII à son concile ; ce fut dans cette circonstance que, l'Empereur et le Pape étant sur la grande tour de Crémone pour admirer le panorama de la Lombardie, le tyran local Gabrino Fondolo, leur hôte, eut envie de les jeter tous deux en bas. La seconde fois, Sigismond apparut tout à fait en aventurier : il ne fit acte d'Empereur qu'en couronnant le poëte Beccadelli ;

bien des faits en les présentant sous des couleurs plus sombres que ne l'était la réalité. Dans un certain passage (IV, 74), il donne de grands éloges à Charles IV.

[1] Voir Appendice n° 1 à la fin du volume.

pendant plus de six mois il resta à Sienne comme dans une prison pour dettes, et ensuite il ne put qu'à grand'-peine arriver à se faire couronner à Rome.

Que faut-il enfin penser de Frédéric III? Ses visites en Italie ont le caractère de voyages de vacances ou de parties de plaisir effectuées aux dépens de princes qui voulaient avoir leurs droits confirmés par lui, ou qui étaient fiers de recevoir somptueusement un Empereur. Tel fut le cas d'Alphonse de Naples, à qui la visite impériale coûta jusqu'à cent cinquante mille florins d'or [1]. Lors de son deuxième retour de Rome (1469), Frédéric passa une journée entière dans sa chambre, à Ferrare [2], occupé à distribuer et à contre-signer des promotions. Il alla jusqu'au chiffre de quatre-vingts : il nomma des *cavalieri*, des *dottori*, des *conti*, des notaires ; il créa des *conti* de différentes nuances, par exemple : un *conte palatino*, un *conte* avec le droit de nommer des *dottori* jusqu'à concurrence de cinq; un *conte* avec le droit de légitimer des bâtards, de créer des notaires, de réhabiliter des notaires déclarés indignes, etc. Seulement son chancelier demanda, pour l'expédition des brevets dont il s'agit, des honoraires qui furent trouvés un peu exagérés à Ferrare [3]. On ne parle pas des réflexions auxquelles se livra le seigneur Borso, qui se fit nommer, à cette occasion, duc de Modène et de Reggio, moyennant une redevance annuelle de quatre mille florins d'or, lorsqu'il vit son protecteur impérial

---

[1] On trouvera de plus amples détails dans VESPASIANO FIOREN-TINO, éd. Mai, *Spicilegium Romanum*, vol. I, p. 54. Comp. 150 et PA-NORMITA, *De dictis et factis Alphonsi*, lib. IV, n° 4.

[2] *Diario Ferrarese*, dans MURAT., XXIV, col. 217 ss.

[3] *Haveria voluto scortigare la brigata.* Jean-Marie Filelfo, qui vivait en ce temps-là à Bergame, écrivit une violente satire *in vulgus equitum auro notatorum.* Comp. la *Biographie de Filelfo*, dans FAVRE, *Mélanges d'histoire littéraire*, 1856, I, p. 10.

signer des brevets avec un tel entrain, et toute sa petite cour se pourvoir de titres. Les humanistes, dont la parole faisait autorité à cette époque, étaient divisés selon leurs intéréts. Tandis que les uns [1] célèbrent l'Empereur avec l'enthousiasme conventionnel de la Rome impériale, le Pogge [2] ne sait plus du tout ce que signifie le couronnement; chez les anciens, dit-il, on ne couronnait qu'un général victorieux, et c'était une couronne de laurier qu'on lui posait sur la tête [3].

Avec Maximilien Ier commence une nouvelle politique impériale à l'égard de l'Italie, une politique qui se rattache à l'intervention de peuples étrangers. Son début, l'investiture de Ludovic le More avec suppression de son malheureux neveu, n'était pas de ceux qui portent de bons fruits. D'après la théorie moderne de l'intervention, quand deux compétiteurs se disputent un pays, un troisième peut venir prendre sa part du butin, et c'est ainsi que l'Empire pouvait aussi demander sa part. Mais il ne fallait plus parler de droit et d'autres considérations de ce genre. Lorsqu'en 1502 on attendait Louis XII à Gênes, qu'on détruisait la grande salle du palais des doges, et que partout on peignait des fleurs de lys, l'historien Senarega [4] allait demandant de tous côtés ce que

---

[1] *Annales Estenses,* dans MURAT., XX, col. 41.

[2] POGGII *Hist. Florent. pop.,* lib. VII, dans MURAT., XX, col. 381. Cette manière de voir se rattache aux sentiments antimonarchiques de beaucoup d'humanistes de cette époque. Comp. les renseignements précieux donnés par Bezold, la théorie de la souveraineté populaire pendant le moyen âge, *Hist.,* t. XXXVI. p. 365.

[3] Un certain nombre d'années après, le Vénitien Léonard Giustiniani critiquait le terme d'*imperator* comme n'étant pas classique; par suite, il déclarait qu'il ne pouvait s'appliquer aux empereurs d'Allemagne, et traitait les Allemands de barbares à cause de leur ignorance des usages et de la langue de l'antiquité. L'humaniste H. Bebel défendit les Allemands contre ces accusations. Comp. L. GEIGER, dans la *Biogr. génér.,* II, 196.

[4] SENAREGA, *De reb. Genuens.,* dans MURAT., XXIV, col. 575.

signifiait cette aigle qu'on avait toujours épargnée au milieu de tant de révolutions, et quels droits l'Empire avait sur Gênes. Personne ne savait lui répondre autre chose que la phrase sacramentelle : Gênes est une *camera imperii*. En général, personne en Italie n'était capable de répondre pertinemment à de pareilles questions. Ce n'est que lorsque Charles-Quint fut à la fois maître de l'Espagne et de l'Empire qu'il put, avec les ressources que lui fournissait l'Espagne, faire prévaloir aussi ses droits d'Empereur. Mais ce qu'il gagna ainsi profita, comme on le sait, non pas à l'Empire, mais à la puissance espagnole.

A l'illégitimité politique des princes du quinzième siècle se rattachait l'indifférence à l'égard de la légitimité de la naissance, indifférence qui choquait tant les étrangers, Commines, par exemple. L'un était en quelque sorte la conséquence naturelle de l'autre. Pendant que dans le Nord, notamment dans la maison de Bourgogne, on attribuait aux bâtards des apanages particuliers, nettement délimités, des évêchés, etc., pendant que dans le Portugal une ligne bâtarde ne se maintenait sur le trône qu'au prix des plus grands efforts, il n'y avait plus en Italie une seule maison princière qui n'eût eu et qui n'eût supporté tranquillement dans la ligne principale quelque descendance illégitime. Les Aragonais de Naples étaient la branche bâtarde de la maison, car ce fut le frère d'Alphonse Ier qui hérita de l'Aragon lui-même. Peut-être le grand Frédéric d'Urbin n'était-il pas un vrai Montefeltro. Lorsque Pie II se rendit au Congrès de Mantoue (1459), huit bâtards de la maison d'Este vinrent à sa rencontre [1], et parmi eux se trouvaient Borso, le duc régnant lui-

---

[1] Ils sont énumérés dans le *Diario Ferrarese*; voir MURAT., XXIV, col. 203. Compar. *Pii II Commentarii*, ed. Rom. 1854, II, p. 102.

même, et deux fils illégitimes de son frère et prédécesseur Leonello, également illégitime. Il y a plus : ce dernier avait eu une épouse légitime; c'était une fille illégitime d'Alphonse Ier et d'une Africaine[1]. Souvent aussi l'on reconnaissait des droits aux bâtards, notamment quand les fils légitimes étaient mineurs et que la vacance du trône créait de sérieux dangers; on admettait une sorte de droit d'aînesse, sans examiner si la naissance du prince qui prenait la couronne était légitime ou non. Partout, en Italie, l'intérêt direct de l'État, la valeur de l'individu et la mesure de son talent sont plus puissants que les lois et les coutumes du reste de l'Occident. N'était-ce pas le temps où les fils des papes se taillaient des principautés dans la Péninsule?

Au seizième siècle, grâce à l'influence des étrangers et de la réaction politique qui commençait à se faire sentir, la question de la légitimité fut traitée moins légèrement; Varchi trouve que la succession des fils légitimes est « commandée par la raison et qu'elle a été, de toute éternité, conforme à la volonté du ciel[2] ». Le cardinal Hippolyte Médicis fondait son droit à régner sur Florence sur le fait qu'il était issu d'une union peut-être légitime, ou du moins qu'il était fils d'une femme noble et non d'une servante[3] (comme le duc Alexandre). A cette époque commencent aussi les mariages de sentiment ou mariages morganatiques, qui, pour des raisons morales et politiques, n'auraient guère eu de sens au quinzième siècle.

[1] Marin Sanudo, *Vita de' duchi di Venezia*, dans Murat., XXII, col. 1113.

[2] Varchi, *Stor. Fiorent.*, I, p. 8.

[3] Soriano, *Relaz. di Roma*, 1553, chez Tommaso Gar, *Relazioni della corte di Roma* (dans Albèri, *Relazion degli ambasciatori veneti*, II, ser. t. III, p. 281).

La plus haute expression, la forme la plus admirée de l'illégitimité au quinzième siècle, c'est le condottiere, qui devient prince souverain, quelle que soit d'ailleurs son origine. Au fond, la prise de possession de l'Italie inférieure par les Normands au onzième siècle n'avait pas été autre chose ; mais, à l'époque dont nous parlons, des projets de ce genre commençaient à entretenir la Péninsule dans un état d'agitation qui allait devenir permanent.

Un condottiere pouvait s'élever au rang de souverain même sans usurpation, quand, par exemple, celui qui le payait lui donnait des terres à défaut d'argent et d'hommes [1] ; du reste, même quand un chef de mercenaires renvoyait momentanément la plupart de ses soldats, il avait besoin d'un lieu sûr où il pût prendre ses quartiers d'hiver et cacher les provisions indispensables. Le premier exemple d'un chef de bande indemnisé de la sorte, c'est John Hawkwood, qui reçut du pape Grégoire IX les villes de Bagnacavallo et de Cotignola [2]. Mais quand avec Albéric da Barbiano des armées italiennes et des chefs italiens entrèrent en scène, il devint bien plus facile de gagner des principautés, ou, si le condottiere était déjà souverain quelque part, d'agrandir ses possessions. L'ambition effrénée des condottieri éclata pour la première fois dans le duché de Milan, après la mort de Jean Galéas (1402); les deux fils de ce prince (p. 16) ruinèrent surtout leur puissance en cherchant à détruire ces tyrans militaires ; aussi le plus grand d'entre eux, Facino Cane, légua-t-il en mourant à la maison régnante sa veuve

---

[1] Pour ce qui suit, compar. CANESTRINI, dans l'introduction du t. XV des *Archiv. stor.*

[2] Voir sur ce personnage SHEPHERD-TONELLI, *Vita di Poggio*, App., p. 8-16.

future, un grand nombre de villes et quatre cent mille florins d'or; de plus, Béatrice de Tende (p. 17) entraîna à sa suite les soldats de son premier mari [1]. C'est de cette époque que datent ces rapports, immoraux au delà de toute mesure, entre les gouvernements et leurs condottieri, qui donnent au quinzième siècle un caractère si étrange. Une vieille anecdote [2], une de ces anecdotes qui sont vraies partout et nulle part, peint ces rapports à peu près de la manière suivante : les citoyens d'une ville (c'est de Sienne qu'il s'agit probablement) avaient un général qui les avait délivrés d'une incursion ennemie; tous les jours ils se demandaient quelle récompense on devait lui décerner; ils finirent par déclarer qu'ils ne pourraient jamais le récompenser assez, même s'ils l'investissaient de l'autorité suprême. Alors l'un d'eux prit la parole et dit : Tuons-le, ensuite nous l'adorerons comme un patron de la ville. Et il fut traité peu après comme le sénat de Rome traita Romulus. En effet, les condottieri avaient surtout à se défier de ceux qu'ils servaient; quand ils combattaient avec succès, ils devenaient dangereux, et on les faisait disparaître comme Robert Malatesta, qui fut dépêché dans l'autre monde aussitôt après la victoire qu'il avait remportée pour le compte de Sixte IV (1482); mais parfois, au premier revers, on les punissait comme les Vénitiens avaient puni Carmagnola (1432) [3]. Ce qui caractérise la situation

---

[1] CAGNOLA, *Archiv. stor.*, III, p. 28; *et (Filippo Maria) da lei (Beatr.) ebbe molto texoro e dinari e tutte le giente d'arme del dicto Facino, che obedivano a lei.*

[2] *Infessura*, dans ECCARD, *Scriptores*, II, col. 1911. Machiavel (*Discorsi*, I, 30) pose au condottiere victorieux l'alternative de remettre, aussitôt après la victoire l'armée au maître qui le paye, ou de gagner les soldats, de s'emparer des places fortes et de punir le prince *di quella ingratitudine, che esso gli userebbe.*

[3] Compar. Barth. FACIUS, *De vir. ill.*, p. 64, qui rapporte que C. a

au point de vue moral, c'est que souvent les condottieri étaient obligés de livrer comme otages leurs femmes et leurs enfants, et que, malgré cela, ils n'inspiraient ni ne ressentaient la confiance. Il aurait fallu qu'ils fussent des héros d'abnégation, des caractères comme Bélisaire, pour ne pas amasser dans leur cœur des trésors de haine ; il aurait fallu qu'ils fussent foncièrement bons pour ne pas devenir de francs scélérats. Et c'est sous cet aspect que nous apprenons à connaître beaucoup d'entre eux ; nous trouvons chez eux le mépris le plus profond des choses les plus sacrées, la cruauté et la trahison poussées à leurs dernières limites ; ils sont presque tous gens à mourir en se riant des foudres de l'Église. Mais en même temps, chez plus d'un, la personnalité, le talent se développent à un degré merveilleux, et leurs soldats reconnaissent et admirent cette supériorité. On trouve ainsi les premières armées des temps modernes où la valeur personnelle du chef, indépendamment de toute autre considération, est le principal, le tout-puissant ressort. La vie de François Sforza [1] est une preuve éclatante de ce fait ; il n'y a pas de préjugé de caste qui eût pu l'empêcher de devenir l'idole de tous et de se servir de cette popularité dans les moments difficiles. On a vu parfois les ennemis déposer les armes à son aspect, se découvrir et le saluer

été à la tête d'une armée de 60,000 soldats. Les Vénitiens ont-ils aussi empoisonné Alviano (1516), parce que, comme le dit Prato dans les *Archiv. Stor.*, III, p. 348, il a secondé les Français avec trop d'ardeur à la bataille de S. Donato? — La république se fit léguer par Colleoni toute sa succession, et, après sa mort (1475), elle se l'adjugea en vertu d'une confiscation en règle. Compar. MALIPIERO, *Annali Veneti*, dans les *Archiv. stor.*, VII, I, p. 244. Elle aimait à voir les condottieri placer leur argent à Venise. *Ibid.*, p. 351.

[1] CAGNOLA, dans les *Archiv. stor.*, III, p. 121 ss.

respectueusement, parce que chacun le regardait comme le « père commun des soldats ».

Cette famille Sforza est surtout intéressante parce qu'on croit la voir, dès l'origine, s'acheminer vers le trône [1]. C'est sa grande fécondité qui fut la cause première de sa brillante fortune : le père de François, Jacques Sforza, qui était déjà très-célèbre, avait vingt frères et sœurs, qui tous avaient été élevés à la dure dans la ville de Cotignola près de Faenza, et qui avaient grandi sous l'impression d'une de ces éternelles vendettas romagnoles qui armait leur famille contre les Pasolini. Toute la maison n'était qu'un arsenal et qu'un corps de garde ; la mère et les filles elles-mêmes étaient de véritables guerrières. Jacques n'avait que treize ans lorsqu'il partit secrètement à cheval pour aller rejoindre, tout près de Panicale, le condottiere pontifical Boldrino. C'était celui qui, tout mort qu'il était, commandait encore jusqu'à ce qu'il trouvât un successeur digne de lui ; en effet, le mot d'ordre sortait d'une tente toute garnie de drapeaux, dans laquelle on conservait le corps embaumé de l'illustre chef. Lorsque, grâce à ses exploits de condottiere, Jacques fut arrivé à une haute situation, il associa les membres de sa famille à sa fortune et s'assura ainsi les avantages que vaut à un prince une nombreuse dynastie. Ce sont ses parents qui empêchent l'armée de se disperser, pendant qu'il est enfermé dans le Castel Nuovo à Naples, et c'est sa sœur en personne qui s'empare des négociateurs du roi et qui, en détenant ces otages, le sauve de la mort.

Ce qui prouve que Jacques Sforza se croyait assuré d'un

[1] C'est, du moins, ce que dit Paul Jove, dans sa *Vita magni Sfortiæ* (Rome, 1539. Livre dédié au cardinal Ascanio Sforza), une des plus intéressantes de ses biographies.

avenir sérieux et durable, c'est qu'en matière pécuniaire il respectait scrupuleusement les engagements qu'il avait pris, ce qui lui faisait trouver du crédit chez les banquiers, même après la défaite; c'est que partout il protégeait les paysans contre la licence des soldats, et qu'il ne permettait pas de détruire les villes conquises; mais ce qui le montre mieux que tout le reste, c'est qu'il maria sa célèbre concubine (Lucie, mère de François) à un autre, afin de rester libre de s'allier à une famille princière. Le mariage de ses proches était subordonné à des calculs du même genre. Il ne donna jamais dans l'impiété ni dans la vie désordonnée des autres condottieri; les trois maximes qu'il recommanda à son fils François lorsqu'il le lança dans le monde, étaient celles-ci : Ne touche jamais à la femme d'autrui; ne frappe aucun de tes gens, ou, si cela t'arrive, envoie-le bien loin; enfin, ne monte jamais un cheval ayant la bouche dure ou sujet à perdre ses fers. Mais avant tout il avait pour lui la personnalité, sinon d'un grand capitaine, du moins d'un grand soldat, un corps robuste, rompu à tous les exercices, une figure de paysan bien populaire, une mémoire remarquable grâce à laquelle il connaissait et retenait ce qui avait rapport à tous ses soldats, à tous leurs chevaux, à tous les détails de leur vie de mercenaires. Le cercle de ses connaissances ne s'étendait pas au delà de l'Italie; mais il consacrait tous ses loisirs à l'étude de l'histoire et faisait traduire pour son usage des auteurs grecs et latins.

François, son fils, qui surpassa encore la gloire de son père, a travaillé dès l'origine à fonder une grande domination; aussi a-t-il gagné le puissant duché de Milan, grâce à l'éclat avec lequel il a conduit ses armées et à sa mauvaise foi, qui ne connaissait point de scrupules (1447-1450).

Son exemple fut contagieux. Sylvius Énéas [1] écrivait à cette époque : « Dans notre Italie amoureuse de changements, où rien n'est solide et où il n'y a pas une puissance séculaire, les valets peuvent facilement devenir rois. » Un individu, qui se nommait lui-même « l'homme de la fortune », occupait alors plus qu'aucun autre l'imagination de tout le pays : c'était Giacomo Piccinino, le fils de Nicolo. Tout le monde se posait cette question brûlante, si lui aussi réussirait ou non à fonder une principauté. Les États considérables avaient un intérêt évident à l'empêcher, et François Sforza trouvait aussi qu'il y avait avantage pour lui à clore la liste des condottieri devenus souverains. Mais les troupes et les chefs qu'on envoya contre lui, lorsqu'il avait voulu, par exemple, s'emparer de Sienne, reconnurent que leur intérêt était de le soutenir [2]. « S'il tombait, se disaient-ils, il nous faudrait retourner à la charrue. » Tout en le tenant enfermé dans Orbitello, ils lui firent passer des provisions, et il parvint à sortir avec honneur de ce mauvais pas. Mais il ne put toujours échapper à son destin. Toute l'Italie était attentive à ce qu'il allait faire lorsqu'en 1465, revenant de voir Sforza à Milan, il se rendit à Naples, auprès du roi Ferrante. Malgré toutes les garanties, malgré les engagements les plus solennels, ce prince le fit assassiner dans le Castel Nuovo [3]. Même les condottieri qui possédaient des États obtenus par voie de succession ne

---

[1] ÆN. SYLVIUS, *Commentar. de dictis et factis Alphonsi, Opera ed.* 1538, p. 251. *Novitate gaudens Italia nihil habet stabile, nullum in ea vetus regnum, facile hic ex servis reges videmus.*

[2] PII II, *Comment.*, I, 46. Compar. 69.

[3] SISMONDI, X, p. 258. — CORIO, fol. 412, où Sforza est considéré comme complice du meurtre parce que la popularité et le renom militaire de Piccinino lui avaient fait craindre des dangers pour ses propres fils. *Storia Bresciana*, dans MURAT., XXI, col. 902. — Comme le raconte MALIPIERO, *Ann. veneti archiv. stor.*, VII, I, p. 210, des exilés florentins tentèrent Colleoni, le grand condottiere

se sentaient jamais en sûreté ; lorsque Robert Malatesta et Frédéric d'Urbin moururent le même jour, l'un à Rome, l'autre à Bologne (1482), il se trouva que chacun en mourant faisait recommander ses États à l'autre [1]. Tout semblait permis contre une classe de gens qui se permettait tant de choses. Tout jeune encore, François Sforza avait été marié à une riche héritière de Calabre, Polyxène Ruffa, comtesse de Montalto, qui lui donna une fille ; une tante empoisonna la femme et l'enfant, et s'empara de la succession [2].

A partir de la mort de Piccinino, la formation de nouveaux États de condottieri fut manifestement considérée comme un scandale qu'on ne devait plus tolérer ; les quatre « grands États » de Naples, de Milan, les États de l'Église et Venise semblèrent organiser un système d'équilibre qui ne comportait plus ces corps politiques irréguliers. Dans les États de l'Église où fourmillaient de petits tyrans qui avaient été condottieri ou qui l'étaient encore, les princes neveux s'arrogèrent, à partir de Sixte IV, le droit exclusif de se livrer à de telles entreprises. Mais à la moindre perturbation les condottieri reparaissaient. Sous le triste règne d'Innocent VIII, un certain capitaine Boccalino, qui avait été autrefois au service de la Bourgogne, fut sur le point de se donner aux Turcs avec la ville d'Osimo, dont il s'était emparé [3] ; on fut trop heureux de pouvoir se débarrasser de lui en lui donnant une grosse somme

vénitien, en lui offrant de le faire duc de Milan, s'il chassait de Florence leur ennemi Piero de Médicis.

[1] ALLEGRETTI, *Diaru Sanesi*, dans MURAT., XVIII, p. 811.

[2] *Orationes Philelphi, ed. Venet.* 1492, fol. 9, dans l'oraison funèbre de François.

[3] Marin SANUDO, *Vite de' duchi de Ven.*, dans MURAT., XXII, col 1241. Compar. REUMONT, *Laurent de Médicis* (Leipzig, 1874), II, p. 324-327, et les passages qui y sont cités.

d'argent, que lui fit accepter Laurent le Magnifique. En 1495, lors de la perturbation générale qui suivit la campagne de Charles VIII, un condottiere du nom de Vidovero de Brescia [1] essaya de se rendre souverain ; déjà antérieurement il s'était emparé de la ville de Césène, en mettant à mort un grand nombre de seigneurs et de bourgeois ; mais le château tint bon, et il dut renoncer à son dessein ; en revanche, suivi d'une bande que lui avait cédée un autre sacripant, Pandolphe Malatesta de Rimini, fils de ce Robert dont il a été question plus haut et condottiere au service de Venise, il enleva la ville de Castelnuovo à l'archevêque de Ravenne. Les Vénitiens, qui craignaient pis et qui d'ailleurs étaient pressés par le Pape, ordonnèrent à Pandolphe, « dans une bonne intention », de se saisir de son bon ami à l'occasion ; celui-ci s'empara en effet de sa personne, « bien qu'avec douleur » ; il reçut l'ordre de le faire mourir au gibet. Pandolphe eut la délicatesse de le faire étrangler d'abord dans sa prison et de le montrer ensuite au peuple. — Le dernier exemple remarquable d'usurpations de ce genre est fourni par le célèbre Castellan de Musso, qui, lors des désordres qui éclatèrent dans le Milanais après la bataille de Pavie (1525), se tailla une principauté sur les bords du lac de Côme.

[1] MALIPIERO, *Ann. Veneti, Archiv. stor.*, VII, I, p. 407.

CHAPITRE IV

LES PETITS TYRANS

En général, on peut dire, à propos des tyrans du quinzième siècle, que le désordre était à son comble surtout dans les principautés de moindre importance. Là, dans de nombreuses familles dont tous les membres voulaient tenir leur rang, s'élevaient notamment de fréquentes querelles de succession : Bernard Varano de Camerino fit disparaître (1434) deux de ses frères [1], parce que ses fils avaient envie de leur héritage. Quand un simple tyran local se distingue par un gouvernement sage, mesuré, exempt de violence, en même temps que par son zèle pour la culture intellectuelle, c'est, en général, quelque rejeton d'une grande maison ou quelque individu entraîné dans la politique d'un État considérable. Tel était, par exemple, Alexandre Sforza [2], prince de Pesaro, frère du grand François et beau-père de Frédéric d'Urbin († 1473). Bon administrateur, prince juste et abordable à tous, il jouit, après une longue carrière militaire, d'un règne paisible et tranquille, réunit une magnifique bibliothèque et passa ses loisirs à s'entretenir de questions scientifiques et de sujets de piété. On peut en dire autant de Jean II Bentivoglio de Bologne (1462-1506), dont la politique était subor-

---

[1] *Chron. Eugubinum*, dans MURAT., XXI, col. 972.
[2] VESPASIANO FIORENT, p. 148.

donnée à celle des maisons d'Este et de Sforza. Par contre, quels sanglants désordres, quelles cruautés ne trouvons-nous pas chez les Varanni de Camerino, les Malatesta de Rimini, les Manfreddi de Faenza, et surtout chez les Baglioni de Pérouse! Nous sommes admirablement renseignés sur l'histoire de cette dernière famille vers la fin du quinzième siècle, par les chroniques de Graziani et de Matarazzo [1], qui sont des sources précieuses.

Les Baglioni, dont on disait qu'ils naissaient l'épée au côté, étaient une de ces familles dont la puissance n'avait pas revêtu le caractère d'une véritable principauté, mais reposait plutôt sur une primatie locale, sur de grandes richesses et sur une influence souveraine dans la nomination aux emplois. On reconnaissait un membre de la famille comme chef de tous les autres; mais une haine profonde et cachée divisait les membres des différentes branches. Les Baglioni avaient contre eux le parti de la noblesse, dirigé par les Oddi; tout ce monde ne sortait qu'armé (vers 1487), et toutes les maisons des grands étaient pleines de bravi; tous les jours il y avait des scènes de violence; à l'occasion des funérailles d'un étudiant allemand assassiné, deux colléges prirent les armes l'un contre l'autre; quelquefois même les bravi de différentes maisons se livraient des batailles en pleine place publique. Les marchands et les ouvriers avaient beau gémir, les gouverneurs et les neveux pontificaux gardaient le silence ou s'éclipsaient. Enfin les Oddi sont obligés de quitter Pérouse; à partir de ce moment la ville devient une citadelle assiégée, sous l'autorité absolue des Baglioni, qui convertissent le

____

[1] *Archiv. stor.*, XVI, parte I et II, éd. Bonaini, Fabretti, Polidori.

dôme lui-même en caserne. Les complots et les coups de main donnent lieu à de terribles représailles : en 1491, cent trente individus qui avaient pénétré dans la ville furent sabrés et ensuite pendus aux portes du palais Baglioni; en revanche, on érigea trente-cinq autels sur la grande place, et pendant trois jours on dit des messes et l'on fit des processions pour purifier l'endroit où avait eu lieu le massacre. Un neveu d'Innocent VIII fut poignardé en plein jour dans la rue; un neveu d'Alexandre VI, qui avait été envoyé pour réconcilier les deux partis, ne recueillit que des insultes. Par contre, les deux chefs de la maison régnante, Guido et Ridolfo, avaient de fréquentes entrevues avec une nonne dominicaine, qui passait pour sainte et qui faisait des miracles, la Sœur Colomba de Rieti : celle-ci les engageait, naturellement en vain, à faire la paix, en les menaçant des plus grands malheurs s'ils ne l'écoutaient pas. A ce propos, le chroniqueur fait remarquer les sentiments de piété que professaient, dans ces années terribles, les Pérugins honnêtes et éclairés. Pendant que Charles VIII approchait, les Baglioni et les proscrits campés dans la ville d'Assise et aux environs se firent une guerre telle, que dans la vallée toutes les maisons furent rasées, que les champs restèrent sans culture, que les paysans ruinés durent se faire brigands et assassins, et que des cerfs et des loups peuplèrent les broussailles dont la campagne s'était couverte et où ils se régalaient des cadavres des victimes, de « chair de chrétien ». Lorsque Alexandre VI s'enfuit dans l'Ombrie pour échapper à Charles VIII qui revenait de Naples (1495), l'idée lui vint à Pérouse qu'il pourrait se débarrasser pour toujours des Baglioni : il proposa à Guido une fête quelconque, un tournoi ou quelque chose de semblable, afin de pouvoir les prendre tous d'un seul coup de filet ; mais Guido fut d'avis que le plus beau de tous les spectacles serait de voir réunis tous les hommes armés que Pérouse comptait dans ses murs ; là-dessus le Pape renonça à son projet. Bientôt après les proscrits tentèrent un nouveau coup de main, et cette fois les Baglioni ne durent la victoire qu'à leur intrépidité personnelle. C'est dans cette circonstance que Simonetto Baglione, âgé de dix-huit ans seulement, se défendit sur la place avec une poignée d'hommes contre plusieurs centaines d'ennemis ; il tomba frappé de plus de vingt blesssures, mais se releva quand Astorre Baglione vint à son secours, se remit en selle avec son armure en fer doré et son casque orné d'un faucon : « il s'élança dans la mêlée, beau, fier et irrésistible comme Mars lui-même ».

En ce temps-là, Raphaël, âgé de douze ans, étudiait la peinture sous la direction de Pierre Pérugin. Peut-être a-t-il immortalisé des souvenirs de cette époque dans les petits tableaux, œuvres de sa jeunesse, où il a représenté saint Georges et saint Michel ; peut-être en reste-t-il une trace impérissable dans le grand tableau de saint Michel, et si Astorre Baglione a trouvé sa transfiguration quelque part, c'est certainement sous les traits de cet archange.

Les adversaires des Baglioni avaient succombé ou s'étaient enfuis sous l'impression d'une terreur panique, et ils étaient désormais hors d'état de renouveler une attaque de ce genre. Après quelque temps il y eut une réconciliation partielle, et un certain nombre d'entre eux purent rentrer dans leurs foyers. Mais Pérouse n'en devint ni plus tranquille, ni plus sûre ; la désunion qui régnait parmi les membres de la famille régnante ne tarda pas à éclater, et une série d'épouvantables forfaits commença. En face de Guido, de Ridolfo et de leurs fils Jean-Paul, Simonetto, Astorre, Sigismond, Gentile, Marc-Antoine, etc., s'éleva un parti dirigé par deux petits-neveux, Grifon et Charles Barciglia; ce dernier était à la fois neveu du prince Varano de Camerino et beau-frère d'un des proscrits d'autrefois, Jérôme dalla Penna. En vain Simonetto, qui avait de sinistres pressentiments, demanda t-il en grâce à son oncle la permission de tuer Penna : Guido la lui refusa. Le complot mûrit et éclata tout à coup, au milieu de l'été de 1500, lors du mariage d'Astorre avec Lavinia Colonna. La fête commence et se prolonge pendant quelques jours au milieu de lugubres présages qui deviennent toujours plus nombreux et plus menaçants, présages que Matarazzo rappelle dans un admirable tableau. Varano, qui était présent, fit éclater l'orage; avec une astuce diabolique, il présenta à Grifon l'appât du pouvoir suprême, et lui fit croire qu'il existait des relations coupables entre sa femme Zénobie et Jean-Paul; enfin, il désigna à chaque conjuré la victime qu'il devait frapper. (Les Baglioni avaient tous des demeures séparées; ils occupaient, pour la plupart, l'emplacement du château actuel.) On donna quinze hommes à chacun des bravi qu'on avait sous la main; le reste fut chargé de monter la garde. Dans la nuit du 15 juillet, les portes furent forcées, et Guido, Astorre, Simonetto et Sigismond tombèrent sous les coups des assassins; les autres purent s'échapper.

Lorsque le corps d'Astorre fut trouvé gisant dans la rue avec celui de Simonetto, les spectateurs, « et surtout les étudiants étrangers », le comparèrent à celui d'un ancien Romain, tant les traits de la victime avaient de grandeur et de noblesse; ils retrouvaient encore chez Simonetto cet air d'audace et de fierté qu'il avait eu pendant sa vie, comme si la mort elle-même n'avait pu le dompter. Les vainqueurs se présentèrent chez les amis de la famille, mais ils trouvèrent tout le monde en larmes et faisant des préparatifs de départ pour la campagne. Cependant les Baglioni échappés au fer des assassins réunirent des soldats, et le lendemain, conduits par Jean-Paul, ils pénétrèrent dans la ville, où d'autres de leurs partisans, menacés de mort par Barciglia, se joignirent à eux. Lorsque Grifon tomba, près de San-Ercolano, entre les mains de Jean-Paul, celui-ci laissa à ses gens le soin de le tuer ; Barciglia et Penna parvinrent à se réfugier à Camerino, auprès de Varano, l'auteur de tout le mal. En un clin d'œil Jean-Paul fut maître de la ville, presque sans avoir perdu de monde.

Atalante, la mère de Grifon, femme encore jeune et belle, qui la veille s'était retirée dans une terre avec Zénobie, la femme de son fils, et deux de ses enfants, et qui, à plusieurs reprises, avait repoussé en le maudissant son fils qui voulait la faire revenir, arriva avec sa bru et chercha son fils mourant. Tout le monde s'écarta devant ces deux femmes ; personne ne voulait passer pour le meurtrier de Grifon, afin de ne pas encourir la malédiction de sa mère. Mais on se trompait ; elle-même conjura son fils de pardonner à ceux qui lui avaient porté les coups mortels, et il expira en emportant sa bénédiction. Le peuple s'inclina avec respect devant les deux femmes lorsqu'elles traversèrent la place avec leurs habits tout ensanglantés. C'est cette Atalante pour laquelle Raphaël a peint plus tard la célèbre *Mise au tombeau.* C'est ainsi qu'elle mit sa propre douleur aux pieds de Celle dont la douleur maternelle a été la plus sublime et la plus sacrée.

Le dôme près duquel s'étaient passés la plupart de

ces tragiques événements fut lavé avec du vin et béni
de nouveau. L'arc de triomphe élevé à l'occasion du
mariage était encore debout, avec les peintures qui re-
traçaient les hauts faits d'Astorre et les vers élogieux du
bon Matarazzo, qui nous raconte tous ces détails.

Il se forma au sujet des Baglioni toute une légende,
qui n'est que le reflet de ces horreurs. On prétendit que
de tout temps les membres de cette famille avaient péri
de mort violente ; que vingt-sept d'entre eux avaient
succombé le même jour ; qu'une fois déjà leurs maisons
avaient été rasées, et qu'on avait pavé les rues avec les
tuiles qui les avaient couvertes, etc. Sous Paul III, leurs
palais furent en effet rasés [1].

En attendant, ils paraissent avoir conçu de sages projets, mis à la raison leurs propres partisans et protégé
les fonctionnaires contre les crimes des nobles Mais plus
tard, la malédiction qui pesait sur eux éclata de nouveau,
comme un incendie étouffé seulement en apparence. Sous
Léon X, Jean-Paul fut attiré à Rome et décapité (1520) ;
l'un de ses fils, Horace, qui ne posséda Pérouse que tem-
porairement, dans un moment de trouble et d'extrême
confusion, c'est-à-dire comme partisan du duc d'Urbin,
qui était également menacé par les papes, souilla encore
une fois sa propre maison par les plus atroces cruautés.
Un de ses oncles et trois de ses cousins furent tués ; sur
quoi le duc lui fit dire de s'en tenir là [2]. Son frère,
Malatesta Baglione, est le général florentin qui s'est
immortalisé par la trahison qu'il a commise en 1530, et
dont le fils Rodolphe est le dernier rejeton de la famille ;

---

[1] Déjà Jules II s'était facilement emparé de Pérouse en 1506 et
avait forcé Jean-Paul Baglione à lui rendre hommage ; celui-ci
ne profita pas de l'occasion (comme le dit Machiavel, *Discorsi*, I,
chap. XXVII) de se rendre immortel en assassinant le Pape.
VARCHI, *Stor. florent.*, I, p. 242 ss.

c'est celui qui a signalé son règne aussi court que
cruel par le meurtre du légat et des fonctionnaires de
Pérouse (1534).

Nous retrouverons encore de temps en temps les tyrans de Rimini. On a vu rarement la scélératesse, l'impiété, le talent militaire et la culture intellectuelle réunis
au même degré que dans Sigismond Malatesta ($+$ 1467)[1].
Mais quand les méfaits s'accumulent comme dans cette
maison, ils finissent par emporter la balance et par entraîner les tyrans dans l'abîme. Pandolfe, le petit-fils de
Sigismond, dont nous avons déjà parlé, ne se maintenait plus que parce que Venise ne voulait pas laisser
tomber ses condottieri, malgré tous leurs crimes; lorsqu'en 1497 ses sujets, qui avaient des raisons suffisantes
pour cela[2], le bombardèrent dans son château fort de
Rimini et le laissèrent ensuite s'échapper, un commis-
saire vénitien ramena ce scélérat souillé du sang de son
frère et de tant d'autres. Au bout de trente ans, les Malatesta étaient de misérables exilés. L'époque de 1527
fut, comme celle de César Borgia, funeste à ces
petites dynasties; un très-petit nombre d'entre elles
vécurent au delà; encore celles qui survécurent n'en
furent-elles pas plus heureuses pour cela. A Mirandole,
où régnaient de petits princes de la maison de Pic,
vivait en 1533 un pauvre savant, Lilio Gregorio Giraldi,
qui avait fui la dévastation de Rome pour venir s'abriter
au foyer hospitalier du vieux François Pic (neveu du

---

[1] Compar. entre autres JOVIANUS PONTANUS, *De immanitate*,
cap. XVII.

[2] MALIPIERO, *Ann. Veneti, Archiv. stor.*, VII, I. p. 498 ss. Il avait fait
chercher partout celle qu'il aimait et qui avait été enfermée dans
un couvent par son père; ne l'ayant pas trouvée, il menaça le
père, brûla le couvent et d'autres bâtiments, et tourna même sa
fureur contre les personnes.

célèbre Jean); le résultat de leurs entretiens au sujet du tombeau que le prince voulait se faire élever, fut un traité dont la dédicace est datée du mois d'avril de cette année-là[1]. Mais quel triste *post-scriptum* se lit à la fin de l'ouvrage : « Au mois d'octobre de la même année, le malheureux prince a été assassiné pendant la nuit; son neveu lui a ravi à la fois la vie et la couronne, et moi-même j'ai pu à grand'peine conserver une existence désormais vouée à la plus profonde misère! »

Une demi-tyrannie sans caractère, comme celle que Pandolphe Petrucci exerça, à partir de 1490, dans la ville de Sienne alors déchirée par les factions, ne mérite guère d'être étudiée. Aussi nul que méchant, Pandolphe gouverna avec le secours d'un professeur de droit et d'un astrologue, et sema de temps à autre la terreur parmi ses sujets en en faisant tuer quelques-uns. En été, son plaisir était de rouler des blocs de pierre du haut du mont Amiata, sans se préoccuper de savoir qui et quoi ils écrasaient. Après avoir réussi là où les plus rusés ont échoué, c'est-à-dire à échapper aux piéges de César Borgia, il n'en mourut pas moins abandonné et méprisé. Mais ses fils purent exercer longtemps une sorte de demi-tyrannie.

---

[1] Lil. Greg. GIRALDUS, *De sepulcris ac vario sepeliendi ritu.* Dans *Opera ed. Bas.*, 1580, I, p. 640 ss., nouvelle édition de J. Faes, Helmstadt, 1676. — Dédicace et post-scriptum de Gir. *ad Carolum Miltz Germanum*, sans date dans cette édition, les deux *sans* le passage qui se trouve dans le texte. — Déjà en 1470 une catastrophe en miniature avait eu lieu dans cette maison (Galeotto avait fait jeter en prison son jeune frère Antoine-Marie). Compar. *Diario Ferrarese*, dans MURAT., XXIV, col. 225.

CHAPITRE V

LES GRANDES MAISONS RÉGNANTES

Parmi les dynasties importantes, celle de la maison
d'Aragon mérite d'être étudiée à part. Le système féodal, qui subsiste ici depuis les Normands sous la forme
de baronnies indépendantes, donne à l'État un caractère
particulier, pendant que dans le reste de l'Italie, sauf la
partie méridionale des États de l'Église et quelques autres
régions, la propriété foncière pure et simple est seule
admise, et que l'État a supprimé les priviléges héréditaires. Alphonse le Grand, qui règne à Naples à partir
de 1435 ($+$ 1458), est loin de ressembler à ses descendants réels ou supposés. Grand et magnifique en toutes
choses, tranquille au milieu d'un peuple qui l'aimait,
généreux envers ses ennemis, modeste malgré le sang
royal qui coulait dans ses veines, aimable et distingué
dans la vie ordinaire[1], sachant se faire admirer jusque
dans la passion tardive qu'il éprouva pour Lucrèce d'Ala-
gna, il eut un seul défaut, défaut qui souvent sert à
faire valoir des qualités brillantes, la prodigalité avec
toutes les conséquences qu'elle entraîne fatalement. On
vit des employés aux finances devenir tout-puissants,
malgré leurs malversations, jusqu'au moment où le Roi

[1] JOVIAN. PONTAN. *Opp. ed. Basileæ*, 1538, t. I : *De liberalitate*, cap. XIX,
XXIX, et *De obedientia*, I, 4. Compar. SISMONDI, X, p. 78 ss. PANOR-
MITA, *De dictis et factis Alphonsi*, lib. I, n° 61 ; IV, n° 42.

fut poussé par la banqueroute à s'emparer de leur fortune ; on prêcha une croisade afin d'avoir un prétexte pour imposer le clergé ; les Juifs durent donner leur vieil or, faire des dons volontaires et payer des impôts réguliers afin d'échapper à de nouvelles mesures menaçantes pour eux, telles que des prédications ayant pour but leur conversion ; à la suite d'un grand tremblement de terre qui désola les Abruzzes, les survivants furent obligés de continuer à payer l'impôt pour ceux qui avaient péri. Par contre, il supprima des impôts vexatoires et mesquins, tels que l'impôt sur les dés , et chercha à alléger les charges qui pesaient durement sur les petites gens. Alphonse était d'ailleurs l'hôte le plus magnifique de son temps, quand il avait à recevoir des visiteurs illustres ou les ambassadeurs de princes étrangers (page 22); il était heureux de donner toujours, de donner à tous, même à des ennemis ; enfin, sa libéralité n'avait plus de mesure quand il s'agissait de récompenser les travaux littéraires.

Ferrante (Fernand) [1], qui lui succéda, passait pour son bâtard ; on disait qu'il l'avait eu d'une dame espagnole ; mais il était peut-être le fils d'un Marrano de Valence. Était-ce le sang dont il était issu ou bien les complots tramés par les barons contre son existence qui le ren-

[1] Tristano CARACCIOLO, *De Fernando qui postea rex Aragonum fuit ejusque posteris*, dans MURAT., XXII, col. 113-120. JOVIAN. PONTANUS, *De prudentia*, l. IV; *De magnanimitate*, l. I; *De liberalitate*, cap. XXIX, 36; *De immanitate*, cap. VIII. — Cam. PORZIO, *Congiura de' baroni del regno di Napoli contra il re Ferdinando*, I. Pisa, 1818 (nouvelle édition de Stanislas d'Aloe, Naples, 1859), *passim*. — COMINES, *Charles VIII*, chap. XVII, avec le tableau général des Aragonais. Un document important, qui prouve avec quelle activité Ferrante s'occupait du peuple, c'est : *Regis Ferdinandi primi instructionum liber*, 1486-1487, publié par Scipione Vopicella, Naples, 1861, d'après l'autorité duquel il est permis de juger ce prince un peu plus favorablement.

dirent sombre et cruel? toujours est-il qu'il se signale entre tous les princes d'alors par son épouvantable tyrannie. D'une activité infatigable, reconnu comme une des plus fortes têtes politiques, réglé dans sa vie, il applique toutes ses forces, la sûreté d'une mémoire implacable et la profondeur d'une dissimulation sans exemple à la destruction de ses ennemis. Blessé, autant qu'un prince peut l'être, de la conduite des chefs et des barons, qui étaient ses parents par alliance et qui n'en étaient pas moins ligués avec tous ses ennemis extérieurs, il se fit une habitude des cruautés les plus monstrueuses. Pour se procurer les moyens de soutenir cette lutte et de subvenir aux frais de ses guerres extérieures, il recourut au système tout mahométan qu'avait employé Frédéric II. Le gouvernement seul faisait le commerce de l'huile et des blés; Ferrante avait centralisé le commerce en général entre les mains d'un grand marchand, nommé François Coppola, qui partageait les profits avec lui et qui imposait ses volontés à tous les armateurs; les emprunts forcés, les exécutions et les confiscations, la simonie, les contributions extraordinaires prélevées sur les corporations religieuses étaient les autres ressources. Outre la chasse, où il ne ménageait rien ni personne, il se livrait à deux genres de plaisirs : il aimait à avoir dans son voisinage ses ennemis soit vivants et enfermés dans des cages bien solides, soit morts et embaumés, avec le costume qu'ils portaient de leur vivant [1]. Il ricanait quand il parlait des prisonniers à ses confidents; quant à sa collection de momies, il n'en faisait même pas mystère. Ses victimes étaient presque toutes des hommes dont

[1] Paul Jove, *Histor.*, I, p. 14, dans le discours d'un ambassadeur milanais; *Diario Ferrarese*, dans Murat., XXIV, col. 294.

il s'était emparé par trahison, souvent même à sa table royale. Il déploya une méchanceté vraiment infernale à l'égard de son premier ministre, Antonello Petrucci, qui avait blanchi dans le service et qui était affaibli par la maladie : Ferrante continua d'accepter les présents de ce vieillard qui de jour en jour tremblait davantage pour sa vie, jusqu'à ce qu'enfin un semblant de participation à la dernière conjuration des barons fournit à son maître un prétexte pour le faire arrêter et exécuter, ainsi que Coppola. La manière dont tous ces faits ont été racontés par Caracciolo et par Porzio fait dresser les cheveux sur la tête.

Dans la suite, le fils aîné de Ferrante, Alphonse, duc de Calabre, fut associé par son père au gouvernement de l'État. D'après le portrait qu'en fait Comines, c'était « l'homme le plus cruel, le plus pervers, le plus vicieux et le plus commun qu'on eût jamais vu », un débauché sanguinaire, qui avait sur son père l'avantage d'être moins dissimulé et qui ne craignait pas non plus d'étaler au grand jour son mépris pour la religion et pour ses pratiques [1]. Ce n'est pas chez ces princes qu'il faut chercher le caractère élevé et vivant de la tyrannie d'alors; ce qu'ils empruntent à l'art et à la culture de leur temps, c'est le luxe ou l'apparence de la civilisation. Les vrais Espagnols eux-mêmes se montrent, en Italie, presque toujours dégénérés; mais c'est surtout la fin de cette maison de Marrano (1494 et 1503) qui montre chez ses membres un manque total de race. Ferrante meurt torturé par l'inquiétude et par le remords; Alphonse

---

[1] Il avait admis dans son intimité des Juifs, p. ex. Isaac Abravanel, qui s'enfuit avec lui à Messine. Compar. ZUNZ, *Sur l'hist. et la littér.* (Berl., 1845), p. 529.

soupçonne de trahison son propre frère, Frédéric, le seul honnête homme de toute la famillle, et l'offense de la manière la plus indigne; enfin il perd la tête et s'enfuit en Italie, lui qui avait passé jusqu'alors pour un des meilleurs capitaines de la Péninsule, laissant son fils, le jeune Ferrante, livré sans défense à la vengeance des Français et à la trahison de tous. Une dynastie qui avait régné comme celle-là aurait dû au moins vendre chèrement sa vie, si elle avait voulu rendre possible une restauration dans l'avenir. Mais « jamais homme cruel ne fut hardi », ainsi que Comines l'a dit à ce propos, dans un sens un peu étroit, il est vrai, mais non sans justesse.

La souveraineté apparaît avec le caractère vraiment italien, dans le sens du quinzième siècle, chez les ducs de Milan, dont la domination se montre, dès Jean Galéas (p. 15), sous les traits d'une monarchie absolue. Le dernier Visconti, Philippe-Marie (1412-1447), est surtout remarquable au plus haut point; c'est, de plus, une figure admirablement retracée par les historiens du temps [1]. Ce que la crainte peut faire d'un homme richement doué, qui se trouve dans une haute situation, se trouve, pour ainsi dire, mathématiquement complet chez lui : l'État n'a qu'un but, la sécurité du prince, et tous les moyens dont il dispose tendent à ce but unique ; seulement, l'égoïsme féroce de ce souverain ne dégénéra pas en cruauté. Il habite le château de Milan,

---

[1] *Petri Candidi Decembrii Vita Phil. Mariæ Vicecomitis*, dans MURAT., XX, dont Jove dit non sans raison (*Vitæ XII Vicecomitum*, p. 186) : *Quum omissis laudibus quæ in Philippo celebrandæ fuerant, vitia notaret*. Guarino donne de grands éloges au prince. ROSMINI, *Guarino*, II, p. 75. Jove, dans l'ouvrage cité, p. 186, et Jov. PONTANUS, *De liberalitate*, II, cap. XXVIII et XXXI, font surtout ressortir la noble conduite du prince à l'égard d'Alphonse prisonnier.

dans l'enceinte duquel on voyait les jardins, les allées et les manéges les plus magnifiques ; il n'en sort guère, et reste de longues années sans mettre le pied dans la ville ; ses excursions ont pour but les villes de la campagne, où s'élèvent ses superbes châteaux ; la flottille de barques, que traînent des chevaux rapides et qui le promène sur des canaux spécialement creusés à cet effet, est organisée en vue de toutes les exigences de l'étiquette. Toute personne qui venait au château était l'objet d'une surveillance minutieuse ; défense de stationner près d'une fenêtre, afin qu'on ne pût correspondre par signes avec le dehors. Ceux qui devaient faire partie de l'entourage immédiat du prince étaient soumis à toute une série d'épreuves savamment calculées ; quand ils les avaient subies avec succès, il leur confiait les plus hautes fonctions diplomatiques ou en faisait des laquais, car l'un était aussi honorable que l'autre. Et c'est cet homme qui a soutenu des guerres longues et difficiles, et qui a traité constamment de grandes affaires politiques, c'est-à-dire qui a dû sans cesse envoyer dans toutes les directions des hommes munis des pouvoirs les plus étendus. Ce qui faisait sa sécurité, c'est que tous ces gens-là se défiaient les uns des autres, c'est que les condottieri étaient surveillés par des espions, c'est que les négociateurs et les hauts fonctionnaires ne savaient à quoi s'en tenir et ne pouvaient jamais s'entendre, parce que le prince semait habilement la division entre eux, et surtout parce qu'il avait soin d'accoupler chaque fois un honnête homme et un coquin. Même dans son for intérieur, Philippe-Marie est tranquille et concilie deux courants d'idées diamétralement opposés : il croit aux astres et à une aveugle fatalité, et en même temps il invoque la protection de toute une légion de saints [1]; il lit des auteurs anciens, goûte les poésies de Dante et de Pétrarque et se fait lire des romans de chevalerie français. Enfin, ce même homme, qui ne voulait jamais entendre parler de la mort [2] et qui faisait disparaître du château jusqu'à ses favoris mourants, afin que le trépas de personne ne vînt attrister un séjour voué à la joie, ce même homme a hâté volontairement sa fin en laissant se fermer une plaie et en refusant de se laisser pratiquer une saignée, et il est mort avec noblesse et dignité.

Son beau-fils et enfin son héritier, l'heureux condottiere François Sforza (1450-1466, p. 30), était peut-être de tous les Italiens l'homme tel que le quinzième siècle les préférait. Jamais on n'avait vu un triomphe plus éclatant du génie et de la force individuelle; même ceux qui n'étaient pas disposés à reconnaître le nouveau souverain ne pouvaient s'empêcher d'admirer en lui un favori de la fortune. Milan était flatté d'avoir à sa tête un prince aussi célèbre; lorsqu'il était entré dans sa capitale, le peuple l'avait porté à cheval dans la cathédrale, sans souffrir qu'il mît pied à terre [3]. Voyons le bilan de sa vie, tel que l'a dressé le pape Pie II [4], qui se connaissait en pareille

---

[1] Serait-ce par hasard à lui que l'on doit les quatorze statues de marbre des sauveurs de la ville, qui ornaient les abords du château de Milan? Voir l'*Histoire des Frondsberg*, fol. 27.

[2] Il était tourmenté *quod aliquando « non esse » necesse esset.*

[3] CORIO, fol. 400; — CAGNOLA, dans les *Archiv. stor.*, III, p. 125.

[4] PII II *Comment.*, III, p. 130. Compar. II, 87, 106. Caracciolo peint sous des couleurs encore plus sombres les vicissitudes de la fortune de Sforza, *De varietate fortunæ*, dans MURAT., XXII, col. 74. — Par contre, un autre ouvrage célèbre la fortune de Sforza, c'est *Oratio parentalis de divi Francisci Sphortiæ felicitate*, par FILELFO. Cet écrivain, toujours prêt à faire l'éloge des maîtres les plus divers qui le payaient, a chanté les faits et gestes de François dans une Sforziade qui n'a pas été imprimée. Même Decembrio (voir ci-dessus, p. 47, n. 1), l'adversaire moral et littéraire de Filelfo, a vanté dans sa biographie (*Vita Franc. Sfortiæ* dans MURA-

I.

matière. « En 1459, lorsque le duc vint à Mantoue pour assister au congrès des princes, il était âgé de soixante ans (ou plutôt cinquante-huit); à cheval, on l'aurait pris pour un jeune homme; il avait une majesté imposante, il était calme, affable; une distinction souveraine éclatait dans toute sa personne; il offrait la réunion la plus complète des avantages extérieurs et des dons de l'esprit; jamais il ne connut la défaite : tel était l'homme qui d'une humble condition s'éleva jusqu'au trône. Sa femme était belle et vertueuse, ses enfants étaient gracieux comme les anges du ciel; il était rarement malade; le succès couronna ses vœux les plus chers. Pourtant il paya son tribut à la mauvaise fortune : sa femme tua par jalousie la maîtresse qu'il aimait; ses anciens compagnons d'armes et amis le quittèrent pour servir le roi Alphonse; il lui fallut en faire pendre un autre, Ciarpollone, qui s'était rendu coupable de trahison; son frère Alexandre excita les Français contre lui; un de ses fils se laissa entraîner dans un complot et fut arrêté; il perdit par une défaite la marche d'Ancône, qu'une victoire lui avait donnée. Personne ne jouit jamais d'un bonheur absolument sans mélange. Celui-là seul est heureux qui n'a pas trop à souffrir des atteintes de la fortune. » C'est par cette définition négative que le savant pontife termine son portrait. S'il avait pu entrevoir l'avenir ou voulu examiner les conséquences du pouvoir absolu en général, il aurait été certainement frappé du danger résultant de l'absence de garanties que présentait la famille du duc. Ces enfants beaux comme des anges, qui

TORI, XX) le bonheur de Sforza. Les astrologues disaient : « L'étoile de François Sforza présage du bonheur à un seul homme, mais des malheurs sans nombre à sa postérité » ARLUNI, *De bello Veneto libri VII*, dans GRÆVIUS, *Thes. antiq. et hist. Italicæ*, V. pars III. Compar. aussi BARTH. *Facii de vir. ill.*, p. 67.

de plus, avaient reçu l'éducation la plus complète et la plus soignée, une fois parvenus à l'âge d'homme, dégénérèrent entièrement sous l'influence d'un égoïsme sans bornes.

Marie Galéas (1466-1476), prince remarquable par des qualités tout extérieures, était fier de sa belle main, des grandes sommes qu'il payait à ses serviteurs, du crédit dont il jouissait, des deux millions de florins d'or que son trésor contenait, de son brillant entourage, de l'armée qu'il entretenait, de sa belle fauconnerie. Il aimait à s'entendre parler parce qu'il parlait bien, et jamais peut-être sa parole n'était plus abondante que lorsqu'il pouvait dire à un ambassadeur vénitien des choses blessantes [1]. Mais parfois il lui prenait de singulières fantaisies : c'est ainsi qu'il voulut, dans une seule nuit, faire peindre toute une salle à fresque. Il eut aussi d'horribles accès de cruauté, frappa quelques-uns de ses propres parents et se livra à de monstrueux excès. Quelques exaltés, à la tête desquels était Jean-André de Lampugnano, trouvèrent qu'il avait tous les défauts d'un tyran ; ils le tuèrent [2] et livrèrent l'État aux mains de ses frères, dont

[1] MALIPIERO, *Ann. Veneti, Archiv. stor.*, VII, I, p. 216 ss et 221-224.

[2] On trouve sur le meurtre de Marie-Galéas Sforza des documents remarquables, rédigés par G. d'Adda, dans l'*Archivio storico lombardo giornale della società Storica lombarda*, vol. II (1875), p. 284-294 : 1° une épitaphe latine du meurtrier Lampugano, qui perdit la vie en exécutant son projet, et à qui l'auteur fait dire : *Hic lubens quiesco, æternum inquam facinus monumentumve ducibus, principibus, regibus qui modo sunt quique mox futura trahantur ne quid adversus justitiam faciant dicantve;* 2° une lettre latine de *Domenico de' Belli*, enfant de onze ans, qui était présent au meurtre; 3° le *Lamento* de Marie-Galéas, dans lequel, après avoir invoqué la Vierge Marie et raconté le crime dont il a été victime, il provoque les plaintes de sa femme et de ses enfants, de ses fonctionnaires et des villes italiennes, qu'il nomme les unes après les autres et adresse ses soupirs à tous les peuples de l'univers, même aux neuf Muses et aux dieux de l'antiquité, afin d'attirer sur les meurtriers les malédictions de toute la terre.

l'un, Ludovic le More, s'empara de toute l'autorité, sans tenir compte de son neveu, qu'il oublia dans un cachot. C'est à cette usurpation que se rattachent l'intervention des Français et le malheur de toute l'Italie.

Comme prince, le More est la figure la plus caractéristique du temps; mais, d'autre part, il est le produit naturel de son époque, et, à ce titre, on ne saurait le condamner d'une manière absolue. Les moyens dont il se sert attestent l'immoralité la plus profonde, mais il les emploie avec une parfaite naïveté; on l'aurait probablement fort étonné si l'on avait voulu lui faire comprendre qu'il existe une responsabilité morale portant non-seulement sur le but, mais encore sur les moyens; peut-être même se serait-il fait un mérite tout particulier d'avoir évité autant que possible les exécutions sanglantes. A ses yeux, l'incroyable respect que les Italiens professaient pour sa force politique, était un tribut légitime[1]; il prétendait tenir la guerre dans une main et la paix dans l'autre; il aimait à faire rappeler sa puissance sur des médailles et dans des tableaux où ses ennemis étaient tournés en ridicule; il disait encore en 1496 que le pape Alexandre était son chapelain, l'empereur Maximilien son condottiere, Venise son chambellan, le roi de France son courrier, qui était obligé d'aller et de venir au gré de sa fantaisie[2]. Même réduit à la dernière extrémité (1499), il calcule encore avec un sang-froid parfait les chances qui lui restent d'échapper au danger, et la bonté naturelle au cœur humain lui inspire une confiance qui l'honore. Il décline l'offre du cardinal Ascanio, son frère, qui lui propose de défendre jusqu'au bout le château

---

[1] *Chron. Venetum,* dans MURAT., XXIV, col. 65.
[2] MALIPIERO, *Ann. Veneti, Archiv. stor.,* VII, 1, p. 492. Compar. 482, 562.

de Milan, parce qu'ils ont eu autrefois de graves démêlés ensemble. « Monsignor, lui-dit-il, pardonnez-moi si je n'ai pas confiance en vous, bien que vous soyez mon frère »; déjà il avait choisi pour commander le château, cette « garantie de son retour », un homme auquel il avait toujours fait du bien et jamais de mal [1]; celui-ci n'en livra pas moins le château.

A l'intérieur, le More s'efforça de régner en s'inspirant des intérêts de ses sujets; aussi croyait-il pouvoir compter, à Milan et en dernier lieu à Côme, sur l'affection dont il était l'objet. Cependant, depuis l'année 1496, il avait imposé le pays outre mesure, et à Crémone, par exemple, il avait fait étrangler secrètement, par mesure politique, un citoyen notable qui s'était plaint des nouveaux impôts; aussi depuis ce moment tenait-il à distance ceux qui venaient lui présenter des requêtes; il était séparé d'eux par une barre [2], ce qui obligeait les gens à parler très-haut pour se faire entendre. — Mais à sa cour, qui était la plus brillante de toute l'Europe depuis que la cour de Bourgogne n'existait plus, on voyait régner l'immoralité la plus profonde : le père livrait sa fille, le mari sa femme, le frère sa sœur [3]. Le prince du moins resta toujours actif, et, comme fils de ses œuvres, il se trouva tout naturellement rapproché de ceux qui devaient également leur situation à leurs hautes facultés intellectuelles, tels que les savants, les poëtes, les musi-

---

[1] Son dernier discours à ce gouverneur, Bernardino da Corte, tout émaillé de fleurs de rhétorique, bien que d'ailleurs il réponde aux idées qu'avait alors Ludovic, se trouve dans Senarega, MURAT., XXIV, col. 567.

[2] *Diario Ferrarese*, dans MURAT., XXIV, col. 336, 367, 369. Le peuple croyait qu'il thésaurisait.

[3] CORIO, fol. 445. On retrouve le contre-coup de cette situation surtout dans les nouvelles relatives à Milan et dans les introductions de Bandello.

ciens et les artistes. L'académie fondée par lui [1] a pour mission de servir le prince et non de former des jeunes gens ; aussi a-t-il besoin, non de la gloire des membres qui la composent, mais seulement de leurs lumières et de leurs travaux. Il est certain que dans le principe Bramante fut maigrement rétribué [2] ; cependant Léonard de Vinci reçut régulièrement jusqu'en 1496 un traitement considérable ; d'ailleurs qu'est-ce qui aurait pu le retenir à cette cour s'il n'avait pas voulu y rester ? Le monde lui était ouvert comme peut-être à n'importe lequel des artistes d'alors, et si quelque chose prouve que Ludovic le More était une nature supérieure, c'est précisément le long séjour de ce grand maître à la cour de Milan. Si plus tard Léonard de Vinci a servi César Borgia et François Ier, c'est qu'il a peut-être été séduit aussi par le caractère extraordinaire de ces deux hommes.

Ludovic le More fut emprisonné par les Français (avril 1500) lorsqu'il revint de l'Allemagne, où il s'était réfugié. Il laissait des fils qui avaient été élevés par des étrangers et qui étaient incapables de se conduire d'après le testament politique de leur père. L'aîné, Maximilien, ne lui ressemble plus du tout ; le plus jeune, François, n'était du moins pas incapable de s'élever à une certaine hauteur. Milan, qui à cette époque changea si souvent de maître et qui souffrit cruellement de ces fluctuations politiques, chercha du moins à se garantir contre les réactions ; en 1512, lorsque les Français se retiraient devant l'armée de la sainte Ligue et de Maximilien Ier, ils accordèrent aux Milanais des lettres réver-

---

[1] AMORETTI, *Memorie storiche sulla vita, ecc. di Lionardo da Vinci*, p. 35 ss., 83 ss. Il faut aussi rappeler les efforts faits par Ludovic le More pour assurer la prospérité de l'université de Pavie.

[2] Voir ses sonnets dans TRUCCHI, *Poesie inedite*.

sales aux termes desquelles ceux-ci n'avaient pris aucune part à leur expulsion, et pouvaient, sans commettre le crime de rébellion, se donner à un nouveau vainqueur [1]. Au point de vue politique, il importe aussi de considérer que, lorsque des changements de cette nature se produisaient, la malheureuse ville devenait ordinairement la proie de quelques bandes de malfaiteurs (appartenant quelquefois aux premiers rangs de la société), et subissait ainsi le même sort que Naples, par exemple, lorsque les princes d'Aragon furent obligés de s'enfuir.

Dans la seconde moitié du quinzième siècle, nous trouvons deux principautés particulièrement remarquables par la sagesse et par le talent des souverains qui les gouvernent : ce sont celles des Gonzague de Mantoue et des Montefeltro. La famille des Gonzague était assez unie; depuis longtemps elle n'avait pas été ensanglantée par le meurtre, et elle pouvait montrer ses morts. Malgré certaines traces de légèreté de mœurs, le marquis François de Gonzague [2] et sa femme Isabelle d'Este ont été, en somme, un couple respectable et uni; ils ont élevé des fils remarquables en un temps où leur État, important malgré sa petitesse, courait souvent les plus grands dangers. Ni l'Empereur, ni les rois de France, ni Venise n'auraient eu l'idée de s'attendre à ce que

[1] PRATO, dans *Archiv. stor.*, III, 298; compar. 302.

[2] Né en 1466; fiancé avec Isabelle, alors âgée de six ans, en 1480; son avénement a lieu en 1484, son mariage en 1490, sa mort en 1519; Isabelle mourut en 1539. Ses fils sont : Frédéric (1519-1540), devenu duc de Milan en 1530, et le célèbre Ferrante de Gonzague. Ce qui suit est extrait de la correspondance d'Isabelle et des annexes, *Archiv. stor.*, Append., t. II, p. 206-326, publiées par d'Arco. Compar. l'ouvrage du même auteur : *Delle arti et degli artifici di Mantova*. Mant., 1857-58, 2 vol. Le catalogue de la collection a été imprimé plusieurs fois. Le portrait et la biographie d'Isabelle se trouvent aussi chez Didot, *Alde Manuce*, Paris, 1875. Voir LXI-LXVIII. Compar. aussi plus bas, 2ᵉ part., chap. II.

François suivit, comme prince et comme condottiere, une politique tout à fait honnête et loyale; mais du moins, depuis la bataille du Taro (1495), il sentit en lui le patriotisme italien et sut communiquer ses sentiments à son épouse. A partir de ce moment, tout acte de fidélité héroïque, tel que la défense de Faenza contre César Borgia, par exemple, apparaît à cette femme remarquable comme une réhabilitation de l'Italie. Nous n'avons pas besoin d'appuyer notre jugement sur l'autorité des écrivains et des artistes, qui payaient largement la protection de la belle princesse; ses lettres nous prouvent assez qu'elle se possédait en toute circonstance, qu'elle avait un remarquable talent d'observation, et qu'elle était d'une amabilité sans égale. Bembo, Bandello, l'Arioste et Bernardo Tasso envoyaient leurs travaux à cette cour, bien qu'elle fût petite et sans influence, et que souvent la caisse fût vide. Depuis que l'ancienne cour d'Urbin n'existait plus, on ne retrouvait nulle part une société plus élégante que celle-là; même la cour de Ferrare était éclipsée par elle en un point capital, la liberté des allures. Isabelle se connaissait très-bien en œuvres d'art; aussi pas un amateur ne lira-t-il sans un vif intérêt le catalogue de sa petite, mais précieuse collection.

Urbin possédait un prince des plus remarquables dans la personne du grand Frédéric (1444-1482); peu importe d'ailleurs qu'il soit un vrai Montefeltro ou non. Comme condottiere, — et il l'est resté encore trente ans après avoir obtenu la couronne, servant tour à tour les rois et les papes, — il avait la moralité politique de ses pareils, ce dont ils ne sont qu'à moitié responsables; comme souverain d'un petit pays, il n'avait d'autre politique que de dépenser dans son duché la solde qu'il avait gagnée à l'étranger, et d'imposer ses sujets aussi peu que possible.

C'est de lui et de ses deux successeurs, Guidobaldo et François-Marie, qu'on disait : « Ils bâtirent de beaux édifices, favorisèrent la culture du sol, vécurent dans le pays même et payèrent une foule de serviteurs; le peuple les aimait [1]. » Ce n'était pas seulement l'État, mais encore la cour qui présentait, à tous les égards, le spectacle d'un mécanisme régulier et savant. Frédéric entretenait cinq cents serviteurs; les dignitaires de la cour étaient aussi nombreux que ceux qui entouraient les souverains les plus puissants; mais on ne gaspillait rien, tout avait son but, toutes les dépenses étaient exactement contrôlées. A Urbin, on ne jouait pas; on n'y entendait ni blasphèmes, ni rodomontades; c'est que la cour devait être en même temps une école d'éducation militaire pour les fils d'autres grands seigneurs, et le succès de cet établissement était une question d'honneur pour le duc. Il y avait des palais plus beaux que celui qu'il se fit construire; mais, au point de vue de la disposition, il n'y en avait pas de plus classique : c'est là qu'il réunit sa célèbre bibliothèque, le plus précieux de ses trésors [2]. Comme il se sentait en parfaite sécurité dans un pays où tout le monde trouvait, grâce à lui, de l'argent à gagner et où personne ne mendiait, il sortait toujours sans armes et presque sans escorte ; aucun autre prince n'aurait pu, comme lui, se promener dans des jardins sans clôture, prendre son frugal repas dans une salle ouverte à tous les regards, pendant qu'on lui lisait

---

[1] Franc. VETTORI, dans *Archiv. stor. Append*, t. VI, p. 321. — Relativement à Frédéric, consulter spécialement : *Vespasiano fiorent.*, p. 132 ss., et PRENDILACQUA, *Vita di Vittorino da Feltre*, p. 48-52. V. avait essayé de calmer l'ambitieux Frédéric, son élève, en lui disant : *Tu quoque Cæsar eris.* On trouve de précieux renseignements sur lui dans Favre, par ex., *Mélanges d'hist. litt.*, I, 125, n. 1.

[2] Compar. plus bas, 3ᵉ partie, chap. II.

des pages de Tite-Live (ou, pendant le carême, des ouvrages de piété). Dans la même après-midi, il écoutait la
lecture d'un auteur ancien, et allait ensuite au couvent
des Clarisses pour s'entretenir, à travers la grille du
parloir, de sujets religieux avec la supérieure. Le soir, il
aimait à diriger les exercices corporels des jeunes gens
de sa cour dans la prairie voisine de San Francesco, d'où
l'on découvrait une vue splendide, et s'occupait à développer chez eux la vigueur et l'agilité. Il prenait à tâche
d'être affable envers chacun et abordable pour tous ; il
allait voir dans leurs ateliers les ouvriers qui travaillaient
pour lui, donnait continuellement des audiences et faisait droit dans la journée, si c'était possible, aux requêtes
des solliciteurs. Aussi, quand il passait dans les rues, le
peuple se jetait à genoux devant lui et criait : *Dio ti
mantegna, signore!* Le monde éclairé l'appelait la lumière
de l'Italie [1].

Son fils, Guidobaldo [2], qui possédait de grandes qualités, mais qui eut à lutter constamment contre la maladie et le malheur, finit cependant par remettre son État
entre des mains sûres; il laissa le pouvoir à son neveu,
François-Marie, qui était en même temps neveu du pape
Jules II, et ce prince empêcha du moins le duché de
tomber sous une domination étrangère. Ce qui est remarquable, c'est l'habileté avec laquelle ces deux princes
savent se dérober successivement aux coups de César
Borgia et de Léon X; ils ont la certitude que leur retour
sera d'autant plus facile et que leurs sujets le désireront

---

[1] CASTIGLIONE *Cortigiano*, L, I.

[2] PETR. BEMBUS. *De Guido Ubaldo Feretrio deque Elisabetha Gonzaga
Urbini ducibus.* Venetis, 1530. Voir aussi les ouvrages de Bembo,
p. ex., Bâle, 1556, I, p. 529-624. On y trouve entre autres la lettre
de Fréd. Fregosus et le discours d'Odaxius sur la vie et la mort
de Guido.

d'autant plus que le pays aura moins souffert par suite d'une inutile résistance.

Si Ludovic le More faisait les mêmes calculs, il oubliait, par contre, tous les autres motifs de haine qui rendaient son retour difficile. — La cour de Guidobaldo a été immortalisée comme l'école de la suprême élégance par Balthazar Castiglione, qui a composé l'églogue de *Tircis* (1506) en l'honneur de cette société brillante, et qui plus tard (1518) a choisi les personnages de son *Courtisan* dans le cercle de la savante et spirituelle duchesse (Élisabeth de Gonzague).

Le gouvernement de la maison d'Este se distingue par un singulier mélange de despotisme et de popularité [1]. Dans l'intérieur du palais se passent des scènes épouvantables : une princesse, soupçonnée d'avoir commis le crime d'adultère avec un fils né d'un autre lit, est décapitée (1425) [2]; des princes, légitimes aussi bien qu'illégitimes, s'enfuient de la cour et sont menacés, même à l'étranger, par les coups des assassins envoyés à leur poursuite (1471); qu'on ajoute à cela des complots continuels tramés au dehors : le bâtard d'un bâtard veut détrôner le seul héritier légitime (Hercule Ier); plus tard (1493), ce dernier empoisonna, dit-on, sa femme, après avoir découvert qu'elle voulait l'empoisonner lui-même; il commit, à ce qu'on prétend, ce crime à l'instigation de Ferrante, frère de l'épouse criminelle. La dernière de ces tragédies, c'est le complot ourdi par deux bâtards contre leurs frères, le duc régnant Alphonse Ier et le cardinal Hippolyte (1506), complot qui fut découvert à temps et puni de la réclusion perpétuelle. D'autre part,

---

[1] Ce qui suit a été écrit surtout d'après les *Annales Estenses,* dans MURATORI, XX, et le *Diario Ferrarese,* dans MURAT., XXIV.

[2] Compar. BANDELLO, I, nov. 32.

le système fiscal est admirable dans ce duché, et il doit l'être, parce qu'il est le plus menacé de tous les États grands et moyens de l'Italie, et qu'il a besoin d'armements considérables et de nombreuses places fortes. Sans doute le bien-être du pays dut s'accroître à mesure que le chiffre des impôts s'éleva; aussi le marquis Nicolo (+ 1441) exprimait-il le vœu formel que ses sujets devinssent plus riches que les autres peuples. Si l'accroissement de la population prouve l'accroissement réel de la richesse publique, il faut, en effet, considérer comme un fait important qu'en 1497, malgré l'agrandissement considérable de la capitale, on ne trouvait plus de maisons à louer [1]. Ferrare est la première ville moderne de l'Europe; c'est là qu'on voit pour la première fois, sur un signe du prince, s'élever des quartiers immenses et réguliers; c'est là que se forme une population d'élite, grâce à la concentration d'un monde de fonctionnaires sur un même point et à la présence de nombreux industriels attirés par toute sorte de privilèges; de riches exilés, surtout des Florentins, viennent demander l'hospitalité à Ferrare et y construisent des palais. Mais, d'autre part, les impôts indirects étaient écrasants. Il est vrai que le souverain montrait une certaine sollicitude pour son peuple, à l'exemple d'autres princes italiens, de Marie Galéas Sforza, entre autres : en cas de disette, il faisait venir des blés étrangers [2] et les distribuait gratuitement, à ce qu'il paraît; mais en temps ordinaire il se dédommageait par le monopole, sinon du blé, du moins de beaucoup d'autres denrées alimentaires, telles que les viandes salées et

---

[1] *Diario Ferr., loc. cit.*, col. 347.

[2] Paul Jovius, *Vita Alfonsi ducis*, p. ex., ed Flor., 1550, et le même sujet, traité en italien par Giovanbattista Gelli, Flor., 1553.

le poisson ; il se réservait aussi le droit de vendre seul les fruits et les légumes, qu'il faisait cultiver avec soin sur les remparts et sur les glacis de Ferrare. La source la plus importante de ses revenus était la vente des charges publiques, dont les titulaires étaient renouvelés tous les ans ; c'était un usage répandu dans toute l'Italie ; seulement c'est sur Ferrare que nous avons les renseignements les plus exacts. A propos du commencement de l'année 1502, par exemple, on dit : La plupart des charges ont été achetées à des prix salés (*salati*). On cite des fonctionnaires de différents ordres, des receveurs des douanes, des administrateurs des domaines (*massari*), des notaires, des podestats, des juges et même des capitaines, c'est-à-dire des gouverneurs des villes de province. Au nombre de ces « mangeurs de gens » qui ont payé cher leur charge et que le peuple déteste « plus que le diable », on nomme Tito Strozza, qui n'est pas, nous voulons bien le croire, le célèbre poëte latin. A la même époque, les ducs avaient l'habitude de faire en personne un tour dans Ferrare, ce qu'on appelait *andar per ventura,* pour se faire donner des présents, au moins par les gens aisés. Toutefois ce genre de contribution était payé, non en argent, mais en nature.

Le duc était fier [1] de se dire que dans toute l'Italie on savait qu'à Ferrare les soldats touchaient régulièrement leur solde, que les professeurs des universités étaient toujours payés à jour fixe, qu'il était rigoureusement interdit aux soldats de rançonner les bourgeois et le paysan, que Ferrare était imprenable et que le château renfermait une somme énorme d'argent monnayé. Il

[1] Paul Jovius, *loc. cit.*

n'était pas question de caisses séparées; le ministre des finances était en même temps ministre du palais. Les constructions exécutées par Borso (1430-1471), Hercule Ier (jusqu'en 1505) et Alphonse Ier (jusqu'en 1534) étaient très-nombreuses, mais généralement peu considérables; le fait s'explique par les habitudes d'une maison qui, malgré son amour du luxe (Borso ne se montrait jamais que vêtu de brocart d'or et couvert de bijoux), ne veut pas s'engager dans des dépenses illimitées. Du reste, Alphonse savait par expérience que ses élégantes petites villas, le Belvédère avec ses jardins ombreux, Montana avec ses belles fresques et ses beaux jets d'eau étaient soumises aux vicissitudes des événements.

Il est certain que les dangers perpétuels au milieu desquels ils vivaient développèrent chez ces princes une grande valeur personnelle; dans une situation aussi difficile il fallait être de première force pour assurer son existence, et chacun était obligé de prouver par des faits qu'il était digne de commander. Leurs caractères ont tous des côtés peu favorables, mais on retrouve dans chacun quelques éléments de ce qui constituait l'idéal des Italiens. Quel prince de l'Europe a travaillé autant qu'Alphonse Ier, par exemple, à orner son esprit? Son voyage en Angleterre, en France et dans les Pays-Bas a été, à vrai dire, un voyage d'études dont il revient avec une connaissance approfondie du commerce et de l'industrie de ces pays [1]. Il est insensé de lui reprocher son goût pour les travaux de tourneur auxquels il se livrait pendant ses heures de récréation, attendu qu'il

---

[1] On peut aussi rappeler à ce propos le voyage fait par Léon X, lorsqu'il était cardinal. Compar. Paul. Jovii *Vita Leonis X*, lib. I. Son but était moins sérieux, il voulait surtout se distraire et voir le monde; le motif qui le guidait était tout moderne. A cette époque-là, pas un prince du Nord ne voyageait dans un but pareil.

était aussi très-expert dans l'art de fondre des canons
et qu'il aimait à s'entourer de toute sorte de maitres.
Les princes italiens ne sont pas réduits, comme leurs
contemporains du Nord, à vivre avec une noblesse qui
se considère comme la seule classe importante de la
société et qui arrive à imposer ce préjugé au prince lui-
même ; ici le souverain peut et doit connaitre et employer
tout le monde ; de même la noblesse, bien qu'isolée de
la foule par la naissance, ne fait attention, dans les
relations sociales, qu'à la personne et non à la caste,
comme nous le verrons plus bas.

Les sentiments des Ferrarais à l'égard de la famille
d'Este offrent un singulier mélange de terreur secrète,
d'affection raisonnée et de fidélité moderne ; l'admiration de l'individu fait place à un sentiment tout nouveau,
celui du devoir. En 1451, la ville de Ferrare érigea sur
la grande place au duc Nicolo, mort en 1441, une statue
équestre en bronze ; Borso ne craignit pas (1454) de
placer dans le voisinage sa propre statue en bronze, qui
le représentait assis ; de plus, dès le commencement de
son règne, la ville décréta qu'on lui éléverait une
« colonne triomphale en marbre », et lorsqu'on l'enterra,
sa mort produisit sur le peuple le même effet que « si
Dieu lui-même était mort une seconde fois[1] ». Un Ferrarais qui avait dit publiquement du mal de Borso à l'étranger, à Venise, est dénoncé à son retour et condamné par
le tribunal au bannissement et à la confiscation de ses
biens ; peu s'en faut même qu'il ne soit tué par un honnête
citoyen à la porte du tribunal : la corde au cou, il se
rend chez le duc et obtient à force de supplications la
remise de sa peine.

---

[1] *Diar. Ferr.*, dans MURAT., XXIV, col. 232 et 240

En général, ce duché est pourvu de nombreux espions, et le duc en personne examine tous les jours la liste des étrangers, que les hôteliers sont rigoureusement tenus de présenter au palais. Chez Borso [1], ce n'est que l'effet de son humeur hospitalière, qui ne veut laisser partir aucun voyageur de distinction sans le traiter avec honneur; par contre, Hercule Ier [2] ne faisait cette vérification que par mesure de précaution. A Bologne aussi, sous Jean II Bentivoglio, il fallait à cette époque que chaque étranger de passage prît un bulletin d'entrée pour avoir le droit de sortir de la ville [3]. — Le prince devient populaire au plus haut degré quand tout à coup il frappe sans pitié un fonctionnaire qui a abusé de son pouvoir, quand Borso en personne arrête ses premiers, ses plus intimes conseillers, quand Hercule Ier destitue ignominieusement un percepteur qui, pendant de longues années, s'est gorgé de l'argent des contribuables; dans ces cas-là le peuple allume des feux de joie et sonne les cloches. Une fois cependant Hercule permit à l'un de ses fonctionnaires d'aller trop loin; il s'agit de son préfet de police (*capitaneo di giustizia*), Gregoris Zampante de Lucques (car il eût été impossible de confier à un indigène des fonctions de ce genre). Même les fils et les frères du duc tremblaient devant cet agent; les amendes qu'il infligeait n'allaient jamais à moins de quelques centaines ou quelques milliers de ducats, et il faisait mettre les accusés à la torture même avant de les avoir entendus. Il se laissait corrompre par les plus grands criminels et, à force de mensonges, obtenait leur grâce du duc. Le peuple aurait volontiers payé au prince 40,000 ducats et

---

[1] Jovian. PONTAN., *De liberalitate,* cap. XXVIII.
[2] GIRALDI *Hecatommithi,* VI, nov. 1 (ed. 1565, fol. 223 a).
[3] VASARI, XII, 165, *Vita di Michelangelo.*

même davantage s'il avait destitué cet ennemi de Dieu et des hommes; mais Hercule en avait fait son compère et l'avait nommé cavalier. Zampante faisait bon an mal an 2,000 ducats d'économies; il est vrai qu'il ne mangeait plus que des pigeons élevés chez lui et ne s'aventurait plus dans les rues sans une nombreuse escorte d'arbalétriers et de sbires. Il était temps de le faire disparaitre; aussi deux étudiants et un Juif baptisé, qu'il avait cruellement offensés, le tuèrent dans sa maison pendant qu'il faisait la sieste, et, sautant sur des chevaux tout prêts, ils traversèrent la ville au galop, en criant : « Sortez de vos maisons, bonnes gens, courez; nous avons tué Zampante. » Les hommes envoyés à la poursuite des meurtriers ne purent les rejoindre : déjà ils avaient franchi la frontière voisine. A la suite de l'événement, il y eut naturellement un déluge de pamphlets sous forme de sonnets ou de chansons.

Ce qui, d'autre part, est tout à fait conforme à l'esprit de cette maison, c'est que le souverain impose à la cour et à la population la considération dont il honore des serviteurs utiles. Lors de la mort de Ludovic Casella, conseiller intime de Borso en matière littéraire (1469), les tribunaux, les boutiques, les salles de l'Université furent fermés pendant vingt-quatre heures à l'occasion des funérailles; chacun fut obligé d'accompagner le corps jusqu'à San Domenico, parce que le prince devait suivre le convoi. On vit en effet « le premier prince de la maison d'Este qui eût assisté à l'enterrement d'un sujet », vêtu de noir, suivre en pleurant le cercueil; derrière lui venaient les parents de Casella, conduits par des seigneurs de la cour; des gentilshommes portèrent le corps du roturier de l'église dans le caveau où il fut enseveli [1]. En général, c'est dans ces États italiens qu'on trouve le premier exemple de ces manifestations officielles d'un peuple s'associant par ordre aux sentiments de ses princes [2]. Respectables en principe, ces démonstrations sont généralement équivoques, surtout chez les poëtes. Une des poésies de jeunesse de l'Arioste [3], composée à l'occasion de la mort de Léonore d'Aragon, femme d'Hercule Ier, contient déjà, outre les inévitables fleurs de rhétorique que tous les siècles prodiguent en pareil cas, quelques traits tout à fait modernes : « Cette mort a porté à Ferrare un coup dont elle ne se relèvera pas de sitôt; la bienfaitrice de la ville sur la terre intercède maintenant pour elle dans le ciel, car ce monde n'était pas digne de la posséder. La mort ne s'est pas approchée d'elle avec cette faux sanglante dont elle menace les vulgaires humains ; elle est venue aimable (*onesta*) et souriante, de manière à n'avoir plus rien de terrible. » Parfois nous rencontrons l'expression de sentiments d'une tout autre nature : des nouvellistes qui ne vivaient que de la faveur de certaines maisons princières nous racontent les amours des princes, quelquefois de leur vivant [4], et cela d'une manière qui a paru aux siècles postérieurs le comble de l'indiscrétion, mais qui passait alors pour un innocent témoignage de reconnaissance. Des poëtes lyriques allaient jusqu'à chanter les passions extraconjugales de

---

[1] Déjà en 1446 les membres de la maison de Gonzague avaient suivi le convoi mortuaire de Vittorino da Feltre.

[2] Un exemple très-ancien de ce fait, c'est Bernabò Visconti, p. 14.

[3] Intitulé chapitre xix, et élégie 17 dans les *Opere minori*, ed. *Lemonnier*, vol. 1, p. 425. Sans doute le poëte, âgé de dix-neuf ans, ne connaissait pas la cause de cette mort (p. 59).

[4] Voir Appendice n° 2 à la fin du volume.

leurs nobles protecteurs; c'est ainsi qu'Ange Politien célébra les amours adultères de Laurent le Magnifique, et Gioviano Pontano celles d'Alphonse de Calabre. Ce dernier poëte met involontairement à nu l'âme basse et cruelle du prince aragonais[1]; il faut que, même sur ce terrain, il soit le plus heureux; sans cela, malheur à ceux qui seraient plus heureux que lui! — Les plus grands peintres, Léonard de Vinci par exemple, faisaient les portraits des maîtresses des princes; c'est un fait qui n'a rien que de naturel.

Quant aux princes de la maison d'Este, ils n'attendaient pas que d'autres leur décernassent l'immortalité, ils se la décernaient eux-mêmes. Borso (p. 63) se fit représenter dans le palais Schifanoja, traversant les diverses phases de sa vie de souverain, et Hercule célébra (pour la première fois en 1442) l'anniversaire de son avénement par une procession que les auteurs du temps comparèrent à celle de la Fête-Dieu; toutes les boutiques étaient fermées comme un jour de dimanche; au milieu du cortége marchaient tous les princes de la maison d'Este, même les bâtards, vêtus de brocart d'or. L'idée que toute puissance, que toute dignité émane du prince, qu'elle est de sa part une distinction personnelle, était depuis longtemps symbolisée à cette cour[2] par un ordre de l'Éperon d'or, qui n'avait plus rien de

---

[1] Entre autres dans les *Deliciæ poetar. Italor.* (1608), II, p. 455 ss. : *Ad Alphonsum ducem Calabriæ.* Pourtant je ne crois pas que l'observation ci-dessus puisse s'appliquer à ce poëme, qui décrit très-longuement les plaisirs qu'Alphonse a goûtés dans l'amour de Drusula; Pontanus retrace plutôt les impressions de l'amant heureux, qui, dans son ravissement, se figure que les dieux eux-mêmes envient sa fidélité.

[2] Le fait a déjà été attribué (1367), dans *Polistore*, Murat., XXIV, col. 848, à Nicolò l'aîné, qui nomme douze chevaliers « en l'honneur des douze apôtres ».

commun avec la chevalerie du moyen âge. A l'éperon Hercule Ier ajouta encore une épée, un manteau brodé d'or et une dotation; tout cela entrainait certainement l'obligation de rendre au prince des hommages réguliers.

La protection accordée au mérite, qui a fait la gloire de cette cour, s'étendait à l'Université, qui était une des plus complètes de l'Italie, et aux serviteurs de la cour et de l'État; elle entrainait à peine pour le prince des sacrifices particuliers. Comme riche gentilhomme campagnard et comme haut fonctionnaire, Bojardo appartenait de droit à cette dernière classe; lorsque l'Arioste commença à percer, il n'y avait plus, du moins dans le véritable sens du mot, de cour de Milan et de Florence; celle d'Urbin allait disparaître, sans parler de celle de Naples; il se contenta d'une place à côté des musiciens et des historiens du cardinal Hippolyte, jusqu'au moment où Alphonse le prit à son service. Plus tard il en fut tout autrement de Torquato Tasso, que la cour était vraiment jalouse de posséder et de garder.

CHAPITRE VI

LES ADVERSAIRES DE LA TYRANNIE

En présence de cette centralisation du pouvoir souverain, toute résistance intérieure était inutile et impuissante. Les éléments de la constitution d'une cité républicaine avaient disparu ; les idées de puissance absolue étaient seules à l'ordre du jour. La noblesse, privée de tout droit politique malgré les possessions féodales qu'elle pouvait avoir encore, avait beau se diviser et se costumer, elle et ses bravi, en Guelfes et en Gibelins, faire porter à ces derniers de telle ou telle façon la plume de la toque ou les bouffants du haut-de-chausses [1], les penseurs tels que Machiavel [2] n'en savaient pas moins que Milan et Naples étaient des villes trop « corrompues » pour pouvoir former des républiques. On trouve chez eux de singulières appréciations sur ces deux prétendus partis, qui depuis longtemps n'étaient plus que le souvenir vivant de vieilles haines de famille soigneusement entretenues à l'ombre du pouvoir absolu. Un prince italien, auquel Agrippa de Nettesheim [3] conseillait d'en finir avec ces divisions, répondit : « Mais leurs querelles me rapportent par an jusqu'à douze mille ducats d'amende ! »

---

[1] BURIGOZZO, dans *Archiv. stor.*, III, p. 432.
[2] *Discorsi*, I, 17, sur Milan après la mort de Philippe Visconti.
[3] *De incert. et vanitate scientiar.*, cap. LV.

— Et lorsqu'en 1500, par exemple, après le retour du More dans ses États, les Guelfes de Tortone appelèrent dans la ville une partie de l'armée française qui se trouvait dans le voisinage, afin de donner le coup de grâce aux Gibelins, les Français commencèrent par piller et par ruiner ces derniers, mais ensuite ils en firent autant aux Guelfes eux-mêmes, jusqu'à ce que Tortone fut entièrement dévastée [1]. — Dans la Romagne aussi, dans ce pays où les passions et les haines étaient éternelles, ces deux noms avaient entièrement perdu leur signification politique. Par un effet des aberrations politiques du temps, les Guelfes se croyaient parfois obligés d'affirmer leur sympathie pour la France, et les Gibelins de se tourner vers l'Espagne. Je ne vois pas que ceux qui exploitaient cette singulière erreur en aient beaucoup profité. La France a toujours été contrainte d'évacuer l'Italie à la suite de chaque intervention, et ce que l'Espagne est devenue après avoir tué l'Italie, on ne le sait que trop.

Mais revenons à l'autocratie italienne telle qu'elle existe à l'époque de la Renaissance. Une âme absolument pure aurait peut-être admis, même à cette époque, que toute puissance émane de Dieu et que les princes italiens seraient *nécessairement* devenus bons avec le temps et auraient oublié leur origine violente, à condition de trouver chez tous leurs sujets un concours loyal et dévoué. Mais c'est ce qu'on ne peut pas demander à des imaginations ardentes et à des esprits exaltés. Ainsi que les mauvais médecins, ceux-ci ne voyaient la fin du mal que dans la suppression du symptôme, et s'imaginaient qu'il suffisait d'assassiner le prince pour

<hr>

[1] PRATO, dans *Archiv. stor.*, III, p. 241.

s'assurer aussitôt la liberté, ou bien leur pensée n'allait pas même aussi loin, et ils voulaient simplement donner satisfaction à la haine générale, venger une famille plongée dans le malheur ou punir une offense personnelle. De même que la domination du souverain est absolue et placée au-dessus des lois, de même le moyen dont se servent ses adversaires n'est subordonné à aucune considération morale. Boccace le dit ouvertement[1] : « Dois-je donner au despote le nom de prince ou de roi et lui obéir comme à un supérieur? Non, car il est l'ennemi commun. Contre lui je puis employer les armes, les conspirations, les espions, le guet-apens, la ruse; car il s'agit d'une œuvre sacrée, nécessaire. Il n'y a pas de sacrifice plus agréable que le sang des tyrans. » Ici nous ne pouvons pas nous arrêter aux détails; disons seulement que, dans un chapitre célèbre de ses discours[2], Machiavel a traité la question des conjurations antiques et modernes à partir de l'époque des tyrans grecs de l'antiquité, et qu'il les a jugées froidement, d'après les plans suivis par leurs auteurs et leurs chances de succès. Qu'on nous permette seulement deux observations, l'une portant sur les meurtres accomplis pendant le service divin, l'autre sur l'influence de l'antiquité.

Il était presque impossible d'atteindre le tyran au milieu de ses gardes et de le frapper, sinon quand il se

---

[1] *De casibus virorum illustrium*, l. II, cap. xv.

[2] *Discorsi*, III, 6. Il fait allusion à cette description dans les *Storie fior.*, L, VIII, cap. 1. Les Italiens ont aimé de très-bonne heure les récits de conjurations. Luidprand (de Crémone, *Mon. Germ.*, SS. III, 264-365) traite des sujets de ce genre, en donnant plus de détails qu'aucun autre écrivain du dixième siècle; au onzième siècle, nous trouvons (dans *Baluz. Miscell.*, I, p. 184) l'histoire de Messine délivrée des Sarrasins par le Normand Roger qu'elle a appelé à son secours; c'est, dans ce genre, une œuvre caractéristique (1060), sans parler du récit dramatique des Vêpres siciliennes (1282).

rendait solennellement à l'église; dans aucune autre circonstance, on ne pouvait trouver réunie toute une famille princière. C'est ainsi que les habitants de Fabriano [1] tuèrent (1435) leurs tyrans, les Chiavelli, pendant une grand'messe; il avait été convenu que le massacre commencerait quand le prêtre prononcerait ces mots du *Credo : Et incarnatus est.* A Milan, le duc Jean-Marie Visconti fut assassiné à l'entrée de l'église de Saint-Gothard (1412), le duc Galéas-Marie Sforza dans l'église de Saint-Étienne (1476) (p. 51), et Ludovic le More n'échappa en 1484 aux poignards des partisans de la duchesse Bonne, veuve du duc de Milan, qu'en entrant dans l'église de Saint-Ambroise par une autre porte que celle où l'attendaient les sicaires. Ce n'étaient pas là des impiétés préméditées; les meurtriers de Galéas, avant de frapper ce prince, prièrent le saint auquel l'église était dédiée, et assistèrent à la première messe dans le temple même qu'ils devaient ensanglanter. Cependant, lors de la conjuration tramée par les Pazzi contre Laurent et Julien de Médicis (1478), une cause de l'avortement partiel du complot fut que le capitaine Jean-Baptiste de Montesecco, que les conjurés avaient choisi comme instrument de leur dessein, refusa de frapper dans le dôme de Florence les victimes désignées, attendu qu'il s'était engagé à les tuer au milieu d'un festin; deux prêtres, « qui avaient l'habitude des lieux sacrés et qui n'avaient pas peur d'ensanglanter une église », s'entendirent pour prendre sa place [2].

En ce qui concerne l'antiquité, dont nous rappellerons

---

[1] CORIO, fol. 333. Voir *ibid.*, fol. 305, 422 ss., 440.

[2] Citation empruntée à GALLUS, dans SISMONDI, XI, 93. Sur l'ensemble, compar. REUMONT, *Laurent de Médicis,* I, p. 387-397, surtout 396.

encore plus d'une fois l'influence dans les questions morales, et particulièrement dans les questions politiques,
les princes eux-mêmes donnaient l'exemple, attendu
que, dans l'idée qu'ils se faisaient de l'État aussi bien
que dans leur conduite, ils prenaient souvent pour type
l'Empire romain d'autrefois. De même leurs adversaires s'inspiraient de l'exemple des tyrannicides antiques, dès qu'ils raisonnaient leurs attentats. Sans doute
il est difficile de prouver la contagion de ces exemples
en ce qui concerne la chose principale, c'est-à-dire la
résolution d'agir; mais il n'en est pas moins vrai qu'en
invoquant l'antiquité, ils songeaient à autre chose qu'à
faire des phrases sonores et des déclamations pompeuses.
Nous possédons les renseignements les plus curieux sur
les meurtriers de Galéas Sforza, Lampugnani, Olgiati
et Visconti[1] Ils avaient tous les trois des motifs tout
personnels pour se débarrasser du tyran, et pourtant la
résolution de le frapper est venue peut-être d'une raison
plus générale. Cola de' Montani, humaniste et professeur d'éloquence, avait fait naître dans le cœur des jeunes
nobles milanais qui suivaient ses cours un désir confus
de gloire et un vague besoin de faire de grandes choses
pour la patrie, et il avait fini par parler à Lampugnani et à Olgiati de la nécessité de délivrer Milan de
la tyrannie. Bientôt il devint suspect, fut banni, et dut
laisser les jeunes gens à leur fanatisme sans pouvoir le
diriger. Environ dix jours avant d'agir, ils jurèrent solennellement, dans le couvent de Saint-Ambroise, de
frapper Galéas; « puis, dit Olgiati, j'allai devant une
image de saint Ambroise, dans une chapelle écartée, je
levai les yeux vers le saint et le suppliai de nous assister,

[1] CORIO, fol. 422. ALLEGRETTO, *Diari Sanesi*, dans MURAT., XXIII,
col. 777. — Voir plus haut, p. 51.

nous et tout *son* peuple ». Le céleste patron de la ville doit protéger le complot, ainsi que saint Étienne dans l'église duquel il sera mis à exécution. Ils mirent encore beaucoup d'autres personnes à moitié dans le secret, tinrent leurs conciliabules nocturnes dans la maison de Lampugnani, et s'exercèrent à frapper avec des gaînes de poignard. Le complot réussit; mais Lampugnani fut immédiatement tué par l'escorte du duc, et les autres furent arrêtés. Visconti témoigna du repentir; quant à Olgiati, malgré les tortures, il persista à dire que son action avait été un sacrifice agréable à Dieu, et, pendant que le bourreau lui écrasait la poitrine, il répétait encore : « Courage, Girolamo! Ton souvenir vivra longtemps; la mort est douloureuse, mais la gloire est immortelle [1]! »

Malgré le caractère idéal des projets formés et des résolutions prises, on trouve dans la manière de mener la conjuration le souvenir du plus criminel de tous les conspirateurs, de celui qui n'a absolument rien de commun avec la liberté, de Catilina. Les annales de Sienne disent formellement que les conjurés avaient étudié Salluste, et le fait ressort indirectement de l'aveu même d'Olgiati [2]. Nous retrouverons encore plus loin ce nom

---

[1] Il faut remarquer l'enthousiasme avec lequel le Florentin Alamanno Rinuccini (né en 1419) parle dans ses *Ricordi* (publiés par G. Aiazzi, Florence, 1840) des meurtriers et de leur action. — A propos d'une apologie du tyrannicide, qui remonte à peu près à la même époque, mais qui n'a pas été écrite par un Italien, voir KERVYN DE LETTENHOVE, *Jean Sans peur et l'Apologie du tyrannicide*, dans le *Bulletin de l'Académie de Bruxelles*, XI (1861), p. 558-571. Sans doute, un siècle plus tard, on avait en Italie de tout autres idées sur ce point. Compar. la condamnation du crime de Lampugnani, dans EGNATIUS, *De exemplis ill. vir. Ven.*, fol. 99 b. Compar. *ibid.*, 318 b.

[2] *Con studiare el Catelinario*, dit Allegretto. Que l'on compare, dans le propre récit d'Olgiati, qui figure dans Corio, la phrase suivante, par ex. : *Quisque nostrum magis socios potissime et infinitos alios sollicitare, infestare, alter alteri benevolos se facere cœpit. Aliquid ali-*

terrible. Cependant, à ne considérer que le but, il n'y avait pas pour les complots secrets de modèle aussi séduisant que celui-là.

Chez les Florentins, chaque fois qu'ils se débarrassèrent ou voulurent se débarrasser des Médicis, le tyrannicide était un idéal ouvertement proclamé. Après la fuite des Médicis (1494), on enleva de leur palais le groupe en bronze de Donatello [1], représentant Judith et sa victime Holopherne, et on le plaça devant le palais des seigneurs, à l'endroit où l'on vit plus tard le *David* de Michel-Ange, avec cette inscription : *Exemplum salutis publicæ cives posuere,* 1495 [2]. On invoquait surtout l'exemple de Brutus le jeune, que Dante [3] met encore avec Cassius et Judas Ischarioth au plus profond de l'enfer, parce qu'il a trahi l'Empire. Pierre - Paul Boscoli, qui échoua dans sa conspiration contre Julien, Jean et Jules de Médicis (1513), avait professé l'admiration la plus fanatique pour Brutus et avait promis solennellement de l'imiter s'il trouvait un Cassius; en effet, Augustin Capponi se chargea de le seconder. Les dernières paroles qu'il prononça en prison [4] sont un des documents les plus précieux que nous ayons sur les idées religieuses d'alors; elles montrent quels efforts il avait faits pour chasser ses idées païennes et mourir en chrétien. Il faut qu'un ami et que son confesseur lui affirment que saint Thomas d'Aquin condamne les conspirations en général;

---

quibus parum donare; simul magis noctu edere, bibere, vigilare, nostra omnia bona polliceri, etc.

[1] VASARI, III, 251. Note sur *V. di Donatello.*

[2] Il se trouve aujourd'hui dans un bâtiment nouvellement construit, qui est destiné à devenir une académie de Michel-Ange.

[3] *Inferno,* XXXIV, 64.

[4] Reproduites par le témoin auriculaire Luca della Robbia, *Archiv. stor.,* I, p. 273. Compar. Paul JOVIUS, *Vita Leonis X,* L, III, dans les *Viri illustres.*

mais plus tard, le même confesseur a avoué à l'ami en question que saint Thomas faisait une distinction, et qu'il permettait de conspirer contre un tyran qui s'était imposé au peuple. (Voir p. 5.)

Lorsque Lorenzino de Médicis eut assassiné le duc Alexandre (1537) et se fut mis en lieu sûr, il parut une apologie du meurtre [1], apologie probablement authentique, ou du moins inspirée par lui, dans laquelle il vante le tyrannicide en lui-même comme l'œuvre la plus méritoire; il se compare sans hésiter à Timoléon, le fratricide par patriotisme, dans le cas où Alexandre aurait appartenu réellement à la famille des Médicis et aurait ainsi été son parent (même éloigné). D'autres l'ont comparé à Brutus, et Michel-Ange lui-même avait encore bien longtemps après des idées de ce genre; c'est ce qu'il est permis de conclure de son buste de Brutus (dans la galerie des Uffizi). Il a laissé ce buste inachevé, comme presque toutes ses œuvres; mais ce n'est certainement pas parce qu'il a vu un forfait dans le meurtre de César, comme le prétend le distique gravé sur le marbre.

On chercherait en vain dans les principautés de la Renaissance un radicalisme général comme celui qui s'est développé en face des monarchies modernes. Sans doute chaque individu protestait dans son for intérieur contre le pouvoir d'un seul, mais il cherchait bien plus à s'accommoder de ce régime ou même à en profiter qu'à se réunir à d'autres pour l'attaquer. Il fallait que les choses fussent poussées à l'extrême, comme à Camerino, à Fabriano,

---

[1] D'abord, en 1723, comme supplément à l'histoire de Varchi, ensuite dans RoscOE, *Vita di Lorenzo de' Medici*, vol. IV, annexe 12, souvent réimprimé. Compar. REUMONT, *Histoire de la Toscane depuis la fin de la république florentine*. Gotha, 1876, I, p. 67, note. Compar. aussi la relation qui se trouve dans les *Lettere di Principi* (ed. Venez., 1577), III, fol. 162 ss.

à Rimini (p. 41), pour qu'une population entreprit de détruire ou de chasser ses princes. Du reste, on ne savait que trop bien généralement qu'on ne ferait que changer de maître. L'étoile des républiques était visiblement en train de pâlir.

CHAPITRE VII

LES RÉPUBLIQUES : VENISE ET FLORENCE.

Jadis les villes italiennes avaient développé au plus haut point cette force qui fait de la ville un État. Il ne fallait qu'une chose pour cela : c'est que ces villes formassent une vaste fédération, idée qui revient toujours en Italie, sous une forme ou sous une autre. Les luttes du douzième et du treizième siècle amenèrent la formation de grandes et puissantes ligues de villes, et Sismondi (II, 174) croit que le moment des derniers armements de la Ligue lombarde contre Barberousse (à partir de 1168) aurait été favorable à la fédération des villes italiennes. Mais déjà les villes considérables avaient pris des habitudes qui rendaient une pareille fédération impossible : sous le rapport de la concurrence commerciale, elles employaient tous les moyens les unes contre les autres et écrasaient leurs voisines plus faibles de toute leur puissance; aussi finirent-elles par croire qu'elles pouvaient subsister sans chercher la force dans l'union, et préparèrent-elles les voies au despotisme. Le despotisme vint à la suite des luttes intestines, quand le besoin d'un gouvernement fort se fit sentir dans les cités où les troupes mercenaires vendaient leur appui au plus offrant, et où les partis au pouvoir avaient depuis longtemps déclaré impraticable l'armement de tous les citoyens[1]. La tyrannie dévora la liberté dans la plupart des villes; de temps à autre les tyrans étaient renversés, mais ils se relevaient toujours, et la tyrannie reparaissait plus vivace que jamais, parce que la situation intérieure la favorisait et qu'il n'y avait plus de forces vives pour la combattre.

Parmi les villes qui conservèrent leur indépendance, il en est deux dont l'existence forme, dans l'histoire de l'humanité, un chapitre des plus intéressants : Florence, la ville du mouvement, qui nous a légué le souvenir de toutes les idées, de toutes les aspirations individuelles ou générales qui, pendant trois siècles, se sont fait jour dans ce centre intellectuel, et Venise, la ville de l'immobilité apparente et du silence politique. Elles présentent les plus forts contrastes que l'on puisse imaginer, tout en étant chacune unique dans son genre.

Venise se proclamait une création extraordinaire et mystérieuse; elle prétendait devoir sa grandeur à d'autres causes que l'industrie de l'homme. Il circulait une légende sur la fondation solennelle de la ville : le 25 mars 413, à midi, les colons venus de Padoue avaient posé la première pierre du Rialto, qui devait être un asile inattaquable et sacré dans l'Italie déchirée par les Barbares. Plus tard, les écrivains ont attribué à ces fondateurs tous les pressentiments de la grandeur future de Venise : Marc-Antoine Sabellico, qui a célébré cet événement en magnifiques hexamètres, fait dire au prêtre qui bénit la ville naissante : « Quand nous tenterons un jour de grandes choses, c'est alors, ô Ciel, que nous aurons besoin de ton appui. Aujourd'hui, c'est au pied d'un

[1] Sur le dernier point, voir Jac. NARDI, *Vita di Ant. Giacomini* (Lucques, 1818), p. 18.

pauvre autel que nous t'implorons; mais, si nos vœux ne sont pas stériles, un jour viendra où cent temples de marbre et d'or s'élèveront en ton honneur[1]! » — A la fin du quinzième siècle, la ville, partout baignée par la mer, apparaissait comme l'écrin du monde d'alors. Le même Sabellico l'appelle ainsi[2] quand il la décrit avec ses antiques coupoles, ses tours aux arêtes obliques, ses façades de marbre incrusté, sa magnificence un peu étroite, où la riche ornementation des palais et la location de tous les coins marchaient de pair. Il nous conduit sur la place qui s'étend devant San Giacometto, près du Rialto, place où s'agite une foule immense, où les affaires de tout un monde se traitent sans paroles bruyantes, sans cris, au milieu d'un bourdonnement confus, où, sous les portiques[3] qui l'entourent et sous ceux des rues voisines, sont établis des banquiers et des orfévres sans nombre, ayant au-dessus de leur tête des boutiques et des magasins plus riches les uns que les autres; il montre de l'autre côté du pont le grand Fondaco des Allemands, encombré d'habitants et de marchandises, et, devant ce vaste quartier, la flotte qui couvre constamment le canal; puis, en remontant, les

---

[1] *Genethliacum Venetæ urbis carmina* d'Ant. SABELLICUS. Le 25 mars fut choisi *essendo il cielo in singolar dispositione, si come da gli astronomi è stato calculato piu volte.* Compar. SANSOVINO, *Venezia citta nobilissima e singolare, descritta in 14 libri. Venetia,* 1581, fol. 203. Pour tout ce qui suit, nous renvoyons particulièrement à *Johannis Baptistæ Egnatii, viri doctissimi, De exemplis illustrium virorum Venetæ civitatis atque aliarum gentium,* Paris, 1554. La plus ancienne chronique vénitienne, *Joh. Diaconi Chron. Venetum et Gradenic,* dans PERTZ, *Monum. SS.* VII, p. 5, 6, dit que la fondation de la partie insulaire de la ville ne date que du temps des Lombards, et que le Rialto est d'une époque encore postérieure à celle-là.

[2] *De Venetæ urbis apparatu panegyricum carmen quod oraculum inscribitur.*

[3] Toute la contrée a été transformée par suite des constructions nouvelles du commencement du seizième siècle.

mille bateaux chargés d'huile et de vin, et, parallèlement à cette ligne de navires, la rive où fourmillent les portefaix et les entrepôts des marchands; enfin, du Rialto jusqu'à la place de Saint-Marc, les boutiques de parfumerie et les hôtelleries. C'est ainsi qu'il promène le lecteur de quartier en quartier jusqu'aux deux lazarets, qui font partie de ces établissements de haute utilité qu'on ne trouve nulle part organisés avec autant d'intelligence. En général, les Vénitiens se distinguaient par une grande sollicitude pour les personnes en temps de paix comme en temps de guerre; ils soignaient les blessés, même si c'étaient des ennemis, avec un dévouement qui faisait l'admiration des étrangers [1]

Les établissements publics de Venise, quels qu'ils fussent, pouvaient servir de modèles; les pensions étaient réglées d'après un système raisonné, qui s'étendait jusqu'aux héritiers des pensionnaires. La richesse, la sécurité politique, l'expérience avaient mûri les idées des Vénitiens en pareille matière. Les hommes, blonds[2], à la taille élancée, à la démarche grave et silencieuse, à la parole réfléchie, ne se distinguaient guère les uns des autres par le costume et par l'extérieur; ils laissaient les bijoux, surtout les perles, à leurs femmes et à leurs filles. En ce temps-là la prospérité générale de Venise était encore vraiment brillante, malgré de grandes pertes essuyées dans les guerres contre les Turcs; même plus tard les ressources accumulées dans la ville et le préjugé de toute l'Europe lui suffirent encore pour

---

[1] Alexandre BENEDICTUS, *De rebus Caroli VIII*, dans ECCARD, *Scriptores*, II, col. 1597, 1601, 1621. — Dans la *Chron. Venetum*, MURAT., XXIV, col. 26, sont énumérées les vertus politiques des Vénitiens : *bontà, innocenza. zelo di carità, pietà, misericordia.*

[2] Beaucoup de nobles portaient les cheveux coupés court; v. *Erasmi colloquia*, ed. Tiguri, a. 1553, p. 215 : *Miles et carthusianus.*

résister longtemps aux coups les plus terribles, tels que la découverte de la route des Indes orientales, la chute des mameluks en Égypte et la guerre de la Ligue de Cambrai.

Sabellico, qui était né dans les environs de Tivoli et qui était habitué au franc parler des philologues d'alors, remarque ailleurs [1] avec quelque étonnement que les grands seigneurs qui assistaient à ses cours du matin refusaient de s'engager dans des discussions politiques avec lui : « Quand je leur demande ce que les gens pensent, disent et attendent de tel ou tel mouvement qui se produit en Italie, ils me répondent tous d'une seule voix qu'il n'en savent rien. » Mais, par la partie déchue de la noblesse, on pouvait apprendre bien des choses, en dépit de l'inquisition d'État; seulement les secrets se vendaient moins bon marché. Pendant le dernier quart du quinzième siècle il y eut des dénonciateurs parmi les plus hauts fonctionnaires [2] : les papes, les princes italiens, même des condottieri au service de la République, hommes de fort médiocre condition d'ailleurs, avaient leurs délateurs, pour la plupart attitrés; la délation était devenue si commune que le Conseil des Dix croyait devoir cacher au Conseil des Pregadi les nouvelles politiques de quelque importance; on supposait même que Ludovic le More disposait d'un nombre de voix respectable dans ce dernier Conseil. Il est difficile de dire si les exécutions nocturnes et la prime élevée donnée aux dénonciateurs des victimes (par exemple, soixante ducats de pension annuelle) ont beaucoup profité à la noblesse;

---

[1] *Epistolæ*, lib. V, fol. 28.

[2] MALIPIERO, *Ann. Veneti, Archiv. stor.*, VII, I, p. 377, 431, 481, 493, 530; II, p. 661, 668, 679. — *Chron. Venetum*, dans MURAT., XXIV, col. 56. — *Diario Ferrarese, ib.*, col. 240. — Compar. aussi la notice : *Dispacci di Antonio Giustiniani* (Flor., 1876), I, p. 392.

ce qui est certain, c'est que la pauvreté de beaucoup de nobles était une cause de démoralisation qu'on ne pouvait pas supprimer tout d'un coup. En 1494, deux nobles demandèrent que le sénat votât une somme annuelle de deux mille ducats pour venir en aide aux gentilshommes pauvres sans emploi; cette motion était sur le point de passer au Grand Conseil, où elle aurait pu trouver une majorité favorable, lorsque le Conseil des Dix intervint à temps et relégua les deux pétitionnaires à perpétuité dans l'île de Chypre, à Nicosie[1]. Vers cette époque, un certain Soranzo fut pendu à l'étranger comme sacrilége, et un Contarini fut condamné aux fers pour vol avec effraction; un autre membre de la même famille parut en 1499 devant la Seigneurie et se plaignit d'être sans emploi depuis de longues années, de ne posséder que seize ducats de revenu pour entretenir neuf enfants, d'avoir avec cela soixante ducats de dettes, de ne pouvoir se livrer à aucun genre d'occupation et d'être absolument sans asile. On comprend que certains nobles riches bâtissent des maisons pour assurer des logements gratuits aux nobles pauvres. On construisit ainsi des maisons et même des rues entières pour l'amour de Dieu; les testaments de l'époque imposent fréquemment aux légataires des œuvres de charité de ce genre[2].

Cependant les ennemis de Venise auraient eu tort de fonder des espérances sérieuses sur de pareils embarras. Il est permis de croire que l'essor du commerce, qui assurait même au moindre artisan un salaire rémunérateur, et que les colonies de l'est de la Méditerranée détournaient de la politique les forces qui auraient pu

[1] MALIPIERO, dans *Archiv. stor.*, VII, II, p. 691. Compar. 694, 713, et I, 535.

[2] Marin SANUDO, *Vite de' Duchi*, MURAT., XXII, col. 1194.

créer des dangers pour la République. Il n'en est pas moins vrai que Gênes, tout en possédant les mêmes avantages, a eu l'histoire politique la plus orageuse. L'inébranlable solidité de Venise est due à un concours de circonstances qu'on n'a trouvées réunies nulle part ailleurs. Inattaquable comme ville, elle n'était de tout temps intervenue dans les affaires étrangères qu'avec la plus grande circonspection; elle était demeurée à peu près étrangère aux divisions du reste de l'Italie, et n'avait conclu des alliances que pour des motifs passagers et en se faisant payer son appui le plus cher possible. Aussi le fond du caractère vénitien était-il une fierté tout aris-tocratique; la république se retranchait dans un isolement dédaigneux et trouvait une force considérable dans la solidarité de ses citoyens, solidarité que la haine du reste de l'Italie ne faisait que développer davantage. D'autre part, les habitants de la ville même étaient liés par des intérêts majeurs aux colonies aussi bien qu'aux villes de terre ferme, attendu que les habitants de ces dernières (c'est-à-dire de toutes les villes jusqu'à Bergame) ne pouvaient acheter et vendre qu'à Venise. Une situation aussi avantageuse ne pouvait se maintenir que par le repos et par l'union au dedans; c'est ce que sentait cer-tainement l'immense majorité des citoyens. Venise était donc un terrain peu favorable aux conspirations, et, s'il y avait des mécontents, ils étaient tenus à l'écart les uns des autres par la division du peuple en noblesse et bour-geoisie, qui rendait tout rapprochement fort difficile. Dans le corps de la noblesse lui-même, une des causes principales de toute conjuration, l'oisiveté, se trouvait supprimée pour ceux qui pouvaient devenir dangereux, c'est-à-dire pour les riches, par suite de leurs grandes affaires commerciales, de leurs voyages et des guerres incessantes de la ville avec les Turcs. De plus, l'autorité avait pour eux des ménagements parfois coupables ; aussi un Caton vénitien présageait-il la ruine de la puissance de sa patrie, si cette crainte qu'avaient les nobles de se blesser entre eux subsistait en dépit de la justice [1]. Quoi qu'il en soit, cette grande liberté d'allures donnait, en somme, à la noblesse de Venise une bonne et salutaire direction.

S'il fallait absolument donner satisfaction à l'envie et à l'ambition, on trouvait des victimes officielles, des autorités constituées et des moyens légaux. Le long martyre moral auquel le doge François Foscari succomba (1457) sous les yeux de tout Venise est peut-être l'exemple le plus terrible de ces vengeances, qui ne sont possibles que dans des États aristocratiques. Le Conseil des Dix, qui se mêlait de tout, qui avait le droit absolu de vie et de mort, qui disposait en maître des deniers publics et des armées, qui renfermait dans son sein les inquisiteurs d'Etat et qui fit tomber Foscari ainsi que tant d'autres chefs puissants, ce Conseil des Dix était renouvelé tous les ans par la caste dominante, par le Grand Conseil, dont il était par conséquent l'image vivante et fidèle. Il est probable qu'il n'y avait guère de grandes intrigues à propos de ces élections, attendu qu'une puissance qui devait durer si peu et dont l'exercice entraînait de grandes responsabilités, tentait peu d'ambitions. Malgré les allures ténébreuses et les procédés violents du Conseil des Dix et d'autres autorités vénitiennes, le véritable Vénitien ne fuyait pas leur juridiction ; il l'acceptait de bonne grâce, non-seulement parce que la République avait le bras long et pouvait, à défaut du vrai coupable,

----

[1] *Chron. Venetum*, MURAT., XXIV, col. 105.

s'en prendre à sa famille, mais encore parce que, dans la plupart des cas, c'était la justice et non la passion qui prononçait [1]. Il n'est guère d'État qui ait exercé à distance une plus grande autorité morale sur les siens. Si, par exemple, il y avait des dénonciateurs parmi les Pregadi, cet inconvénient était largement compensé par le fait qu'à l'étranger tout Vénitien était pour son gouvernement un espion zélé. Il va de soi que les cardinaux vénitiens qui se trouvaient à Rome instruisaient la République de ce qui se passait dans les consistoires secrets présidés par le Pape. Le cardinal Dominique Grimani fit intercepter dans le voisinage de Rome (1500) les dépêches qu'Ascanio Sforza envoyait à son frère Ludovic le More, et les expédia à Venise ; son père, qui, à la même époque, était sous le coup d'une grave accusation, fit valoir ce service de son fils devant le Grand Conseil, c'est-à-dire devant tout le monde [2].

Nous avons indiqué plus haut (p. 27, note 3) comment Venise traitait ses condottieri. Si elle voulait chercher encore quelque garantie particulière de leur fidélité, elle la trouvait dans leur grand nombre, qui rendait la trahison aussi difficile qu'elle en facilitait la découverte. A la vue de la composition des armées vénitiennes, on se demande comment une action commune était possible avec des troupes aussi disparates. Dans l'armée qui fit la guerre de 1495, on voit figurer [3] 15,526 chevaux, tous

---

[1] *Chron. Venetum*, MURAT., XXIV, col. 123 ss., et MALIPIERO, en d'autres endroits, VII, I, p. 175, 187 ss., racontent le cas frappant de l'amiral Antonio Grimani, qui, accusé d'avoir refusé de remettre le commandement en chef à un autre, se fait mettre les fers aux pieds avant de venir à Venise et se présente ainsi devant le Sénat. Relativement à son sort ultérieur, compar. EGNATIUS, fol. 183 a ss., 189 b ss.

[2] *Chron. Ven.*, *loc. cit.*, col. 166.

[3] MALIPIERO, *loc. cit.*, VII, I, p. 349. D'autres relevés de ce genre

divisés en petits détachements ; seuls Gonzague de Mantoue et Gioffredo Borgia en ont, le premier 1,200, le second 740 ; puis viennent six chefs avec 600 à 700 chevaux, dix avec 400, douze avec 200 à 400, environ quatorze avec 100 à 200, neuf avec 80, six avec 50 à 60, etc. Ce sont ou bien d'anciens corps de troupes vénitiens, ou bien des détachements sous les ordres de la noblesse des villes ou des campagnes ; mais la plupart des commandants sont des princes italiens, des gouverneurs de villes ou leurs parents. Qu'on ajoute à cela 24,000 hommes d'infanterie, dont la provenance et la direction n'avaient, paraît-il, rien de particulier, plus 3,300 hommes appartenant probablement à des armes spéciales. En temps de paix, les villes de la terre ferme avaient peu ou point de garnison. Venise comptait moins sur le dévouement de ses sujets que sur leur bon sens ; on sait que, lors de la guerre de la Ligue de Cambrai (1509), elle les délia de leur serment de fidélité, et les laissa libres de choisir entre les inconvénients d'une occupation ennemie et les avantages de la domination toute paternelle qu'elle exerçait sur eux ; comme ils n'avaient pas eu lieu de manquer à leurs devoirs envers Saint-Marc et n'avaient, par conséquent, pas de punition à craindre, ils s'empressèrent de reprendre un joug aussi facile à porter. Disons, en passant, que cette guerre était le résultat de plaintes séculaires contre l'ambition de Venise. Celle-ci commit parfois la faute dans laquelle tombent les gens trop prudents, qui croient leurs ennemis incapables d'entreprises qu'ils trouvent eux-mêmes téméraires et absurdes [1] C'est

se trouvent dans Marin SANUDO, *Vite de' Duchi*, MURAT., XXII, col. 990 (de l'année 1426), col. 1088 (de l'année 1440), dans CORIO, fol. 435-438 (de 1483), dans GUAZZO, *Historie*, fol. 151 ss.

[1] GUICHARDIN (*Ricordi*, n° 150) est peut-être le premier à remarquer

par suite de cet optimisme, qui est peut-être le défaut des États aristocratiques plutôt que des autres, que Venise était restée dans une complète ignorance des préparatifs faits par Mahomet II pour s'emparer de Constantinople, et même des armements de Charles VIII, jusqu'au moment où se réalisèrent des événements qu'elle n'avait pas crus possibles[1]. Il en fut de même de la Ligue de Cambrai, qui était en contradiction manifeste avec l'intérêt de ses principaux organisateurs, Louis XII et Jules II. Mais la haine de toute l'Italie contre les Vénitiens conquérants s'était incarnée dans la personne du Pape; aussi ferma-t-il les yeux sur l'entrée des étrangers dans la Péninsule; pour ce qui concernait la politique suivie par le cardinal d'Amboise et son maître à l'égard de l'Italie, Venise aurait dû depuis longtemps reconnaître et redouter leur sottise et leur méchanceté. La plupart des autres membres de la Ligue furent entraînés par l'envie qui s'attache à la richesse et à la puissance, dont elle est le châtiment tout en restant un mobile absolument immoral. Venise sortit de la lutte avec honneur, mais non sans dommage.

On ne pourrait concevoir une puissance dont les bases sont si compliquées, dont l'activité et les intérêts s'étendent si loin, sans voir de haut l'ensemble de la situation, sans faire constamment la balance des ressources et des charges, de l'augmentation et de la diminution de sa richesse. Venise pourrait bien revendiquer l'honneur d'être le berceau de la statistique; Florence le partagerait peut-être avec elle, et en seconde ligne viendraient les principautés italiennes régulièrement organisées. L'État féodal

que le besoin de vengeance peut même étouffer la voix de l'intérêt personnel.

[1] MALIPIERO, *loc. cit.*, VII, I, p. 328.

du moyen âge produit tout au plus des aperçus généraux des droits et revenus du prince (terriers) ; il conçoit la production comme une chose immobile, ce que, du reste, elle est, à peu de chose près, tant qu'il s'agit du sol lui-même. Les villes de l'Occident, au contraire, ont été probablement amenées de bonne heure à regarder comme essentiellement mobile leur production, qui était tout industrielle et commerciale ; il en est résulté que, même à l'époque où la Hanse florissait, leurs états de production étaient simplement des bilans commerciaux. Flottes, armées, tyrannie et influence politique, tout cela était inscrit par Doit et Avoir comme dans un grand-livre. Ce n'est que dans les États italiens que les conséquences d'une organisation politique raisonnée, les souvenirs de l'administration mahométane, une grande force de production et une puissante activité commerciale se réunissent pour fonder une statistique sérieuse [1]. L'État despotique créé par Frédéric II au sud de l'Italie (p. 3 ss.) avait eu pour base la concentration du pouvoir en vue d'une lutte où son existence même était en jeu. Venise, au contraire, se propose pour but de jouir de la puissance que donne la fortune, de grossir l'héritage du passé, de multiplier les industries lucratives et de s'ouvrir sans cesse de nouveaux débouchés.

Les auteurs s'expriment à cet égard avec une parfaite impartialité [2]. Ils nous apprennent qu'en 1422 le chiffre de la population de la ville s'élevait à 190,000 âmes ; peut-être est-ce en Italie qu'on a commencé à compter non plus par feux, par hommes en état de porter les armes, par individus indépendants, etc., mais

---

[1] Voir Appendice n° 3, à la fin du volume.
[2] Surtout Marin SANUDO, dans les *Vite de' Duchi di Venezia*, MURAT., XXII, passim.

par âmes (*anime*), et à voir dans ce calcul la base la moins équivoque de toutes les autres supputations. Lorsque les Florentins [1] désirèrent, vers la même époque, s'allier avec Venise contre Philippe-Marie Visconti, on les éconduisit, vu qu'on avait la conviction, fondée sur des raisons toutes commerciales, que toute guerre entre Milan et Venise, c'est-à-dire entre acheteurs et vendeurs, était une folie. Il suffisait que le duc augmentât son effectif pour qu'il fût obligé d'élever le chiffre des impôts et que, par suite, la consommation diminuât dans le duché. « Il vaut mieux laisser succomber les Florentins ; habitués à vivre sous le régime des villes libres, ils émigreront chez nous avec leurs métiers à tisser la soie et la laine, ainsi que l'ont fait les Lucquois chassés de chez eux. » Mais le document le plus curieux, c'est le discours adressé par le doge Mocenigo mourant (1423) à quelques sénateurs qu'il fit venir devant son lit [2]. Ce discours renferme les éléments essentiels d'une statistique de toutes les ressources de Venise. Je ne sais pas s'il en existe un commentaire détaillé ; citons seulement, à titre de curiosité, les faits suivants. Après le remboursement de 4 millions de ducats, montant d'un emprunt fait à l'occasion d'une guerre, la dette publique (*il monte*) s'élevait encore à 6 millions de ducats. Tout l'argent en circulation pour les besoins du commerce formait, paraît-il, une somme de 10 millions, qui produisait 4 millions par an. (Ce sont

---

[1] Pour bien connaître le contraste frappant qui existe entre Florence et Venise, il faut surtout lire un pamphlet de quelques Vénitiens (1742) contre Laurent de Médicis et la réponse qui y a été faite par Benedetto Dei ; on trouve ce document dans PAGNINI, *Della decima*, Florence, 1763, III, p. 135 ss.

[2] Dans SANUDO, *loc. cit.*, col. 958-960. Ce qui a rapport au commerce se trouve dans SCHERER, *Hist. génér. du commerce*, I, 326, note.

les mots du texte.) Il y avait 3,000 barques, 300 navires et 45 galères ; les barques étaient montées par 17,000 marins. (Il y avait plus de 200 hommes par galère.) A ce chiffre venaient s'ajouter 16,000 ouvriers travaillant à la construction des navires. Les maisons de Venise avaient une valeur estimative de 7 millions, et rapportaient un demi-million de loyer [1]. Il y avait 1,000 nobles possédant de 70 à 4,000 ducats de revenu. Les revenus publics ordinaires sont évalués, pour l'année 1423, à 1,100,000 ducats ; par suite des crises commerciales qui résultèrent des guerres, ce chiffre était tombé au milieu du quinzième siècle à 800,000 ducats [2].

Si, par des calculs de ce genre et par leur application à la vie matérielle, Venise est la première à montrer un des grands côtés du système politique moderne, par contre, elle est dans une certaine infériorité sous le rapport de ce genre de culture que l'Italie mettait alors au-dessus de tout. Ce qui lui manque, c'est le goût des belles-lettres et surtout la passion de l'antiquité classique [3]. Les dispositions pour les études philosophiques et pour l'éloquence, dit Sabellico, étaient aussi grandes à Venise que les aptitudes commerciales et politiques ; mais les indigènes ne les cultivaient pas, et,

[1] Il s'agit de toutes les maisons, et non pas seulement des bâtiments qui appartiennent à l'État. Il est certain que ces derniers rapportaient souvent des sommes énormes ; compar. VASARI, XIII, 83, *Vita di Jac. Sansovino*.

[2] Ce renseignement se trouve dans Sanudo, col. 963 ; à ce propos, l'auteur dresse aussi le tableau des revenus des autres puissances italiennes et européennes. Voir un compte public de 1490, col. 1245 ss.

[3] Il paraît que cette antipathie pour l'antiquité allait chez le Vénitien Paul II jusqu'à la haine ; il appelait les humanistes sans exception des hérétiques. PLATINA, *Vita Pauli*, p. 323. — Compar. en général : VOIGT, *la Renaissance de l'antiquité classique* (Berlin, 1859), p. 207-213. Le mépris de l'antiquité est considéré par Lil. Greg. GIRALDUS (*Opera*, t. II, p. 439) comme une des causes de la prospérité de Venise,

chez les étrangers, ces talents n'étaient pas honorés comme ailleurs. Filelfo, qui avait été appelé à Venise, non par l'État, mais par des particuliers, repartit bientôt désillusionné, et Georges de Trébizonde, qui, en 1459, déposa aux pieds du doge la traduction des *Lois* de Platon, fut nommé professeur de philologie avec un traitement annuel de 150 ducats ; il dédia sa rhétorique à la Seigneurie [1]; mais il ne tarda pas à être trompé dans ses espérances et dut quitter cette ville inhospitalière aux lettres. C'est que la littérature elle-même a généralement un caractère pratique. Aussi quand on parcourt l'histoire de la littérature vénitienne, que François Sansovino a mise à la suite de son livre bien connu[2], ne trouve-t-on guère pour le quatorzième siècle que des ouvrages de théologie, de droit et de médecine à côté de quelques histoires ; même au quinzième siècle l'humanisme est faiblement représenté dans une ville de l'importance de Venise, jusqu'au moment où apparaissent Ermolao Barbaro et Alde Manuce. Par suite, il n'y a que peu d'amateurs qui s'occupent à collectionner des manuscrits et à former des bibliothèques. Lorsque Venise reçut de précieux manuscrits provenant de la succession de Pétrarque, elle les garda si mal qu'ils eurent bientôt disparu; la bibliothèque que le cardinal Bessarion légua à l'État (1468) faillit être dispersée et détruite. Pour les questions scientifiques, n'avait-on pas la ville de Padoue, où les professeurs de médecine et de droit touchaient des émoluments princiers pour les

---

[1] Sanudo, *loc. cit.*, col. 1167.

[2] Sansovino, *Venezia*, lib. XIII. Ce livre contient les biographies des doges par ordre chronologique; ces différentes biographies sont suivies de courtes notices sur les écrivains contemporains, mais ces notices ne sont régulières qu'à partir de 1312; elles portent le titre de *Scrittori veneti*.

mémoires qu'on leur faisait rédiger sur des questions de droit public?

De même, Venise n'a eu pendant longtemps que de rares poëtes; mais au commencement du seizième siècle, elle se rattrapa [1]. Même le goût des arts qui caractérise l'époque de la Renaissance a été pour elle une importation étrangère, et ce n'est que vers la fin du quinzième siècle qu'elle devient artiste elle-même, dans toute l'acception du mot. On trouve même chez elle d'autres traces plus frappantes de paresse intellectuelle.

Le même État qui était si bien maître de son clergé, qui se réservait la nomination à tous les postes importants et qui bravait la curie à chaque instant, montrait une piété officielle d'un caractère tout particulier [2]. Il acquiert au prix des plus grands sacrifices des corps de saints et d'autres reliques provenant de la Grèce conquise par les Turcs, et le doge vient les recevoir en grande pompe [3]. On résolut (1455) de débourser jusqu'à 10,000 ducats pour avoir la célèbre robe sans couture, mais on ne put l'obtenir à ce prix. Il ne s'agissait pas ici d'un engouement populaire, mais d'une décision raisonnée de l'autorité supérieure, décision qu'elle aurait pu fort

[1] Venise fut à cette époque un des principaux centres d'imitation de Pétrarque. Compar. G. CRESPAN, *Del Petrarchismo*, dans *Petrarca e Venezia* (1874), p. 187-253.

[2] Compar., HEINRIC. *De Hervodia*, ad a. 1293 (p. 213, ed. Potthast), qui raconte ce qui suit : Les Vénitiens voulurent se faire céder par les habitants de Forli le corps de Jacques Forli, qui opérait un grand nombre de miracles. Ils promirent en échange bien des avantages et offrirent entre autres de supporter tous les frais qu'entraînerait la béatification de Jacques; mais leur demande fut repoussée.

[3] SANUDO, *loc. cit.*, col. 1153, 1171, 1177. Lorsque le corps de saint Luc fut rapporté de Bosnie, il y eut une discussion avec les Bénédictins de Sainte-Justine à Padoue, qui croyaient déjà le posséder; il fallut que le Saint-Siége tranchât la question. Compar. GUICHARDIN, *Ricordi*, n° 401.

bien se dispenser de prendre et qui certainement n'aurait pas été prise à Florence. Nous ne parlerons pas de la piété de la multitude et de sa confiance dans les indulgences accordées par un Alexandre VI. Mais l'État lui-même, après avoir absorbé l'Église plus qu'elle ne l'était ailleurs, renfermait réellement une sorte d'élément religieux, et le doge, qui symbolisait l'État, figurait dans douze grandes processions [1] (*andate*), dans lesquelles il jouait un rôle à moitié sacerdotal. C'étaient ordinairement des fêtes célébrées en mémoire d'événements politiques; elles coïncidaient presque toujours avec les grandes fêtes de l'Église; la plus brillante de toutes, le fameux mariage du doge avec la mer, tombait le jour de l'Assomption.

La plus haute personnalité politique, le développement le plus complet et le plus varié se trouvent réunis dans l'histoire de Florence, de cette ville qui mérite, sous ce rapport, d'être appelée le premier État moderne du monde. Ici l'on voit un peuple tout entier s'occuper de ce qui, dans les États gouvernés par des princes, n'intéresse qu'une famille. Le merveilleux esprit florentin, cet esprit à la fois juste, fin, épris du beau, avide de créer, transforme sans cesse l'état politique et social ; sans cesse il le décrit et le juge. C'est ainsi que Florence devint la patrie des doctrines et des théories politiques, des expériences et des brusques changements, mais en même temps aussi elle devint avec Venise le berceau de la statistique et, avant tous les États du monde, celui des études historiques dans le sens moderne du mot. La vue de l'ancienne Rome et la connaissance de ses historiens

[1] SANSOVINO, *Venezia*, lib. XII, *Dell' andate publiche del principe*, EGNATIUS, fol. 40 a. Sur la crainte qu'inspirait l'interdit pontifical, voir EGNATIUS, fol. 12 a ss.

développaient ces tendances naturelles, et Giovanni Villani avoue [1] que c'est lors du jubilé de l'an 1300 qu'il conçut l'idée de son grand travail et qu'il se mit à l'œuvre aussitôt après son retour; mais, parmi les deux cent mille pèlerins qui étaient allés, cette année-là, visiter la ville éternelle, combien en est-il qui avaient peut-être autant de talent et autant de goût pour les études historiques que lui, et qui pourtant n'ont pas écrit l'histoire de leurs villes? Car tous n'auraient pas pu, comme lui, terminer leur livre par ces paroles consolantes : « Rome décline, tandis que ma patrie s'élève; elle est prête à accomplir de grandes choses; c'est pourquoi j'ai voulu retracer tout son passé; je compte continuer mon œuvre jusqu'à l'époque actuelle et y faire entrer tous les événements que je verrai encore. » Aussi, sans parler du témoignage qui résulte de son existence même, Florence a-t-elle obtenu un témoignage bien plus précieux encore : ses historiens l'ont rendue célèbre entre tous les États de l'Italie [2].

Ce n'est pas l'histoire de cet État remarquable que nous voulons raconter; nous nous bornerons simplement à quelques observations sur l'indépendance d'esprit et l'objectivité que cette histoire a fait naître chez les Florentins [3].

Dans aucune ville d'Italie on ne trouve d'aussi bonne heure et aussi longtemps des partis puissants, profondément divisés, acharnés les uns contre les autres, que nous ne connaissons sans doute que par les récits d'un âge postérieur, mais chez lesquels nous retrouvons

[1] G. VILLANI, VIII, 36. — L'année 1300 est en même temps la date adoptée dans la *Divine Comédie*.

[2] C'est ce qui est déjà constaté en 1470 par Vespasiano Fiorent., p. 554.

[3] Voir Appendice n° 4, à la fin du volume.

cependant la supériorité de l'esprit florentin. Quel grand politique que Dante Alighieri, la victime la plus illustre de ces crises intérieures, Dante, mûri par Florence elle-même et par l'exil! Il a jeté dans ses tercets [1], comme dans un moule de bronze, les sanglantes railleries que lui inspirent ces éternels changements de constitution ; ses vers resteront proverbiaux partout où se feront de semblables expériences ; il a maudit, il a regretté sa patrie avec une violence qui a dû profondément remuer le cœur des Florentins. Mais sa pensée s'étend au delà de l'Italie et du monde, et si sa passion pour l'Empire tel qu'il le concevait n'a été qu'une erreur, il faut avouer cependant que cette illusion juvénile de la spéculation politique dans son enfance a chez lui une certaine grandeur poétique. Il est fier d'être le premier qui marche dans cette voie [2]; sans doute il suit les pas d'Aristote, mais il n'en reste pas moins indépendant et original. Pour lui, l'idéal de l'Empereur est un juge suprême à la fois juste et bienveillant, ne relevant que de Dieu; c'est l'héritier de la domination romaine, qui avait pour elle le droit, la nature et le conseil de Dieu. La conquête de l'univers a été une conquête légitime, un jugement de Dieu prononçant entre Rome et le reste de la terre ; Dieu a reconnu cet empire en devenant homme pendant qu'il existait, en se soumettant pendant sa vie au pouvoir fiscal de l'empereur Auguste et en acceptant à sa mort le jugement de Ponce Pilate. Si nous ne pouvons suivre qu'avec peine ces arguments et d'autres semblables, sa passion n'en reste pas moins saisissante. Dans ses lettres [3],

<hr>

1 PURGATORIO, VI, fin.

2 *De Monarchia*, (nouvelle édition critique de Witte, Halle, 1863-1871), traduction en allemand par O. HUBATSCH, Berlin, 1872, I, 1.

3 *Dantis Aligherii Epistolæ, cum notis*, C. Witte, Padua, 1827. Sur la

il est un des premiers de tous les publicistes ; c'est peut-être le premier laïque qui ait publié de son propre chef des écrits de polémique sous la forme épistolaire. Il débuta de bonne heure dans cette voie ; peu de temps après la mort de Béatrice, il fit paraître un pamphlet sur l'état de Florence ; cet écrit est adressé « aux grands de la terre » ; de même les lettres qu'il publia plus tard pendant son exil ne sont adressées qu'à des empereurs, des princes et des cardinaux. Dans ces lettres et dans le livre « sur la langue vulgaire », on voit reparaître sous différentes formes ce sentiment né de tant de souffrances, qu'en dehors de la ville qui l'a vu naître l'exilé peut trouver une nouvelle patrie intellectuelle par la langue et par la culture, une patrie qu'on ne peut plus lui ravir. Nous reviendrons encore sur ce point.

Nous devons aux deux Villani, Jean et Mathieu, moins des considérations politiques remarquables par la profondeur que des jugements dictés par le bon sens et que les bases de la statistique de Florence, sans compter des indications précieuses sur d'autres États. Ici le commerce et l'industrie avaient fait naître des idées d'économie politique à côté des idées de politique pure. Nulle part on n'était aussi exactement renseigné qu'à Florence sur les situations financières en général, à commencer par la curie pontificale d'Avignon, dont on ne peut admettre l'encaisse énorme (25 millions de florins d'or à la mort de Jean XXII) que sur la foi de ces documents[1]. Ce n'est

manière dont il concevait l'Empereur en Italie et le Pape, voir la lettre écrite pendant le conclave de Carpentras (1314). — Sur la première lettre, voir : *Vita nuova*, cap. XXXI, *Epist.*, p. 9.

[1] Giov. Villani, XI, 20. Compar. Matt. Villani, IX, 93, qui raconte que Jean XXII, *Astuto in tutte sue cose e massime in fare il danaio,* a laissé 18 millions de florins en argent comptant et 6 millions en pierres précieuses.

que là que nous apprenons la vérité sur des emprunts colossaux, celui, par exemple, que le roi d'Angleterre contracta auprès des maisons Bardi et Peruzzi, de Florence, qui perdirent (en 1338) un actif de 1,355,000 florins d'or, appartenant à eux et à leurs commanditaires, et purent néanmoins se remettre à flot [1]. Ce qu'il y a de plus important, ce sont les indications [2] que la même époque nous fournit relativement à l'État : revenus publics (dépassant 300,000 florins d'or) et dépenses (les dépenses ordinaires ne s'élevant qu'à 4,000 florins d'or); population de la ville (renseignements très-incomplets, basés sur la consommation du pain par *bocche,* c'est-à-dire par bouches, accusant ainsi un chiffre de 90,000) et de l'État (excédant de trois cents à cinq cents garçons sur un total de cinq mille huit cents à six mille enfants présentés tous les ans au baptistère [3]); enfants qui suivaient les écoles, dont huit à dix mille apprenaient à lire, mille à douze cents apprenaient le calcul dans six écoles; plus, environ six cents écoliers qui suivaient dans quatre établissements l'enseignement de la grammaire (latine) et de la logique. Vient ensuite la statistique des églises et des couvents, des hôpitaux (qui contiennent en tout plus de mille lits); l'industrie de la laine, sur laquelle on trouve des renseignements de détail de la plus grande

---

[1] Ces renseignements et d'autres semblables se trouvent dans Giov. VILLANI, XI, 87; XII, 54, qui perdit son argent dans cette banqueroute et qui fut mis en prison pour dettes. Compar. aussi en général KERVYN DE LETTENHOVE, *l'Europe au siècle de Philippe le Bel : les Argentiers florentins,* dans le *Bulletin de l'Académie de Bruxelles* (1861), vol. XII, p. 123 ss.

[2] GIOV. VILLANI, XI, 92, 93. — Dans MACHIAVELLI, *Stor. fiorent.,* lib. II, cap. XLII, on lit que 96,000 personnes moururent de la peste (1348). Compar. plus haut, p. 89, et l'appendice nº 3 à la fin du volume.

[3] Le curé mettait un haricot noir de côté pour chaque garçon et un haricot blanc pour chaque fille; c'est à cela que se bornait le contrôle.

valeur; la monnaie, l'approvisionnement de la ville, le personnel des fonctionnaires, etc. [1]. On apprend incidemment d'autres faits, par exemple, comment, lors de la création des nouvelles rentes sur l'État (*monte*), en 1353 et les années suivantes, les prédicateurs franciscains parlèrent en chaire en faveur des rentes, et les prédicateurs dominicains et augustins contre elles [2]; enfin nulle part en Europe les conséquences économiques de la peste noire n'ont été et n'ont pu être étudiées et exposées comme à Florence [3]. Un Florentin seul pouvait nous apprendre comment on s'attendait à voir baisser le prix de toutes choses, vu le chiffre de la mortalité, et comment, au contraire, le prix des denrées et les salaires augmentèrent du double; comment le bas peuple ne voulait d'abord plus travailler et ne songeait plus qu'à bien vivre; comment on ne pouvait plus se procurer des domestiques sans payer des gages exorbitants; comment les paysans ne voulaient plus cultiver que les meilleures terres et laissaient sans culture celles qui étaient de qualité inférieure, etc.; enfin, comment les legs énormes qui, pendant la peste, avaient été faits en faveur des pauvres parurent ensuite sans objet, attendu que les pauvres étaient ou morts ou devenus riches. A propos d'un legs considérable fait par un riche particulier sans enfants en faveur de tous les mendiants de la ville (il laissait six deniers à chaque mendiant), on essaya de faire la statistique complète de la mendicité à Florence [4].

---

[1] Il y avait à Florence un corps de pompiers permanent. (GIOV. VILLANI, XII, 35.)

[2] Matteo VILLANI, III, 106.

[3] Matteo VILLANI, I, 2-7, compar. 58. — Quant à la peste elle-même, il faut placer en première ligne la célèbre description qu'en fait BOCCACE au commencement du *Décaméron*.

[4] GIOV. VILLANI, X, 164.

Cette habitude de considérer les choses au point de vue de la statistique a été, dans la suite, étendue par les Florentins aux objets les plus variés; leur gloire est surtout d'avoir, en général, laissé entrevoir, dans les travaux de ce genre, le rapport des faits de la vie ordinaire avec les faits historiques dans le sens élevé du mot, avec la culture générale et avec le développement des arts. Un relevé de l'année 1422 [1] nous fait connaître du même coup les soixante-douze comptoirs qui entourent le marché neuf, le chiffre du numéraire en circulation (2 millions de florins d'or), l'industrie alors nouvelle des fils d'or, les étoffes de soie, Philippe Brunellesco, qui exhume l'architecture antique, et Léonard Arétin, secrétaire de la République, qui ressuscite la littérature et l'éloquence anciennes; enfin la prospérité générale de la ville, qui n'était alors tourmentée par aucune agitation politique, et le bonheur de l'Italie, qui s'était débarrassée des mercenaires étrangers. La statistique de Venise, dont il a été parlé plus haut (p. 90 et 91), et qui date presque de la même année, nous révèle sans doute une opulence bien plus grande et un théâtre bien plus vaste; c'est que depuis longtemps Venise couvre les mers de ses vaisseaux, tandis que Florence n'envoie sa première galère à Alexandrie qu'en 1422. Mais qui ne reconnaît dans le relevé florentin une pensée plus haute? De dix en dix ans nous trouvons des relevés de ce genre, et même des tableaux récapitulatifs, tandis qu'ailleurs on rencontre tout au plus quelques indications sommaires. Nous apprenons à connaître approximativement la fortune et les affaires des premiers Médicis : de 1434 à 1471 ils n'ont pas dépensé moins de 663,755 florins d'or en aumônes, en

---

[1] *Ex annalibus Ceretani*, dans FABRONI, *Magni Cosmi Vita*, Adnot. 34, vol. II, p. 63.

construction d'édifices publics et en contributions; la part de Côme seul se monte à 400,000 florins [1], et Laurent le Magnifique est heureux que cet argent ait été si bien employé. En 1472, nous retrouvons un tableau extrêmement important et complet dans son genre du commerce et des industries de la ville [2], parmi lesquelles il s'en trouve plusieurs qui rentrent à moitié ou même tout à fait dans le domaine de l'art : la fabrication des étoffes lamées d'or et d'argent et des étoffes damassées, la sculpture sur bois et la marqueterie (*intarsia*); la sculpture des arabesques en marbre et en grès; les portraits en cire, l'orfèvrerie et la joaillerie. La disposition naturelle des Florentins à mettre en chiffres tout ce qui est relatif à la vie matérielle se montre même dans leurs livres de ménage, d'affaires et d'exploitation rurale, qui sont fort remarquables parmi ceux des autres Européens du quinzième siècle. On a eu raison de commencer à en publier des extraits [3]; seulement il faudra encore de longues études pour pouvoir en tirer des résultats généraux bien nets. En tout cas, on reconnaît ici, comme en tout le reste, l'État que des pères mourants priaient dans leur testament [4] de punir leurs fils d'une

---

[1] *Ricordi* de Laurent, dans FABRONI, *Laur. Med. Magnifici Vita*, Adnot. 2 et 25. — Paul JOVIUS, *Elogia*, p. 131 ss. *Cosmus.*

[2] Par Benedetto Dei, dans le passage cité plus haut, p. 90 et note 1, même page : il faut considérer que ce relevé doit servir à établir la quantité de ressources disponibles en cas d'attaque ennemie. Pour l'ensemble, compar. REUMONT, *Laurent de Médicis*, II, p. 419. — Voir le projet financier d'un certain Lodovico Ghetti, avec des indications précieuses, dans ROSCOE, *Vita di Lor. de Medici*, t. II, annexe 1.

[3] P. ex., dans *Archivio stor.*, IV (?). Compar., d'autre part, le *Livre du commerce*, ouvrage infiniment simple et répondant à des relations commerciales encore dans l'enfance, par Ott Ruland (1445-1462). Stuttg., 1843. Pour une époque postérieure, compar. le *Journal de Lucas Rem*, 1494-1541, publié par B. Greiff, Augsbourg, 1861

[4] LIBRI, *Histoire des sciences mathém.*, II, 163 ss.

amende de 1,000 florins d'or s'ils n'exerçaient pas une profession régulière.

Pour la première moitié du seizième siècle il n'y a peut-être pas une ville au monde qui possède un document comparable au magnifique tableau que Varchi a fait de Florence [1]. Florence produit encore un chef-d'œuvre de statistique descriptive comme elle en a produit tant d'autres, avant que sa grandeur et sa liberté disparaissent pour toujours [2].

A côté du calcul appliqué à tous les faits de la vie matérielle nous trouvons une suite continue de tableaux de la vie politique. Non-seulement Florence voit se succéder plus de formes et de nuances politiques, mais encore elle les raisonne et les discute infiniment mieux que d'autres États libres de l'Italie ou de l'Occident en général. Son histoire est le miroir le plus parfait du rapport qui existe entre des classes d'hommes et des individus, d'une part, et un tout mobile et changeant, de l'autre. Les tableaux des grandes démagogies bourgeoises de France et de Flandre, tels que Froissart les retrace, les récits des chroniques allemandes du quatorzième siècle sont sans doute parlants; mais, sous le rapport de la haute intelligence des faits et de l'étude approfondie des causes qui les ont amenés, les Florentins sont infiniment supérieurs à tous les autres. Domination de la noblesse, tyrannie, lutte de la classe moyenne contre le prolétariat, démocratie pure, démocratie incomplète, démocratie pour la forme, primatie d'une maison, théocratie (avec Savonarole),

---

[1] VARCHI, *Stor. fiorent.*, III, p. 56 ss., à la fin du livre IX. Il y a quelques erreurs évidentes de chiffres qui pourraient bien provenir de fautes d'écriture ou d'impression.

[2] V. Appendice n° 5, à la fin du volume.

jusqu'à ces formes hybrides qui préparaient les voies au despotisme des Médicis, tout est décrit de telle façon que les mobiles les plus secrets des acteurs de ces drames politiques sont dévoilés et mis à nu [1].

Enfin, dans ses *Histoires florentines* (jusqu'en 1492), Machiavel conçoit sa ville natale tout à fait comme un être vivant, et la marche de son développement comme le développement normal d'un individu; il est le premier entre les modernes qui ait découvert ce point de vue. Il ne rentre pas dans notre dessein d'examiner si et sous quels rapports Machiavel s'est plus inspiré de son imagination que de la réalité, comme il l'a fait dans la biographie de Castruccio Castracane, de ce type de tyran dont il a fait un portrait de fantaisie. En lisant les *Histoires florentines,* on trouverait peut-être des objections à élever contre chaque ligne, et néanmoins la haute valeur, la valeur unique de l'œuvre subsisterait tout entière. Et ses contemporains et continuateurs : Jacques Pitti, Guichardin, Segni, Varchi, Vettori, quelle pléiade de noms illustres! Et quelle histoire que celle qui est retracée par ces maîtres! Le spectacle grandiose et émouvant

---

[1] En ce qui concerne Côme (1433-1465) et son petit-fils Laurent le Magnifique (mort en 1492), l'auteur renonce à porter tout jugement sur la politique intérieure de ces princes. C'est surtout l'éloge de tous deux, notamment de Laurent, dans William ROSCOE (*Life of Lorenzo de' Medici, called the Magnificent,* d'abord Liverpool, 1795, 10ᵉ édition, Londres, 1851), qui paraît avoir provoqué une réaction. Cette réaction se montra d'abord dans SISMONDI (*Histoire des républiques italiennes,* XI), dont Roscoe réfuta les jugements souvent trop absolus (*Illustrations historical and critical of the life of Lor. d. Med.,* London, 1822); plus tard dans Gino CAPPONI (*Archiv. stor. ital.,* I (1842), p. 315 ss.), qui motiva et développa son appréciation dans *Storia della republica di Firenze,* 2 vol. Flor., 1875. On peut renvoyer le lecteur au livre de REUMONT, *Laurent de Médicis, surnommé le Magnifique,* 2 vol., Leipzig, 1874, ouvrage dont l'auteur possède pleinement son vaste sujet et où les faits sont jugés avec une parfaite impartialité.

que présentent les dernières années de la République, il est là tout entier, devant nous. Que, dans ces masses de documents qui nous font assister à la fin de l'existence la plus belle et la plus originale que nous présente l'histoire du temps, l'un ne voie qu'une collection de curiosités de premier ordre; que l'autre constate avec une joie maligne la chute de tout ce qui est noble et grand; qu'un troisième analyse cet événement comme un grand procès judiciaire, qu'importe? Le fait lui-même n'en demeurera pas moins jusqu'à la fin des jours un objet digne des méditations du penseur.

Le grand malheur de Florence, la cause des troubles qui l'agitaient sans cesse, c'était sa domination sur des ennemis vaincus, mais autrefois puissants, tels que les habitants de Pise; il en résultait forcément un régime de compression perpétuelle. Il n'y aurait eu qu'un moyen de remédier au mal, moyen héroïque sans doute, que Savonarole seul aurait été à même d'employer; c'eût été de dissoudre en temps utile le duché de Toscane et d'en faire une fédération de villes libres; idée qui plus tard, lorsqu'elle n'était plus qu'un rêve enfanté par le délire de la fièvre, coûta la vie à un Lucquois patriote (1548)[1]. L'omission de cette transformation salutaire, la sympathie toute guelfe des Florentins pour un prince

---

[1] Franc. Burlamacchi, père du chef des protestants de Lucques, Michel B. Compar. *Archiv. stor. ital.*, ser. I, t. X, p. 435 ss., *Documenti*, p. 146 ss.; d'autre part, Carlo Minutoli, *Storia di Fr. B Lucca*, 1844, et les précieux articles de Leone del Prete dans le *Giornale storico degli Archivi toscani*, IV (1860), p. 309 ss. On sait combien Milan a facilité la formation d'un grand État despotique par la dureté que cette ville a montrée au onzième et au douzième siècle à l'égard de ses sœurs. Lorsque la famille des Visconti s'éteignit en 1447, Milan détruisit les espérances de liberté de la haute Italie surtout parce qu'elle ne voulut pas entendre parler d'une fédération de villes ayant toutes les mêmes droits. Compar. Corio, fol. 358, ss.

étranger, et l'habitude des interventions étrangères, qui en fut la suite, ont été la cause de tous les malheurs de la République. Mais peut-on s'empêcher d'admirer ce peuple qui s'exalte sous la conduite d'un moine inspiré et qui, le premier en Italie, épargne ses ennemis vaincus, tandis que les exemples du passé ne lui parlent que de vengeance et de destruction? Sans doute la flamme qui jaillit à cette explosion soudaine de patriotisme, d'enthousiasme religieux et de nobles sentiments, semble s'éteindre bien vite quand on la voit à distance; mais elle reparaît, féconde et salutaire, lors du siége mémorable de 1529-1530. Sans doute, comme le disait alors Guichardin, c'étaient des « fous » qui appelèrent cet orage sur Florence; mais il avoue lui-même qu'ils ont fait ce qui était réputé impossible, et, s'il prétend que les sages auraient su éviter la tempête, il donne simplement à entendre que Florence aurait dû se livrer aux mains de ses ennemis sans combattre et sans protester. A ce prix elle aurait sauvé ses magnifiques faubourgs, ses superbes jardins, la vie et la fortune de citoyens sans nombre, mais son histoire serait privée de cette page glorieuse qui atteste sa grandeur morale.

Dans les grandes choses, les Florentins précèdent souvent les Italiens et les Européens en général, et leur servent de modèle; il en est de même pour bien des erreurs et des défauts. Lorsque Dante comparait Florence remaniant et corrigeant sans cesse sa constitution à un malade qui change de position à chaque instant pour échapper à la souffrance, il mettait le doigt sur l'éternelle plaie de sa patrie. La grande erreur moderne, qui consiste à croire qu'on peut *faire* une constitution, c'est-à-dire la créer en se basant sur le calcul

des forces et des tendances existantes[1], reparaît toujours à Florence dans les périodes d'agitation, et
Machiavel lui-même n'a pu s'en affranchir. Il se forme
des novateurs politiques qui, par la division et la répar-
tition savante du pouvoir, par des procédés électoraux
bien raffinés, par des autorités plutôt nominales que
réelles, etc., veulent fonder un état durable et contenter,
peut-être aussi tromper indistinctement les grands et les
petits. Ils s'appuient naïvement sur l'exemple de l'antiquité et finissent même par lui emprunter officiellement
les noms des partis, tels que *ottimati, aristocrazia*[2], etc.
Ce n'est que depuis cette époque qu'on s'est habitué à
ces expressions et qu'on leur a donné un sens conventionnel, européen, tandis qu'autrefois les noms de partis
étaient locaux et désignaient exclusivement une chose
particulière ou naissaient des jeux du hasard. Or, combien le nom ne sert-il pas à figurer et à défigurer la chose!

Quoi qu'il en soit, de tous ces architectes politiques[3],
Machiavel est sans contredit le plus grand. Il considère
les forces existantes comme étant toujours vivantes,
actives, calcule les chances de succès avec la puissance et
l'autorité du génie, et ne cherche ni à se tromper lui-
même, ni à tromper les autres. On ne trouve pas chez lui

[1] Le troisième dimanche de l'Avent de l'année 1494, Savonarole
prêcha sur la manière d'arriver à faire une nouvelle constitution;
voici ce qu'il proposait : Les seize compagnies de la ville devaient
élaborer chacune un projet; les gonfaloniers choisiraient les
quatre meilleurs, et la Seigneurie le meilleur de tous. Compar.
P. VILLANI, *Savonarola*, traduction en allemand, I, p. 193-200. De
plus, Savonarole a écrit un remarquable *Trattato circa il regimento
di Firenze* (réimprimé à Pise en 1817). — Mais tout se passa autrement, et cela sous l'influence du prédicateur lui-même.

[2] Cela arriva pour la première fois après l'expulsion des Médicis.
V. VARCHI, I, 121, etc.

[3] MACHIAVELLI. *Storie fior.*, l. III, cap. 1. « *Un savio dator di leggi* »
pourrait sauver Florence.

la moindre trace de vanité ou de suffisance ; du reste, il écrit non pas pour le public, mais pour des gouvernements, pour des princes ou pour des amis. Chez lui, le danger de faire fausse route ne vient *jamais* de ce que son génie est faillible ou de ce qu'il se trompe dans ses déductions, mais de ce qu'il est entraîné par une imagination ardente, qu'il ne gouverne qu'avec peine. Sans doute son objectivité politique est parfois effrayante dans sa sincérité, mais elle est née à une de ces époques de crises dangereuses où les hommes ne croient plus guère au droit et ne peuvent plus supposer la justice. L'indignation vertueuse d'un écrivain contre son temps ne nous émeut pas extraordinairement, nous qui, dans notre siècle, avons vu tant de puissances à l'œuvre. Machiavel était du moins capable de s'oublier lui-même dans l'étude des faits. En général, il est patriote dans le sens le plus rigoureux du mot, bien que ses écrits (sauf des exceptions insignifiantes) ne respirent nullement l'enthousiasme patriotique et que les Florentins aient fini par le considérer comme un criminel[1]. Quelque léger qu'il fût, à l'exemple de la plupart de ses contemporains, dans sa conduite et dans ses discours, le salut de l'État n'en était pas moins sa pensée dominante.

Son programme le plus complet sur l'organisation d'un système politique à Florence se trouve consigné dans le mémoire qu'il a adressé à Léon X[2] et qu'il avait écrit après la mort de Laurent de Médicis le jeune, duc d'Urbin (mort en 1519), à qui il avait dédié son livre du *Prince*. Le mal est déjà profond et invétéré, et les moyens qu'il propose pour l'arrêter ne sont pas tou-

---

[1] VARCHI, *Stor. fiorent.*, I, p. 210.
[2] *Discorso sopra il riformar lo stato di Firenze*, dans les *Opere minori*, p. 207.

jours moraux ; cependant il est on ne peut plus intéressant de voir comment il espère faire passer la succession des Médicis à la république, voire même à une démocratie moyenne. On ne saurait imaginer un édifice plus ingénieux de concessions au Pape, à ses partisans les plus dévoués et aux différents intérêts de Florence ; on croit voir le mécanisme d'une horloge. On trouve dans les *Discorsi* beaucoup d'autres principes, des observations, des parallèles, des perspectives politiques pour Florence, etc., entremêlés d'aperçus de toute beauté ; il proclame, par exemple, la loi d'un développement continu des républiques, développement qui n'est possible, il est vrai, qu'au moyen de secousses successives ; il veut que le système politique soit mobile et perfectible, attendu qu'à cette condition seulement on pourrait éviter les condamnations et les bannissements sommaires. Par une raison semblable, c'est-à-dire dans le but de couper court aux violences privées et à l'intervention étrangère, « la mort de toute liberté », il voudrait voir les citoyens détestés du public, traduits en justice (*accusa*) au lieu de les livrer simplement à la médisance, comme autrefois. Il peint de main de maître les résolutions forcées et tardives qui, en temps de crise, jouent souvent un si grand rôle dans les républiques. Une fois, sa fantaisie et les difficultés de la situation politique l'entraînent à faire l'éloge le plus complet du peuple, qui sait choisir son monde mieux que n'importe quel prince et qu'on peut ramener de l'erreur « par la persuasion »[1]. Quant à l'empire de la Toscane, il ne doute pas qu'il n'appartienne à sa ville natale, et il considère (dans un discours particulier) la nécessité de reprendre Pise comme une

---

[1] Cette idée se trouve dans Montesquieu, qui l'a certainement empruntée à Machiavel.

question vitale; il regrette qu'on ait laissé Arezzo debout après la rebellion de 1502; il accorde même, d'une manière générale, que les républiques italiennes doivent avoir le droit d'étendre leur activité au dehors et de s'agrandir, afin de ne pas être attaquées elles-mêmes et d'assurer leur repos intérieur; mais il ajoute que Florence s'y est toujours mal prise, et qu'elle s'est fait des ennemies mortelles de Pise, de Sienne et de Lucques, tandis que Pistoie, qui avait été « traitée en sœur », s'était soumise volontairement [1].

Il serait injuste d'établir un parallèle entre les quelques autres républiques qui existaient au quinzième siècle et cette ville de Florence, qui a été de beaucoup le centre le plus important où se soit élaboré l'esprit italien et même l'esprit moderne de l'Europe en général. Sienne souffrait des maux organiques les plus graves, et sa prospérité relative en matière d'art et d'industrie ne doit pas nous faire illusion à cet égard. Sylvius Énéas [2] jette un regard d'envie sur ces « heureuses » villes impériales d'Allemagne où l'existence n'est pas empoisonnée par des confiscations de toute sorte, par les violences des autorités et des factions [3]. Gênes ne rentre guère dans la

[1] Comparer un document un peu postérieur (1532?), le mémoire, terrible dans sa sincérité, de Guichardin sur la situation et l'organisation inévitable du parti des Médicis, *Lettere di principi*, III, fol. 124 (ed. Venez., 1577).

[2] ÆN. SYLVII *Apologia ad Martinum Mayer*, p. 701. — Sur le même sujet, voir MACHIAVEL, *Discorsi*, I, 55 et ailleurs.

[3] La demi-culture moderne et l'abstraction ont eu souvent une influence souveraine sur les affaires politiques; c'est ce que prouvent les divisions qui marquèrent l'année 1535 (DELLA VALLE, *Lettere sanesi*, III, p. 317). Un grand nombre de marchands, excités par la lecture de Tite-Live et des *Discorsi* de Machiavel, demandent très-sérieusement des tribuns du peuple et d'autres magistrats comme ceux de Rome pour réprimer les abus commis par les grands et les fonctionnaires.

sphère de nos études, attendu qu'avant l'époque d'André Doria elle n'a guère pris part à la Renaissance, ce qui faisait passer les Génois aux yeux de l'Italie pour des contempteurs de toute haute culture intellectuelle[1]. Les luttes des partis ont ici un caractère tellement sauvage, elles étaient accompagnées de perturbations tellement violentes que l'on comprend à peine comment les Génois ont pu s'y prendre pour retrouver une existence supportable après toutes les révolutions et toutes les occupations dont ils ont souffert. Peut-être ont-ils pu vivre parce que presque tous ceux qui faisaient partie du gouvernement déployaient en même temps une grande activité commerciale[2]. Gênes est un exemple frappant de la force de résistance que le travail et la richesse peuvent opposer à l'incertitude de l'existence politique; elle nous montre aussi que la possession des colonies lointaines est compatible avec la situation intérieure la plus précaire.

Lucques ne joue qu'un rôle insignifiant au quinzième siècle.

---

[1] Pierio VALERIANO, *De infelicitate litteratorum*, à propos de Bartolommeo della Rovere. (L'ouvrage de P. V. écrit en 1527, est cité, dans ce qui suit, d'après l'édition de Menken, *Analecta de calamitate litteratorum*, Leipzig, 1707.) Il ne peut être question ici que du passage qui se trouve p. 348, passage qui ne renferme pas, il est vrai, l'allégation qui figure dans le texte, mais où il est dit que B. d. R. veut détourner des études son fils, qui a beaucoup de goût pour les travaux intellectuels, pour le forcer d'entrer dans les affaires.

[2] SENAREGA, *De reb. Genuens.*, dans MURAT., XXIV, col. 548. Sur cette incertitude, compar. surt. col. 519, 525, 528, etc. Voir dans CAGNOLA, *Archiv. stor.*, III, p. 165 ss., le discours très-franc de Battista Guasco, chef des vingt-quatre envoyés génois qui vinrent trouver François Sforza lorsque Gênes se donna à lui; l'ambassadeur déclare que Gênes se livre au duc parce qu'elle pourra espérer de vivre plus tranquille et plus sûre. La figure de l'archevêque, doge, corsaire, etc., plus tard cardinal Paolo Fregoso, se détache vigoureusement au milieu de celles du temps.

CHAPITRE VIII

POLITIQUE EXTÉRIEURE DES ÉTATS ITALIENS

De même que la plupart des États italiens, considérés au point de vue de leur organisation intérieure, étaient des machines savantes, c'est-à-dire des créations voulues nées de la réflexion, reposant sur des bases visibles et bien calculées, de même leurs rapports eutre eux et avec l'étranger devaient être soumis à des règles positives. Le fait qu'ils doivent presque tous leur existence à des usurpations assez récentes est aussi fatal pour leurs relations extérieures que pour leur situation intérieure. Pas un ne reconnait l'autre sans réserve; le même hasard qui a présidé à la création et au maintien d'un État peut servir contre l'État voisin. Il ne dépend pas toujours d'un despote de rester inactif ou d'agir. Le besoin de s'agrandir, de faire montre d'activité en général, est particulier à tous les souverains illégitimes. C'est ainsi que l'Italie devient la patrie d'une « politique extérieure » qui a remplacé peu à peu, même dans d'autres pays, l'application du droit naturel. La manière de traiter les questions internationales est tout objective, elle est sans préjugés et sans scrupules ; elle arrive ainsi à prendre parfois un air de grandeur et d'éclat, tandis que la vue de l'ensemble produit l'impression qu'on ressent en face d'un abime.

Ces intrigues, ces ligues, ces armements, ces tentatives de corruption et ces trahisons forment ensemble l'histoire extérieure de l'Italie d'alors. Pendant longtemps Venise surtout fut l'objet des récriminations générales : on l'accusait de vouloir conquérir toute l'Italie ou l'abaisser insensiblement de manière à forcer les États, réduits à l'impuissance, à se jeter les uns après les autres dans ses bras [1]. Cependant, en y regardant de plus près, on s'aperçoit que ces cris d'alarme ne sortent pas du sein du peuple, mais de l'entourage des princes et des gouvernements, qui sont presque tous profondément détestés de leurs sujets, tandis que Venise, grâce à son régime un peu paternel, jouit de la confiance de tous [2]. Aussi Florence, avec ses villes sujettes toujours frémissantes, était-elle vis-à-vis de Venise dans une situation plus que fausse, même si l'on fait abstraction de la rivalité commerciale des deux villes et des progrès de Venise dans la Romagne. Enfin la ligue de Cambrai réussit réellement à affaiblir un État que l'Italie aurait dû soutenir de toutes ses forces réunies.

Tous les autres États ont à craindre et craignent en effet des usurpations réciproques, et sont toujours prêts à se porter aux dernières violences. Ludovic le More, les Aragonais de Naples, Sixte IV, sans parler des princes

[1] Ainsi parle encore bien plus tard VARCHI, *Stor. fiorent.*, I, 57.
[2] En 1467, Marie-Galéas Sforza dit bien le contraire à l'agent vénitien (c'est-à-dire que des sujets de Venise s'étaient offerts à faire avec lui la guerre à leur patrie); mais c'est là de la jactance pure. Compar. MALIPIERO, *Annali veneti, Arch. stor.*, VII, I, p. 216 ss. En toute circonstance, des villes et des campagnes se donnent volontairement à Venise, sans doute après avoir souffert du régime despotique, pendant que Florence est obligée de tenir dans une dépendance servile des républiques voisines habituées à la liberté, ainsi que le fait remarquer Guichardin (*Ricordi,* n° 29).

moins considérables, inquiétaient sans cesse l'Italie et créaient ainsi pour elle les plus grands dangers. Si du moins l'Italie seule avait été victime de ce jeu funeste! Mais la force des choses amena les peuples à rechercher l'intervention et l'appui de l'étranger, particulièrement des Français et des Turcs.

D'abord les populations sont généralement engouées de la France. De tout temps Florence avoue, avec une naïveté qui fait frémir, sa vieille sympathie guelfe pour la France [1]. Et lorsque Charles VIII apparut réellement au sud des Alpes, toute l'Italie l'accueillit avec un enthousiasme que ce prince et ses gens eux-mêmes trouvèrent tout à fait singulier [2]. Dans l'imagination des Italiens (qu'on se rappelle Savonarole) vivait l'image idéale d'un sauveur et d'un prince grand, sage et juste; seulement cet idéal n'était plus, comme chez Dante, l'empereur, mais le roi capétien de France. Avec sa retraite, l'illusion s'évanouit; pourtant il a fallu du temps aux Italiens pour reconnaître jusqu'à quel point

---

[1] Ce qu'il y a peut-être de plus fort dans ce genre se trouve dans des *instructions aux ambassadeurs* qui vont trouver Charles VII en 1452 (dans FABRONI, *Cosmus*, adnot. 107, vol. II, p. 200 ss.), instructions dans lesquelles on recommande aux ambassadeurs florentins de rappeler au Roi les rapports intimes qui, pendant des siècles, ont existé entre Florence et la France, et de lui rappeler aussi que Charlemagne avait délivré Florence et l'Italie des Barbares (Lombards), et que Charles Ier, avec l'Église romaine, *furon fondatori della parte guelfa. Il qual fundamento fu cagione della ruina della contraria parte e introdusse lo stato della felicità in che noi siamo.* Lorsque le jeune Laurent fit une visite au duc d'Anjou, qui séjournait momentanément à Florence, il se vêtit à la mode française. (FABRONI, vol. II, p. 9.)

[2] COMINES, *Charles VIII*, chap. x. On regardait les Français « comme saints ». — Comp. ch. XVII, *Chron. Venetum*, dans MURAT., XXIV, col. 5, 10, 14, 15. — MATARAZZO, *Chron. di Perugia, Arch. stor.*, XVI, II, p. 23. Nous passons sous silence mille autres propos. Compar. surtout les publications authentiques de Pilorgerie et Desjardins, plus bas, p. 115, note 1, et l'appendice n° 6.

Charles VIII, Louis XII et François Ier méconnaissaient leur véritable situation vis-à-vis de l'Italie et par quels motifs secondaires ils se laissaient diriger. Les princes cherchèrent à se servir de la France autrement que le peuple. Lorsque les guerres entre la France et l'Angleterre furent terminées, lorsque Louis XI jeta ses filets diplomatiques dans toutes les directions, lorsqu'on vit Charles de Bourgogne se bercer de projets aventureux, les cabinets italiens vinrent de tous les côtés au-devant d'eux, et l'intervention française devint inévitable; elle devait avoir lieu tôt ou tard, même sans les prétentions de la France sur Naples et sur Milan, aussi sûrement qu'elle avait eu lieu depuis longtemps à Gênes et dans le Piémont, par exemple. Les Vénitiens l'attendaient dès 1462 [1]. En lisant la correspondance du duc Marie Galéas de Milan [2], on est frappé de voir dans quelles angoisses mortelles vécut ce prince pendant la guerre de Bourgogne, lorsque, allié en apparence avec Louis XI aussi bien qu'avec Charles le Téméraire, il avait à craindre de voir ses États envahis par les deux adversaires. L'équilibre des quatre principaux États italiens, tel que Laurent le Magnifique l'entendait, n'était après tout que le rêve d'un esprit net, mais optimiste à l'excès, qui était au-dessus des coupables erreurs d'une politique purement expérimentale aussi bien que des superstitions guelfes des Florentins, et qui espérait en dépit de tout. Lorsque Louis XI lui offrit des auxiliaires pour le soutenir dans sa guerre contre Ferrante de Naples et Sixte IV, il lui répondit : « Il m'est impossible de sacrifier la sécurité de

---

[1] Pii II *Commentarii*, X, p. 492.

[2] Gingins, *Dépêches des ambassadeurs milanais*, etc., I, p. 26, 153, 279, 283, 285, 327, 331, 345, 359; II, p. 29, 37, 101, 217, 306. Charles avait parlé un jour de donner Milan au jeune Louis d'Orléans.

toute l'Italie à mon intérêt; plût à Dieu que les rois de France n'eussent jamais l'idée d'essayer leurs forces dans ce pays! Si l'on en vient là, l'Italie sera perdue [1]. » Pour d'autres princes, au contraire, le roi de France est tour à tour un moyen ou un objet de terreur; ils le présentent comme un épouvantail dès qu'ils ne voient pas d'expédient plus commode pour sortir d'un embarras quelconque. Enfin les papes croyaient pouvoir négocier avec la France sans danger pour eux-mêmes; c'est ainsi qu'Innocent VIII avait encore la faiblesse de croire qu'il pouvait bouder et se retirer dans le Nord, pour ensuite revenir en conquérant avec une armée française [2].

Ainsi les esprits sérieux prévoyaient la conquête étrangère bien avant l'expédition de Charles VIII [3]. Et

[1] Nicolò VALORI, *Vita di Lorenzo*, Flor., 1568, traduction en italien de l'original latin imprimé pour la première fois en 1749. (Cet original se trouve aussi dans GALLETTI, *Phil. Villani Liber de civit. Florentiæ famosis civibus*, Florence, 1847, p. 161-183; on y trouve le passage que nous citons.) Il faut pourtant remarquer que cette biographie, la plus ancienne de toutes (elle a été écrite peu de temps après la mort de Laurent), est plutôt un panégyrique qu'une histoire, et particulièrement que les paroles mises ici dans la bouche de Laurent ne figurent pas dans le livre du chroniqueur français et n'ont guère pu être prononcées. En effet, Comines, qui fut envoyé par Louis XI à Florence et à Rome, dit (*Mémoires*, liv. VI, ch. v) : « Je ne pouvais pas lui offrir une armée, car je n'avais que ma suite. » (Compar. REUMONT, *Laurent*, I, p. 197, 429; II, p. 598.) Dans une lettre envoyée de Florence à Louis XI (23 août 1478), il est dit nettement : *Omnis spes nostra reposita est in favoribus Suæ Majestatis*. A. DESJARDINS, *Négociations diplomatiques de la France avec la Toscane* (Paris, 1859), I, p. 173. Laurent lui-même écrit dans un sens analogue dans KERVYN DE LETTENHOVE, *Lettres et négociations de Philippe de Comines*, I, p. 190. On voit donc que Laurent est un suppliant qui demande humblement du secours, et non un prince orgueilleux qui refuse le secours qu'on lui offre.

[2] FABRONI, *Laurentius Magnificus*, adnot., 285 ss. Même on trouve dans un de ses brefs ces paroles textuelles : *Flectere si nequeo superos, Acheronta movebo*. Nous aimons à croire qu'il ne fait pas allusion à une alliance avec les Turcs. (VILLARI, *Storia di Savonarola*, II, p. 48.)

[3] P. ex. Jovian. PONTANUS dans son *Charon*. Dans le dialogue

c'est seulement lorsque Charles eut repassé les Alpes que tout le monde vit clairement que l'ère des interventions venait de commencer. A partir de ce moment, les malheurs s'enchaînent, on s'aperçoit trop tard que la France et l'Espagne, les deux principaux intervenants, sont devenues dans l'intervalle de grandes puissances modernes, qu'elles ne peuvent plus se contenter d'hommages platoniques, mais qu'elles sont obligées de lutter à outrance pour assurer leur influence et leur domination en Italie. Elles ont commencé par ressembler aux États italiens centralisés, même par les imiter, seulement dans des proportions colossales. L'esprit de conquête prend son essor et, pendant un temps, ne connait plus de bornes. On sait que la lutte se termina par la prépondérance absolue de l'Espagne, qui, en sa qualité d'épée et de bouclier du parti hostile à la Réforme, réduisit la papauté elle-même à une longue dépendance. Alors les philosophes, contraints au silence, durent se borner, dans leurs tristes réflexions, à montrer que tous ceux qui avaient appelé les Barbares avaient mal fini.

Au quinzième siècle, on vit des princes entrer ouvertement en relation avec les Turcs; ils voyaient dans ces rapports d'un nouveau genre un moyen d'action politique qui en valait un autre. L'idée d'une » chrétienté d'Occident » solidaire avait parfois singulièrement baissé pendant la période des croisades, et Frédéric II l'avait

entre Eaque, Minos et Mercure (*Opp. ed. Bas.*, II, p. 1167), le premier dit : *Vel quod haud multis post sœculis futurum auguror, ut Italia, cujus intestina te odia male habent Minos, in unius redacta ditionem resumat imperii majestatem.* Éaque répond à Mercure qui dit de prendre garde aux Turcs : *Quamquam timenda hæc sunt, tamen si vetera respicimus, non ab Asia aut Græcia, verum a Gallis Germanisque timendum Italiæ semper fuit.*

sans doute entièrement oubliée; mais les progrès de l'Orient, les malheurs et la chute de l'empire grec avaient réveillé chez les Occidentaux leurs sentiments d'autrefois, à défaut de leur zèle contre les infidèles. Sous ce rapport, l'Italie fait généralement exception; quelque grande et quelque fondée que fût la terreur inspirée par les Turcs, il n'y a guère eu de gouvernement considérable qui n'ait recherché l'appui compromettant de Mahomet II et de ses successeurs contre d'autres États italiens. Les princes se croyaient réciproquement capables de pactiser avec le musulman, et l'entente avec les Turcs paraissait toujours possible, même quand elle n'était pas réelle; cela était moins grave assurément que ce que les Vénitiens reprochaient à l'héritier d'Alphonse de Naples, qui, disaient-ils, avait envoyé des gens pour empoisonner les citernes de Venise [1]. En voyant un scélérat comme Sigismond Malatesta, on pouvait bien s'attendre à ce qu'il appelât les Turcs en Italie [2]. Mais même les Aragonais de Naples, à qui Mahomet, excité, à ce qu'on dit, par d'autres gouvernements italiens, surtout par celui de Venise [3], enleva un jour Otrante (1480), instiguèrent à leur tour

---

[1] COMINES, *Charles VIII*, chap. VII. — Nantiporto, dans MURAT., III, col. II, 1073, raconte comment Alphonse cherche à s'emparer de son adversaire à l'occasion d'une entrevue. Alphonse est le véritable précurseur de César Borgia.

[2] PII II *Commentarii*, X, p. 492. — Quand Marie Galéas de Milan disait (1467) à un agent vénitien que lui et ses alliés s'uniraient aux Turcs pour anéantir Venise, c'était une pure fanfaronnade. — Sur *Boccalino*, voir p. 32.

[3] PORZIO, *Congiura de' baroni*, l. I, p. 5. Il est difficile d'admettre, comme Porzio l'indique, que Laurent le Magnifique ait trempé dans l'affaire. Par contre, il ne semble que trop certain que Venise avait engagé le sultan à commettre cet acte de violence. Compar. ROMANIN, *Storia documentata di Venezia*, lib. XI, cap. III.

Lorsque Otrante fut prise, Vespasiano Bisticci fit entendre son *Lamento d'Italia, Archiv. stor. ital.*, IV, p. 452 ss.

le sultan Bajazet II contre Venise [1]. Ludovic le More encourut le même reproche; « le sang des victimes et les cris de douleur des malheureux prisonniers chez les Turcs appellent sur lui la vengeance céleste », dit l'annaliste de Milan. A Venise, où l'on savait tout, on n'ignorait pas que Jean Sforza, prince de Pesaro, le cousin de Ludovic, avait reçu chez lui les envoyés turcs qui se rendaient à Milan [2]. Parmi les papes du quinzième siècle, les deux plus respectables, Nicolas V et Pie II, sont morts au milieu des plus tristes appréhensions; le dernier a même été surpris par la mort au moment où il organisait contre les Turcs une croisade qu'il voulait diriger en personne. Par contre, leurs successeurs s'approprient l'argent versé par toute la chrétienté pour subvenir aux frais d'une expédition contre les Turcs, et profanent les indulgences promises aux donateurs en faisant des spéculations à leur profit [3]. Innocent VIII s'abaisse à devenir le geôlier du prince fugitif Dschem, moyennant une pension annuelle que lui payera Bajazet II, le frère du prisonnier, et Alexandre VI appuie à Constantinople les démarches faites par Ludovic le More pour décider les Turcs à attaquer Venise (1498), sur quoi cette ville, d'accord avec le roi de France, le menace d'un concile [4]. On voit que la fameuse alliance

---

[1] *Chron. Venetum*, dans MURAT., XXIV, col. 14 et 76.

[2] MALIPIERO, ailleurs, p 565, 568.

[3] TRITHEM , *Annales Hirsaug.*, ad a. 1490, t. II, p. 535 ss.

[4] MALIPIERO. p. 161, compar p. 152. — La remise de Dschem ent e les mains de Charles VIII prouve qu'il existait une correspondance on ne peut plus scandaleuse entre Alexandre et Bajazet, même en supposant que les documents qui figurent dans Burcardus aient été interpolés. (Compar. sur ce sujet RANKE, *Sur la critique de quelques historiens modernes*, 2e édit , Leipzig, 1874, p. 99, et GREGOROVIUS, t. VII, p. 353, note 2, la déclaration du Pape, empruntée à un manuscrit, d'après laquelle le pontife ne s'entendait pas avec les Turcs.)

de François Ier et de Soliman II n'était rien de nouveau,
rien d'extraordinaire dans son genre.

Du reste, il y avait même des populations qui envi-
sageaient sans trop d'effroi la perspective de passer
sous la domination turque. En admettant qu'elles n'eu -
sent voulu que menacer des gouvernements tyranniques
en se montrant prêtes à se ranger sous l'autorité du
sultan, cela n'en prouverait pas moins qu'on s'était à
moitié familiarisé avec cette idée. Dès 1480, Baptiste
Mantovano donne clairement à entendre que la plupart
des habitants de l'Adriatique prévoyaient un changement de cette nature, et que la ville d'Ancône notamment le désirait [1]. A l'époque où la Romagne gémissait
sous l'oppression de Léon X, un député de Ravenne
dit un jour en face au cardinal légat Jules de Médicis :
« Monseigneur, la ville de Venise ne veut pas de nous
afin de n'avoir pas de démêlés avec l'Église ; mais quand
le Turc viendra à Raguse, nous nous donnerons à
lui [2]. »

En présence de l'asservissement de l'Italie par les
Espagnols, asservissement qui avait déjà commencé en
ce temps-là, on a la triste, mais réelle consolation de
se dire que désormais le pays est du moins garanti
contre le danger de devenir barbare sous la domination
musulmane[3]. Il lui aurait été difficile de se soustraire par

---

[1] Bapt. MANTUANUS, *De calamitatibus temporum*. à la fin du second
livre, dans le chant de la Néréide Doris s'adressant à la flotte
turque.

[2] Tommaso GAR., *Relazioni della corte di Roma*, I, p. 55.

[3] RANKE, *Histoire des peuples de race latine et de race germanique de*
1494-1514 (2ᵉ édition. Leipzig, 1874). — L'opinion de Michelet
(*Réforme*, p. 467), d'après laquelle les Turcs se seraient occidenta-
lisés en Italie, ne me convainc pas. — Peut-être cette mission de
l'Espagne est-elle indiquée pour la première fois dans le discours
solennel que Fedra Inghirami prononça en 1510 devant Jules II, à

lui-même à cette destinée, vu la division qui régnait entre ses princes.

Si l'on doit, après tout cela, dire quelque bien de la politique italienne d'alors, il ne peut s'agir que de la manière objective et toute philosophique de traiter ces questions, qui n'étaient pas encore dénaturées par la peur, la passion ou la méchanceté. Il n'y a pas ici de système féodal dans le genre de celui du Nord, avec des droits fondés sur des théories respectées ; mais la puissance que chacun possède, il la possède généralement, de fait, tout entière. Il n'y a pas ici de noblesse domestique qui travaille à maintenir dans l'esprit du prince l'idée du point d'honneur abstrait avec toutes ses bizarres conséquences, mais les princes et leurs conseillers sont d'accord pour admettre qu'on ne doit agir que d'après les circonstances et d'après le but à atteindre. Vis-à-vis des hommes qu'on emploie, vis-vis des alliés, de quelque part qu'ils viennent, il n'y a point cet orgueil de caste qui intimide et tient à distance ; surtout l'existence de la classe des condottieri, dans laquelle l'origine est une question parfaitement indifférente, atteste que la puissance est quelque chose de concret, de réel. Enfin les gouvernements représentés par les despotes instruits dans l'art de régner, connaissent leur propre pays et les pays de leurs voisins infiniment mieux que leurs contemporains du Nord ; ils savent calculer, jusque dans les moindres détails, les ressources de leurs amis et de leurs ennemis au point de vue économique comme au point de vue moral ; ils paraissent être nés statisticiens, bien qu'ils aient commis les plus graves erreurs.

l'occasion de la prise de Bugia par la flotte de Ferdinand le Cath. Compar. *Anecdota litteraria,* II, p. 149.

On pouvait négocier avec de pareils hommes, on pouvait espérer les persuader, c'est-à-dire les déterminer par des raisons positives. Lorsque le grand Alphonse de Naples fut devenu le prisonnier de Philippe-Marie Visconti (1434), il sut persuader à celui-ci que, si la domination de la maison d'Anjou remplaçait la sienne à Naples, les Français deviendraient maîtres de l'Italie; sur quoi l'autre lui rendit la liberté sans lui demander de rançon, et conclut une alliance avec lui[1]. Il est peu probable qu'un prince du Nord eût agi de la sorte; il est certain, d'autre part, qu'un autre prince aussi peu scrupuleux que Visconti se serait rendu à ces raisons. Une seconde preuve de la puissance des arguments positifs, c'est la visite célèbre que Laurent le Magnifique alla rendre, au milieu de la consternation générale des Florentins, au perfide Ferrante de Naples (1478), qui eut certainement la tentation de le retenir prisonnier et qui était homme à le faire[2]. En effet, le fait de s'emparer de la personne d'un prince puissant et de lui rendre ensuite la liberté après lui avoir arraché quelques signatures et l'avoir abreuvé d'humiliations, comme le fit Charles le Téméraire à l'égard de Louis XI à Péronne (1468), était aux yeux des Italiens une insigne folie[3]; aussi s'attendait-

---

[1] Entre autres CORIO, fol. 330. JOV. PONTANUS, dans son traité *De liberalitate*, cap. XXVIII, veut faire passer la mise en liberté d'Alphonse pour une preuve de la *liberalitas* de Philippe-Marie. (Compar. plus haut, p. 47, note 1.) Compar. sa conduite à l'égard de Sforza, fol. 329.

[2] Nic. VALORI, *Vita di Lorenzo*. (Comp. ci-dessus, p. 115, note 1.) — Paul JOVIUS, *Vita Leonis X*, L, I; ce dernier parle certainement d'après de bonnes sources, mais non sans déclamation. Compar. REUMONT, I, 487 ss. et les passages qui s'y trouvent cités.

[3] Si, dans cette circonstance et dans cent autres, Comines observe et juge d'une manière aussi objective que n'importe quel Italien, il faut certainement tenir grand compte de ses relations avec des Italiens, surtout avec Angelo Catto.

on à ne plus revoir du tout le prince florentin ou à le revoir couvert de gloire. Les Italiens de cette époque, surtout les envoyés vénitiens, déployaient, sur le terrain de la politique, un talent de persuasion dont les peuples de ce côté-ci des Alpes n'ont eu l'idée que par leur exemple. Ce talent, il faut s'abstenir de le juger d'après les discours de réception officiels, qui rentrent dans les produits de la rhétorique des écoles. Les grossièretés et les naïvetés ne manquaient pas non plus dans les relations diplomatiques [1], malgré toutes les exigences d'une étiquette très-minutieuse. — Entre tous les écrivains politiques, Machiavel nous apparaît sous des traits presque touchants dans ses *Légations*. N'ayant qu'une instruction insuffisante, une fortune plus que modeste, traité en agent subalterne, il ne perd jamais son esprit d'observation aussi indépendant que profond, ni son ardeur à répandre la lumière sur les faits qu'il rapporte. — L'Italie du quinzième siècle est et restera le pays des « instructions » et des « relations » politiques par excellence. Sans doute il y a eu dans d'autres États des négociations parfaitement conduites, mais ce n'est qu'ici que l'on trouve d'aussi bonne heure de nombreux monuments. La grande dépêche qui remonte à la fin de la vie tourmentée de Ferrante de Naples (17 janv. 1494), dépêche écrite de la main de Pontano et adressée au cabinet d'Alexandre VI, donne la plus haute idée de ce genre d'écrits politiques; encore ne nous est-elle parvenue que par occasion, parmi les nombreuses dépêches que

---

[1] Compar., p. ex., MALIPIERO. p. 216, 221 (voir plus haut p. 112, note 2, et p. 117, note 2), 236, 237, 478, etc. Comp. aussi EGNATIUS, fol. 321 a. Le Pape maudit un ambassadeur; un ambassadeur vénitien insulte le Pape, un autre raconte une fable à ses auditeurs pour les gagner à sa cause, et ainsi de suite.

Pontano a rédigées [1]. Combien de documents de même valeur émanant d'autres cabinets de la fin du quinzième siècle et du commencement du seizième sont peut-être ensevelis dans les archives, sans parler de ceux que la suite a produits! Nous parlerons dans un chapitre spécial de l'étude de l'homme, considéré comme peuple et comme individu, étude qui était alors inséparable de celle des rapports politiques et civils.

[1] Dans VILLARI, *Storia di G. Savonarola,* vol. II, p. 43, des *Documenti,* parmi lesquels se trouvent encore d'autres lettres politiques remarquables. On trouve d'autres détails sur la fin du quinzième siècle, particulièrement dans BALUZIUS, *Miscellanea,* ed. Mansi, vol. I. Compar. notamment les dépêches d'ambassadeurs florentins et vénitiens de la fin du quinzième et du commencement du seizième siècle, qui se trouvent réunies dans DESJARDINS, *Négociations diplomatiques de la France avec la Toscane,* vol. I, II, Paris, 1859, 1861.

CHAPITRE IX

LA GUERRE CONSIDÉRÉE COMME UN ART

Nous nous bornerons à indiquer en quelques mots comment la guerre est arrivée à prendre le caractère d'un art [1]. Au moyen âge, l'éducation du soldat d'Occident était remarquable, étant donné le système d'armement qui régnait alors; il est même certain qu'il s'est trouvé de tout temps des hommes de génie en matière de travaux de fortification et de siége; mais la stratégie aussi bien que la tactique ont été gênées dans leur développement par les nombreuses restrictions que l'obligation du service militaire comportait dans la pratique, et par l'ambition des seigneurs, qui se disputaient le premier rang quand ils étaient en face de l'ennemi, et qui, par leur folle impétuosité, compromettaient l'issue des batailles les plus importantes, témoin celles de Crécy et de Poitiers L'Italie, au contraire, a été la première à employer le système des mercenaires, qui reposait sur d'autres bases. Elle s'adresse d'abord aux Allemands; mais, à l'époque de la Renaissance, il se forma, au milieu des mercenaires étrangers, de bons soldats italiens [2]. Le perfectionnement précoce des armes à feu contribua aussi à démo-

---

[1] La question a été largement traitée de nos jours par Max JAEHNS, *la Guerre considérée comme un art*, Leipzig, 1874.
[2] Barth. FACII *De viris ill.*, p. 62, s. v.; *Braccius Montonius.*

cratiser en quelque sorte la guerre, non-seulement parce que les places les plus fortes avaient peur des bombardes, mais parce que l'habileté toute roturière de l'ingénieur, du fondeur de canons et de l'artilleur commença à jouer le premier rôle dans les armées. On constata non sans douleur que la valeur de l'individu, qui était en quelque sorte l'âme des petites, mais excellentes armées mercenaires de l'Italie, devenait moins importante par suite de l'existence de ces engins qui détruisaient à distance, et il y eut des condottieri qui résistèrent de toutes leurs forces à l'introduction dans leurs corps de ces arquebuses qui avaient été inventées récemment en Allemagne[1]. C'est ainsi que Paolo Vitelli fit crever les yeux et couper les mains aux arquebusiers ennemis qu'il avait faits prisonniers, « parce qu'il lui semblait monstrueux qu'un vaillant et noble chevalier fût blessé et tué par un vulgaire et vil fantassin[2] »; mais, d'autre part, il admettait les canons et s'en servait lui-même. En somme, les inventions nouvelles firent leur chemin, et on les utilisa de son mieux; aussi les Italiens devinrent-ils les maîtres de toute l'Europe en ce qui concernait la balistique et la fortification[3]. Des princes comme Frédéric d'Urbin et Alphonse de Ferrare acquirent dans ces connaissances spéciales une supériorité qui faisait pâlir même la réputation d'un Maximilien Ier. C'est l'Italie qui la première

---

[1] Pii II *Commentarii*, L, IV, p. 190, ad a. 1459.

[2] Les Crémonais surtout passaient pour habiles dans ce genre de travaux. Comp. *Cronaca di Cremona*, dans *Bibliotheca historica Italica*, vol. I. Milan, 1876, p. 214 et not. Les Vénitiens aussi se vantaient d'y exceller : EGNATIUS, fol. 300 ss.

[3] Ainsi s'exprime Paul JOVE, *Elogia*, p. 184, et il ajoute : *Nondum enim invecto externarum gentium cruento more, Itali milites sanguinarii et multæ cædis avidi esse didicerant.* Cela rappelle Frédéric d'Urbin, « qui aurait rougi » de souffrir un livre imprimé dans sa bibliothèque. Comp. Vespas. FIORENT.

a fait de la guerre une science et un art complets et raisonnés ; c'est ici que nous trouvons pour la première fois l'admiration toute philosophique du connaisseur à la vue d'une guerre savamment conduite, admiration toute naturelle, d'ailleurs, au milieu de ces fréquents changements de parti et dans ce monde de condottieri qui ne connaissent et ne voient que leur métier. Pendant la guerre milano-vénitienne de 1451 et 1452, entre François Sforza et Jacques Piccinino, un écrivain, Jean-Antoine Porcello de Pandoni, suivit le quartier général de ce dernier, avec mission de rédiger une relation [1] des faits militaires pour le roi Alphonse de Naples. Ce rapport est écrit dans un latin plus coulant que pur, avec l'enflure que prêchaient alors les écoles d'humanités ; en somme, l'auteur a pris pour modèle César, l'écrivain qu'Alphonse admirait le plus ; il y a inséré des discours, raconté des prodiges, etc., et, comme depuis cent ans on discutait sérieusement la question de savoir lequel des deux avait été le plus grand, de Scipion l'Africain ou d'Annibal [2], Piccinino et Sforza sont obligés de se résigner à se voir appeler dans tout l'ouvrage, l'un Scipion et l'autre Annibal. Porcello devait aussi faire une description tout objective de l'armée milanaise ; il se fit donc présenter à Sforza, qui le fit conduire de rang en rang ; le sophiste se confondit en éloges et promit de transmettre également à la postérité ce qu'il avait vu [3]. En général, la littérature italienne du temps est riche

---

[1] Porcellii *Commentaria Jac. Picinini*, dans Murat., XX ; et une suite pour la guerre de 1453, *ibid.*, XXV. L'ouvrage est condamné par Paul Cortesius, *De hominibus doctis* (Flor., 1734), p. 33, à cause des pitoyables hexamètres qu'il renferme.

[2] Porcello donne par méprise à Scipion le nom d'Émilien, tandis qu'il veut parler de Scipion l'Africain, de Scipion l'aîné.

[3] Simonetta, *Hist. Fr. Sfortiæ*, dans Murat., XXI, col. 630.

en récits de guerres et en relations de stratagèmes à l'usage des connaisseurs aussi bien que des esprits cultivés en général, pendant que le Nord produit à la même époque des relations telles que la guerre de Bourgogne, par Diebold Schilling, où l'on retrouve l'exactitude, mais aussi la sécheresse des vieilles chroniques. C'est alors que l'amateur le plus illustre en matière d'art militaire[1], Machiavel, écrivit son *Arte della guerra*. Le développement subjectif de l'individu trouva sa plus haute expression dans ces luttes solennelles d'un contre un ou de plusieurs couples entre eux, dont l'usage s'était introduit bien longtemps avant le fameux combat de Barletta (1503)[2]. Le vainqueur était sûr d'obtenir une récompense que le Nord ne lui aurait pas décernée : il était célébré par les poëtes et par les humanistes. On ne voit plus dans l'issue de ce combat un jugement de Dieu, mais un triomphe de la personnalité; pour les spectateurs; c'est le gain ou la perte d'un pari qui les passionne et dans lequel est engagé l'honneur de l'armée ou de la nation dont les champions se mesurent[3].

Il va sans dire que cette manière toute rationnelle de

[1] Compar. BANDELLO, parte I, nov. 46.

[2] Sur le combat de treize Français avec treize Italiens près de Barletta et la victoire de ces derniers, voir RANKE (ci-dessus, p. 119, note 3), p. 157 ss.; sur d'autres combats solennels, p. ex. : *De obsidione Tiphernatium*, dans le tome II des *Rer. Italicar. scriptores ex codd. Fiorent.*, col. 690 ss. Un autre fait caractéristique, datant de l'année 1474, c'est le duel de Jérôme d'Imola avec Cornix de la Pouille, dont ce dernier sort vainqueur. — Voir le duel du maréchal Boucicault avec Galéas de Gonzague (1406) dans CAGNOLA, *Arch. stor.*, III, p. 25. — Infessura raconte que Sixte IV approuvait les duels de ses gardes. Ses successeurs lancèrent des bulles contre le duel en général. *Sept. Decretal.*, V, tit. 17.

[3] Il faut rappeler incidemment (d'après JAEHNS, p. 26 ss.) les côtés faibles de la stratégie des condottieri : la bataille était en quelque sorte un tour d'adresse; on devait tâcher de forcer son adversaire par des manœuvres simulées à cesser l'action; il s'agissait d'éviter l'effusion du sang, de faire tout au plus des prison-

traiter les choses de la guerre faisait quelquefois place aux plus horribles excès, même sans que la haine politique y fût pour rien ; cela arrivait, par exemple, à la suite d'une promesse de pillage. Après la dévastation de Plaisance (1447), qui dura quinze jours, exécution que Sforza avait dû permettre à ses soldats, la ville resta déserte pendant longtemps et dut être repeuplée de force [1]. Mais ces faits isolés sont peu de chose à côté des malheurs dont l'Italie fut victime par suite des invasions étrangères. Les plus cruels de ces envahisseurs furent les Espagnols, chez lesquels l'ardeur du sang arabe qui coulait dans leurs veines, peut-être aussi l'habitude des affreux spectacles que leur donnait l'inquisition, avaient développé l'instinct de la férocité. Celui qui apprend à les connaître par les horribles violences qu'ils commirent à Prato, à Rome, etc., a peine à s'intéresser plus tard à Ferdinand le Catholique et à Charles-Quint. Ces princes connaissaient leurs hordes et les ont pourtant déchaînées. Les innombrables documents qui sont sortis de leur cabinet et qui se répandent peu à peu, resteront une source de renseignements précieux ; mais personne ne cherchera plus une pensée politique féconde dans ce que ces princes ont écrit.

niers et de leur extorquer des rançons. En opérant d'après ces principes, les Florentins, dans une grande bataille qu'ils livrèrent en 1440, ne perdirent qu'un homme, s'il faut en croire Machiavel.

[1] Pour plus de détails, voir *Arch. stor.*, append., t. V.

CHAPITRE X

LA PAPAUTÉ ET SES DANGERS

En étudiant le caractère des États italiens en général, nous ne nous sommes occupé qu'incidemment de la papauté et des États de l'Église[1], qui sont une création tout à fait exceptionnelle. Ce qui rend d'ordinaire ces États intéressants, c'est-à-dire l'augmentation et la concentration raisonnées des moyens d'action, fait à peu près défaut dans les États de l'Église, car ici la puissance spirituelle aide constamment à cacher la faiblesse du pouvoir temporel et à le remplacer. A quelles épreuves l'État pontifical ainsi constitué n'a-t-il pas résisté au quatorzième siècle et au commencement du quinzième! Lorsque le Pape fut emmené prisonnier dans le midi de la France, il y eut d'abord une désorganisation générale; mais Avignon avait de l'argent, des troupes et un grand homme de guerre, qui fit rentrer les États pontificaux dans le devoir; c'était l'Espagnol Albornoz. Le danger d'une dissolution définitive était encore bien plus grand lors du grand schisme d'Occident, alors que

[1] Nous renvoyons une fois pour toutes à l'*Histoire des papes*, par RANKE, t. I, et à l'*Histoire de l'origine et du développement des États de l'Église*, par SUGENHEIM. On a tiré parti des ouvrages récents de Gregorovius et de Reumont, et on les a cités chaque fois qu'ils présentaient des faits nouveaux. Comparer aussi l'*Histoire de la papauté romaine*. Leçons faites par W. WATTENBACH, Berlin, 1876.

ni le pape de Rome ni celui d'Avignon n'étaient assez riches pour reconquérir leurs États perdus; mais après le rétablissement de l'unité de l'Église, sous Martin V, l'entreprise réussit; elle fut même une seconde fois couronnée de succès, lorsque le danger reparut sous Eugène IV. Mais les États de l'Église étaient et restèrent jusqu'à nouvel ordre une complète anomalie parmi les États de la Péninsule; à Rome et autour de la ville les grandes familles nobles des Colonna, des Savelli, des Orsini, des Anguillara, etc., bravaient ouvertement la papauté; dans l'Ombrie, dans la Marche, dans la Romagne il n'y avait presque plus, il est vrai, de ces cités républicaines que la papauté avait jadis si mal récompensées de leur attachement; mais il y avait, par contre, une foule de principautés grandes et petites, dont l'obéissance et la fidélité étaient très-problématiques. Formant des dynasties particulières qui subsistent par elles-mêmes, elles ont aussi leurs intérêts particuliers; sous ce rapport, nous avons déjà parlé (p. 34 ss., 55 ss.) des plus importantes d'entre elles.

Nous avons cependant à faire une courte observation sur les États de l'Église considérés comme corps politique. Dès le milieu du quinzième siècle, ils sont tourmentés par de nouvelles crises et menacés de nouveaux dangers, attendu que l'esprit de la politique italienne les envahit sur plusieurs points, et cherche à les entraîner dans ses voies. Les dangers les moins graves viennent du dehors ou du peuple, les plus grands ont leur source dans le caractère des papes eux-mêmes.

Nous ne parlerons pas ici des étrangers d'au delà des Alpes. Dans le cas où la papauté aurait été menacée en Italie dans son existence, ni la France sous Louis XI, ni l'Angleterre au commencement de la guerre des Deux

Roses, ni l'Espagne, encore en proie à la désorganisation, ni même l'Allemagne, qui n'avait pas eu son concile de Bâle, ne lui auraient prêté ou n'auraient pu lui prêter le moindre secours. En Italie même il y avait un certain nombre d'esprits, cultivés ou non, qui regardaient l'existence de l'État pontifical comme une question d'amour-propre national; un très-grand nombre avaient un intérêt positif à ce qu'il subsistât tel qu'il était; la foule des fidèles croyait encore à la vertu des bénédictions du chef de l'Église[1]; dans le nombre il y avait même de grands criminels, comme ce Vitellozzo Vitelli, qui suppliait Alexandre VI de lui accorder des indulgences au moment où le fils du Pape le faisait égorger[2]. Mais toutes ces sympathies réunies auraient été impuissantes à sauver

[1] Sur l'impression faite par les bénédictions d'Eugène IV à Florence, voir *Vespasiano Fiorent.*, p. 18. Compar. le passage cité dans REUMONT, *Laurent Ier*, p. 171. — Sur la majesté des fonctions de Nicolas V, voir INFESSURA (*Eccard,* II, col. 1883, ss.) et J. MANETTI, *Vita Nicolai V* (MURAT., III, II, col. 923). — Sur les hommages rendus à Pie II, voir *Diario Ferrarese* (MURAT., XXIV, col. 205) et PII II; *Comment. passim*, surt. IV, 201, 204 XI, 562, à Florence : *Delizie degli eruditi*, t. XX, p. 368. — Pour Venise, comparer EGNATIUS, *De ex. ill. vir. Ven.*, l. I, cap. I : *De religione*. — Même des sicaires de profession n'osent pas s'attaquer au Pape. Les grandes fonctions étaient considérées comme quelque chose d'essentiel par Paul II, ce pape ami de tout ce qui était pompeux (PLATINA, *loc. cit.,* 321), et par Sixte IV, qui célébra la messe de Pâques, malgré la goutte dont il souffrait (Jac. VOLATERRAN, *Diarium,* MURAT., XXIII, col. 131). Le peuple fait une distinction très-singulière entre la vertu magique de la bénédiction et l'indignité de celui qui la donne; lorsqu'en 1481 Sixte fut dans l'impossibilité de donner la bénédiction, le jour de l'Ascension, la foule murmura contre lui et le maudit. (*Ibid.,* col. 133.)

[2] MACHIAVELLI, *Scritti minori,* p. 142, dans le récit connu de la catastrophe de Sinigaglia. — Sans doute les Espagnols et les Français attachaient encore plus de prix aux bénédictions pontificales que les soldats italiens. Compar. dans Paul Jov., *Vita Leonis X* (L, II), la scène qui précède la bataille de Ravenne, où l'armée espagnole se presse autour du légat qui pleure de joie, et lui demande l'absolution. Voir aussi (*ibid.*) les Français à Milan.

la papauté si elle avait été en face d'adversaires vraiment résolus, sachant exploiter la haine et l'envie dont elle était l'objet.

Et c'est précisément au moment où la papauté a si peu de chances d'être soutenue par les princes étrangers, qu'elle est menacée des plus grands dangers à l'intérieur. Comme elle avait fini par vivre de la vie d'une principauté italienne séculière, elle dut aussi apprendre à connaître les vicissitudes d'une pareille existence, vicissitudes qui, pour elle, s'aggravèrent encore par suite des conditions particulières dans lesquelles elle se trouvait.

Pour ce qui concerne la ville de Rome, on a toujours fait semblant de ne pas craindre beaucoup ses colères, car plus d'un pape chassé par l'émeute est revenu dans sa capitale; du reste, les Romains étaient obligés, dans leur propre intérêt, de désirer la présence de la curie. Toutefois, non-seulement Rome déploya de temps à autre un radicalisme antipapal [1], mais encore on vit dans les complots les plus menaçants l'action de mains étrangères, présentes bien qu'invisibles. C'est ce qui arriva lors de la conjuration ourdie par Étienne Porcaro contre Nicolas V (1453), c'est-à-dire contre le Pape qui avait le plus fait pour Rome, mais qui avait irrité la population en enrichissant les cardinaux et en changeant la ville en une forteresse pontificale [2]. Porcaro voulait renverser l'autorité du Saint-Siége; il avait de puissants

---

[1] Chez les hérétiques de Poli, qui croyaient qu'un vrai pape devait se reconnaître à la pauvreté du Christ, on ne trouvait probablement que les doctrines qu'on reproche aux Vaudois. INFESSURA (*Eccard*, II, col. 1893) PLATINA, p. 137, etc., racontent comment ils ont été arrêtés sous Paul II.

[2] On retrouve ces sentiments dans le poëme adressé au Pape, poëme cité par Gregorovius, VII, 136, note 1 (auteur Joseph (Brippius?), d'après VAHLEN, *Laur. Vallæ opusc. tria*, Vienne, 1869, p. 23.

complices qu'on ne nomme pas [1], mais qu'il faut chercher certainement parmi les gouvernements italiens. A la même époque, Laurent Valla terminait sa célèbre déclamation contre la donation de Constantin, par un vœu ayant pour objet la prompte sécularisation des États de l'Église [2].

De même la bande de conspirateurs de bas étage que Pie II eut à combattre [3] (1460) ne dissimulait pas que son but était de renverser la domination des prêtres en général; leur principal chef, Tiburzio, disait qu'il n'avait agi que par suite de certaines prédictions qui annonçaient cet événement pour cette année-là. Plusieurs grands de Rome, le prince de Tarente et le condottiere Jacques Piccinino, étaient les complices et les fauteurs du complot. Si l'on songe aux trésors que renfermaient les palais de certains riches prélats (la bande de Tiburzio avait particulièrement en vue le cardinal d'Aquilée), on est surpris que, dans une ville où la surveillance était presque nulle, des tentatives de ce genre n'aient pas été plus fréquentes et plus heureuses. Ce n'est pas pour rien

---

[1] *Dialogus de conjuratione Stefani de Porcariis*, d'un contemporain, Petrus GODES, di Vicenza, cité et mis à profit par GREGOROVIUS, VII, 130. L. B. ALBERTI, *De Porcaria conjuratione*, dans MURAT., XXV, col. 309 ss. — P. voulait *omnem pontificiam turbam funditus exstinguere.* L'auteur conclut ainsi : *Video sane quo stent loco res Italiæ; intelligo, qui sint, quibus hic perturbata esse omnia conducat...* Il les nomme *extrinsecos impulsores,* et croit que le crime de Porcaro trouvera des imitateurs. Les rêves de P. ressemblaient à ceux de Nicolas Rienzi, qu'il imita aussi en rapportant à sa personne des vers du poëme fait par Pétrarque pour R. : *Spirto gentil.*

[2] *Ut Papa tantum vicarius Christi sit et non etiam Cæsaris... Tunc Papa et dicetur et erit pater sanctus, pater omnium, pater Ecclesiæ,* etc. L'ouvrage de Valla a été écrit un peu antérieurement; il était dirigé contre Eugène IV. Compar. VAHLEN, *Laur. Valla* (Berlin 1870), p. 25 ss., surt p. 32. Par contre, Nicolas V fut grandement loué par Valla; voir *Gregorovius,* VII, 136.

[3] PII II *Commentarii IV,* p. 208 ss. G. VOIGT, *Enea Silvio,* III, p. 151 ss.

que Pie III préférait n'importe quelle résidence au séjour de Rome. Plus tard, Paul II a eu (1468) une grande frayeur à cause d'un complot tramé par les abréviateurs qu'il avait destitués, et qui, sous la conduite de Platina, assiégèrent le Vatican pendant vingt nuits [1]. Il fallait, ou bien que la papauté finît par succomber à une attaque de ce genre, ou bien qu'elle comprimât par la force les factions des grands sous la protection desquelles se formaient ces bandes de brigands.

C'est la tâche que s'imposa le terrible Sixte IV. C'est lui qui le premier fut presque entièrement maître de Rome et de ses environs, surtout depuis qu'il s'était mis à persécuter les Colonna; c'est pour cela qu'il pouvait montrer tant d'arrogance et tant d'audace dès qu'il s'agissait de régler des questions intéressant le Saint-Siége seul, ou même se rattachant à la politique générale de l'Italie; c'est pour cela qu'il pouvait faire semblant de ne pas entendre les plaintes et les cris de tout l'Occident, qui le menaçait d'un concile. L'argent qu'il lui fallait était fourni par une simonie qui prit des proportions colossales, et qui ne tarda pas à s'étendre à tout, depuis les nominations de cardinaux jusqu'aux grâces les plus insignifiantes [2]. Sixte lui-même n'avait obtenu la tiare qu'en achetant des voix.

Une vénalité aussi générale pouvait, à la longue, coûter cher au Saint-Siége; mais les maux qui pouvaient en résulter étaient encore cachés dans la nuit de l'avenir.

[1] PLATINA, *Vita Pauli II.*

[2] Battista MANTOVANO, *De calamitatibus temporum*, l. III. L'Arabe vend de l'encens, le Tyrien de la pourpre, l'Indien de l'ivoire · *Venalia nobis templa, sacerdotes, altaria, sacra, coronæ, ignes, thura, preces, cælum est venale Deusque. Opera ed.* Paris, 1507, fol. 302 b. L'auteur exhorte le pape Sixte, aux efforts duquel il rend hommage, à remédier à ces maux.

Il n'en était pas de même du népotisme, qui faillit un moment perdre le pontificat lui-même. De tous les neveux, le cardinal Pietro Riario fut celui qui jouit d'abord auprès de Sixte de la plus grande faveur; il possédait presque exclusivement les bonnes grâces du Pape. C'était un homme qui pendant quelque temps occupa l'imagination de toute l'Italie[1], soit par son luxe insensé, soit par les bruits qui se répandaient sur son impiété et sur ses projets politiques. En 1473, il négocia avec le duc Marie-Galéas de Milan : il fut convenu entre eux que ce prince deviendrait roi de Lombardie, et qu'ensuite il aiderait son allié de son argent et de ses troupes pour qu'il pût, après son retour à Rome, prendre la tiare; il paraît que Sixte lui aurait volontairement cédé sa place[2]. Ce projet, qui aurait sans doute abouti à la sécularisation des États de l'Église à la suite de l'établissement de l'hérédité, échoua, grâce à la mort subite de Pietro (au commencement de l'année 1474). Le deuxième neveu, Girolamo Riario, n'entra pas dans les ordres, et n'attaqua point le pontificat; mais, après lui, les neveux des papes augmentent l'agitation qui règne en Italie par leurs efforts pour se créer une grande principauté.

Jadis les papes avaient voulu faire valoir leur suzeraineté sur Naples en faveur de leurs neveux[3]; mais depuis que Calixte III y avait échoué à son tour, il n'y

---

[1] Voir p. ex. les *Annales Piacentini*, dans MURAT., XX, col. 94'.

[2] CORIO, *Storia di Milano*, fol 415 à 420. Pietro avait déjà aidé à diriger l'élection de Sixte. Voir INFESSURA, dans ECCARD, *Scriptu..*, II, col. 1895. — D'après INFESSURA et MACHIAV., *Storie fior.*, l. VII, les Vénitiens auraient empoisonné le cardinal. En effet, ils ne manquaient pas de raisons pour cela.

[3] Déjà Honorius II avait voulu, après la mort de Guillaume Ier (1127), annexer la Pouille aux États de l'Église, disant « qu'elle devait faire retour à saint Pierre ».

avait plus guère à y songer, et Girolamo Riario, après avoir fait une vaine tentative pour s'emparer de Florence, et subi bien d'autres échecs, dut se contenter de créer une principauté sur le territoire même des États de l'Église. Ce fait pouvait se justifier ainsi : la Romagne avec ses princes et ses tyrans locaux menaçait d'échapper entièrement à l'autorité du Saint-Siége, ou de devenir sous peu la proie des Sforza et des Vénitiens, si Rome n'intervenait pas de cette manière. Mais qui pouvait garantir, à cette époque et dans de telles circonstances, la soumission des neveux devenus souverains et de leurs successeurs à l'égard des papes, qui ne leur étaient plus rien? Même le pape régnant n'était pas toujours sûr de son propre fils ou de son propre neveu, et, d'ailleurs, il devait être tenté de chasser le neveu d'un prédécesseur pour mettre à sa place le sien. Le contre-coup de cette situation sur la papauté elle-même se fit vivement sentir : tous les moyens de contrainte, même les moyens spirituels, furent employés sans vergogne pour arriver à un but on ne peut plus équivoque, à un but auquel toutes les autres vues du siége de Saint-Pierre durent se subordonner, et quand on réussit, au milieu des secousses les plus violentes et de la réprobation générale, à venir à bout de l'entreprise, il se trouva qu'on avait créé une dynastie qui avait le plus grand intérêt à la ruine de la papauté.

Après la mort de Sixte IV, Girolamo ne put se soutenir qu'à grand'peine, et grâce à la protection de la famille Sforza (à laquelle appartenait sa femme Catarina), dans cette principauté (de Forli et d'Imola) qui avait une si singulière origine ; il fut assassiné en 1488. Dans le conclave qui se réunit à la suite de cet événement et qui choisit pour pape Innocent VIII, on vit se produire un phénomène qui ressemble presque à une nouvelle garantie extérieure de la papauté : deux cardinaux, qui sont des princes appartenant à des maisons régnantes, vendent leur appui de la manière la plus scandaleuse en se faisant donner de l'argent et des dignités; ce sont Jean d'Aragon, fils du roi Ferrante, et Ascanio Sforza, frère du More[1]. C'est ainsi que les princes de Naples et de Milan, du moins, étaient intéressés au maintien de la papauté par la part qu'on leur donnait à la curée. Lors de la réunion du conclave suivant (1492), lorsque tous les cardinaux se vendirent, à l'exception de cinq, Ascanio se fit donner pour la seconde fois des sommes énormes, et se réserva, en outre, l'espérance[2] de devenir pape lui-même à la prochaine élection.

Laurent le Magnifique désirait aussi que la maison de Médicis eût sa part du butin. Il maria sa fille Madeleine avec Franceschetto Cybo, fils du nouveau pape, du premier pontife qui reconnut publiquement ses enfants, et, à partir de ce moment, il demanda non-seulement toute sorte de faveurs pour son propre fils, le cardinal Giovanni (le futur Léon X), mais encore l'élévation de son gendre aux plus hautes dignités[3]. Sous ce rapport, il voulait l'impossible. Chez Innocent VIII, il ne pouvait être question de ce népotisme qui fondait des États, parce que Franceschetto était un homme sans aucune valeur, qui, de même que son père le Pape, ne songeait

---

[1] FABRONI, *Laurentius Magn.*, adnot. 130, p. 256 ss. Un espion, Vespucci, dit de ces deux personnages : *Hanno in ogni elezione a mettere a sacco questa corte, e sono i maggior ribaldi del mondo.*

[2] CORIO, fol. 450. On retrouve dans GREGOROVIUS, VII, 310 ss., dés détails sur ces faits de corruption, détails qui sont puisés en partie dans des manuscrits.

[3] On retrouve une lettre de Laurent, qui est très-curieuse sous ce rapport, dans FABRONI, *Laurentius Magn.*, adnot. 217, II, p. 390; on en voit un extrait dans RANKE, *les Papes*, I, p. 45, et dans REUMONT, *Laurent de Médicis*, II, p. 482 ss.

qu'à faire le plus vil usage de la puissance, notamment à amasser d'immenses trésors [1]. La manière dont le père et le fils s'y prenaient pour satisfaire leur passion de l'or aurait nécessairement, à la longue, conduit à une catastrophe, à la dissolution même de l'État.

Si Sixte IV s'était procuré de l'argent en vendant toutes les grâces et toutes les dignités spirituelles, Innocent et son fils fondèrent une banque des grâces temporelles, où le crime de meurtre pouvait se racheter au moyen de taxes fort élevées; sur le produit de chaque amende, il y a 150 ducats pour le trésor pontifical, et le reste est versé à Franceschetto. Rome pullule, notamment dans les dernières années de ce pontificat, d'assassins protégés et non protégés; les factions, que Sixte IV avait commencé à dompter, ont partout relevé la tête; le Pape, en sûreté derrière les murailles de son Vatican, se borne à tendre de temps à autre un piége aux criminels capables de payer. Il n'y avait plus pour Franceschetto qu'une question importante, celle de savoir comment il pourrait disparaître en emportant le plus d'argent possible, dans le cas où le Pape viendrait à mourir. Il se trahit un jour que s'était répandu faussement le bruit de la mort du Saint-Père (1490); il voulut emporter tout l'argent existant dans les caisses, c'est-à-dire le trésor de l'Église, et, l'entourage du Pape l'en ayant empêché, il voulut du moins emmener le prince turc Dschem, capital vivant qu'on pourrait peut-être remettre à Ferrante

____

[1] Ils voulaient aussi s'emparer de fiefs napolitains, et c'est pourquoi Innocent appela de nouveau les d'Anjou contre le roi Ferrante, qui n'entendait pas se laisser dépouiller. La manière dont le Pape se vengea de ce prince, et son intervention dans la deuxième insurrection de barons napolitains étaient aussi maladroites que déloyales. Il avait l'habitude de menacer ses ennemis de l'invasion étrangère; comp. ci-dessus p. 117, note 2.

de Naples moyennant une belle somme d'argent[1]. Il est difficile de calculer les éventualités politiques qui auraient pu se produire dans un passé aussi lointain ; mais il est permis de se demander si Rome aurait encore résisté à deux ou trois pontificats de ce genre. Même vis-à-vis de l'Europe catholique, il était imprudent de laisser aller les choses trop loin : les voyageurs et les pèlerins n'étaient plus en sûreté; toute une ambassade de l'empereur Maximilien fut entièrement dépouillée dans le voisinage de Rome, et souvent des envoyés s'en retournèrent sans être entrés dans la ville.

Une telle situation était incompatible avec l'amour de la domination, tel qu'il existait chez Alexandre VI (1492-1503); aussi la première chose que fit ce pontife, ce fut d'assurer la sécurité publique et de payer exactement tous les fonctionnaires.

A la rigueur, on pourrait passer ce pontificat sous silence dans un livre qui traite des formes de la culture italienne, car les Borgia sont aussi peu Italiens que la maison régnante de Naples. Alexandre s'adresse en espagnol à son fils César, même quand il lui parle en public ; lors de la réception qu'on lui fit à Ferrare, Lucrèce portait le costume espagnol, et ce furent des bouffons espagnols qui la saluèrent de leurs chants; les serviteurs de confiance de la maison sont tous Espagnols; de même les soldats les plus décriés de l'armée que conduisait César dans la guerre de 1500; son bourreau, don Micheletto, ainsi que son empoisonneur en titre, Sébastien Pinzon[2], semblent avoir été des Espagnols. Entre autres

---

[1] Compar. surt. INFESSURA, dans ECCARD, *Scriptores*, II, *passim.* D'après *Dispacci di Antonio Giustiniani,* I, p. 60, et III, p. 309. Séb. Pinzon était de Crémone.

[2] De nos jours la question a été surtout traitée par GREGOROVIUS, *Lucrèce Borgia,* 2 vol., 3ᵉ édit., Stuttg., 1875.

exploits, César abat un jour, dans une cour fermée comme une arène, six taureaux indomptés, suivant toutes les règles de l'art cher aux Espagnols. Quant à la corruption, que cette famille a portée à son apogée, elle l'avait trouvée déjà très-développée à Rome.

Ce que les Borgia ont été, ce qu'ils ont fait a été souvent et longuement raconté. Leur principal but, qu'ils ont d'ailleurs atteint, était la complète soumission des États de l'Église à l'autorité pontificale; ils ont obtenu ce résultat en chassant ou en détruisant tous [1] les petits souverains qui étaient, en général, des vassaux plus ou moins indépendants du Saint-Siège, et en écrasant à Rome même les deux grandes factions qui l'inquiétaient, les Orsini, ces prétendus Guelfes, et les Colonna, ces prétendus Gibelins. Mais les moyens employés pour cela étaient tellement horribles que les conséquences des agissements du Saint-Siége auraient été certainement mortelles pour lui, si un incident imprévu, l'empoisonnement simultané du père et du fils (voir p. 147, note 1), n'avait changé brusquement la face des choses. — Alexandre pouvait se mettre au-dessus de l'indignation de l'Occident, pourvu qu'il réussît à répandre la terreur et à imposer l'obéissance dans son voisinage. Du reste, les princes étrangers se laissèrent gagner, et Louis XII l'appuya même de toutes ses forces; quant aux populations, elles se doutaient à peine de ce qui se passait dans l'Italie centrale. Le seul moment vraiment critique sous ce rapport, celui de la présence de Charles VIII à Rome lors de sa campagne d'Italie, se passa sans accident, et même à cette époque-là il s'agissait du remplacement d'Alexandre

[1] A l'exception des Bentivoglio de Bologne et de la maison d'Este de Ferrare. Cette dernière fut obligée d'accepter l'alliance des Borgia. Lucrèce épousa le prince Alphonse.

par un pape meilleur plutôt que de la papauté elle-même [1]. Le grand danger, le danger permanent et croissant de jour en jour qui menaçait le Saint-Siége, c'étaient Alexandre lui-même et surtout son fils César Borgia.

Chez le père, l'ambition, la cupidité et l'amour du plaisir s'unissaient à la force de caractère et à de brillantes qualités. Toutes les jouissances que peuvent donner l'exercice de la puissance et la sensualité, il les goûta pleinement dès le premier jour de son avénement au pouvoir. Tous les moyens sont bons pour arriver à ce but; on put se dire dès la première heure que les sacrifices qu'il avait faits pour assurer son élection ne tarderaient pas à être largement compensés [2], et l'on prévit que les actes de simonie commis par lui pour obtenir des voix resteraient bien inférieurs à ceux qu'il commettrait après son exaltation. Ajoutez à cela que, grâce à ses fonctions de vice-chancelier et à d'autres emplois antérieurs, il connaissait mieux les sources de revenus possibles et savait mieux les exploiter en homme d'affaires que n'importe quel membre de la curie. Dès 1494 il arriva qu'un carmélite, Adamo de Gênes, qui avait prêché à Rome contre la simonie, fut trouvé dans son lit percé de vingt coups de poignard. Alexandre n'a peut-être pas nommé un seul cardinal sans avoir reçu au préalable des sommes considérables du postulant.

---

[1] V. appendice n° 6, à la fin du volume.

[2] Conio, fol. 450. — Malipiero, *Ann. Veneti, Arch. Stor.*, VII, I, p. 318. — On voit entre autres dans Malipiero, p. 565, quelle devait être la rapacité de toute la famille. Un neveu est magnifiquement reçu à Venise comme légat du Pape, et gagne des sommes colossales en vendant des dispenses; au moment de son départ, ses domestiques volent tout ce qui leur tombe sous la main, même une pièce de brocart d'or qui parait le maître-autel d'une église de Murano.

Mais lorsqu'à la longue le Pape subit la domination de son fils, les moyens employés par le Saint-Siége prirent ce caractère infernal qui réagit nécessairement sur le but à atteindre. Les rigueurs exercées dans la lutte engagée contre les grands de Rome et les princes de la Romagne dépassèrent, sous le rapport de la perfidie et de la cruauté, la mesure à laquelle les Aragonais de Naples, par exemple, avaient déjà habitué le monde; de même, les Borgia savaient mieux ourdir leurs trames. On frémit en voyant la manière dont César isole son père pour assassiner plus tranquillement son frère, son beau-frère, d'autres parents et des courtisans, dès que la faveur dont ils jouissent auprès du Pape ou même leur attitude lui donne de l'ombrage. Alexandre fut obligé de donner son consentement à l'assassinat du duc de Gandie, celui de ses fils qu'il aimait le mieux [1], parce que lui-même tremblait à toute heure devant César.

Quels étaient donc les projets secrets de ce dernier? Même dans les derniers mois de sa domination, lorsqu'il venait de mettre à mort les condottieri à Sinigaglia et qu'il était de fait le maître des États de l'Église (1503), son entourage s'exprimait assez discrètement sur ce point : on disait que le duc voulait simplement supprimer les factions et les tyrans, et cela dans l'unique intérêt de l'Église; qu'il se réservait tout au plus la Romagne et qu'il pouvait être sûr de la reconnaissance de tous les papes ultérieurs, puisqu'il les avait débarrassés des Orsini et des Colonna [2]. Était-ce là le fond de sa pensée? Personne ne l'admettra. Alexandre lui-même fut plus explicite, un jour que, s'entretenant avec

[1] V. appendice n° 7, à la fin du volume.
[2] MACHIAVELLI, *Opere*, ed. Milan, vol. V, p. 387, 393, 395, dans la *Legazione al duca Valentino*.

l'ambassadeur vénitien, il recommandait son fils à la protection de Venise : « Je ferai en sorte, dit-il, que le trône pontifical revienne à mon fils ou à votre république [1]. » Sans doute César ajouta que le candidat préféré de Venise aurait seul la tiare, et qu'à cet effet les cardinaux vénitiens devaient bien s'entendre. A-t-il voulu parler de lui-même? peut-être; quoi qu'il en soit, le propos du père prouve suffisamment que le fils comptait monter sur le trône pontifical. Lucrèce Borgia nous renseigne indirectement à cet égard, car certains passages des poésies d'Hercule Strozzi sont peut-être l'écho de propos qu'elle pouvait bien se permettre en sa qualité de duchesse de Ferrare. D'abord il y est aussi question des vues de César sur le trône pontifical [2]; ensuite, on y trouve parfois des allusions à l'espérance qu'avait César de devenir un jour maître de toute l'Italie [3], et à la fin on fait entendre que, comme prince séculier, il avait les plus grands projets, et que, pour les réaliser, il avait autrefois déposé le chapeau de cardinal [4]. En effet, il est incontestable que César, qu'il fût ou non élu pape après la mort d'Alexandre, enten-

---

[1] Tommaso GAR, *Relazioni della corte di Roma*, I, p. 12, dans la rel. de P. Capello. (Compar. aussi RANKE, *les Papes*, t. III, appendice n° 3, et *Dispacci di Antonio Giustiniani*, I, p. 72 ss., 132 ss.) On y lit textuellement : « Le Pape considère Venise plus qu'aucun potentat de la terre, *e pero desidera che ella (Signoria di Venezia) protegga il figliuolo, e dice voler fare tale ordine, che il papato o sia suo, ovvero della Signoria nostra.* » *Suo* ne peut sans doute s'appliquer qu'à César. Le pronom possessif est souvent une cause d'obscurité; c'est ce que prouve la discussion, non encore épuisée aujourd'hui, à laquelle ont donné lieu les paroles de Vasari, *Vita di Rafaelle : A Bindo Altoviti fece il ritratto suo*, etc.

[2] *Strozzii Poetæ*, p. 19, dans l'*enatio* d'Hercule STROZZA : *...Cui triplicem fata invidere coronam.* Ensuite dans l'*Élégie sur la mort de César*, p. 31, seq. : *Speraretque olim solii decora alta paterni.*

[3] *Ibid.* Jupiter a promis jadis *affore Alexandri sobolem, quæ poneret olim Italiæ leges, atque aurea sæcla referret*, etc.

[4] *Ibid. : Sacrumque decus majora parentem deposuisse.*

dait rester à tout prix maître des États de l'Église, et qu'après tout ce qu'il avait fait, il lui aurait été impossible de s'y maintenir comme pape. Il avait travaillé plus que personne à séculariser les États pontificaux[1], et il aurait été obligé de prendre définitivement cette mesure pour continuer d'y régner. Nous nous tromperions fort si telle n'était pas la raison principale de la sympathie secrète avec laquelle Machiavel traite cet illustre scélérat; si quelqu'un pouvait lui faire espérer qu'il « retirerait le fer de la blessure », c'est-à-dire qu'il détruirait la papauté, cette source de toutes les interventions, cette cause du morcellement de l'Italie, c'était bien César. — Il y avait des intrigants qui s'imaginaient deviner César Borgia et qui lui présentaient l'appât du titre de roi de Toscane; mais il les repoussait avec dédain, paraît-il[2].

Pourtant toutes les conclusions logiques qu'on peut tirer des prémisses qu'il avait posées sont peut-être fausses, non pas à cause d'un certain génie du mal qui, après tout, n'était pas plus naturel chez lui que chez le duc de Friedland, mais parce que les moyens qu'il employait sont, en général, incompatibles avec une parfaite conséquence dans la conduite. Peut-être la papauté aurait-elle trouvé une chance de salut dans l'excès de sa scélératesse, même *sans* le hasard qui mit fin à sa domination.

[1] On sait qu'il était marié avec une princesse française de la maison d'Albret, et que de ce mariage était née une fille; il aurait bien cherché à fonder une dynastie d'une manière quelconque. On ne sait pas s'il a fait des démarches pour ravoir le chapeau de cardinal, bien que (d'après MACHIAVEL, p. 285) il dût compter sur la mort prochaine de son père.

[2] MACHIAVEL, p. 331. César avait des vues sur Sienne et, le cas échéant, sur toute la Toscane; mais ses projets n'étaient pas encore tout à fait mûrs; pour les exécuter, il fallait l'assentiment de la France.

Même en supposant que la destruction de tous les petits souverains qui encombraient les États de l'Église ait rendu sympathique le nom de César Borgia, même en admettant que l'armée qui suivit sa fortune en 1503, armée composée des meilleurs soldats et des meilleurs officiers, avec Léonard de Vinci comme ingénieur en chef, prouve qu'il avait des chances d'avenir, il n'en est pas moins vrai qu'il y a dans son existence bien des faits irrationnels, qui déroutent notre jugement aussi bien qu'ils ont dérouté celui de ses contemporains. Je veux parler surtout de la manière dont il maltraite et dévaste l'État qu'il vient de conquérir, et qu'après tout il compte garder et gouverner. J'y ajouterai l'état de Rome et de la curie dans les dernières années du pontificat d'Alexandre. Soit que le père et le fils aient dressé une liste de proscription en règle [2], soit que les projets d'assassinat aient été conçus par chacun d'eux en particulier, il résulte de l'histoire des Borgia qu'ils s'appliquèrent à faire disparaître tous ceux qui les gênaient à un titre quelconque ou dont ils convoitaient la succession. Les capitaux et les valeurs mobilières les tentaient bien moins que le reste : le Pape avait bien plus de profit à voir s'éteindre les rentes viagères que le trésor pontifical payait à cer-

[1] MACHIAVEL, p. 326, 351, 414. — MATARAZZO, *Cronaca di Perugia,* *Arch. stor.*, XVI, ii, p. 157 et 221 : « Il voulait que les soldats se logeassent à leur gré, de sorte qu'en temps de paix ils gagnaient encore plus qu'en temps de guerre. » Petrus ALCYONUS, *De exilio* (1522), ed. Mencken, p. 19, dit à propos de la manière de faire la guerre : *Ea scelera et flagitia a nostris militibus patrata sunt quæ ne Scythæ quidem aut Turcæ, aut Pœni in Italia commisissent.* Le même auteur accuse (p. 65) Alexandre d'être Espagnol : *Hispani generis hominem, cujus proprium est, rationibus et commodis Hispanorum consultum velle, non Italorum.* Compar. ci-dessus, p. 138.

[2] *In arcano proscriptorum albo positus,* comme Pierio VALERIANO, *De infelicitate litterat.*, à propos de Giovanni Regio, éd. Mencken. p. 232.

tains dignitaires de l'Église et à toucher les revenus de leurs charges pendant qu'elles étaient vacantes, ainsi que le prix d'achat payé par les nouveaux titulaires. L'ambassadeur de Venise, Paolo Capello [1], rapporte en 1500 ce qui suit : « Toutes les nuits on trouve à Rome quatre ou cinq personnes tuées : ce sont des évêques, des prélats et d'autres individus; aussi tous les habitants de la ville tremblent-ils d'être assassinés par le duc César. » La nuit, il parcourait lui-même avec ses gardes la ville effrayée [2], et l'on a tout lieu de croire qu'il le faisait, non parce qu'il ne voulait plus, nouveau Tibère, montrer au grand jour son visage devenu horrible, mais parce qu'il avait besoin d'assouvir sa soif de meurtre, même sur des inconnus. Dès 1499 l'indignation générale était devenue si grande que le peuple attaqua et mit à mort un grand nombre de gardes pontificaux [3]. Ceux que les Borgia ne frappaient pas de leur poignard périssaient par leur poison. Dans les cas où la discrétion semblait nécessaire, on employait cette poudre blanche comme la neige, agréable au goût [4], qui ne foudroyait pas, mais qui agissait lentement et qui pouvait se mêler, sans qu'on s'en aperçût, à tous les aliments et à toutes les boissons. Le prince Dschem en avait absorbé avant d'être livré par Alexandre à Charles VIII (1495), et à la fin de leur carrière le père et le fils furent eux-mêmes

---

[1] Tommaso GAR, p. 11. Pour la période qui commence le 22 mai 1502, on trouve des renseignements précieux dans *Dispacci di Antonio Giustiniani*, publ. par Pasquale VILLARI, Firenze, 1876, 3 vol.

[2] Paulus JOVIUS, *Elogia*, p. 202, Cæsar BORGIA. — Le livre XXII des *Commentarii urbani* de Raph. Voleterranus contient un portrait d'Alexandre, tracé d'une main très-prudente, bien qu'il ait été fait sous Jules II. On y lit : *Roma... nobilis jam carnificina facta erat.*

[3] *Diario Ferrarese*, dans MURAT., XXIV, col. 362.

[4] Paul. JOVIUS, *Histor.*, II, fol. 47.

victimes de ce terrible poison : ils goûtèrent imprudem-
ment des confitures destinées à un riche cardinal, probablement Adrien de Corneto [1]. L'historien officiel du
Pape, Onufrio Panvinio [2], cite trois cardinaux qu'Alexandre a fait empoisonner (Orsini, Ferrari et Michiel), et il
en indique un quatrième (Giovanni Borgia), que César
se chargea d'expédier ; il est probable qu'en ce temps-là
peu de riches prélats mouraient à Rome sans que leur
mort fît naître des soupçons de ce genre. Même de pai-
sibles savants, retirés dans quelque ville de province,
étaient atteints par l'inexorable poison. Les endroits
fréquentés par le Pape commencèrent à n'être plus sûrs ;
déjà autrefois il avait été effrayé par des coups de foudre
et des tempêtes qui avaient renversé des murs et dévasté
des appartements entiers ; lorsqu'en 1500 [3] ces phénomènes se reproduisirent, on y trouva « *cosa diabolica* ».
Grâce au jubilé de 1500, qui attira tant de monde [4], le
bruit de cet état de choses se répandit au loin, paraît-il ;
le scandaleux trafic auquel donnait lieu la vente des

---

[1] Compar. les passages de RANKE, *les Papes de Rome, OEuvres
complètes*, t. XXXVII, p. 35, et XXXIX, Append., 1re partie, n° 4, et
GREGOROVIUS, VII, p. 497 ss. Le Vénitien Giustiniani ne croit pas que
le Pape ait été empoisonné. Compar. ses *Dispacci*, t. II, p. 107 ss. ;
la note de VILLARI, p. 120 ss., et l'Append., *ibid.*, p. 458 ss.

[2] PANVINIUS, *Epitome pontificum*, p. 359. Sur la tentative d'empoisonnement faite contre Jules II, voir p. 363. — D'après SISMONDI,
XIII, 246, Lopez, cardinal de Capoue, qui avait été pendant de
longues années le confident de tous les secrets d'Alexandre,
mourut de la même manière ; d'après Sanuto (dans RANKE, *les
Papes*, I, p. 52, note 1), le cardinal de Vérone eut le même sort. A la
mort du cardinal Ursini (de Vérone), le Pape fit constater par un
collége de médecins que sa fin était due à des causes naturelles.
Dispacci di Antonio Giustiniani, I, 411 ss.

[3] PRATO, *Arch. stor.*, III, p. 254.

[4] Jubilé qui fut largement exploité par le Pape. Comp. *Chron.
Venetum*, dans MURAT., XXIV, col. 133. Voici un simple bruit : *E si
giudicava che il Pontefice dovesse cavare assai danari di questo Giubileo,
che gli tornerà molto a proposito.*

indulgences fit sans doute le reste et finit par attirer sur Rome les regards de tous les peuples[1]. Outre les pèlerins qui rentraient dans leur patrie, il y avait aussi de singuliers pénitents blancs qui venaient de l'Italie dans le Nord, et parmi eux se trouvaient des hommes déguisés qui s'étaient enfuis des États de l'Église ; il n'est guère probable que ces gens aient gardé le silence. Mais qui peut calculer le degré auquel l'indignation de l'Occident aurait dû s'élever pour créer à Alexandre un danger immédiat ? « Il aurait, dit ailleurs Panvinio[2], fait mourir les riches cardinaux et prélats qui vivaient encore, afin d'hériter de leurs dépouilles, s'il n'avait pas été enlevé au milieu des grands projets qu'il faisait pour l'avenir de son fils. » Et qu'aurait fait César si, au moment de la mort de son père, il n'avait pas été mourant lui-même ? Quel étrange conclave eût été ce collége de cardinaux savamment épuré par le poison, qui aurait élevé au trône pontifical César Borgia, armé de tous ses moyens et n'ayant pas à craindre la présence d'une armée française ! L'imagination se perd dans un abime, dès qu'elle s'arrête sur ces hypothèses.

Au lieu de ce conclave, on vit ceux qui élurent Pie III (1503), et, peu de temps après, à la mort de ce pape, Jules II. La réaction avait suivi de près la fin d'Alexandre VI.

Quelle qu'ait été la conduite privée de Jules II, c'est lui qui est en grande partie le sauveur de la papauté. A force d'étudier les faits qui s'étaient passés sous les pontifes qui avaient succédé à son oncle Sixte IV, il avait reconnu les véritables bases et les véritables conditions de l'autorité pontificale ; il organisa son pouvoir

---

[1] ANSHELM, *Chronique de Berne*, III, p. 146 à 156. — TRITHEM., *Annales Hirsaug.*, t. II, p. 579, 584, 586.
[2] PANVIN., *Contin. Platinæ*, p. 341.

d'après les principes que lui avait révélés l'histoire des derniers temps, et il consacra toute l'énergie et toute la passion de son âme indomptable à asseoir solidement sa domination. Il est vrai que son élection au trône pontifical fut l'objet de négociations équivoques ; mais elle ne donna pas lieu à des actes de simonie, elle fut sanctionnée par l'approbation générale, et, à partir de son avénement, le trafic des grandes dignités ecclésiastiques cessa tout à fait. Jules avait des favoris qui n'étaient pas toujours dignes de sa faveur ; mais, par un bonheur singulier, il ne connut pas la plaie du népotisme : son frère Jean della Rovere était le mari de l'héritière d'Urbin, sœur du dernier Montefeltro, Guidobaldo, et de ce mariage était né (1491) un fils, François-Marie della Rovere, qui était en même temps héritier légitime du duché d'Urbin et neveu du Pape. Toutes les conquêtes que Jules II fit par voie diplomatique ou par la guerre, il mit son orgueil à les donner au Saint-Siége et non à sa famille ; aussi laissait-il à sa mort les États de l'Église, qu'il avait trouvés en pleine dissolution, entièrement soumis et agrandis de Parme et de Plaisance. Si cela n'avait tenu qu'à lui, Ferrare aussi eût été incorporée au domaine de l'Église. Les 700,000 ducats qu'il avait constamment dans le château Saint-Ange ne devaient être livrés par le gouverneur qu'au futur pape. Il recueillit sans scrupule les successions des cardinaux et même de tous les ecclésiastiques qui moururent à Rome sous son pontificat [1], mais il n'en fit périr aucun par le fer ou par le poison. Il a lui-même fait la guerre ; mais il n'a pu échapper à cette nécessité, et il s'en est

---

[1] De là cette pompe que les prélats déployaient dans les tombeaux qu'ils se faisaient élever de leur vivant ; c'était un moyen de dérober aux papes au moins une partie de leurs dépouilles.

d'ailleurs bien trouvé à une époque où il fallait être enclume ou marteau, et où la personnalité était plus puissante que le droit le moins contesté. Mais si, malgré sa devise ambitieuse : « Il faut chasser les Barbares », il contribua plus que tout autre à assurer la domination espagnole en Italie, ce fait pouvait paraître indifférent, peut-être même avantageux pour le Saint-Siége. L'Église ne pouvait-elle pas s'attendre à être respectée par l'Espagne plus que par toute autre puissance [1], pendant que les princes italiens ne nourrissaient peut-être à son égard que des projets coupables? Quoi qu'il en soit, cet homme d'une si puissante originalité, qui ne savait ni dissimuler sa colère ni cacher ses sympathies, faisait en somme l'impression, éminemment favorable à sa cause, d'un « *Pontefice terribile* ». Il put même se risquer à réunir un concile à Rome et faire taire ainsi toute l'opposition européenne qui réclamait un concile à grands cris. A un souverain de cette trempe il fallait un symbole grandiose de son caractère et de ses idées; ce symbole, Jules II le trouva dans la construction du dôme de Saint-Pierre; l'ordonnance de cet édifice, telle que la voulait Bramante, est peut-être la plus magnifique expression de l'unité dans la puissance en général. Mais on voit, même dans les autres arts, le perpétuel souvenir et, pour ainsi dire, l'image de ce Pape, et il n'est pas sans intérêt de rappeler que la poésie latine trouva, pour chanter Jules II, des accents autrement inspirés que ceux qu'elle avait fait entendre en l'honneur de ses prédécesseurs. Son entrée à Bologne, à la fin de l' *Iter Julii*

[1] Malgré l'assertion de Giovio (*Vita Alphonsi Ducis*), il est fort heureux que Jules ait réellement espéré que Ferdinand le Catholique se laisserait décider par lui à rétablir sur le trône de Naples la branche secondaire de la maison d'Aragon, qui en avait été chassée.

Secundi, par le cardinal Adrien de Corneto, est décrite dans un style magnifique, et, dans une des plus belles élégies que l'on puisse lire [1], Jean-Antoine Flaminio a appelé la protection du pontife patriote sur l'Italie.

Par un décret draconien [2], rendu par son concile de Latran, Jules II avait défendu le recours à la simonie pour les élections pontificales. Après sa mort (1513), les cardinaux, poussés par la cupidité, voulurent éluder cette défense et proposèrent de décréter en commun que les bénéfices et les charges du Pontife à élire seraient partagés également entre eux; par suite, ils auraient donné la tiare au cardinal le plus riche en bénéfices (à l'incapable Raphaël Riario) [3]. Mais l'opposition des plus jeunes membres du Sacré Collége, qui voulaient avant tout un pape libéral, fit échouer cette triste combinaison : on choisit Jean de Médicis, le fameux Léon X.

Nous retrouverons ce pontife chaque fois qu'il sera question de la grandeur de la Renaissance ; en ce moment, nous nous bornons à rappeler que sous lui le Saint-Siége fut encore une fois exposé à de grands dangers intérieurs et extérieurs. Il ne faut pas compter parmi ces

---

[1] P. ex., les deux poëmes qui se trouvent dans Roscoe, *Leone X*, ed. Rossi, IV, 257 et 297. A sa mort, la *Cronaca di Cremona* dit : *Quale fut grande danno per la Italia, perchè era homo che non voleva tramontani in Italia et haveva cazato Francesi, et l'animo era di cazar le altri.* *Bibl. hist. ital.* (1876), I, p. 217. — Sans doute lorsqu'au mois d'août 1511 il eut une syncope qui dura plus d'une heure, au point qu'on le crut mort, les têtes les plus turbulentes des premières familles, Pompeo Colonna, Antino Savelli entre autres. osèrent appeler le « peuple » au Capitole et l'exciter à secouer le joug pontifical *a vendicarsi in libertà... a publica ribellione,* comme le raconte Guichardin dans le livre X. Comp. aussi Paul Jove, dans la *Vita Pompeji Columnæ,* et, pour les détails, Gregorovius, VIII, p. 71-75.

[2] *Septimo decretal.,* L, I, tit. 3, cap. i à iii.

[3] Franc. Vettori, dans *Arch. stor.,* append. IV, 297.

dangers la conspiration des cardinaux Petrucci, Bandinelli de Saulis, Riario, Soderini et Corneto (1517), parce qu'elle ne pouvait avoir pour conséquence qu'un changement de personne tout au plus; aussi Léon X trouva-t-il le vrai remède au mal; il nomma trente-neuf nouveaux cardinaux, et cette extension extraordinaire du Sacré Collége fut bien vue, parce qu'elle récompensait en partie le vrai mérite [1].

Mais **rien** n'était plus dangereux que certaines voies dans lesquelles Léon X s'engagea pendant les deux premières années de son pontificat. Il entama des négociations très-sérieuses dans le but de donner à son frère Julien le royaume de Naples et à son neveu Laurent un grand royaume de Haute Italie, qui aurait compris Milan, la Toscane, Urbin et Ferrare [2]. Il est évident que les États de l'Église, ainsi encadrés, seraient devenus un apanage des Médicis, et qu'on n'aurait même plus eu besoin de les séculariser.

Les événements politiques firent échouer ce projet; Julien mourut de bonne heure (1516); afin de pourvoir Laurent, Léon X entreprit de chasser le duc d'Urbin, François-Marie della Rovere. Il s'attira par cette guerre des haines violentes, s'appauvrit pour soutenir la lutte, et fut obligé, à la mort de Laurent (1519), de donner à l'Église ce qu'il avait conquis au prix de tant de sacri-

---

[1] D'après ZIEGLER, *Historia Clementis VII*, dans SCHELHORN, *Amœnit. hist. eccl.*, II, 302, elle lui aurait, de plus, rapporté 500,000 florins d'or; l'Ordre des Franciscains, dont le général, Christophe Numalio, devint aussi cardinal, en paya 30,000 à lui seul; on trouve le détail des sommes versées par les intéressés dans SENUTO, vol. XXIV, fol. 227; pour l'ensemble, compar. GREGOROVIUS, VIII, p. 214 ss.

[2] Franc. VETTORI, p. 301. — *Arch. stor.*, append. I, p. 293 ss. — ROSCOE, *Leone X*, ed. BOSSI, VI, p. 232 ss. — TOMMASO GAR, p. 42.

fices[1]; il fit sans gloire et malgré lui une cession qui
l'aurait immortalisé si elle avait été volontaire. Les entreprises plus ou moins heureuses qu'il dirigea ensuite,
soit seul, soit en négociant tour à tour avec Charles-
Quint et François Iᵉʳ, contre Alphonse de Ferrare, contre
quelques petits tyrans et quelques condottieri, n'étaient
pas de nature à le grandir beaucoup. Et tout cela se passait à une époque où les souverains de l'Occident s'habi-
tuaient davantage, d'année en année, à jouer des parties
colossales dont l'enjeu était toujours telle ou telle portion
du territoire italien[2]. Qui pouvait répondre qu'après
avoir, dans les derniers temps, considérablement agrandi
leur puissance à l'intérieur, ils ne tourneraient pas leurs
vues vers les États de l'Église? Léon X vit encore le pré-
lude de ce qui devait s'accomplir en 1527; vers la fin
de l'année 1520, quelques bandes d'infanterie espagnole
franchirent de leur propre mouvement, paraît-il, la frontière des États du Saint-Siége, simplement pour rançonner
le Pape[3], mais se firent repousser par les troupes pontificales. De plus, en présence de la corruption dont
l'autorité donnait l'exemple, l'opinion publique s'était
éclairée plus rapidement qu'autrefois, et des hommes
clairvoyants, tels que le jeune Pic de la Mirandole[4],

---

[1] ARIOSTO, *Sat.*, VI, v. 106. *Tutti morrete, ed è fatal che nuoja Leone
appresso.* Dans les satires III et VII, l'Arioste s'est moqué des intrigues
des anciens et des nouveaux clients à la cour de Léon X en général.

[2] On trouve une combinaison de ce genre dans une dépêche
du cardinal Bibiena, envoyée de Paris, le 21 décembre 1518; voir
Lettere de' principi (Venise, 1581), I, 65.

[3] Franc. VETTORI, p. 333.

[4] Lors du concile de Latran (1512), Pic écrivit un discours :
*J. F. P. oratio ad Leonem X et Concilium Lateranense de reformandis
Ecclesiæ moribus* (ed. Haguenau, 1512; réimprimé souvent dans les
ouvrages spéciaux et dans d'autres). Le discours est dédié à
Pirkheimer; il lui fut envoyé une seconde fois en 1517. Compar.
Vir. doc. epist. ad. Pirckh., ed. Freytag, Leipz., 1838, p. 8. Pic craint

demandaient à grands cris des réformes. Dans l'intervalle avait paru Luther.

Sous Adrien VI (1522-1523), il y eut bien quelques réformes timides; mais, en face du grand mouvement qui se produisait en Allemagne, elles étaient insuffisantes. Adrien ne pouvait guère faire autre chose que tonner contre la corruption du jour, contre la simonie, le népotisme, l'incurie chez les fonctionnaires, le cumul, le gaspillage, le banditisme et l'immoralité; la mort l'empêcha de rendre des édits sévères. Le luthéranisme lui-même ne semblait pas le danger le plus redoutable; un observateur de Venise, célèbre par son esprit, Girolamo Negro, pressent pour Rome des malheurs prochains et terribles [1].

Sous Clément VII, l'horizon de la ville éternelle s'obscurcit; des vapeurs sinistres s'élèvent, pareilles à ce voile livide dont le sirocco couvre parfois le pays et qui rendent souvent l'arrière-saison si funeste à la campagne romaine. Le Pape est détesté partout; pendant que les esprits sérieux continuent d'être inquiets [2], des ermites

que sous Léon X le mal ne triomphe positivement du bien, *et in te bellum a nostræ religionis hostibus ante audias geri quam parari.*

[1] *Lettere de principi*, I, Rome, 17 mars 1523. « Pour bien des raisons, l'existence de cet État ne tient plus qu'à un fil; Dieu veuille que nous ne soyons pas bientôt obligés de fuir à Avignon ou jusqu'aux confins de l'Océan. Je vois que la chute de cette monarchie spirituelle est imminente... Si Dieu ne vient à notre secours, c'en est fait de nous. » Adrien a-t-il été empoisonné ou non? c'est ce qu'il n'est pas possible de conclure positivement de l'ouvrage de Blas ORTIZ, *Itinerar. Hadriani* (BALUZ. *Miscell.*, ed. Mansi, I, p. 286 ss.); l'opinion publique le croyait. Les différentes versions qui ont couru sur la mort d'Adrien ont été réunies par H. BAUER, *Adrien VI, portrait de l'époque de la Réforme.* Heidelberg, 1876, p. 150 ss.

[2] Negro, sur le 24 oct. (ou plutôt sept.), le 9 nov. 1526, le 11 avril 1527. Sans doute il avait aussi ses flatteurs et ses admirateurs. Le dialogue de PETRUS ALCYONUS, *De exilio*, le glorifie peu de temps avant son avénement au pontificat.

viennent prédire dans les rues la ruine de l'Italie et la fin du monde ; ils nomment le pape Clément l'Antechrist[1] ; la faction des Colonna relève insolemment la tête ; l'intraitable cardinal Pompée Colonna, dont la seule présence[2] est une menace perpétuelle pour la papauté, ose tenter un coup de main sur Rome (1526), dans l'espérance de devenir pape avec le secours de Charles-Quint, dès que Clément sera mort ou prisonnier. Celui-ci put se réfugier dans le château Saint-Ange ; mais Rome n'en fut pas plus heureuse pour cela ; quant au sort qui devait lui être réservé à lui-même, on peut l'appeler pire que la mort.

Par une série de perfidies de tout genre, de perfidies qui ne sont permises qu'aux forts et qui sont funestes aux faibles, Clément provoqua l'approche de l'armée hispano-allemande commandée par Bourbon et par Frondsberg (1527). Il est certain[3] que le cabinet de Charles-Quint avait voulu frapper un coup terrible, et qu'il ne pouvait prévoir jusqu'où iraient les excès de ces hordes qu'il ne payait pas. Les Allemands n'auraient pas consenti à servir à peu près gratuitement, s'ils n'avaient su qu'ils allaient marcher contre Rome. Peut-être existe-t-il des ordres écrits de Charles-Quint au duc de Bourbon, même des ordres relativement modérés ; mais de pareils documents ne sauraient modifier le jugement de l'historien. C'est un pur hasard que le Pape et les cardinaux n'aient pas été égorgés par les soudards de l'Empereur et Roi Très-Catholique. S'ils avaient péri, nul sophisme au monde ne pourrait établir l'innocence de ce prince. Le massacre d'une foule innombrable de gens de moindre condition, les contributions énormes arrachées aux sur-

<hr>

[1] Varchi, *Stor. fiorent.*, I, 43, 46 ss.
[2] Paul Jovius, *Vita Pomp. Columnæ*.
[3] Ranke, *Histoire d'Allemagne* (4ᵉ édit. et ss.), II, 262 ss.

vivants par la torture donnent une idée assez nette de ce que les soldats de Charles-Quint pouvaient se permettre au *sacco di Roma*

Le Pape avait encore une fois cherché un refuge dans le château Saint-Ange ; après lui avoir extorqué des sommes immenses, Charles voulait, dit-on, le faire conduire à Naples, et si Clément s'est enfui à Orvieto, il l'a fait sans doute à l'insu des Espagnols et malgré eux [1]. Charles a-t-il songé un moment à séculariser les États de l'Église (ce qui n'aurait surpris personne) [2]? S'est-il laissé réellement détourner de cette idée par les représentations de Henri VIII d'Angleterre? Ce sont là des questions qu'on n'arrivera sans doute jamais à éclaircir.

Mais si de pareils projets existaient, ils ont dû être bien vite abandonnés. Un fait considérable va sortir de la dévastation de Rome, c'est celui d'une restauration à la fois spirituelle et temporelle. Dès le premier jour, Sadolet [3] pressent cette révolution. « Si nos malheurs, écrit-il, ont désarmé la colère et la rigueur du Ciel, si ces châtiments terribles nous font rentrer dans la voie des bonnes mœurs et des sages lois, notre situation sera peut-être moins cruelle. Dieu défendra ses droits ; quant à nous, nous avons à devenir meilleurs ; ayons-en le désir, et nous en aurons la force ; que toutes nos actions, que toutes nos pensées n'aient qu'un but, notre relèvement ; cherchons en Dieu le véritable éclat de la dignité sacerdotale, notre vraie grandeur et notre vraie puissance. »

A partir de cette crise de 1527, des voix sérieuses

---

[1] Varchi, *Stor. fiorent.*, II, 43 ss.

[2] *Ibid.*, et Ranke, *Hist. d'Allem.*, II, p. 278, note 1, et III, p. 6 ss. On croyait que Charles transférerait sa résidence à Rome.

[3] Sa lettre au Pape, datée de Carpentras, 1er sept. 1527, dans les *Anecdota litt.*, IV, p. 335.

purent de nouveau se faire entendre. Rome avait trop souffert pour pouvoir jamais redevenir, même sous un Paul III, la Rome brillante et corrompue de Léon X.

Dès que la papauté fut tombée dans cet abîme de malheurs, des sympathies moitié politiques, moitié religieuses se déclarèrent pour elle. Les rois ne pouvaient admettre que l'un d'entre eux se fît le geôlier officiel du Pape; aussi le désir de délivrer le Pontife leur fit-il conclure le traité d'Amiens (18 août 1527). C'était un moyen d'exploiter le caractère odieux des excès commis par les troupes impériales. En même temps l'Empereur se trouvait, en Espagne même, dans un grand embarras ; ses prélats et ses grands ne cessaient de lui faire en toute circonstance les représentations les plus sérieuses. Il était question d'une grande manifestation que devaient faire des ecclésiatiques et des laïques vêtus d'habits de deuil; Charles eut peur qu'il n'en résultât un mouvement dangereux comme le soulèvement des communes, qui avait été réprimé quelques années auparavant; aussi la manifestation fut-elle interdite [1]. Non-seulement il n'aurait pas pu continuer de maltraiter le Pape, mais encore, abstraction faite de toute politique extérieure, une impérieuse nécessité lui commandait de se réconcilier avec le Saint-Siége, qui avait tant à se plaindre de lui. Car il voulait aussi peu s'appuyer sur les sentiments de l'Allemagne, qui l'auraient entraîné dans une autre voie, que sur la révolution religieuse dont l'Allemagne était le théâtre. Du reste, il est possible, comme le fait observer un Vénitien, que le souvenir de la dévastation de Rome ait pesé à sa conscience [2], et que ce motif ait

[1] *Lettere de' principi*, I, 72. Castiglione au Pape, Burgos, 10 déc. 1527.

[2] Tommaso GAR, *Relaz. della corte di Roma*, I, 299.

hâté la réconciliation, qui dut être scellée par la soumission définitive des Florentins à la famille des Médicis, à laquelle appartenait le Pape. Le nouveau duc, qui est en même temps neveu du Pontife, Alexandre de Médicis, épouse la fille naturelle de l'Empereur.

Dans la suite, Charles continua de dominer le Saint-Siége par l'idée d'un concile; il pouvait à la fois l'opprimer et le protéger. Quant au danger de la sécularisation, à ce danger intérieur que les Papes et leurs neveux eux-mêmes avaient créé, il était écarté pour des siècles par la Réforme d'Allemagne. De même que celle-ci avait seule rendu possible et heureuse la campagne dirigée contre Rome (1527), de même elle força la papauté à redevenir l'expression d'une puissance toute spirituelle en se mettant à la tête de tous les adversaires des nouvelles doctrines et en sortant de « l'état d'abaissement où l'avaient fait tomber des préoccupations d'ordre purement matériel ». Ce qui va surgir dans les dernières années de Clément VII, sous Paul III, Paul IV et leurs successeurs, au milieu de la défection de la moitié de l'Europe, c'est une hiérarchie toute nouvelle, entièrement régénérée, qui évitera les dangers et les scandales intérieurs, particulièrement le népotisme [1], et qui, d'accord avec les princes catholiques, animée d'un zèle ardent pour les intérêts de l'Église, ne travaillera qu'à regagner ce qu'elle a perdu. Elle n'existe et ne se comprend que par le contraste qu'elle fait avec les apostats. Dans ce sens on peut dire vraiment que, sous le rapport moral, la papauté a été sauvée par ses ennemis mortels.

Quant à sa situation politique, elle se fortifia aussi sous la surveillance permanente de l'Espagne, il est vrai,

---

[1] Les Farnèse réussirent encore à abaisser les Caraffa.

et finit par défier toutes les attaques; elle n'eut qu'à attendre l'extinction de ses vassaux (de la branche légitime de la maison d'Este et de la famille della Rovera) pour hériter des duchés de Ferrare et d'Urbin. Sans la Réforme, au contraire, — si l'on peut concevoir ce fait immense comme n'ayant pas existé, — il est probable que les États de l'Église auraient passé tout entiers en des mains laïques bien plus tôt que nous ne l'avons vu.

CONCLUSION

L'ITALIE DES PATRIOTES

Nous allons examiner brièvement le contre-coup de cette situation politique sur l'esprit de la nation en général.

L'état d'incertitude politique dans lequel l'Italie s'est trouvée au quatorzième et au quinzième siècle a provoqué naturellement l'élan du patriotisme et l'idée de la résistance dans les cœurs généreux. Déjà Dante et Pétrarque [1] proclament hautement la nécessité de l'unité italienne et disent que tous les efforts doivent tendre à ce but. On objecte bien qu'il ne faut voir dans ce fait que la manifestation des aspirations généreuses de quelques esprits d'élite, et que la masse de la nation était étrangère à ces idées; mais qu'on se rappelle que l'Allemagne rêvait, elle aussi, l'unité réelle, bien qu'elle eût déjà l'unité nominale et un souverain reconnu, l'Empereur. La première voix qui s'élève pour glorifier l'Allemagne une et forte (à part quelques vers des Minnesaenger), c'est celle des humanistes du temps de Maximilien Ier [2]; elle apparait souvent comme un écho

---

[1] PETRARCA, *Epist. fam.*, I, 1, ed. Fracassetti (1859), vol. I, p. 40, où il remercie Dieu d'être né Italien. Ensuite : *Apologia contra cuiusdam anonymi Galli calumnias*, de l'année 1367. *Op. ed. Bas.*, 1581, p. 1068 ss. (Pour l'ensemble : L. GEIGER, *Pétrarque*, p. 129-145.)

[2] Je veux parler surtout des écrits de Wimpheling, Bebel, etc.,

des déclamations italiennes ou comme une réponse aux attaques dirigées par l'Italie contre la minorité intellectuelle de l'Allemagne. Et pourtant l'Allemagne avait connu l'unité de fait bien plus tôt que l'Italie, morcelée depuis l'époque des Romains. C'est à ses longues luttes contre l'Angleterre que la France doit surtout le sentiment de son unité nationale; quant à l'Espagne, elle n'a pas pu, à la longue, absorber le Portugal, qui avait pourtant de si grandes affinités avec elle. Pour l'Italie, l'existence et les conditions vitales des États de l'Église étaient un obstacle à peu près insurmontable à l'unité. Si parfois, dans les relations politiques du quinzième siècle, on parle avec emphase de la patrie commune, on ne veut généralement que blesser l'amour-propre d'un autre État également italien [1]. La première partie du seizième siècle, c'est-à-dire l'époque où la Renaissance a jeté le plus vif éclat, n'était pas favorable au développement du patriotisme : la soif des jouissances intellectuelles et artistiques, l'amour du plaisir, l'importance de la personnalité étouffaient le sentiment patriotique ou le reléguaient au second plan. C'est seulement à titre d'exception que des voix généreuses se font entendre à cette époque; ce n'est que plus tard que retentissent

réunis dans le 1er vol. de SCHARDIUS, *Scriptores rerum Germanicarum* (Basel, 1574), et dans le 3e vol. du *Recueil* de FREHER-STRUVE (Strasbourg, 1717). Compar. aussi plus haut, p. 23, note 3. Il faut y ajouter des ouvrages antérieurs, tels que celui de Félix FABER, *Historia Suevorum, libri duo*, dans GOLDAST, *Scriptores rer. Suev.*, 1605, et des ouvrages postérieurs, tels que celui d'IRENICUS, *Exegesis Germaniæ* (Haguenau, 1518). Sur ce dernier livre et sur l'histoire patriotique de l'Allemagne de ce temps en général, compar. plusieurs travaux d'A. HORAWITZ, *Revue historiq.*, t. XXXIII, p. 118, note 1.

[1] Citons un exemple seulement : la réponse du doge de Venise à un agent florentin relativement à Pise (1496), dans MALIPIERO, *Ann. veneti, Arch. Stor.*, VII, I, p. 427.

de pressants, de douloureux appels au sentiment national ; mais il n'était plus temps : les Français et les Espagnols avaient envahi le pays, et les troupes allemandes s'étaient emparées de Rome. On peut dire du patriotisme local qu'il représente ce sentiment sans le remplacer.

DEUXIÈME PARTIE

DÉVELOPPEMENT DE L'INDIVIDU

CHAPITRE PREMIER

L'ÉTAT ITALIEN ET L'INDIVIDU

L'organisation de ces États, qu'ils soient républicains ou despotiques, est la cause principale, sinon unique, du précoce développement de l'Italien; c'est grâce à elle surtout qu'il est devenu un homme moderne. C'est encore grâce à elle qu'il a été l'aîné des fils de l'Europe actuelle.

Au moyen âge les deux faces de la conscience, la face objective et la face subjective, étaient en quelque sorte voilées; la vie intellectuelle ressemblait à un demi-rêve. Le voile qui enveloppait les esprits était un tissu de foi et de préjugés, d'ignorance et d'illusions; il faisait apparaître le monde et l'histoire sous des couleurs bizarres; quant à l'homme, il ne se connaissait que comme race, peuple, parti, corporation, famille, ou sous toute autre forme générale et collective. C'est l'Italie qui, la première, déchire ce voile et qui donne le signal de l'étude *objective* de l'État et de toutes les choses de ce monde; mais à côté de cette manière de considérer les objets se développe l'étude *subjective;* l'homme devient *individu*[1] spirituel, et il a conscience de ce nouvel état. Tel on avait vu jadis le Grec s'élever en face du monde barbare, l'Arabe en face des autres races asiatiques. Il ne sera pas difficile de prouver que c'est la situation politique qui a eu la plus grande part à cette transformation.

Même à des époques de beaucoup antérieures, on trouve parfois en Italie la personnalité développée à un degré inconnu dans le Nord. Nous voyons des figures remarquables parmi les hardis aventuriers du dixième siècle dont Liudprand raconte les faits et gestes, les contemporains de Grégoire VII (comp. p. 191, note 1) et les adversaires des premiers Hohenstaufen. Mais à la fin du treizième siècle l'Italie commence à fourmiller de personnalités marquantes ; le charme qui avait pesé sur l'individualisme est entièrement rompu ; les grandes figures se multiplient. Le vaste poëme de Dante aurait été impossible dans tout autre pays par la raison que, partout, le préjugé de la race régnait encore en maître ; pour l'Italie le poëte est devenu le héraut le plus national de son temps, grâce au développement extraordinaire de l'élément individuel. Nous aurons à exposer dans des chapitres spéciaux ce que l'esprit humain a produit dans le domaine de la littérature et des arts ; nous réservons une place à part aux grandes figures qui ont surgi en Italie ; nous nous bornerons ici à expliquer le fait psychologique lui-même. Ce fait est complet et positif, tel il se montre dans l'histoire ; au quatorzième siècle, l'Italie ne sait guère ce que c'est que la fausse modestie et l'hypocrisie ; personne n'a peur de

---

[1] Il faut remarquer les expressions *uomo singolare, uomo unico,* employées pour désigner un degré supérieur et l'apogée de la culture individuelle.

se faire remarquer, d'être et de paraître [1] autre que le commun des hommes [2].

Comme nous l'avons vu, la tyrannie commence par développer au plus haut degré l'individualité du souverain, du condottiere lui-même ; ensuite elle développe celle du talent qu'il protége, mais aussi qu'il exploite sans ménagement, du secrétaire, du fonctionnaire, du poëte, du familier. L'esprit de ces gens apprend forcément à connaître toutes ses ressources, celles qui sont permanentes comme celles du moment ; grâce à des moyens intellectuels, leur vie s'élève et se concentre pour donner le plus de valeur possible à ce pouvoir et à cette influence qu'ils n'exerceront peut-être pas longtemps.

Même les sujets n'étaient pas tout à fait étrangers au mouvement qui emportait les maîtres. Nous ne ferons pas entrer en ligne de compte ceux qui passaient leur vie à résister au pouvoir, à conspirer contre lui ; nous ne parlerons que de ceux qui se résignaient à être de simples particuliers, à peu près comme la plupart des habitants des villes de l'empire byzantin et des États mahométans. Il est certain, par exemple, que souvent les sujets des Visconti ont eu beaucoup de peine à sou-

---

[1] Vers 1390, il n'y avait plus à Florence une mode dominante pour l'habillement des hommes, parce que chacun cherchait à se singulariser par le costume. Compar. les *Canzone* de Franco SACCHETTI : *Contro alle nuove foggie*, dans les RIME, *Publ. dal. Poggiali*, p. 52.

[2] A la fin du seizième siècle, MONTAIGNE (*Essais*, l. III, ch. v, vol. III, p. 367 de l'édition de Paris de 1816) établit entre autres le parallèle suivant : « Ils (les Italiens) ont plus communément des belles femmes et moins de laides que nous ; mais des rares et excellentes beautés j'estime que nous allons à pair. Et (je) en juge autant des esprits : de ceux de la commune façon, ils en ont beaucoup plus et évidemment ; la brutalité y est sans comparaison plus rare : d'âmes singulières et du plus hault estage, nous ne leur en debvons rien. »

tenir l'honneur de leur maison et leur rang personnel, et il est probable que, pour une foule d'entre eux, la servitude a dégradé leur caractère moral. Mais il n'en a pas été de même de ce qu'on nomme le caractère individuel, car c'est précisément l'absence d'influence politique qui

développé avec d'autant plus d'énergie les aspirations des particuliers. La richesse et la culture, en tant qu'elles pouvaient se produire et, par la concurrence et l'émulation, jointes à une liberté municipale qui ne laissait pas d'être encore considérable, s'étendre à l'existence d'une Église qui ne se confondait pas avec l'État, comme à Byzance et dans le monde de l'islamisme, tous ces éléments réunis favorisaient certainement l'éclosion d'idées individuelles, et c'est précisément l'absence des luttes de partis qui permettait aux esprits de se développer à l'aise. Il est bien possible que le simple particulier, indifférent en matière politique, partagé entre ses occupations sérieuses et ses goûts esthétiques, soit arrivé dans ces États despotiques du onzième siècle au complet épanouissement de ses facultés avant les citoyens d'autres États. Sans doute on ne peut demander à cet égard des documents authentiques ; les nouvellistes dont on pourrait attendre quelques indications mettent souvent en scène des hommes etxraordinaires ; mais ils n'ont en vue que l'intérêt que ces personnages peuvent répandre sur l'histoire qu'ils veulent raconter ; de plus, la scène des événements qu'ils imaginent se passe principalement dans des villes républicaines.

D'autres causes favorisaient dans ces villes le développement du caractère individuel. Plus les partis se succédaient vite au pouvoir, plus l'individu avait de raisons pour concentrer toutes ses facultés dans l'exercice et dans la jouissance de la domination. C'est là ce qui donne, surtout dans l'histoire florentine[1], aux hommes d'État et aux tribuns du peuple un caractère si personnel; à peine trouve-t-on, à titre d'exception, dans le reste du monde d'alors, des figures originales comme celle d'un Jacques d'Arteveldt.

Les membres des partis vaincus étaient souvent dans une situation semblable à celle des sujets des États despotiques; seulement la liberté ou le pouvoir dont ils avaient joui, peut-être aussi l'espérance de retrouver l'une ou l'autre, contribuait-elle davantage à développer leur idéalisme. C'est précisément parmi ces hommes condamnés à l'inaction qu'on trouve, par exemple, un Agnolo Pandolfini (+ 1446), dont le livre *De l'intérieur d'une maison*[2] est le premier programme d'une existence privée parfaitement comprise. L'énumération des devoirs à remplir par l'individu en présence de l'incertitude et des difficultés de la situation politique[3] est dans son genre un véritable monument de l'époque.

[1] Et aussi dans celle des femmes, comme on le remarque dans la maison Sforza et dans différentes familles de souverains de la haute Italie. Compar. dans l'ouvrage de Jacques-Phil. BERGOMENSIS : *De plurimis claris selectisque mulieribus*, Ferrare, 1497, les biographies de Battista de Malatesta, de Paola de Gonzague, de Bonne Lombarda, de Richarde d'Este et des femmes les plus marquantes de la famille des Sforza, Béatrix entre autres. On trouve dans le nombre plus d'une virago, et l'on voit souvent le développement individuel complété par la haute culture. (Comp. plus bas, p. 187, note 1, et la cinquième partie.)

[2] Franco SACCHETTI, dans son *Capitolo* (Rime, publ. dal POGGIALI, p. 56), compte vers 1390 plus de cent noms de gens considérables des partis dominants, qui étaient morts de son temps. Quelques médiocrités qu'il pût y avoir dans le nombre, il n'en est pas moins vrai que l'ensemble est une preuve sérieuse du réveil de l'individualité. — Sur les « *Vite* » de Philippe Villani, voir plus bas.

[3] *Trattato del governo della famiglia*, forme une partie de l'ouvrage : *La cura della famiglia*. (*Opere volgari di Leon Batt.* ALBERTI, publ. da Anicio BONUCCI, Flor., 1844, t. II.) Compar. *ibid.*, vol., I, p. 30-40: vol. II, p. 35 ss., et vol. V, p. 1-227. Autrefois on attribuait généralement cet écrit à Agnolo Pandolfini († 1446); comp. Vespas. FIO-

Enfin l'exil use l'homme ou bien il élève ses facultés à leur plus haute puissance. « Dans nos villes si populeuses, dit Jovianus Pontanus [1], nous voyons une foule de gens qui ont quitté volontairement leur patrie ; on emporte partout avec soi ses qualités et ses vertus. » En effet, ce n'étaient pas seulement des condamnés qui s'étaient expatriés ; des milliers d'individus avaient abandonné volontairement le sol natal, parce que la situation politique ou économique était devenue intolérable. Les Florentins qui avaient émigré à Ferrare, les Lucquois qui étaient allés s'établir à Venise, etc., formaient des colonies entières.

Le cosmopolitisme qui se développe chez les exilés les plus heureusement doués est un des degrés les plus élevés de l'individualisme. Comme nous l'avons dit plus haut (p. 96), Dante trouve une nouvelle patrie dans la langue et dans la culture intellectuelle de l'Italie ; il va même plus loin quand il dit : « Ma patrie est le monde en général [2] ! » — Et quand on voulut lui permettre, à des conditions humiliantes, de revenir à Florence, il répondit : « Ne puis-je pas contempler partout la lumière du soleil et des astres ? Ne puis-je pas méditer partout sur les plus grandes vérités, sans pour cela paraître devant le peuple et devant la ville comme un homme obscur et même couvert d'ignominie ? Je ne

RENT., p. 291 ss., 379 ; mais à la suite de nouvelles recherches de Fr. Palermo (Florence, 1871), il a été prouvé que c'est Alberti qui en est l'auteur. Cet ouvrage a toujours été cité d'après l'édition Torino, *Pomba*, 1828.

[1] *Trattato*, p. 65 ss.

[2] Jov. Pontanus, *De fortitudine*, l. II, ch. iv, *De tolerando exilio.* Soixante-dix ans plus tard, Cardan pouvait se demander (*De vita propria*, cap. xxxii) avec amertume : *Quid est patria, nisi consensus tyrannorum ministrorum ad opprimendos imbelles timidos et qui plerumque sunt innoxii?*

manquerai même pas de pain[1] ! » C'est avec un noble orgueil que les artistes se vantent d'être libres de toute entrave locale. « Il n'y a que celui qui a tout appris, dit Ghiberti [2], qui ne soit un étranger nulle part ; même sans fortune, même sans amis, il est citoyen de toutes les villes ; il peut affronter et dédaigner toutes les vicissitudes du sort. » Un humaniste réfugié à l'étranger dit de même : « Il fait bon vivre partout où un homme instruit établit sa demeure [3]. »

---

[1] *De vulgari eloquio*, lib. I, cap. VI. *Sur l'idéal de la langue italienne*, chap. XVII. *L'Unité intellectuelle des gens instruits*, chap. XVIII. Voir aussi la *nostalgie* dans le passage célèbre du *Purg.*, VIII, 1 ss., et du *Parad.*, XXV, 1 ss.

[2] *Dantis Alligherii Epistolæ*, ed. Carolus WITTE, p. 65.

[3] Voir à l'appendice n° 1.

CHAPITRE II

ENTIER DÉVELOPPEMENT DE LA PERSONNALITÉ

Un esprit familiarisé avec l'histoire de la culture intellectuelle n'aurait pas de peine à suivre pas à pas la progression toujours croissante de l'individualisme. Il est difficile de dire si les hommes qui sont arrivés au plein épanouissement de leurs facultés se sont nettement proposé pour but le développement harmonieux de leur intelligence ; mais ce qui est certain, c'est que plusieurs étaient parvenus à la perfection relative que comporte la faiblesse humaine. Si l'on renonce, par exemple, à dresser un bilan général pour Laurent le Magnifique, en y faisant figurer sa singulière fortune, ses grandes qualités et son caractère remarquable, que l'on considère du moins une individualité comme celle de l'Arioste, particulièrement dans ses satires. Dans quelle harmonie n'y voit-on pas se fondre la fierté de l'homme et du poëte, l'ironie qui s'attaque à ses propres jouissances, la raillerie la plus fine et la bienveillance la plus vraie !

Quand cette tendance à développer au plus haut point la personnalité [1] se rencontrait avec une nature réelle-

---

[1] Le réveil de la personnalité se montre aussi dans l'importance exagérée qu'on attache au développement indépendant, dans la prétention de former les esprits sans l'influence des parents et des ascendants. BOCCACE, *De cas. vir. ill.* (Paris, s. a., fol. XXIX b), rappelle que Socrate est né de parents sans culture, qu'Euripide

ment puissante et un esprit richement doué, capable de s'assimiler en même temps tous les éléments de la culture d'alors, on voyait surgir l' « homme universel », l'*uomo universale,* qui appartient exclusivement à l'Italie. Pendant tout le moyen âge il y a eu dans différents pays des hommes qui possédaient la science universelle, parce que cette science formait un tout assez restreint ; de même on trouve jusqu'au douzième siècle des artistes universels, parce que les problèmes de l'architecture étaient relativement simples et homogènes, et que, dans la peinture et dans la sculpture, la forme était sacrifiée à l'objet lui-même. Dans l'Italie de la Renaissance, au contraire, nous voyons des artistes qui savent créer et atteindre à la perfection dans toutes les branches à la fois, tout en étant extrêmement remarquables comme hommes. D'autres sont universels, en dehors de la pratique de l'art, dans le domaine infini de l'intelligence.

Dante, qui même de son vivant était appelé poète par les uns, philosophe ou théologien par les autres [1], imprime à tous ses écrits le caractère de sa puissante personnalité ; l'autorité de l'écrivain s'impose au lecteur, même si l'on fait abstraction des sujets qu'il traite. Quelle force de volonté suppose l'ordonnance magistrale de la *Divine Comédie!* Si l'on considère le fond même de cette œuvre immense, on reconnaît qu'il n'y a guère dans le monde des corps et dans le monde des esprits un objet important qu'il n'ait approfondi et sur lequel il ne se soit prononcé avec une autorité souveraine, même quand son opinion se résume en quelques mots. Pour l'art plastique, son livre est un document précieux,

et Démosthène sont issus de parents inconnus, et il s'écrie . *Quasi animos a gignentibus habeamus!*

[1] Boccaccio, *Vita di Dante,* p. 16.

moins à cause des quelques lignes qu'il a consacrées aux artistes de son temps que parce qu'il renferme des indications d'une plus haute portée ; bientôt il devint aussi une source d'inspiration [1].

Le quinzième siècle surtout a été fécond en hommes remarquables par la variété de leurs connaissances et de leurs aptitudes. Il n'y a pas de biographie dont le héros ne possède les talents les plus divers. Souvent le négociant, l'homme d'État florentin est un savant qui connait à fond les deux langues anciennes ; les humanistes les plus célèbres sont obligés de lui faire, à lui et à ses fils, des leçons sur la Politique et sur l'Éthique d'Aristote [2] ; même les filles de la maison reçoivent l'instruction la plus variée ; du reste, c'est principalement dans ces sphères qu'il faut chercher les premiers exemples de haute culture dans la famille. L'humaniste, de son côté, est mis en demeure d'élargir le plus possible le cercle de ses connaissances, attendu que son savoir philologique ne doit pas servir, comme aujourd'hui, à la connaissance objective de l'âge classique, mais qu'il doit trouver son application à la vie de tous les jours. Tout en se livrant à ses études sur Pline [3], par exemple, il forme une collection d'objets d'histoire naturelle ; il part de la géographie des anciens pour devenir un cosmographe

---

[1] Les anges qu'il peignit sur des tablettes, le jour anniversaire de la mort de Béatrice (*Vita nuova*, p. 61), pourraient bien avoir été autre chose qu'une fantaisie d'amateur. Lion. Aretino dit qu'il dessinait *egregiamente* et qu'il était grand amateur de musique.

[2] Sur ce fait et sur ce qui suit, comp. surtout Vespasiano Fiorentino, qui est une source de premier ordre pour l'histoire de la culture à Florence au quinzième siècle. Voir p. 359, 379, 401, etc. — Puis la belle et instructive *Vita Jannoctii Manetti* (né en 1396), par Naldus Naldius, dans Murat., XX, p. 529-608.

[3] Ce qui suit est emprunté au portrait de Pandolfo Collenuccio par Perticari, dans Roscoe, *Leone X*, ed. Bossi, III, p. 197 ss., et dans les *Opere del Conte Perticari*, Mil., 1823, vol. II.

moderne ; il prend leurs historiens pour modèles quand il écrit l'histoire de son temps, même s'il s'exprime dans la langue vulgaire ; traducteur des comédies de Plaute, il est amené à devenir régisseur lors des représentations ; il reproduit aussi bien que possible les formes si vivantes de la littérature antique, imite jusqu'au dialogue de Lucien, et avec tout cela, il fonctionne, quelquefois à son dam, comme juge, secrétaire et diplomate.

Mais au-dessus de ces hommes remarquables on voit briller quelques esprits vraiment universels. Avant d'examiner en détail les questions relatives à la vie et à la culture d'alors, nous esquisserons le portrait d'un de ces géants intellectuels ; c'est celui de Léon-Baptiste Alberti, qui apparait au seuil du quinzième siècle (né en 1404? mort en 1472 [1]). Sa biographie [2], qui n'est qu'à l'état de fragment, ne parle guère de lui comme artiste et ne fait pas la moindre allusion au nom qu'il a dans l'histoire de l'architecture ; nous allons voir ce qu'il a été même sans cette gloire spéciale.

Dès son enfance, Léon-Baptiste a excellé dans tout ce que les hommes applaudissent. On raconte de lui des tours de force et d'adresse incroyables : on dit qu'il sautait à pieds joints par-dessus les épaules des gens ; que, dans le dôme, il lançait une pièce d'argent jusqu'à la

---

[1] Pour ce qui suit, comp. J. Burkhardt, *Histoire de la Renaissance en Italie*, Stuttg., 1868, surt. p. 41 ss., et A. Springer, *Études sur l'histoire de l'art moderne*, Bonn, 1867, p. 69-102. Une nouvelle biographie d'Alberti par Hub. Janitschek est en préparation.

[2] Dans Murat., XXV, col. 295 ss., avec traduction en italien dans les *Opere volgari di L. B. Alberti*, vol. I, p. 39-109, où l'auteur formule et rend probable l'hypothèse que cette *vita* émane d'Alberti lui-même. Pour plus de détails, voir Vasari, IV, 52 ss. — Mariano Locini, p. ex., était un amateur universel, il était passé maître dans plusieurs branches à la fois, si l'on peut ajouter foi au portrait qu'en trace Sylvius Ænéas (*Opera*, p. 622, *Epist.*, 112).

voûte de l'édifice, qu'il faisait frémir et trembler sous lui les chevaux les plus fougueux ; il voulait arriver à la perfection comme marcheur, comme cavalier et comme orateur. Il apprit la musique sans maître, ce qui n'empêcha pas ses compositions d'être admirées par des gens du métier. Sous l'empire de la nécessité il étudia le droit pendant de longues années, jusqu'à tomber malade d'épuisement ; lorsqu'à l'âge de vingt-quatre ans il constata que sa mémoire avait baissé, mais que son aptitude pour les connaissances exactes restait entière, il s'adonna à l'étude de la physique et des mathématiques, sans préjudice des notions pratiques les plus diverses, car il interrogeait les artistes, les savants et les artisans de tout genre sur leurs secrets et sur leurs expériences. De plus, il s'occupait de peinture et de modelage, et faisait, même de mémoire, des portraits et des bustes frappants de ressemblance. Ce qui fit surtout l'admiration de ses contemporains, c'est la mystérieuse chambre optique [1] dans laquelle il faisait apparaître tantôt les astres et la lune se levant au-dessus de montagnes rocheuses, tantôt de vastes paysages avec des montagnes et des golfes qui se perdaient au loin dans la brume, avec des flottes qui fendaient la mer, avec des alternatives de lumière et d'ombre. Il accueillait avec joie les créations d'autrui, et en général toute œuvre conforme à la loi de la beauté lui paraissait presque divine [2]. Qu'on ajoute à cela une grande activité littéraire : ses écrits sur l'art en

---

[1] L'Andalousien Abul Abbas Kasim Ibn Firnas avait fait des essais semblables ; il avait particulièrement essayé vers 880 de construire une machine à voler. Comp. GAYANGOS, *The history of the muhammedan dynasties in Spain*, I, (Lond., 1840), p. 148 ss., et 425-427 ; voir des extraits dans HAMMER, *Histoire de la littérature arabe*, I, Introduction, p 51.

[2] *Quicquid ingenio esset hominum cum quadam effectum elegantia, id prope divinum ducebat.*

général offrent au lecteur des points de repère et d'importants témoignages pour l'étude de la forme à l'époque de la Renaissance, particulièrement en ce qui concerne l'architecture. Puis viennent des compositions latines en prose, des nouvelles, etc., dont plusieurs ont été prises pour des œuvres de l'antiquité, de joyeux propos de table, des élégies, des églogues; d'autre part, un ouvrage en quatre livres « sur l'intérieur de la maison », écrit en italien [1], des traités de morale, de philosophie, d'histoire, des discours, des poésies, même une oraison funèbre en l'honneur de son dieu. Malgré son culte pour la langue latine, il écrivit souvent en italien et engagea d'autres auteurs à se servir de cette langue; disciple de la science grecque, il proclama hautement cette idée que sans le christianisme, le monde s'agiterait dans une vallée d'erreur. Ses paroles sérieuses et ses bons mots ont paru assez remarquables pour être recueillis; on en cite des colonnes entières dans la biographie dont nous avons parlé. Tout ce qu'il avait, tout ce qu'il savait, il le mettait généreusement à la disposition de tous, ainsi que font les riches et puissantes natures; quant à ses plus grandes inventions, il les abandonnait au public sans prétendre à aucune rémunération. Parlons enfin des sentiments les plus intimes de son être. Il s'intéressait à tout, éprouvait pour toutes choses une sympathie profonde, qu'on pourrait presque appeler nerveuse. La vue des beaux arbres ou d'une riche campagne lui arrachait des larmes; il admirait les beaux et majestueux vieillards comme « les délices de la nature » et ne pouvait se lasser de les contempler; même des

[1] C'est cet ouvrage (compar. p. 167, note 3) dont une partie, souvent imprimée à part, a passé longtemps pour être l'œuvre de Pandolfini.

animaux de forme parfaite parlaient à son cœur parce
qu'ils avaient été particulièrement favorisés par la
nature ; plus d'une fois la vue d'une belle contrée l'a
guéri quand il était malade [1]. Il n'est pas étonnant
que ceux qui le voyaient en relation aussi intime avec
le monde extérieur lui aient attribué le don de prévoir
l'avenir. On prétend qu'il a prédit une crise sanglante de
la maison d'Este, ainsi que la destinée réservée à Florence
et aux papes pendant un certain nombre d'années ; de
même il passait pour savoir lire sans se tromper sur la
physionomie des gens. Il va sans dire qu'une extrême
force de volonté animait toute cette personnalité ; de
même que les plus grands hommes de la Renaissance, il
avait pour devise : « Pour l'homme, vouloir, c'est pouvoir. »

Léonard de Vinci est à Alberti ce qu'est celui qui
commence à celui qui couronne l'édifice, ce que le
maître est à l'amateur. Quel profit pour la science si
l'œuvre de Vasari était complétée par une biographie
comme celle de Léon-Baptiste ! On n'aura jamais qu'une
idée vague de l'immensité de ce génie qui s'appelait
Léonard de Vinci.

---

[1] Dans son livre *De re ædificatoria*, l. VIII, cap. i, se trouve une
définition de ce qu'on peut appeler un beau chemin : *Si modo
mare, modo montes, modo lacum fluentem fontesve, modo aridam rupem
aut planitiem, modo nemus vallemque exhibebit.*

CHAPITRE III

LA GLOIRE MODERNE

Au développement de l'individu correspond aussi un nouveau genre de signe extérieur : la gloire moderne [1].

En dehors de l'Italie, les différentes classes de la société vivaient chacune à part, avec les avantages héréditaires qu'elles avaient conquis au moyen âge. La gloire politique des troubadours et des minnesængers, par exemple, n'existe que pour les chevaliers. En Italie, au contraire, toutes les classes sont égales devant la tyrannie ou devant la démocratie; on y voit déjà poindre une société homogène qui a son point d'appui dans la littérature italienne et latine; il fallait ce terrain pour faire germer l'élément nouveau qui allait entrer dans la vie. Ajoutez à cela que les auteurs latins, que l'on commençait à étudier sérieusement, surtout Cicéron, le plus lu et le plus admiré de tous, sont pleins de l'idée de la gloire, et que l'image de la reine du monde, qui revient sans cesse dans leurs écrits, s'impose à l'Italie comme

---

[1] Nous ne citerons que : BLONDUS, *Roma triumphans*, l. V, p. 117 ss., où les définitions de la gloire sont puisées dans les anciens et où le désir de la gloire est une passion formellement permise, même au chrétien. L'écrit de Cicéron, *De gloria*, que Pétrarque croyait posséder, lui a été dérobé par son maître Convenevole, et n'a plus reparu depuis. — Alberti, nommé ci-dessus, a célébré l'amour de la gloire dans une œuvre de jeunesse qu'il a composée lorsqu'il avait à peine vingt ans : *Opere*, vol. I, p. 127-166.

un idéal vers lequel elle doit tendre. Par suite, tout ce que veulent, tout ce que font les Italiens est dominé par des aspirations inconnues au reste de l'Occident.

C'est encore Dante qu'il faut écouter en première ligne, comme dans toutes les questions capitales. Il a aspiré au laurier poétique [1] de toutes les forces de son âme; même comme publiciste et comme littérateur, il est fier de dire que tout ce qu'il a produit est essentiellement neuf, que non-seulement il est le premier, mais encore qu'il veut être appelé le premier qui ait marché dans des voies inconnues [2]. Pourtant il parle déjà dans ses écrits en prose des inconvénients que présente une gloire éclatante; il sait combien de gens sont désenchantés quand ils voient de près l'homme célèbre, et il explique cette désillusion soit par les préjugés d'une multitude qui raisonne comme les enfants, soit par l'envie qui rabaisse tout, soit par l'imperfection du grand homme lui-même [3]. Dans son grand poëme surtout il insiste sur le néant de la gloire, bien qu'il le fasse d'une manière qui montre que son cœur ne s'est pas encore détaché entièrement du plaisir de l'acquérir. Dans le Paradis, la sphère de Mercure est la demeure des bienheureux [4] qui sur la terre ont aspiré à la gloire et qui ont affaibli par là les « rayons du pur amour ». Mais ce qui est surtout caractéristique, c'est que les âmes des

---

. [1] *Paradiso*, XXV, au commencement : *Se mai contenga,* etc.; voir plus haut p. 169, note 1. — Comp. Boccaccio, *Vita di Dante*, p. 49. Vaghissimo fue e d'onore e di pompa, e per avventura più che alla sua inclita virtù non si sarebbe richiesto.

[2] *De vulgari eloquio*, l. I, cap. I. Surtout *De Monarchia*, l. I, cap. I, où il veut exposer l'idée de la Monarchie, non-seulement pour être utile au monde, mais encore : *ut palmam tanti bravii primus in meam gloriam adipiscar.*

[3] Convito, ed. Venezia, 1529, fol. 5 et 6.

[4] *Paradiso*, VI, 112 ss.

pauvres pécheurs relégués dans l'Enfer demandent à Dante de renouveler leur gloire et d'entretenir leur souvenir sur la terre [1], pendant que celles qui sont dans le Purgatoire ne demandent que son intercession en vue de leur satisfaction [2]; même, dans un passage célèbre [3], le désir de la gloire, *lo gran disio dell' eccellenza,* est condamné par le poëte parce que la gloire intellectuelle, loin d'être absolue, dépend du temps et que, selon les circonstances, elle est surpassée ou éclipsée dans les âges suivants.

La génération de poëtes philologues qui surgit après Dante s'empare du domaine de la gloire dans un double sens : ils deviennent eux-mêmes les plus grandes célébrités de l'Italie, et en même temps, comme poëtes et comme historiens, ils disposent en connaissance de cause de la gloire d'autrui. Le symbole extérieur de ce genre de gloire, c'est surtout le couronnement des poëtes dont il sera question plus bas.

Un contemporain de Dante, Albertinus Musattus ou Mussatus, couronné comme poëte à Padoue par l'évêque et par le recteur, jouissait d'une gloire qui frisait l'apothéose : tous les ans, au jour de Noël, des docteurs et des étudiants des deux colléges de l'Université venaient en procession solennelle, avec des trompettes et, paraît-il, avec des cierges allumés, lui présenter leurs hommages [4] et lui apporter leurs présents. On continua de

---

[1] P. ex. : *Inferno,* VI, 89; XIII, 53; XVI, 85; XXXI, 127.

[2] *Purgatorio,* V, 70, 87, 133; VI, 26; VIII, 71; XI, 31; XIII, 147.

[3] *Purgatorio,* XI, 85-117. Outre la *gloria,* on trouve ici réunis les noms de : *Grido, fama, rumore, nominanza, onore,* qui ne sont que des synonymes désignant la même chose. — Boccace écrivait, comme il l'avoue dans sa lettre à J. Pizinga (*Opere volgari,* vol. XVI, p. 30 ss.), *perpetuandi nominis desiderio.*

[4] SCARDEONIUS. *De urb. Patav. antiq.* (*Græv. Thesaur.,* VI, III, col. 260). Faut-il lire *cereis, muneribus* ou *certis muneribus?* C'est une question

lui rendre ces honneurs extraordinaires jusqu'au moment où il tomba en disgrâce sous le règne d'un tyran issu de la maison de Carrare (1318).

Pétrarque aussi respire à pleins poumons l'encens réservé autrefois aux héros et aux saints, et il se persuade même dans ses dernières années qu'il est incommodé par ce parfum qui le suit partout. Sa lettre « à la postérité [1] » est en quelque sorte le compte rendu de sa vie, que l'illustre vieillard doit à la curiosité publique; il voudrait bien que son nom fût glorieux dans l'avenir, mais il aimerait mieux n'avoir pas les ennuis de la gloire dans le présent [2]; dans ses dialogues sur le bonheur et le malheur [3], les arguments les plus forts sont produits par l'interlocuteur qui montre le néant de la gloire. Mais faut-il en vouloir à Pétrarque s'il est heureux de voir que le Paléologue qui règne sur Byzance [4] le connaît par ses écrits aussi bien que le

que je m'abstiens de décider. La personnalité un peu solennelle de Mussatus peut se reconnaître rien qu'à son histoire de Henri VII.

[1] *Franc. Petrarca posteritati* ou *ad posteros*, dans les édit. de ses œuvres, au commencement, ou comme lettre unique du liv. XVIII des *epp. seniles*; enfin dans FRACASSETTI, *Petr. epistolæ familiares*, I, (1859), p. 1-11. Certains modernes qui blâment la vanité de P. ne seraient peut-être pas restés, à sa place, aussi bons et aussi fermes que lui.

[2] *Opera*, éd. 1851, p. 117 : *De celebritate nominis importuna.* Il lui répugnait notamment d'être célèbre parmi la multitude : *Epp. fam.*, vol. I, p. 337, 340 et aut. De même que chez Pétrarque, on trouve chez maint humaniste de vieille roche la lutte entre la passion de la gloire et le désir de se conformer à l'humilité chrétienne en restant modeste et inconnu.

[3] *De remediis utriusque fortunæ*, dans les différentes éditions; souvent imprimé à part, p. ex., Berne 1600. Il faut surtout citer ici le fameux dialogue de Pétrarque, *Secretum* ou *De contemptu mundi*, ou *De conflictu curarum suarum*, dans lequel Augustin, un des interlocuteurs, déclare que l'ambition surtout est un défaut condamnable.

[4] *Epp. fam.*, lib. XVIII (ed. Fracass.), 2. Blondus, p. ex. (*Italia illustrata*, p. 146), nous indique ce qu'était la gloire de Pétrarque

connaît l'empereur Charles IV lui-même [1]? En effet, même de son vivant, sa réputation s'étendait au delà de l'Italie. Et n'éprouva-t-il pas une émotion légitime lorsque, revoyant pour quelques jours Arezzo, sa patrie (1350), il fut accueilli par ses amis qui le conduisirent à la maison où il avait reçu le jour et lui annoncèrent que la ville veillerait à ce qu'on n'y changeât jamais rien [2]? Autrefois on conservait pieusement les demeures de certains saints illustres, comme, par exemple, la cellule de saint Thomas d'Aquin chez les Dominicains de Naples, et le réduit de saint François d'Assise; tout au plus y avait-il encore quelques grands jurisconsultes qui jouissaient de cette considération à moitié fabuleuse et de cet honneur extraordinaire; c'est ainsi que, vers la fin du quatorzième siècle, le peuple respectait encore un vieux bâtiment de Bagnolo près de Florence, comme étant l'« étude » d'Accurse (né vers 1150), ce qui plus tard ne l'empêcha pas de le laisser détruire [3]. Il est probable que les sommes énormes que gagnaient certains jurisconsultes par leurs consultations et leurs mémoires, et d'autre part leurs relations politiques, frappaient vivement les imaginations, et que ces souvenirs passaient à la postérité la plus reculée.

On honorait de même les tombeaux des hommes illustres [4]; pour ce qui concerne Pétrarque en particulier,

cent ans plus tard en affirmant que pas un savant ne connaîtrait plus le roi Robert le Bon si Pétrarque n'en avait parlé si souvent et en termes si affectueux.

[1] Il est à remarquer que Charles IV lui-même, influencé peut-être par Pétrarque, présente, dans une lettre à l'historien Marignola, la gloire comme le but des hommes d'action. H. FRIEDJUNG, *L'empereur Charles IV et la part qu'il a prise à la vie intellectuelle de son temps*, Vienne, 1876, p. 221.

[2] *Epist. seniles*, XIII, 3, à Giovanni Aretino, 9 sept. 1370.

[3] Filippo VILLANI, *Vite*, p. 19.

[4] Les deux choses se rencontrent dans l'épitaphe de Boccace

la ville d'Arquà où il était mort devint un séjour aimé
des Padouans, et elle se couvrit d'habitations élégantes[1].
Tout cela se faisait à une époque où le Nord n'avait que
des pèlerinages, des images miraculeuses, des reliques,
mais pas « d'endroits classiques ». Les villes mirent leur
point d'honneur à posséder les ossements de personnages célèbres indigènes ou étrangers, et l'on est étonné
de voir que dès le quatorzième siècle, longtemps avant
S. Croce, les Florentins songeaient très-sérieusement à
faire de leur dôme un Panthéon. Accurse, Dante,
Pétrarque, Boccace et le jurisconsulte Zanobi della
Strada devaient y avoir des mausolées[2]. Dans les dernières années du quinzième siècle, Laurent le Magnifique en personne alla demander aux habitants de Spo-
lète de lui céder les restes du peintre Fra Filippo Lippi
pour le dôme de Florence ; ils lui répondirent que leur
ville ne possédait pas trop d'ornements, surtout que les
hommes célèbres n'y abondaient pas, et qu'ils le priaient
de leur faire grâce de sa requête ; en effet, Laurent dut
se contenter d'un simple cénotaphe[3]. Malgré toutes les
démarches auxquelles Boccace, avec une amertume
pleine d'emphase, poussa sa ville natale[4], Dante lui-
même continua de reposer paisiblement près de San
Francesco à Ravenne, « entre d'antiques tombeaux d'em-

---

*Nacqui in Firenze al Pozzo Toscanelli, Di fuor sepolto a Certaldo giac-
cio,* etc. — Comp. *Opere volgari di Bocc.,* vol. XVI, p. 44.

[1] Mich. SAVONAROLA, *De laudibus Patavii,* dans MURAT., XXIV,
col 1157. Depuis lors, Arquà resta toujours l'objet d'une vénération particulière (comp. Ettore conte MACOLA, *I codici di Arquà*
Pedoue. 1874) ; on y célébra de grandes fêtes lors du cinquième
centenaire de la mort de Pétrarque. On dit que recemment la
maison qu'il habitait a été donnée à la ville de Padoue par le
cardinal Silvestri, qui l'a possédée en dernier lieu.

[2] Voir l'arrêté motivé de 1396 dans GAYE, *Carteggio,* I, p. 123.

[3] REUMONT, *Laurent de Médicis,* II, 180.

[4] BOCCACCIO, *Vita di Dante,* p. 39.

pereurs et des caveaux de saints, dans une compagnie plus honorable que celle que tu pouvais lui offrir, ô patrie ». Déjà alors on voyait parfois un fanatique prendre impunément les cierges de l'autel et les mettre près du tombeau du poëte en disant : « Prends-les, tu en es plus digne que l'autre, le crucifié [1]. »

Les villes italiennes se rappellent aussi leurs habitants et leurs concitoyens d'autrefois. Peut-être Naples n'avait-elle jamais oublié entièrement le tombeau de Virgile, dont le nom était resté légendaire; Pétrarque et Boccace, qui séjournèrent tous deux dans cette ville, firent revivre le souvenir du cygne de Mantoue. Enfin, au seizième siècle, Padoue croyait posséder non-seulements les ossements de son fondateur troyen Anténor, mais encore ceux de Tite-Live [2]. « Sulmone, dit Boccace [3], se plaint qu'Ovide soit enveli dans la terre d'exil, tandis que Parme est heureuse de se dire que Cassius repose dans ses murs. » Dès 1257, les Mantouans frappaient une médaille représentant le buste de Virgile et érigeaient une statue qui devait figurer le grand poëte [4]; dans un mouvement d'orgueil féodal, le tuteur du Gonzague d'alors, Charles Malatesta, la fit renverser en 1392; mais il fut obligé de la faire remettre sur son piédestal, et de satisfaire à l'opinion publique qui commandait le respect de cette gloire antique. Peut-être montrait-on déjà alors à deux milles de la ville la grotte où, dit-on, Virgile

---

[1] Franco SACCHETTI, *Nov.* 121.

[2] Ceux d'Anténor sont dans le sarcophage célèbre de S. Lorenzo, ceux de Tite-Live au-dessus d'une porte du Palazzo della ragione. Pour la manière dont ils ont été découverts en 1413, voir dans MISSON, *Voyage en Italie,* vol. I, et Mich. SAVONAROLA (voir plus bas, p. 184, note 4), col. 1157.

[3] *Vita di Dante, l. c.* Comment le corps de Cassius a-t-il pu être transporté à Parme après la bataille de Philippes?

[4] Voir à l'appendice n° 2.

avait médité autrefois [1], de même qu'on montrait près de Naples la *scuola di Virgilio*. Côme s'appropria les deux Pline [2], et, vers la fin du quinzième siècle, il immortalisa leur mémoire au moyen de deux statues assises, placées sous d'élégants baldaquins sur la façade de son dôme.

L'histoire et la topographie, cette science de récente origine, s'arrangent de manière à ne plus laisser dans l'oubli aucune gloire locale, tandis que les chroniques du Nord, en relatant l'exaltation des papes, l'avénement des empereurs, les tremblements de terre et l'apparition des comètes, se contentent de dire de temps à autre qu'à telle ou telle époque a aussi « fleuri » tel ou tel homme célèbre. Nous examinerons ailleurs comment, sous l'influence de l'idée de la gloire, la biographie a pris dans la littérature une place très-considérable ; pour le moment nous nous bornerons à parler du patriotisme local du topographe, qui enregistre les titres de gloire de sa ville natale.

Au moyen âge, les villes avaient été fières de compter des saints et de posséder leurs corps et leurs reliques dans les églises [3]. C'est par là que le panégyriste de Padoue, Michel Savonarole [4], commence encore son énumération en 1440 ; mais ensuite il passe à des « hommes célèbres qui n'ont pas été des saints, mais qui, par la distinction de leur esprit et l'éclat de leur talent (*virtus*),

---

[1] Compar. les *Derniers Voyages de Keyssler*, p. 1016.

[2] L'aîné était, comme on le sait, de Vérone.

[3] C'est ce qui est confirmé par l'écrit remarquable : *De laudibus Papiæ* (dans MURAT., X), du quatorzième siècle ; il y avait beaucoup d'orgueil municipal, mais pas encore de gloire spéciale.

[4] *De laudibus Patavii*, dans MURAT., XXIV, col. 1138 ss. Selon lui, trois villes seulement peuvent se comparer à Padoue ; ce sont : Florence, Venise et Rome.

ont mérité d'être mis sur la même ligne (*adnecti*) que les saints »; c'est ainsi que dans l'antiquité l'homme célèbre touche au héros [1]. La suite de son énumération est on ne peut plus caractéristique pour le temps. C'est en première ligne Anténor, le frère de Priam, qui, à la tête d'une troupe de Troyens fugitifs, a fondé Padoue; le roi Dardanus, qui a vaincu Attila dans les montagnes d'Euganée, a poursuivi le roi barbare et l'a tué à Rimini en le frappant avec un échiquier; l'empereur Henri IV, qui a bâti le dôme; un roi Marc, dont on conserve la tête à Monselice (*Monte silicis arce*); puis quelques cardinaux et prélats qui ont fondé des établissements pieux, des colléges et des églises; le célèbre théologien Fra Alberto, de l'ordre des Augustins; une série de philosophes avec Paolo Veneto et l'illustre Pietro d'Albano en tête; le jurisconsulte Paolo Padovano; puis Tite-Live et les poëtes Pétrarque, Mussato, Lovato. Si les célébrités militaires n'abondent pas, l'auteur s'en console en se disant que cette lacune est comblée par les hommes de science, et que la gloire intellectuelle dure plus longtemps que la gloire des armes, car cette dernière est souvent enterrée avec celui qui l'avait obtenue, et si elle lui survit, ce n'est que grâce aux savants [2]. Quoi qu'il en soit, c'est un honneur pour la ville qu'il y ait du moins de fameux guerriers étrangers qui aient demandé à être ensevelis dans ses murs : tels sont Pierre de Rossi, de

---

[1] *Nam et veteres nostri tales aut divos aut æterna memoria dignos non immerito prædicabant, quum virtus summa sanctitatis sit consocia et pari æmatur pretio.* Ce qui est très-caractéristique (comp. appendice nº 3), c'est ce qui suit : *Hos itaque meo facili judicio æternos facio.*

[2] On trouve des idées semblables chez beaucoup d'écrivains du temps. CODRUS URCEUS, *Sermo XIII* (Opp. 1506, fol, XXXVIII b), dit de Galéas Bentivoglio, qui était guerrier et savant : *Cognoscens artem militarem esse quidem excellentem, sed litteras multo certe excellentiores.*

Parme, Philippe Arcelli, de Plaisance, surtout Gatta-
molata de Narni († 1442) [1], dont la statue équestre en
bronze, « semblable à un César triomphant », se dressait
sur la place de l'église du Santo. Ensuite l'auteur cite
des légions de jurisconsultes et de médecins; parmi ces
derniers des amis de Pétrarque, tels que Johannes ab
Horologio et Jacques de Dondis, gentilshommes qui
non-seulement avaient reçu le titre de chevalier comme
tant d'autres, mais qui l'avaient aussi mérité, enfin des
mécaniciens, des peintres et des musiciens célèbres.
Celui qui clôt la liste, c'est le fameux maître d'armes
Michel Rosso, dont on pouvait voir le portrait en maint
endroit.

A côté de ces gloires locales auxquelles coopèrent le
mythe, la légende, les travaux des littérateurs et l'admiration populaire, les poëtes philologues construisent un
Panthéon universel qui doit recevoir les gloires du
monde entier; ils écrivent des recueils où figurent des
hommes et des femmes célèbres; souvent ils s'inspirent
directement de Cornélius Népos, du faux Suétone, de
Valère Maxime, de Plutarque (*Mulierum virtutes*), de
saint Jérôme (*De viris illustribus*), etc., ou bien ils imaginent des triomphes et des assemblées idéales, comme
Pétrarque dans son *Trionfo della fama,* Boccace dans son
Amorosa visione, avec des centaines de noms dont les
trois quarts au moins appartiennent à l'antiquité, tandis
que les autres sont empruntés au moyen âge [2]. Peu à
peu, cet élément relativement moderne reçoit une plus
grande extension; les historiens font entrer de véritables portraits dans leurs œuvres, et il se forme des

---

[1] Ce qui suit ne vient pas de Michel Savonarole, ainsi que l'éditeur le fait observer, mais de MURAT. XXIV (col. 1059, note).

[2] Voir à l'appendice n° 3.

recueils de biographies contemporaines célèbres, comme ceux de Philippe Villani, de Vespasiano Fiorentino, de Bartolommeo Facio et de Paolo Cortese [1], enfin ceux de Paul Jove [2].

Quant au Nord, jusqu'au moment où l'influence de l'Italie s'étendit aux auteurs de cette région (par exemple, à Trithemius, le premier Allemand qui ait écrit des biographies d'hommes célèbres), il ne possédait que des légendes de saints, des histoires particulières et des monographies de princes et d'ecclésiastiques, œuvres qui s'appuient encore visiblement sur la légende et auxquelles l'idée de la gloire, c'est-à-dire de la notoriété personnelle, est absolument étrangère. La gloire poétique est encore l'apanage exclusif de certaines castes, et, sauf un très-petit nombre d'exceptions, nous n'apprenons à connaître les noms des artistes du Nord qu'autant qu'ils jouent un rôle comme ouvriers et comme membres d'une corporation.

En Italie, au contraire, ainsi que nous l'avons fait remarquer, le poëte philologue sait pertinemment que c'est lui qui distribue la gloire, l'immortalité et aussi l'oubli [3]. Malgré le caractère idéal de sa passion pour Laure, Pétrarque dit que ses chants d'amour lui assureront l'immortalité à lui et à celle qu'il aime [4]; Boccace se plaint d'une belle qu'il a chantée et qui l'a repoussé afin de l'exciter à continuer de célébrer ses charmes et d'arriver ainsi à la gloire, et il lui fait entendre qu'il essayera dorénavant de la critique [5]. Dans deux de ses

---

[1] Voir à l'appendice n° 3.

[2] Voir à l'appendice n° 4.

[3] Un chanteur latin du douzième siècle, un écolier vagabond qui mendie un habit en chantant, fait déjà cette menace. Voir *Carmina Burana*, p. 76.

[4] Sonnet CLI : *Lasso ch'i ardo.*

[5] BOCCACCIO, *Opere volgari*, vol. XVI, dans le treizième sonnet : *Pallido, vinto*, etc.

sonates Sannazar menace d'une éternelle obscurité Alphonse de Naples qui a fui lâchement devant Charles VIII [1]. Relativement aux découvertes à faire en Afrique, Ange Politien exhorte sérieusement (1491) le roi Jean de Portugal [2] à songer, pendant qu'il en est temps, à la gloire et à l'immortalité, et l'invite à lui envoyer à Florence des matériaux littéraires (*operosius excolenda*); autrement il pourrait avoir le sort de ceux dont les actions, oubliées des écrivains, « restent cachées dans le grand amas de décombres où vont se perdre les souvenirs de la fragilité humaine ». Le roi (ou du moins son chancelier) écouta cet avis et promit d'envoyer à Florence les annales qui racontaient les explorations faites en Afrique, traduites en italien et destinées à être rédigées en langue latine; on ne sait pas s'il a tenu sa promesse. Les prétentions de ce genre ne sont pas aussi vaines qu'elles le paraissent au premier abord; la forme sous laquelle les choses (même les plus importantes) se présentent aux contemporains et à la postérité, n'est rien moins qu'indifférente. Les humanistes italiens, avec leur manière d'exposer les faits et leur latin, ont réelle-ment régné pendant des siècles sur le monde instruit d'Occident, et il n'y a pas cent ans que les poëtes ita-liens étaient lus plus assidûment que ceux de toute autre nation. Le nom de baptême du Florentin Améric Ves-puce fut donné à la quatrième partie du monde à cause de la relation que l'explorateur avait faite de son voyage; ajoutons cependant que le fait n'a eu lieu qu'à la suite de la rédaction de ce travail en langue latine et sur la proposition de l'Allemand Waldseemüller (Hylacomylus[3]).

---

[1] Entre aut. dans Roscoe, *Leone X*, ed. Bossi, IV, p. 203

[2] *Angeli Politiani epp.*, lib. X.

[3] *Quatuor navigationes*, etc. Deodatum (St-Dié), 1507. Comp. O. Pes-chel, *Histoire de l'époque des découvertes*, 1859, 2ᵉ édit., 1876.

Si, malgré sa légèreté et ses qualités plus brillantes que
solides, Paul Jove se promettait l'immortalité [1], ses
espérances n'ont pas été tout à fait déçues.

A côté de ces moyens de garantir la gloire au dehors,
nous voyons de singulières échappées : l'ambition la
plus colossale, une soif immense de grandeur, indépendante de l'objet et du résultat, nous apparaît parfois
sous une forme effrayante de vérité. C'est ainsi que
nous lisons dans la préface des histoires florentines de
Machiavel, où l'auteur blâme le silence par trop indulgent
de ses devanciers (Léonard Arétin, le Pogge) sur les
partis qui divisent les villes : « Ils se sont grossièrement
trompés; ils ont prouvé qu'ils connaissaient peu l'ambition des hommes et leur désir de perpétuer leur nom.
Que d'individus, qui n'ont pu se distinguer par le bien,
ont cherché à s'illustrer par le mal! Ces écrivains n'ont
pas réfléchi que des actions ayant un caractère de grandeur, ce qui est particulier aux actions des souverains
et des États, paraissent toujours entraîner plutôt l'admiration que le blâme, de quelque nature qu'elles soient
et quel qu'en soit le résultat [2]. » Plus d'une fois, en
racontant quelque formidable entreprise, des historiens sérieux indiquent comme mobile l'ardent désir
de faire quelque chose de grand et de mémorable. Ici
l'on voit, non pas une simple dégénérescence de la vanité
ordinaire, mais des phénomènes vraiment monstrueux,
c'est-à-dire l'action brutale, l'emploi des moyens les

[1] Paul. Jov. *De Romanis piscibus, Præfatio* (1525). Il dit que la première décade de ses histoires paraîtrait prochainement *non sine
aliqua spe immortalitatis.*

[2] Compar. *Discorsi*, I, 27. La *tristizia,* le crime, peut avoir de la
grandezza et être *in alcuna parte generosa;* la *grandezza* peut éloigner
d'une action toute *infamia;* l'homme peut être *onorevolmente tristo,*
par opposition à *perfettamente buono.*

plus violents et l'indifférence complète à l'égard de la moralité du résultat. C'est ainsi que Machiavel lui-même conçoit, par exemple, le caractère de Stefano Porcaro (p. 99) [1]; les documents officiels disent à peu près la même chose des assassins de Marie-Galéas Sforza (p. 57); Varchi lui-même (dans le livre V) attribue le meurtre du duc de Florence Alexandre (1537) à l'ambition de Lorenzino de Médicis (voir plus haut, p. 59). Mais Paul Jove [2] fait ressortir ce motif avec bien plus de force encore : Lorenzino, mis au pilori par un pamphlet de Molza pour avoir mutilé des statues antiques à Rome, médite une action dont la « nouveauté » est destinée à faire oublier cette punition infamante, et il assassine son parent et son souverain. — Ce sont des traits qui peignent bien cette époque de passions violentes et de forces déréglées qui aboutissent à des actions aussi monstrueuses que l'incendie du temple d'Éphèse au temps de Philippe de Macédoine.

[1] *Storie fiorentine*, l. VI.
[2] **Paul. Jov.**, *Elogia vir. lit. ill.*, p. 192, à propos **de Marius Molsa.**

CHAPITRE IV

LA RAILLERIE ET L'ESPRIT MODERNES

Le correctif non-seulement de la gloire et de l'ambition modernes, mais aussi de l'individualisme arrivé à un haut degré de développement, c'est la raillerie moderne, qui se produit autant que possible sous la forme triomphante de l'esprit [1]. Nous savons par l'histoire du moyen âge comment des armées ennemies, des princes et des grands se blessent et s'irritent jusqu'à la fureur par des railleries amères, ou comment le vaincu est écrasé sous le poids de la honte qu'il se voit rappeler partout. Dans les controverses théologiques on voit déjà de temps à autre l'esprit devenir une arme sous l'influence de la rhétorique et de l'épistolographie des anciens, et dans la poésie provençale se développe un genre particulier de chants de défi et de chansons moqueuses; ce ton ne manque pas non plus à l'occasion aux minnesængers, ainsi que l'attestent leurs poésies politiques [2]. Mais l'esprit ne pouvait devenir un élément indé-

---

[1] L'injure seule se trouve déjà de très-bonne heure chez le menteur Benzo d'Albe, du onzième siècle (*Mon. Germ. SS.* XI, 591-681).

[2] Le moyen âge possède en outre un grand nombre de poëmes satiriques; mais ce n'est pas encore la satire personnelle, ce sont presque toujours des satires générales, dirigées contre des classes, des catégories, des populations, etc., qui, par suite, prennent facilement le ton didactique. L'œuvre dans laquelle se résume

pendant de la vie qu'à la condition d'avoir sa victime régulière, c'est-à-dire l'individu développé, ayant des prétentions personnelles. Mais alors il ne se borne plus à la parole et à l'écriture, il entre dans le domaine des faits : il fait des farces et joue des tours, ce qu'on appelle *burle* et *beffe,* qui constituent le fond de plusieurs recueils de nouvelles.

Les « *Cent vieilles Nouvelles* », qui remontent certainement à la fin du treizième siècle, n'ont encore pour élément principal ni l'esprit qui naît du contraste, ni le burlesque [1]; leur but est simplement de reproduire sous une forme simple, mais élégante, de sages sentences, des histoires et des fables ingénieuses. Si quelque chose prouve l'antiquité de ce recueil, c'est précisément le manque d'ironie. En effet, aussitôt après le treizième siècle vient Dante, qui, sous le rapport de l'expression du mépris, laisse derrière lui tous les poëtes du monde et qui, en fait de verve comique puissante et d'ironie colossale, est le maître par excellence : témoin ce merveilleux tableau de genre, la peinture des trompeurs qui figure dans l'Enfer [2]. Avec Pétrarque commencent [3] déjà les recueils de sentences à l'instar de Plutarque (Apophthegmes, etc.).

cette tendance, c'est le roman du Renard sous toutes ses formes, tel que l'ont conçu les différents peuples de l'Occident. La littérature française contemporaine a produit, dans ce genre, un travail excellent : Lenient, *la Satire en France au moyen âge,* et la suite de cet ouvrage, qui n'est pas moins remarquable : *la Satire en France, ou la Littérature militante au seizième siècle,* Paris, 1866.

[1] Compar. plus haut, p. 6, note 1. Par exception on trouve à cette époque une plaisanterie insolente, Nov. 37.

[2] *Inferno,* XXI, XXII. Le seul terme de comparaison possible serait Aristophane.

[3] Il débute timidement dans *Opera,* p. 421 ss., dans *Rerum memorandarum libri IV.* D'autre part dans *Epp. senil.,* X, 2. Compar. aussi *Epp. fam. (ed. Fracass.),* vol. I, p. 68 ss., 70, 240, 245. Les jeux de mots sentent parfois encore l'asile que ce genre d'esprit avait trouvé au moyen âge, c'est-à-dire le couvent. Les invectives de

C'est Franco Sacchetti qui donne, dans ses nouvelles, le choix le plus remarquable de mots piquants dits à Florence pendant ce même siècle. La plupart du temps ce ne sont pas des histoires proprement dites, mais des réponses faites dans certaines circonstances, d'horribles naïvetés que débitent des écervelés, des bouffons de cour, des fripons, des courtisans, pour excuser leurs méfaits; ici le comique consiste dans le contraste violent de cette naïveté réelle ou apparente avec les principes reçus et la morale ordinaire. On emploie tous les moyens de mettre en relief les mots piquants, même, par exemple, l'imitation de certains dialectes orientaux. Souvent l'esprit est remplacé par l'insolence brutale, la tromperie grossière, le blasphème et l'ordure; quelques plaisanteries de condottiere [1] sont ce qu'il y a de plus cynique dans ce genre. Plus d'une farce rentre dans le haut comique; mais il en est aussi beaucoup qui sont simplement une preuve supposée de la supériorité personnelle d'un individu sur un autre. Nous ne savons pas ce qu'on se passait les uns aux autres, combien de fois la victime s'est contentée de mettre les rieurs de son côté par une riposte adroite; mais ce qui est certain, c'est que ces tours révélaient souvent une méchanceté froide et brutale, et qu'ils ont dû souvent rendre la vie très-incommode à Florence [2]. Déjà l'inventeur et narrateur de tours est devenu une figure qui s'impose [3]; il

Pétrarque : *Contra Gallum, contra medicum objurgantem*, enfin son écrit *De sui ipsius et multorum ignorantia*, peut-être aussi ses *Epistolæ sine titulo*, peuvent être cités comme d'anciens exemples d'ouvrages satiriques.

[2] *Nov.* 40, 41; il s'agit de Ridolfo da Camerino.

[2] La farce connue de Brunellesco et du gros sculpteur sur bois, Manetto Ammanatini, que la mystification dont il fut l'objet poussa, dit-on, à s'exiler en Hongrie, peut être appelée cruelle, malgré l'esprit et l'imagination qu'elle suppose.

[3] L'*Araldo* de la seigneurie florentine. Citons, à titre d'exemple

y a eu sans doute des virtuoses dans ce genre, des artistes bien supérieurs à tous les bouffons de cour, qui n'étaient stimulés ni par la concurrence, ni par le continuel changement de public, ni par la vive intelligence des auditeurs (toutes choses qui se rencontraient à Florence). Aussi voyait-on des Florentins exploiter les cours des tyrans de la Lombardie et de la Romagne [1]; ils trouvaient leur compte à ces pérégrinations, tandis qu'ils auraient végété dans leur ville natale, où l'esprit courait les rues. Le type le moins vulgaire, c'est celui de l'homme amusant (*l'uomo piacevole*); au dernier degré de l'échelle est le bouffon et le parasite de bas étage, qui court aux noces et aux festins en se faisant ce raisonnement : « Si je n'ai pas été invité, ce n'est pas ma faute [2]. » De temps en temps ces derniers aident à ruiner un jeune dissipateur; mais, en somme, ils sont traités en parasites et méprisés comme tels, tandis que les farceurs d'un ordre plus élevé se considèrent à l'égal des princes et regardent leur esprit comme une puissance vraiment souveraine. Dolcibene, que l'empereur Charles IV avait proclamé « *Imperator di Buem* », « roi des farceurs d'Italie », dit un jour à ce prince, dans la ville de Ferrare : « Vous vaincrez le monde, parce que vous êtes mon ami et celui du Pape; vous combattez avec ses bulles, moi avec la langue [3]. » Ce mot n'est pas une simple plaisanterie, il fait pressentir Pierre Arétin.

unique : *Commissioni di Rinaldo degli Albizzi*, t. III, p. 651, 669. Le fou était considéré comme nécessaire pour égayer les convives après le repas : voir ALCYONIUS, *De exilio*, ed. Mencken, p. 129.

[1] SACCHETTI, *Nov.* 48. Et pourtant on voit par la NOV. 67 que parfois un Romagnol pouvait dépasser le Florentin le plus futé.

[2] L. B. ALBERTI (comp. ci-dess. p. 167, note 3), *Del governo della familia* (*Opere*, ed. Bonucci, V, 171).

[3] Franco SACCHETTI, *Nov.* 156; comp. *Nov.* 14 sur *Dolcibene et les Juifs*. (Pour Charles IV et les fous, voir FRIEDJUNG, p. 109 et *passim*.)—

Vers le milieu du quinzième siècle, les deux farceurs les plus célèbres étaient un curé du voisinage de Florence, Arlotto (1483), pour l'esprit délicat (*facezie*), et le fou de la cour de Ferrare, Gonnella, pour les bouffonneries. Il serait téméraire de comparer les histoires qu'ils racontent avec celles du curé de Kalenberg et de Till l'Espiègle; ces dernières ont une tout autre origine : elles sont à moitié mythiques, de telle sorte que tout un peuple y a travaillé et qu'elles s'adressent à tout le monde, tandis qu'Arlotto et Gonnella étaient des personnalités définies et connues. Mais si l'on veut entrer dans la voie des rapprochements et étendre la comparaison aux « facéties » des peuples étrangers à l'Italie, on trouvera en somme que, dans les fabliaux français [1] comme chez les Allemands, la facétie a pour premier objet un avantage matériel à obtenir ou une jouissance positive à éprouver, tandis que les mots plaisants d'Arlotto et les farces de Gonnella sont en quelque sorte désintéressés et que leurs auteurs n'ont en vue qu'une satisfaction d'amour-propre. (D'autre part, Till l'Espiègle apparaît comme un type à part, savoir comme une personnification, assez fade d'ailleurs, de la raillerie dirigée contre certaines classes et certaines professions.) Le bouffon de la cour d'Este s'est plus d'une fois vengé de ceux qui l'humiliaient par des sarcasmes amers et des tours raffinés [2].

A en juger par leur contenu, les Facéties du Pogge sont de la même famille que les Nouvelles de Sacchetti : on y trouve des farces, des insolences, des quiproquos d'hommes simples et naïfs opposés à des obscénités raffinées; mais elles contiennent en plus grand nombre de ces jeux de mots qui trahissent le philologue. — Sur L. B. ALBERTI, compar. p. 173 ss.

[1] Cela est vrai aussi des nouvelles italiennes qui ont été puisées à cette source.

[2] D'après BANDELLO, IV, *Nov.* 2, Gonnella savait aussi se grimer

Les deux espèces de l'*uomo piacevole* et du bouffon ont
vécu bien plus longtemps que la liberté de Florence.
Sous le duc Côme florissait Barlacchia, au commencement du dix-septième siècle Francesco Ruspoli et Curzio
Marignolli. En vrai Florentin qu'il est, le pape Léon X
a une prédilection tout à fait extraordinaire pour les
bouffons. Malgré son amour pour les plaisirs les plus
délicats de l'esprit, ce prince supporte et veut à sa table
des bouffons et des gastronomes spirituels, parmi lesquels se trouvent deux moines et un cul-de-jatte [1]; les
jours de fête, il les traitait, avec une ironie renouvelée
de l'antiquité, en véritables parasites, et leur faisait
servir des singes et des corbeaux comme des rôtis déli-
cieux. En général, Léon X se réservait la farce pour
son propre usage; il rentrait notamment dans son genre
d'esprit d'appliquer parfois l'ironie à ses occupations
favorites, la poésie et la musique; c'est ainsi que lui et
son factotum, le cardinal Bibiena [2], s'amusèrent à faire
la caricature en action de ces deux arts. Tous deux
trouvèrent que ce n'était pas déroger à leur dignité que
d'entreprendre un bon vieux secrétaire et de le travailler
tant et si bien qu'il finit par se croire un grand théoricien en fait de musique. A force de flatteries et de com-
pliments sans cesse répétés, Léon X poussa l'improvisateur Baraballo de Gaëte si loin que le malheureux sollicita

de manière à changer complétement sa figure, et contrefaire tous
les dialectes de l'Italie.

[1] Paul JOVIUS, *Vita Leonis X.*

[2] *Erat enim Bibiena mirus artifex hominibus ætate vel professione gra-
vibus ad insaniam impellendis.* On se rappelle à ce propos comment
Christine de Suède s'amusait aux dépens de ses philologues. Il
convient de citer ici le remarquable passage de Jov. PONTANUS, *De
sermone,* lib. II, cap. IX : *Ferdinandus Alphonsi filius, Neapolitanorum rex
magnus et ipse fuit artifex et vultus componendi et orationes in quem ipse
usus vellet. Nam ætatis nostræ Pontifices maximi fingendis vultibus ac verbis
vel histriones ipsos anteveniunt.*

sérieusement l'honneur d'être couronné comme poëte au Capitole. Le jour de la fête des patrons de la maison de Médicis, saint Côme et saint Damien, il lui fallut d'abord paraitre à la table pontificale avec la couronne de laurier et le manteau de pourpre, et égayer par des déclamations le repas de Sa Sainteté; puis, au moment où tout le monde riait à se tordre, il dut monter, dans la cour du Vatican, l'éléphant harnaché d'or qu'Emmanuel le Grand de Portugal avait envoyé au Saint-Siége; pendant ce temps le Pape lorgnait[1] ce spectacle du haut de son balcon. Mais l'animal fut effrayé par le bruit des timbales et des trompettes, et jamais on ne put lui faire franchir le pont Saint-Ange.

La parodie de tout ce qui est grand et solennel, telle qu'elle nous apparait dans cette cérémonie bouffonne, avait déjà pris alors une place considérable dans la poésie[2]. Sans doute elle était obligée de choisir d'autres

[1] Je trouve ce lorgnon non-seulement dans le portrait peint par Raphaël, où l'on peut le considérer comme une loupe destinée à permettre d'examiner les miniatures d'un livre de prières, mais encore dans une notice de Pellicanus, d'après laquelle Léon X regarda un jour une procession de moines à travers un *Specillum* (comp. l'*Almanach de Zurich pour l'année* 1858, p. 177), et dans le *cristallus concava*, dont, suivant Ginvio, il se servait à la chasse. (Comp. *Leonis X vita auctore anon. conscripta*, dans l'appendice de Roscœ.) Dans Atilius ALESSIUS (*Baluz. Miscel.*, IV, 518) on lit : *Oculari ex gemina (gemma?) utebatur, quam manu gestans, si quando aliquid videndum esset, oculis admovebat.* La myopie était une infirmité héréditaire dans la famille de Médicis. Laurent avait la vue basse. Il répondit un jour à Bartolommeo Soccini de Sienne, qui prétendait que l'air de Florence était mauvais pour les yeux : *E quella di Siena al cervello.* La myopie de Léon X était proverbiale. Après son élection, les satiriques de Rome expliquèrent de la manière suivante le chiffre MCCCCXL, qui était gravé dans l'église du Vatican : *Multi cæci Cardinales creaverunt cæcum decimum Leonem.* Compar. Shepherd TONELLI, *Vita del Poggio*, vol. II, p. 23 ss., et les passages qui y sont cités.

[2] On la trouve aussi dans l'art plastique; qu'on se rappelle, p. ex., cette gravure connue qui représente le groupe du Laocoon sous la forme de trois singes. Seulement la parodie se bornait

victimes que celles auxquelles Aristophane osait s'attaquer, par exemple, quand il mettait en scène les grands tragiques grecs. Mais la même maturité intellectuelle qui, chez les Grecs, fit naître la parodie à une époque déterminée, la fit fleurir également en Italie. Dès la fin du quatorzième siècle, les plaintes amoureuses de Pétrarque sont parodiées sous la forme de sonnets burlesques ; même l'allure solennelle du poëme en strophes de quatorze vers est tournée en dérision et traitée d'extravagante. C'est surtout à propos de la *Divine Comédie* que le goût de la parodie se donna carrière ; Laurent le Magnifique a su déployer la verve comique la plus brillante dans le style de l'*Enfer* (*Simposio* ou *I Beoni*). Luigi Pulci, dans son *Morgante,* imite visiblement les improvisateurs ; de plus, sa poésie et celle de Bojardo sont déjà la vague parodie de la poésie chevaleresque du moyen âge. Puis vient le grand parodiste Théophile Folengo (qui florissait vers 1520), qui s'attaque directement aux Roland et aux Amadis. Sous le pseudonyme de Limerno Pitocco, il compose son *Orlandino,* où la chevalerie n'est plus qu'un cadre ridicule et suranné dans lequel il place une foule d'idées et de figures modernes ; sous le nom de Merlin Coccaie, il décrit les faits et gestes de ses vagabonds fantastiques, qu'il agrémente également d'anachronismes plaisants ; il raconte leurs aventures en hexamètres à moitié latins et s'approprie plaisamment la forme solennelle de l'épopée sérieuse d'alors (*Opus Macaronicorum*). Depuis, la parodie n'a jamais cessé d'être représentée au Parnasse ita-

généralement à un dessin fait en quelques coups de crayon ; peut-être aussi beaucoup d'œuvres de ce genre ont-elles disparu. La caricature est tout autre chose : Léonard dans ses grimaces (dans la bibliothèque Ambrosienne) représente le laid quand et parce qu'il est comique, et renforce ce comique à volonté.

lien, et quelquefois elle l'a été avec un véritable éclat.

Vers le milieu de la période de la Renaissance, on commence à analyser l'esprit, à en faire la théorie et à poser la règle de son emploi dans la bonne société. Le théoricien est Joviano Pontano [1]; dans son ouvrage sur l'art de parler, notamment dans le troisième et le quatrième livre, il essaye d'arriver à un priucipe général par l'analyse d'un certain nombre de bons mots ou *facetiæ*. Quant à la manière d'employer l'esprit parmi les gens de qualité, c'est Balthazar Castiglione qui l'enseigne dans son *Cortigiano* [2]. Naturellement il s'agit surtout de l'art d'égayer des tiers en reproduisant des histoires comiques ou gracieuses et des mots plaisants; l'auteur met plutòt en garde contre la plaisanterie directe, parce que, dit-il, elle est un moyen de blesser des malheureux, de faire trop d'honneur à des criminels et d'exciter à la vengeance des personnages puissants et des gens gâtés par la fortune [3]; de même, au point de vue de la narration, il recommande à l'homme de qualité un emploi judicieux de la mimique, c'est-à-dire du geste. Puis vient, non pas à titre de modèles à reproduire, mais de paradigme pour de beaux esprits futurs, un volumineux recueil de tours et de mots plaisants, méthodiquement rangés par catégories, parmi lesquels il y en a beaucoup d'excellents et de parfaits. Environ vingt ans

---

[1] Jovian. PONTAN., *De sermone*, libri. V. Il reconnaît que non-seulement les Florentins, mais encore les Siennois et les Pérugins ont un remarquable esprit naturel (pour les Siennois, voir l'écrit cité plus haut, p. 90, note 1, et p. 197, note 1); il y joint la cour espaguole par politesse.

[2] *Il cortigiano*, lib. II, cap. L ss., *ed. Baude di Vesme*, Florence, 1854, p. 124 ss. — Voir *ibid.*, cap. LXXIII, p. 136, comment l'auteur fait dériver l'esprit du contraste, bien que sa déduction ne soit pas tout à fait claire.

[3] PONTANUS, *De sermone*, lib. IV, cap. III, recommande aussi de n'employer *ridicula* ni contre les malheureux ni contre les puissants.

plus tard, Giovanni della Casa professe une doctrine beaucoup plus sévère et plus méticuleuse dans ses conseils pour former aux bonnes manières [1]; relativement aux conséquences, il veut qu'on bannisse entièrement des mots plaisants et des facéties l'idée d'un triomphe personnel. Il est le héraut d'une réaction qui devait se produire fatalement.

En effet, l'Italie était devenue une école de blasphème comme on n'en a pas vu une seconde depuis, même dans la France de Voltaire. Ce n'était pas le scepticisme qui manquait à cet écrivain et à ceux de son école; mais où le dix-huitième siècle aurait-il pris des victimes dignes de son ironie? où aurait-il trouvé ces figures innombrables, aussi grandes qu'originales, ces célébrités de tout genre, hommes d'État, prêtres, inventeurs, explorateurs, savants, poëtes et artistes dont l'originalité s'imposait à l'admiration de tous? Au quinzième et au seizième siècle cette phalange existait, et à côté d'elle la culture générale avait produit toute une légion de beaux esprits sans portée, de critiques méchants, de Zoïles sans pudeur, dont l'envie réclamait ses hécatombes; ajoutez à cela la jalousie qui excitait les uns contre les autres les hommes célèbres. Il est avéré que ce sont les philologues qui ont commencé à s'entre-déchirer; tels sont : Filelfo, le Pogge, Lorenzo Valla, etc.; les artistes du quinzième siècle, au contraire, quoique rivaux par le talent, vivent en bonne intelligence entre eux, ce dont l'histoire de l'art peut prendre acte.

Comme nous l'avons dit, Florence, ce grand centre des grands hommes, devance pendant quelque temps, sous ce rapport, toutes les autres villes. « OEil perçant,

---

[1] *Galateo del Casa,* ed. Venez. 1879, p. 26 ss., 48.

mauvaise langue », tels sont les traits distinctifs des Florentins [1]. Une douce raillerie qui s'attaquait à toutes choses était probablement le ton habituel de la société. Machiavel, dans le remarquable prologue de sa *Mandragora,* fait dériver avec raison de la médisance générale l'abaissement visible des caractères, et il menace, du reste, ses détracteurs en leur rappelant qu'il s'entend, lui aussi, à médire. Puis vient la cour pontificale, qui est depuis longtemps le rendez-vous des langues les plus affilées. Les *Faceticæ* de Pogge sont datées de l'officine de mensonges des secrétaires apostoliques, et, si l'on considère le grand nombre de coureurs de places déçus, d'ennemis et de concurrents ambitieux des gens favorisés du sort, d'hommes dévoués aux plaisirs, de prélats immoraux qui étaient réunis à Rome, on ne peut trouver extraordinaire que cette ville soit devenue l'asile du pasquin et de la satire personnelle. Si l'on ajoute à cela les griefs qu'inventait l'antipathie générale contre la domination des gens d'Église et le besoin, inné chez la populace, d'attribuer aux puissants les vices les plus horribles, on trouve un total effrayant de turpitudes [2]. Les gens en vue se défendaient victorieusement contre ces attaques par le dédain, pour ce qui concernait les accusations fondées aussi bien que les accusations mensongères, et n'en continuaient pas moins leur vie

---

[1] *Lettere pittoriche,* I, 71, dans une lettre de Vinc. Borghini, 1577. — MACHIAVELLI, *Stor. fior.,* l. VII, cap. xxviii, dit des jeunes seigneurs florentins de la fin du quinzième siècle : *Gli studî loro erano apparire col vestire splendidi, e col parlare sagaci ed astuti, e quello che più destramente mordeva gli altri, era più savio e da più stimato.*

[2] Comp. l'oraison funèbre composée par Fedra Inghirami sur Ludovic Podocataro (mort le 25 août 1504), dans les *Aneed. litt.,* I, p. 319. — Massaino, l'auteur de la chronique scandaleuse, cité par Paul. Jov., *Dialogus de viris litt. illustr.* (TIRABOSCHI, t. VII, parte IV, p. 1631).

brillante et joyeuse [1]. Mais parfois des âmes tendres tombaient dans une sorte de désespoir sous l'influence du remords des fautes commises et des méchants propos [2]. Peu à peu la médisance en vint à ne plus respecter personne, et ce fut précisément la vertu la plus austère qui fut en butte aux attaques les plus violentes. C'est ainsi qu'à propos du grand orateur sacré Fra Egidio de Viterbe, dont Léon X récompensa le mérite par le chapeau du cardinal, et qui, lors des malheurs de l'année 1527, montra toute l'énergie d'un moine populaire [3], Paul Jove fait entendre qu'il entretenait sa pâleur ascétique au moyen de la fumée provenant de paille humide enflammée, etc. Jove est dans ces circonstances un véritable curial [4]; en général, il débite sa petite histoire en ayant soin d'ajouter qu'il n'en croit pas un mot, et, dans une observation générale, il laisse deviner qu'elle pourrait pourtant être vraie jusqu'à un certain point. La victime qui eut le plus à souffrir de la médisance romaine, fut l'austère et pieux Adrien VI; tout le monde s'entendait en quelque sorte pour ne le considérer que par le côté burlesque. Adrien avait désigné dédaigneusement le groupe de Laocoon

[1] C'est ainsi que fit presque toujours Léon, et, en somme, son calcul était parfaitement juste; malgré les horreurs que les pamphlétaires ont dites sur son compte après sa mort, ils n'ont pu effacer le glorieux souvenir de son existence.

[2] Tel était le cas du cardinal Ardicino della Porta, qui, en 1494, voulait se démettre de sa dignité et chercher un asile dans quelque couvent lointain. Comp. INFESSURA, dans *Eccard*, II, col. 2000.

[3] Voir son oraison funèbre dans les *Anecd. litt.*, IV, p. 315. Il réunit dans le sud de la marche d'Ancône une armée de paysans, que la trahison du duc d'Urbin empêcha seule d'agir. — Voir dans TRUCCHI, *Poesie ined.*, III, p. 123, les beaux madrigaux où il chante un amour sans espoir.

[4] Voir dans GIRALDI, *Hecatommithi*, VII, Nov. 5, comment il osait parler à la table de Clément VII.

comme *idola antiquorum ;* il avait fermé l'entrée du Belvédère, laissé inachevés les travaux de Raphaël, banni
de la cour les acteurs et les poëtes ; on craignait qu'il
ne fît convertir en chaux toutes les statues destinées à
orner l'église de Saint-Pierre. Dès les premiers jours, il
se brouilla avec la plume redoutable d'un certain Francesco Berni, en menaçant de faire jeter dans le Tibre,
non pas la statue de Pasquin [1], mais les pamphlétaires
eux-mêmes. La réponse à cette menace fut le célèbre
opuscule « contre le pape Adrien », libelle dicté non
par la haine, mais par le mépris qu'inspirait ce barbare
ridicule, croisé de Hollandais et d'Allemand [2]; l'auteur
réserve sa violence pour les cardinaux qui l'ont élu. On
lui impute la peste qui désolait Rome en ce temps-là [3];
Berni et d'autres [4] dépeignent aussi l'entourage du Pape,
les Allemands qui le dominent [5], avec la liberté piquante
du feuilleton moderne qui travestit et qui grossit tout.
La biographie que Paul Jove écrivit sous les auspices du
cardinal de Tortosa, et qui, dans le fait, devait être un
panégyrique, est, pour tous ceux qui savent lire entre
les lignes, un modèle de raillerie. Rien de comique (surtout pour l'Italie de ce temps-là) comme le passage où
Adrien fait des démarches auprès du chapitre de Sara-

---

[1] Toute la prétendue délibération qui a pour objet la suppression de la statue de Pasquin, dans Paul. Jov., *Vita Hadriani,* est
transférée de Sixte IV à Adrien. — Comp. *Lettere de principi,* I,
114 ss. Lettre de Negro du 7 avril 1523. Pasquin avait, le jour de
Saint-Marc, sa fête particulière ; le Pape défendit de la célébrer.

[2] Dans les passages rapprochés par Gregorovius, VIII, p. 380,
note, 381 ss., 393 ss.

[3] Compar. Pier. VALER., *De infel. lit.,* ed. Mencken, p. 178 : *Pesti-
lentia quæ cum Adriano VI invecta Romam invasit.* Compar *ibid.,* p 285.

[4] P. ex. : FIRENZUOLA, *Opere* (Milano, 1802), vol. I, p. 116, dans les
Discorsi degli animali.

[5] Compar. les noms dans HŒFLER, *Comptes rendus des séances de
l'académie de Vienne* (1876), t. LXXXII, p. 435.

gosse pour avoir la mâchoire de saint Lambert; celui où les dévots Espagnols le couvrent de toutes sortes d'ornements « jusqu'à ce qu'il ait bien l'air d'un pontife pomponné selon les règles »; et ces autres passages où, sur la route d'Ostie à Rome, il fait une démonstration pleine de violence et de mauvais goût, délibère pour savoir si Pasquin périra par l'eau ou par le feu, interrompt tout à coup les discussions les plus graves parce qu'on lui annonce le dîner, et finit, après un règne malheureux, par mourir pour avoir bu trop de bière; sur quoi la maison de son médecin particulier est enguirlandée par des coureurs de nuit et ornée de cette inscription : *Liberatori Patriæ S. P. Q. R.* Sans doute, lors de la suppression de toutes les rentes, Paul Jove avait aussi perdu la sienne, et il n'avait obtenu un bénéfice à titre de dédommagement que parce qu'il n'était « pas un poëte », c'est-à dire pas un païen [1]. Mais il était écrit qu'Adrien serait la dernière grande victime de ce genre. Après les malheurs de Rome (1527), la médisance et la calomnie diminuèrent visiblement en même temps que la perversité des individus.

Pendant que les mauvaises langues avaient encore beau

---

[1] Ce qui peint admirablement les sentiments de Rome à l'égard d'Adrien, ce sont les paroles de Pier. VALERIAN, *De infel. lit.*, ed. Mencken, p. 382 : *Ecce adest Musarum et eloquentiæ totiusque nitoris hostis acerrimus, qui literatis omnibus inimicitias minitaretur, quoniam, ut ipse dictitabat, Terentiani essent, quos cum odisse atque etiam persequi cœpisset voluntarium alii exilium, alias atque alias alii latebras quærentes tam diu latuere quoad Dei beneficio altero imperii anno decessit, qui si aliquanto diutius vixisset, Gothica illa tempora adversus bonas litteras videbatur suscitaturus.* — Du reste, la haine générale qui poursuivait Adrien provenait en partie de ce qu'étant pressé d'argent, il recourut à un impôt direct. RANKE, *Histoire des papes*, I, p. 411. — Comme contre-partie des faits que nous avons relatés jusqu'ici, nous rappellerons qu'il s'est aussi trouvé quelques poëtes qui ont fait l'éloge d'Adrien. Comp. de nombreux passages des *Coryciana* (éd. Rome, 1524), surt. JJ2b ss.

jeu, le plus grand calomniateur des temps modernes, Pierre Arétin, s'était formé surtout à l'école de Rome. Un coup d'œil jeté sur sa vie nous dispensera de nous occuper d'écrivains moins célèbres dans ce genre.

Nous connaissons principalement les trente dernières années de sa vie (1527-1557), qu'il passa à Venise, le seul asile possible pour lui. Retranché dans la ville des lagunes, il tenait toutes les célébrités de l'Italie comme en état de siége; c'est là qu'affluaient aussi les présents des princes étrangers qui employaient ou redoutaient sa plume. Charles-Quint et François I*r le pensionnaient tous les deux en même temps, parce que chacun espérait qu'Arétin écrirait des choses désagréables contre son adversaire; Arétin les flattait tous deux, mais s'attacha, comme de raison, plus étroitement à Charles-Quint, parce que celui-ci resta le maître en Italie. Après la victoire remportée par Charles sur Tunis (1535), il quitte son ton habituel pour prendre celui de l'emphase la plus ridicule et diviniser son héros; il faut remarquer à ce propos qu'Arétin ne cessa de se bercer de l'espérance que Charles-Quint l'aiderait à devenir cardinal. Il est probable qu'il jouit d'une immunité toute spéciale en sa qualité d'agent espagnol, parce que par ses écrits ou par son silence on pouvait peser sur les petits princes italiens et sur l'opinion publique. Il affectait le mépris le plus profond pour la papauté, sous prétexte qu'il la connaissait de près; la véritable raison de son mépris était qu'à Rome on ne pouvait et ne voulait plus le traiter comme un homme honorable [1]. Il gardait un silence prudent sur Venise

[1] Au duc de Ferrare, 1*r janvier 1536 (*Lettere,* ed. 1539, fol. 39) : « Vous allez faire le voyage de Rome à Naples, *ricreando la vista avvilita nel mirar le miserie pontificali con la contemplatione delle eccellenze imperiali.* »

qui lui donnait l'hospitalité. Quant au reste, ses relations avec les grands se bornent à la mendicité et au vulgaire chantage.

C'est Arétin qui le premier fait un abus violent de la publicité pour arriver à ces fins méprisables. Les écrits polémiques que le Pogge et ses adversaires avaient échangés un siècle auparavant, sont tout aussi infâmes, si l'on en considère le but et le ton; mais ils ne sont du moins destinés qu'à une sorte de demi-publicité. Arétin, au contraire, veut la publicité la plus large et la plus complète; il est, à certains égards, un des créateurs du journalisme moderne. Il fait paraître des recueils périodiques de ses lettres et d'autres articles, après qu'ils ont déjà circulé partout [1].

Comparé aux plumes mordantes du dix-huitième siècle, Arétin a l'avantage de ne pas s'embarrasser de principes gênants, de lumières à répandre, de philanthropie ou d'autres vertus à pratiquer, ni même de connaissances à propager; tout son bagage se réduit à la devise connue : *Veritas odium parit.* Aussi ne fut-il jamais dans une fausse position, comme Voltaire, par exemple, qui fut obligé de renier sa *Pucelle* et de cacher pendant toute sa vie d'autres de ses œuvres; Arétin signait tous ses écrits, et même, sur la fin de sa carrière, il se vante ouvertement de ses fameux Ragionamenti. Son talent littéraire, sa prose claire et piquante, son esprit observateur le rendraient remarquable de toute façon, même à côté de sa complète impuissance à concevoir une œuvre d'art pro-

---

[1] Nous ne pouvons examiner ici comment il se rendit particulièrement redoutable aux artistes. — L'instrument de publicité de la réformation allemande est surtout la brochure, en ce qui concerne des questions déterminées, sur lesquelles il n'y a pas lieu de revenir; Arétin, au contraire, est journaliste en ce sens qu'il a constamment de nouveaux motifs de recourir à la publicité.

prement dite, comme, par exemple, le plan d'une comédie vraiment dramatique. Qu'on ajoute à cela la méchanceté la plus grossière et la plus raffinée à la fois, avec le don d'exceller dans le genre grotesque, où souvent il n'est pas inférieur à Rabelais lui-même [1].

Ainsi armé pour la lutte, il se jette sur sa proie ou tourne autour d'elle en attendant qu'il puisse la dévorer. La manière dont il exhorte Clément VII à ne pas se plaindre, à ne pas songer à la vengeance, mais à pardonner [2], pendant que les cris de douleur de Rome dévastée s'élèvent jusqu'au château de Saint-Ange, où le Pape est prisonnier, dénote la malice d'un singe ou d'un démon. Parfois, quand il lui faut absolument renoncer à l'espérance de recevoir des présents, sa fureur éclate en hurlements sauvages, comme, par exemple, dans le chapitre consacré au prince de Salerne. Celui-ci l'avait payé pendant quelque temps et ne voulait plus continuer de le pensionner; d'autre part, il paraît que le terrible Pierluigi Farnèse, duc de Parme, ne fit jamais attention à lui. Comme ce prince avait renoncé, pour cause, à trouver grâce devant l'opinion publique, il n'était plus facile de l'atteindre; Arétin l'essaya toutefois [3], en comparant son extérieur à celui d'un sbire, d'un meunier et d'un boulanger. Arétin est surtout amusant lorsqu'il prend le ton larmoyant du mendiant de profession, par exemple, quand il s'adresse à François Ier; par contre, on ne lira jamais sans être écœuré les lettres et les poëmes où il mêle la flatterie à la menace, malgré les traits comiques qu'il y prodigue. On

---

[1] P. ex. dans le chapitre consacré à un mauvais poëte du nom d'Albicante; malheureusement il est impossible d'en citer des passages.

[2] *Lettere*, ed. 1539, fol. 39, du 31 mai 1527.

[3] Dans le premier chapitre à Côme.

ne trouverait peut-être pas une seconde lettre comme
celle qu'il adressa à Michel-Ange, au mois de novem-
bre 1545 [1]; tout en l'accablant de témoignages d'admiration (à cause de son *Jugement dernier*), il le menace parce
qu'il est irréligieux, indécent, voleur (aux dépens de
l'héritier de Jules II); enfin, dans un post-scriptum destiné à apaiser le grand artiste, il ajoute : « J'ai voulu
simplement vous montrer que, si vous êtes *divino* (*di
vino*), je ne suis pas non plus *d'acqua* [2]. » En effet, soit
folle outrecuidance, soit manie de parodier tout ce qui
était célèbre, il tenait à être appelé divin et à entendre
partout cette épithète que lui avait donnée un de ses
flatteurs. Quoi qu'il en soit, il parvint à un tel degré
de célébrité que, dans la ville d'Arezzo, on montrait la
maison où il était né comme une des curiosités de l'endroit [2]. Sans doute il restait, d'autre part, des mois
entiers sans oser franchir le seuil de sa porte, pour ne
pas tomber entre les mains d'un Florentin irrité, comme
le plus jeune des Strozzi, par exemple; les coups de
poignard et les bastonnades ne lui ont pas manqué [3],
bien que le résultat n'en ait pas été tel que Berni l'avait
prédit dans son sonnet fameux : il mourut dans sa maison, à la suite d'une attaque d'apoplexie.

Dans la distribution de ses flatteries il fait des distinctions curieuses : aux étrangers il offre l'encens le plus
grossier; pour des gens comme le duc Côme de Florence il
réserve la louange délicate [4]. Il loue la beauté du prince,

[1] GAYE, *Carteggio*, II, p. 332.

[2] Voir la lettre impudente de 1536 dans les *Lettere pittor.*, I,
Append. 34. — Compar. plus haut. p. 180 et 181, la maison où
était né Pétrarque, dans la même ville d'Arezzo.

[3]
     L'Aretin per Dio grazzia, è vivo e sano,
     Ma'l mostaccio ha fregiato nobilmente,
     E più coldi ha, che dita in una mano.
     (Mauro, capitolo in lode delle bugie.)

[4] Voir, p. ex., la lettre au cardinal de Lorraine, *Lettere*, ed.

qui était encore jeune à cette époque, et qui, en effet,
ressemblait beaucoup à Auguste sous ce rapport; il vante
la pureté de sa vie, fait une courte digression sur les
affaires d'argent de la mère de Côme, Marie Salviati, et
termine en mendiant un secours, en gémissant sur la
dureté des temps, etc. Mais si Côme le pensionnait[1], si,
étant donnée sa parcimonie habituelle, il lui servait une
pension assez élevée (160 ducats par an dans les derniers temps), cela tenait en partie à ce qu'en sa qualité d'agent espagnol il était un homme fort dangereux.
Arétin pouvait se permettre de débiter contre Côme les
injures les plus violentes, tout en menaçant le chargé
d'affaires florentin de le faire avant peu révoquer par le
duc. Et, bien qu'à la fin le Médicis se vît deviné par
Charles-Quint, il n'en devait pas moins craindre qu'Arétin ne fît circuler à la cour impériale des mots piquants
et des vers satiriques dirigés contre lui. Une flatterie
d'un tour fort original est celle qu'il adresse au fameux
marquis de Marignano, qui, étant simple « châtelain de
Musso » (voir p. 33), essaya de fonder un État indépendant. Pour le remercier de lui avoir envoyé cent écus,
Arétin lui écrit : « Toutes les qualités qui doivent orner
un prince se rencontrent en vous; tout le monde s'ac-
corderait à le reconnaître si la violence inséparable des
débuts d'un souverain ne vous faisait paraître encore un
peu rude (*aspro*)[2]. »

On a souvent relevé, à titre de phénomène curieux, le
fait que la méchanceté d'Arétin s'est toujours exercée

Venez. 1539, fol. 29, du 21 nov. 1534, ainsi que les lettres à Charles-
Quint, où il dit entre autres que pas un homme ne se rapproche
autant de la divinité que Charles.

[1] Pour ce qui suit, voir GAYE, *Carteggio*, II, p. 336, 337, 345.

[2] *Lettere*, éd. Venez. 1539, fol. 15, du 16 juin 1529. Comp. la
remarquable lettre au même, du 15 avr. 1529, fol. 212.

contre les hommes, et jamais contre Dieu. Ses croyances
sont chose tout à fait insignifiante, étant donnée la
manière dont il a vécu; il en est de même de ses
ouvrages d'édification, qu'il n'a faits que dans des vues
d'intérêt personnel [1]. Je ne vois pas, du reste, ce qui
aurait pu l'entraîner à blasphémer. Il n'était ni docteur
ni théoricien; il ne pouvait pas extorquer de l'argent à
Dieu en employant la menace et la flatterie; n'ayant pas
de refus à encourir, il n'avait pas lieu de proférer des
blasphèmes. Un homme comme lui ne fait rien pour
rien.

Ce qui témoigne en faveur de l'esprit italien actuel,
c'est qu'un tel caractère et une telle manière de procéder
sont devenus absolument impossibles. Mais, au point de
vue historique, Arétin restera toujours une figure considérable.

[1] Il a peut-être composé ces écrits en vue d'obtenir le chapeau
rouge ou parce qu'il avait peur des rigueurs de l'inquisition, qu'il
avait encore osé censurer vigoureusement en 1535 (voir fol. 37),
mais qui, depuis la réorganisation de cette institution (1542),
augmentèrent tout à coup et réduisirent toutes les voix au silence.

TROISIÈME PARTIE
LA RÉSURRECTION DE L'ANTIQUITÉ

CHAPITRE PREMIER
OBSERVATIONS PRÉLIMINAIRES

Arrivé à ce point de la revue que nous faisons de l'histoire de la culture intellectuelle, nous avons à parler de l'antiquité, dont la « renaissance » est devenue le nom de cette grande époque. Les phases que nous avons décrites jusqu'ici auraient suffi, même sous l'antiquité, à imprimer un mouvement fécond aux esprits en Italie et à hâter la maturité intellectuelle de la nation; de même le génie italien aurait pu trouver sans elle presque toutes les voies qu'il s'est frayées depuis; mais il n'en est pas moins vrai que tout ce que nous voyons avant et après la Renaissance porte plus ou moins l'empreinte du monde antique et que la trace de l'antiquité se retrouve toujours à la surface, sinon dans le fond même des choses. La « Renaissance » n'aurait pas été nécessairement un des plus grands et des plus beaux faits de l'histoire du monde si l'on pouvait si facilement faire abstraction de l'influence de l'antiquité. Mais nous devons insister sur ce point, qui est un des principaux de ce livre, que ce n'est pas l'antiquité seule, mais son alliance intime avec le génie italien qui a régénéré le monde d'Occident. L'indépendance que l'esprit moderne a gardée en Italie, tout en étant tributaire de l'antiquité, est très-inégale et paraît souvent presque nulle, dès que l'on ne considère, par exemple, que la littérature néo-latine; mais dans l'art plastique et dans plusieurs autres sphères de l'activité humaine elle est extrêmement remar-quable, et la fusion de deux époques de la vie intellec-tuelle d'un même peuple, époques séparées par de longs siècles, apparaît comme le produit d'un travail parfaite-ment indépendant et, par suite, légitime et fécond. C'était au reste de l'Occident à se mettre en garde contre la grande impulsion qu'il recevait de l'Italie, ou bien à se laisser entraîner tout à fait ou en partie par le mouve-ment; dans le dernier cas, il fallait ne pas gémir sur la ruine prématurée du moyen âge, de ses travaux, de ses théories. Si les idées enfantées par le moyen âge avaient pu se défendre, elles vivraient encore; si les rêveurs qui aspirent au retour de cet âge bienheureux étaient obligés d'y vivre seulement une heure, ils demande-raient à grands cris l'air du monde moderne. Il est cer-tain que dans une grande révolution comme celle-là, plus d'une belle et noble fleur périt sans être assurée de revivre pour toujours dans la tradition et dans la poésie; mais ce n'est pas une raison pour maudire la révolution elle-même. Cette révolution consiste en ce que, à côté de l'Église qui jusqu'alors avait fait l'unité de l'Occident (privilége qu'elle allait perdre bientôt) se forme un nouveau milieu intellectuel qui deviendra peu à peu comme l'atmosphère où vivront tous les esprits cultivés de l'Europe. Le plus grave reproche qu'on puisse faire à cet élément nouveau, c'est d'être exclusif, c'est de diviser fatalement toute l'Europe en deux classes, la classe instruite et la classe ignorante. Mais ce reproche perd toute valeur, dès qu'on est obligé de reconnaître que le mal subsiste encore aujourd'hui, que tout le monde le constate et qu'on ne peut cependant le faire disparaître. D'ailleurs, il s'en faut de beaucoup que cette démarcation soit aussi tranchée et aussi inexorable en Italie qu'ailleurs. Un des plus grands poëtes italiens, le Tasse, n'est-il pas dans les mains des gens les plus pauvres?

L'antiquité romaine et grecque, qui, dès le quatorzième siècle, exerça une action si puissante sur la vie de l'Italie comme base et comme source de la culture, comme but et comme idéal de l'existence, en partie aussi comme contraste voulu, cette antiquité avait depuis longtemps fait sentir son influence à tout le monde du moyen âge. Cette civilisation représentée par Charlemagne, comparée à la barbarie du septième et du huitième siècle, était au fond une véritable renaissance et ne pouvait pas être autre chose. De même que l'architecture romane, après avoir hérité des formes générales de l'antiquité, en était venue à emprunter directement aux anciens certaines formes particulières, de même la science, alors réfugiée dans les couvents, avait absorbé à la longue une masse de matériaux recueillis dans les auteurs latins, et, à partir d'Eginhard, le style de ces modèles fut souvent imité.

Mais le réveil de l'antiquité se fait tout autrement en Italie que dans le Nord. Dès que la barbarie cesse dans la Péninsule, le peuple italien, qui est encore à moitié antique, voit clair dans son passé; il le célèbre et veut le ressusciter. En dehors de l'Italie, il s'agit de la mise en œuvre savante et réfléchie de quelques éléments fournis par le monde antique ; en Italie, c'est le monde savant et le peuple à la fois qui rendent hommage à l'antiquité et qui veulent la faire revivre, parce qu'elle rappelle à tous la grandeur passée de leur pays. La facilité qu'ont les Italiens à comprendre la langue latine, la masse de souvenirs et de monuments qui subsistent encore contribuent puissamment à ce développement intellectuel. C'est de ce mouvement et de l'action en sens contraire, de l'esprit des institutions politiques germaniques et lombardes, qui pourtant s'était modifié avec le temps, de la chevalerie répandue par toute l'Europe, de l'influence du Nord, de celle de la religion et de l'Église que naît l'esprit italien moderne, auquel était réservé l'honneur de servir de modèle à l'Occident.

Les édifices qui, au douzième siècle, s'élèvent dans la Toscane, et les sculptures du treizième siècle montrent comment le génie de l'antiquité inspire l'art plastique dès que cesse la barbarie. Nous trouvons même des parallèles dans la poésie, s'il est permis d'admettre que le plus grand poëte latin du douzième siècle, celui qui donnait le ton pour tout un genre de la poésie latine de ce temps, ait été un Italien Nous voulons parler de celui auquel on doit les meilleures pièces de ce qu'on appelle *Carmina Burana*. Le plaisir de vivre et de jouir de l'existence sous la protection des dieux du paganisme ressuscités, dans un monde où les Catons et les Scipions remplacent les saints et les héros du christianisme, déborde comme un fleuve magnifique dans ces strophes rimées. Quand on les lit d'un trait, on a peine à s'empêcher de reconnaître que c'est un Italien, probablement un Lombard qui parle ; il y a, de plus, des raisons particulières pour le croire [1]. Jusqu'à un certain point ces poésies latines des clercs errants du douzième siècle avec l'extrême frivolité qui les caractérise sont certainement un produit commun de l'Europe; mais celui qui a composé le chant de *Phyllide et Flora* [2] et le *Æstuans interius*, etc., n'était probablement pas un homme du Nord, non plus que le sybarite, cet observateur si fin qui a écrit *Dum Dianæ vitrea sero lampas oritur*. On trouve ici une renaissance des idées antiques, que la forme du vers du moyen âge fait d'autant mieux ressortir. Il y a bien des œuvres de ce siècle et des siècles suivants où l'on rencontre des hexamètres et des pentamètres frappés au coin de l'antiquité avec toutes sortes d'ornements antiques, surtout des souvenirs de la mythologie, mais où l'on ne retrouve pas à beaucoup près le même parfum d'antiquité. Les chroniques en vers hexamètres et d'autres productions à partir de Guilielmus Apuliensis (vers 1100) attestent souvent une sérieuse étude de Virgile, d'Ovide, de Lucain, de Stace et de Claudien; mais la forme antique est pure affaire d'érudition; il en est de même du fond antique chez des compilateurs du genre de Vincent de Beauvais et du mythologue et écrivain allégorique Alanus ab Insulis. Mais la Renaissance n'est pas une imitation partielle et une compilation, c'est une régénération; or tel est le caractère qui se manifeste dans les poésies du clerc inconnu du douzième siècle.

---

[1] V. appendice n° 1, à la fin du volume.

[2] *Carm. bur.*, p. 155, à l'état de fragment seulement; le poëme entier se trouve dans Wright, Walther Mapes (1841), p. 258. Comp. *Hubatsch*, p. 27 ss., qui rappelle que le fond du poëme est un conte qui a paru sous plusieurs formes en France. *Æst. inter. Carm. bur.*, p. 67. *Dum Dianæ, Carm. bur.*, p. 124. De plus, on trouve dans le texte : *Cor patet Jovi;* la jeune fille aimée porte des noms

Toutefois, ce n'est qu'au quatorzième siècle que l'Italie tout entière se passionne réellement pour l'antiquité. Pour que le fait se produisît, il fallait des conditions d'existence qui ne se rencontraient que dans les villes italiennes : réunion et égalité effective de la noblesse et de la bourgeoisie ; formation d'une société qui éprouvait le besoin de cultiver son intelligence et qui en avait le temps et les moyens. Mais, en rompant avec le moyen âge et ses erreurs, la culture ne pouvait pas arriver tout à coup, par voie de simple empirisme, à la connaissance du monde physique et du monde intellectuel ; il lui fallait un guide, et ce guide, elle le trouvait dans l'antiquité classique, qui s'offrait à elle avec son trésor de vérité objective et lumineuse. On lui emprunta l'idée et la forme avec reconnaissance, avec admiration ; elle fut d'abord l'élément principal de la culture moderne[1]. La situation générale de l'Italie était d'ailleurs favorable à cette révolution : depuis la chute des Hohenstaufen, l'Empire du moyen âge avait renoncé à l'Italie ou ne pouvait s'y maintenir ; le Saint-Siége s'était transporté à Rome ; la plupart des puissances existant de fait avaient une origine violente et illégitime ; quant à l'esprit de la nation, sorti de son long sommeil, il était à la recherche d'un idéal nouveau, d'un idéal durable, et c'est ainsi que l'Italie put rêver une seconde fois la domination universelle et tenter de réaliser son rêve sous les auspices de Nicolas de Rienzi (voir plus haut, p. 17). A voir la manière dont il se mit à l'œuvre,

antiques ; une fois, l'ayant nommée Blanchefleur, il ajoute le nom d'Hélène, comme pour réparer une erreur.

[1] Sylvius Ænéas (*Opera*, p. 603, dans l'épit. 105, au duc Sigismond) montre dans une revue rapide comment l'antiquité peut servir de guide pour la solution de toutes les grandes questions de la vie.

notamment lors de son premier tribunat, sa tentative ne pouvait aboutir qu'à une comédie ridicule; mais pour le sentiment national, le souvenir de l'ancienne Rome avait sa valeur. Grâce à la culture antique retrouvée, les Italiens ne tardèrent pas à devenir le peuple le plus avancé du monde et à sentir leur supériorité sur les autres nations.

Esquisser à grands traits ce mouvement des esprits, en étudier surtout l'origine, telle est la tâche que nous allons essayer de remplir [1].

[1] Pour plus de détails nous renvoyons aux ouvrages déjà souvent cités de ROSCOE : *Laurent le Magnifique*, et *Léon X*, ainsi qu'à G. VOIGT : *Silvius Ænéas de Piccolomini, pape sous le nom de Pie II, et son époque*, Berlin, 1856-63, et aux ouvrages de REUMONT et de GREGOROVIUS, plusieurs fois cités. — Si l'on veut se faire une idée de l'étendue des connaissances qu'embrassaient les gens instruits du commencement du seizième siècle, on ne trouvera nulle part de meilleurs renseignements que dans les *Commentarii urbani* de Raphaël VOLATERRANUS (ed. Basil. 1544, fol. 16 et autres). Ce livre montre que l'antiquité était la base de la science, qu'elle se retrouvait dans la géographie, dans l'histoire locale, dans les biographies de tous les hommes puissants ou célèbres, dans la philosophie populaire, la morale et les sciences spéciales, jusque dans l'analyse de tout Aristote, qui termine l'ouvrage. Pour apprécier et reconnaître toute l'importance de ce livre comme source de la culture, il faudrait le comparer à toutes les encyclopédies antérieures. Cette question se trouve traitée d'une manière complète et détaillée dans l'excellent ouvrage de G. VOIGT : *la Renaissance de l'antiquité classique, ou le Premier Siècle de l'humanisme*, Berlin, 1859.

CHAPITRE II

ROME, LA VILLE AUX RUINES CÉLÈBRES.

Rome, la ville aux grandes ruines, n'est plus la même
à nos yeux et n'inspire plus les mêmes sentiments qu'à
l'époque où Guillaume de Malmesbury écrivait les
« Merveilles de Rome » et son ouvrage d'histoire[1]. L'imagination du pèlerin pieux comme celle du chercheur
de trésors restent au-dessous de celle de l'historien et
du patriote. C'est dans ce sens qu'il faut entendre
les paroles de Dante[2] : « Les pierres des murs de Rome
méritent la vénération de tous, et le sol sur lequel la
ville est bâtie est plus respectable que les hommes ne le
disent. » Pourtant l'extrême fréquence des jubilés ne
laisse guère de pieux souvenirs dans la littérature proprement dite ; ce que Giovanni Villani (p. 95) rapporte
de plus précieux du jubilé de l'an 1300, c'est la résolution

---

[1] Dans Guill. Malmesb., *Gesta regum Anglor.*, l. II, § 169, 170, 205,
206 (publié par Hardy, Londres, 1840, vol. I, p. 277 ss., p. 354 ss.),
on trouve différentes fantaisies de chercheurs de trésors, puis
Vénus comme objet d'un amour fantastique, enfin la découverte
du corps gigantesque de Pallas, fils d'Evandre, vers le milieu du
onzième siècle. Comp. *Jac. ab Aquis, Imago mundi (Hist. patr. monum.
script.*, t. III, col. 1603), sur l'origine de la maison des Colonna, se
rattachant à l'existence de trésors cachés. Outre d'autres histoires
de trésors, Malmesbury mentionne aussi l'élégie d'Hildebert du
Mans, évêque de Tours, qui est un des exemples les plus extraordinaires de l'enthousiasme humaniste qui régnait dans la première moitié du douzième siècle.

[2] Dante, *Convito, Tratt.*, IV, cap. v.

de devenir historien, résolution qu'a fait naître en lui l'aspect des ruines de Rome. Pétrarque, de son côté, nous fait connaître un autre sentiment, un sentiment qui se partage entre l'antiquité classique et l'antiquité chrétienne; il raconte qu'il est monté souvent avec son ami Giovanni Colonna sur les voûtes gigantesques des Thermes de Dioclétien[1]; là, dans cet air pur, dans ce profond silence, dominant ce vaste panorama, ils parlaient ensemble, non d'affaires, d'intérêts domestiques et de politique, mais d'histoire; leurs regards cependant se promenaient sur les ruines qui les entouraient de toutes parts. Dans ces entretiens, Pétrarque représentait surtout le passé, Giovanni le christianisme; la philosophie et les inventeurs des arts formaient aussi le sujet de leurs discours. Que de fois, depuis ces grands hommes jusqu'à Gibbon et Niebuhr, ces ruines admirables n'ont-elles pas inspiré aux historiens de grandes et fécondes méditations!

Ce double sentiment se retrouve encore dans le Dittamondo de Fazio degli Uberti, composé vers 1360; c'est la relation d'un voyage imaginaire où l'ancien géographe Solinus accompagne l'auteur comme Virgile accompagne Dante. De même qu'ils visitent Bari en l'honneur de saint Nicolas, le mont Gargano par dévotion à l'archange saint Michel, de même ils rappellent à Rome la légende d'Ara Cœeli et celle de sainte Marie du

---

[1] *Epp. familiares*, VI, 2, détails sur Rome avant qu'il l'eût vue, et expression de son désir de voir cette ville. *Epp. fam.*, ed. Fracass., vol. I, p. 125, 213; vol. II, p. 336 ss.; compar. dans L. GEIGER, *Pétrarque*, p. 272, note 3. Déjà Pétrarque se plaint du grand nombre d'édifices détruits et abandonnés, dont il fait l'énumération (*De remediis utriusque fortunæ*, lib. I, dial. 118); il fait cette remarque caractéristique qu'il existait d'innombrables statues antiques, mais pas un tableau (41).

Transtévère; pourtant la splendeur profane de la Rome
antique les passionne plus que les souvenirs du monde
chrétien; une femme vénérable, aux vêtements en lam-
beaux, — c'est Rome elle-même, — leur raconte sa glorieuse histoire et leur décrit minutieusement les triomphes
d'autrefois[1]; puis elle promène les étrangers par toute
la ville et leur explique les sept collines et une foule de
ruines — *che comprender potrai, quanto fui bella!*

Malheureusement cette Rome des papes d'Avignon et
des pontifes schismatiques n'était déjà plus, à beaucoup
près, relativement aux souvenirs de l'antiquité, ce qu'elle
avait été quelques générations auparavant. Un acte de
vandalisme qui a dû ôter leur caractère aux édifices les
plus considérables qui existaient encore, c'est celui que
commit le sénateur Brancaleone (1257) en faisant raser
cent quarante-six maisons fortifiées qu'habitaient des
grands de Rome; la noblesse s'était certainement installée
dans les ruines les plus hautes et les mieux conservées[2].
Néanmoins il en restait encore infiniment plus que ce
qui subsiste aujourd'hui, et notamment beaucoup d'édifices avaient sans doute encore à cette époque-là leurs

[1] *Dittamondo*, II, cap. III. Ce trait rappelle encore en partie les
images naïves des rois mages et de leur suite. — La description
de la ville, II, XXXI, n'est pas tout à fait sans valeur au point de
vue archéologique (GREGOROVIUS, VI, p. 697, note 1). — Suivant le
Polistore (MURAT., XXIV, col. 845), Nicolò et Hugo d'Este firent en
1366 le voyage de Rome : *Per vedere quelle magnificenze antiche, che
al presente si possono vedere in Roma.*

[2] GREGOROVIUS, V, 316 ss. — On trouve ici incidemment une
preuve du fait que l'étranger même regardait au moyen âge Rome
comme une carrière : le célèbre abbé Suger, qui (vers 1140) cherchait de grands fûts de colonnes pour l'édifice qu'il faisait
construire à Saint-Denis, ne songeait à rien moins qu'à faire
transporter en France les monolithes en granit des Thermes de
Dioclétien, mais heureusement il changea d'idée. *Sugerii libellus
alter*, dans DUCHESNE, *Hist. Franc. scriptores*, IV, p. 352. — Charlemagne avait été certainement plus discret.

revêtements et leurs incrustations de marbre, leurs colonnades et d'autres ornements, tandis qu'il ne reste aujourd'hui que la brique nue. L'existence de ces précieux débris fut cause qu'on entreprit sérieusement de faire la topographie de la ville antique.

Dans les pérégrinations du Pogge à travers Rome[1] on voit pour la première fois l'étude des ruines elles-mêmes liée plus intimement à celle des anciens auteurs et à celle des inscriptions (qu'il trouve et qu'il déchiffre malgré toutes les difficultés[2]); l'imagination est reléguée au second plan, et la pensée de la Rome chrétienne est écartée volontairement. Seulement il est à regretter que l'ouvrage du Pogge ne soit pas beaucoup plus étendu et qu'il ne soit pas orné de gravures. Cet auteur a trouvé beaucoup plus de monuments bien conservés que Raphaël n'en a trouvé quatre-vingts ans plus tard. Lui-même a encore vu intact le tombeau de Cécilia Métella, ainsi que la colonnade d'un temple situé sur la pente du Capitole, et a retrouvé plus tard ces monuments à moitié détruits ; ces dégradations provenaient de ce que le marbre avait le funeste avantage de pouvoir facilement se convertir en chaux. Une partie de l'immense colonnade qui se trouve près de la Minerve subit le même sort. Un chroniqueur de 1443 raconte que cette barbare transformation du

---

[1] POGGII *Opera*, ed. 1513, fol. 50-52. *Ruinarum urbis Romæ descriptio,* écrite vers 1430, c'est-à-dire peu de temps après la mort de Martin V. Les Thermes de Caracalla et de Dioclétien avaient encore leurs incrustations et leurs colonnes. Comp. pour les détails GREGOROVIUS, VI, p. 700-705.

[2] Le Pogge considéré comme un des premiers collectionneurs d'inscriptions dans sa lettre qui figure dans la *Vita Poggii,* MURAT., XX, col. 177. AMBROS. *Traversarii epistolæ,* XXV, 42. Un petit livre que le P. a écrit sur les inscriptions, semble perdu. SHEPHERD, *Life of Poggio,* trad. TONELLI, I, p. 154 ss. Le Pogge considéré comme collectionneur de bustes, MURAT., XX, col. 183, et la lettre qui figure dans SHEPHERD-TONELLI, I, 258

marbre en chaux se fait toujours[1]; « c'est une infamie, dit-il; car les édifices modernes sont pitoyables, et ce que Rome a de beau, ce sont les ruines[2] ». Les habitants de la ville, avec leurs manteaux campagnols et leurs bottes, faisaient aux étrangers l'effet de bouviers, et, dans le fait, le bétail venait paître jusque dans les Banchi; les seules circonstances où l'on se réunit, c'étaient les processions; c'est aussi à cette occasion que se montraient les belles femmes.

Dans les dernières années du pontificat d'Eugène IV (mort en 1447), Blondus de Forli écrivit sa *Roma instaurata,* en se servant déjà de Frontin et des anciennes monographies, ainsi que d'Anastase, paraît-il. Son but n'est pas de décrire ce qui existe, mais plutôt de restaurer par la pensée ce qui a disparu. Comme il le dit dans la préface de ce livre dédié au Pape, il se console par les belles reliques des saints, que Rome possède[3].

Avec Nicolas V (1447-1455), le goût des monuments, qui distingue la Renaissance, monte sur le trône pontifical. Par suite de l'importance de la ville et des embellissements qu'on y faisait sans cesse, les ruines se trouvaient menacées; mais, d'autre part, la gloire de la vie éternelle, dont elles étaient le plus précieux ornement, commandait de les respecter. Pie II a la passion des antiquités;

---

[1] FABRONI, *Cosmus, Adnot.* 86. Extrait d'une lettre d'Alberto degli Alberti à Jean de Médicis. Des témoignages et des plaintes semblables se trouvent réunis dans GREGOROVIUS, VII, p. 557. — *Sur l'état de Rome sous Martin V,* voir PLATINA, p. 277; pendant l'absence d'Eugène IV, v. VESPASIANO, *Fiorent.,* p. 21.

[2] *Roma instaurata,* ouvrage écrit en 1447 et dédié au Pape; imprimé pour la première fois à Rome en 1474.

[3] Compar. ses distiques dans VOIGT, *Renaissance de l'antiquité,* p. 275, note 2. Il est, d'autre part, le premier pape qui lance une bulle pour la protection des monuments (4 *Kal. Maj.* 1462) et qui édicte des peines contre ceux qui les dégraderaient. Mais ces mesures ne servirent à rien; compar. GREGOROVIUS, VII, p. 558 ss.

s'il parle peu de celles de Rome [1], il a donné, par contre, toute son attention à celles du reste de l'Italie, et il est le premier qui ait bien connu et fidèlement décrit celles qui se trouvent dans le voisinage de la ville jusqu'à une grande distance. Sans doute les monuments chrétiens et les merveilles de la nature l'intéressent à un degré égal comme ecclésiastique et comme cosmographe, ou bien il faut admettre qu'il a dû se faire violence pour écrire, par exemple, que Nola tirait plus de gloire du souvenir de saint Paulin que des souvenirs romains et du combat héroïque de Marcellus. Non pas qu'il y ait lieu de douter de sa croyance aux reliques, mais son esprit est déjà plus épris de la nature et de l'antiquité et plus porté vers l'étude des monuments et vers les études artistiques. Même dans les dernières années de son pontificat, tourmenté par la goutte, mais gardant toute sa sérénité, il se fait transporter par monts et par vaux dans une chaise à porteurs à Tusculum, à Albe, à Tibur, à Ostie, à Faléries, à Ocriculum, et prend note de tout ce qu'il a vu ; il recherche les anciennes voies romaines, les anciens aqueducs, et s'efforce de déterminer les limites des endroits occupés jadis par les peuplades qui se pressaient autour de Rome. Dans une excursion qu'il fait à Tibur avec le grand Frédéric d'Urbin, tous deux passent leur temps de la manière la plus agréable à parler de l'antiquité et des guerres antiques, surtout de celle de Troie ; même lorsqu'il se rend au congrès de Mantoue (1459), il cherche, bien qu'en vain, le labyrinthe de Clusium dont il est question dans Pline, et visite sur les bords du Mincio ce qu'on appelle la villa de Virgile.

[1] Ce qui suit est extrait de Jo. Ant. CAMPANUS : *Vita Pii II*, dans MURATORI, III, II, col 980 ss. — PII II *Commentarii*, p. 48, 72 ss., 206, 248 ss., 501 et ailleurs.

Il était assez naturel que ce pontife demandât aux abréviateurs de s'exprimer dans un latin classique; lors de la guerre de Naples, n'avait-il pas amnistié les Arpinates comme étant des compatriotes de M. Cicéron ainsi que de Marius, dont le nom était encore très-commun parmi la population? C'est à lui seul, en sa qualité de protecteur éclairé de l'archéologie, que Blondus pouvait et voulait dédier sa *Roma triumphans*, le premier essai d'une description complète de l'antiquité romaine[1].

A cette époque, cette ardeur à étudier les antiquités romaines avait naturellement gagné le reste de l'Italie. Déjà Boccace[2] appelle les ruines de Baïes « de vieilles bâtisses, qui pourtant sont nouvelles pour des esprits modernes »; depuis, elles passèrent pour la plus remarquable curiosité des environs de Naples. Déjà se formaient aussi des collections d'antiquités de tout genre. Ciriaco d'Ancône (mort en 1457), qui expliqua les monuments romains à l'empereur Sigismond (1433), parcourut non-seulement l'Italie, mais encore d'autres pays de l'ancien *orbis terrarum*, la Grèce et les îles de l'Archipel, même certaines parties de l'Asie et de l'Afrique, et rapporta de ses pérégrinations une foule d'inscriptions, de médailles et de dessins; quand on lui demandait pourquoi il se donnait tant de peine, il répondait que c'était pour ressusciter les morts[3]! Les chroniques locales avaient de tout temps fait entendre que l'histoire des villes se rattachait à celle de Rome et qu'elles avaient toutes été fondées ou colonisées par la capitale du monde[4]; depuis

---

[1] La première édition est datée de Brixen, 1482.
[2] BOCCACCIO, *Fiammetta*, cap. v. *Opere*, ed. MOUTIER, VI, p. 91.
[3] Son ouvrage : *Cyriaci Anconitani Itinerarium*, ed. MEHUS. Florence, 1742. Compar. Leandro ALBERTI, *Descris. di tutta l'Italia*, fol. 285.
[4] Citons deux exemples seulement : l'histoire fabuleuse de l'ori-

longtemps des généalogistes complaisants faisaient dériver certaines familles modernes de célèbres familles
romaines. De telles assertions étaient si flatteuses que
l'on y croyait encore au quinzième siècle, malgré les
lumières de la critique naissante. A Viterbe[1], Pie II
répond naïvement aux orateurs romains qui le prient de
hâter son retour dans la ville éternelle : « Rome est ma
patrie aussi bien que Sienne, car la famille des Piccolomini, à laquelle j'appartiens, a jadis émigré de Rome à
Sienne, ainsi que le prouve le fréquent emploi des noms
d'Énée et de Sylvius dans notre maison. » Il est probable
qu'il aurait bien aimé descendre des Jules. Paul II (Barbo
de Venise) eut aussi d'illustres ancêtres; malgré son
origine germanique, les généalogistes le firent descendre
des Ahenobarbus de Rome, qui étaient allés fonder une
colonie à Parme, et dont les descendants avaient émigré
à Venise par suite de dissensions intestines[2]. Il n'est pas
extraordinaire que les Massini aient prétendu descendre

gine de Milan, dans le *Manipulus* (MURAT., XI, col. 552), et celle de
l'origine de Florence, dans Gio. VILLANI (qui suit, ici comme ailleurs, la fausse chronique de Ricardo Malespini), d'après lequel
Florence a toujours raison contre Fiésoles, qui est antiromaine
et rebelle, parce qu'elle-même est si dévouée à Rome (I, 9, 38,
41; II, 2). — DANTE, *Inf.*, XV, 76.

[1] *Commentarii*, p. 206, liv. IV.

[2] Mich. CANNESIUS, *Vita Pauli II*, ed. QUIRINI, Rome, 1740, et aussi
dans MURAT., III, II, col. 993. L'auteur, à cause de sa parenté avec
le Pape, ne veut pas être désobligeant, même à l'égard de Néron,
le fils de Domitius Ahenobarbus; il n'en dit que ces mots : *De
quo rerum scriptores multa ac diversa commemorant.* — La famille Plato,
de Milan, par ex., allait plus loin quand elle se flattait de descendre du grand Platon; il en était de même de Filelfo, quand,
dans un discours prononcé à l'occasion d'un mariage et dans le
panégyrique de Theodoro Plato, il osait dire la même chose
(comp. C. ROSMINI, *Filelfo*, II, 121 ss.), et d'un certain Giovan
Antonio Plato, quand il se permettait de mettre au bas du relief
représentant le philosophe (relief sculpté par lui en 1478 et se
trouvant dans le pal. Magenta à Milan) l'inscription suivante :
Platonem suum, a quo originem et ingenium refert...

de F. Fabius Maximus, et les Cornaro de la famille des Cornelius. Par contre, au seizième siècle, le nouvelliste Bandello, qui veut se faire passer pour le descendant d'une famille considérable de la nation des Ostrogoths, constitue une exception très-digne de remarque.

Revenons à Rome. Les habitants de cette ville « qui s'appelaient alors Romains », acceptaient comme un tribut l'espèce d'admiration respectueuse que leur témoignait le reste de l'Italie. Sous Paul II, Sixte IV et Alexandre VI, nous verrons de magnifiques mascarades, destinées à reproduire l'image qu'on aimait le mieux à se retracer en ce temps-là, c'est-à-dire le cortége pompeux des anciens triomphateurs romains. C'est sous cette forme que se célébraient toutes les fêtes solennelles. Tel était l'esprit public lorsque, le 15 avril 1445, le bruit se répandit qu'on avait découvert le corps, admirablement beau et parfaitement conservé, d'une jeune Romaine des temps antiques[1]. Des maçons lombards qui travaillaient dans une terre du couvent de Sainte-Marie, près de la voie Appienne, à exhumer un tombeau antique, trouvèrent un sarcophage de marbre avec cette inscription, dit-on : « Julie, fille de Claudius. » Le reste est du domaine de la fantaisie : d'après la légende, les Lombards disparurent aussitôt avec les trésors que contenait le cercueil et les pierres précieuses dont la morte était parée ; cette dernière était enduite d'une essence qui la garantissait contre la décomposition ; aussi était-elle fraîche et souple comme une jeune fille de quinze ans qui viendrait de mourir ; on allait jusqu'à dire qu'elle avait encore les

---

[1] Voir sur ce sujet *Nantiporto*, dans MURAT., III, II, col. 1094, qui avoue qu'on ne pouvait plus distinguer si c'était le corps d'un homme ou d'une femme : *Infessura*, dans ECCARD, *Scriptores*, II, col. 1951 ; MATARAZZO, dans l'*Arch. stor.*, XVI, II, p. 180.

couleurs de la vie, que sa bouche et ses yeux étaient à moitié ouverts. On la porta au Capitole, dans le palais consacré aux reliques du passé, qui devint aussitôt l'objet d'un pèlerinage. Quantité de peintres vinrent copier cette merveilleuse dépouille; « car elle était belle au delà de toute expression, et il fallait l'avoir vue pour croire à cette beauté surnaturelle ». Mais, sur l'ordre d'Innocent VIII, elle fut emportée au milieu de la nuit et enterrée secrètement au delà de la porte Pinciana, et le sarcophage seul resta dans la galerie de la cour du palais. Probablement on avait moulé en cire un masque de couleur qu'on avait appliqué sur la tête du cadavre, et les cheveux d'or dont il était question devaient parfaitement encadrer ce masque embelli jusqu'à l'idéal. Ce qu'il y a de frappant en cela, ce n'est pas le fait lui-même, mais le préjugé, solidement ancré dans les esprits, que le corps antique que l'on croyait avoir réellement sous les yeux, était nécessairement plus beau que ce qui existait alors.

Cependant, grâce aux fouilles, on arrivait de jour en jour à mieux connaître l'ancienne Rome. Déjà sous Alexandre VI, on apprit à connaître ce qu'on appelle les grotesques, c'est-à-dire les ornements des murs et des voûtes des anciens, et l'on trouva à Porto d'Anzo l'Apollon du Belvédère; sous Jules II eut lieu la glorieuse découverte du Laocoon, de la Vénus du Vatican, du Torse, de la Cléopâtre, etc. [1]; même les palais des grands et des cardinaux commencèrent à se peupler de statues antiques et à se remplir de fragments précieux. Raphaël entreprit pour Léon X cette restauration idéale de toute la ville des Césars, dont parle sa fameuse lettre de 1518

---

[1] Déjà sous Jules II on faisait des fouilles dans le but de trouver des statues. *Vasari,* XI, p. 302, *V. di Gio. da Udine.* compar. GREGOROVIUS, VIII, p. 186.

ou 1519[1]. Après s'être plaint amèrement des destructions qui duraient toujours, notamment encore sous Jules II, il fait appel au pontife et le conjure de prendre sous sa protection les quelques témoignages qui restent de la grandeur et de la force de cette âme divine de l'antiquité, dont le souvenir enflamme encore aujourd'hui ceux qui sont capables de s'élever dans la région idéale de l'art. Puis il pose, avec une remarquable sûreté de coup d'œil, les fondements d'une histoire comparée de l'art en général, et il finit par établir ce principe, qui a prévalu depuis, qu'il convient de « relever » les monuments anciens en indiquant à part le plan, la coupe et l'élévation. Notre cadre ne nous permet pas d'exposer en détail comment, à partir de cette époque, l'archéologie, considérée surtout au point de vue de la ville éternelle et de sa topographie, devint une science spéciale, comment l'Académie de Vitruve sut du moins fixer un programme colossal[2]. Mais nous nous étendrons sur le pontificat de Léon X, sous lequel l'admiration de l'antiquité se joint aux plaisirs les plus délicats pour former ce merveilleux ensemble d'instincts et de jouissances qui, à Rome, élève la vie à sa plus haute expression. Le Vatican résonnait de chants et de concerts harmonieux qui semblaient inviter la ville entière à goûter les joies de l'existence, bien que Léon X lui-même eût de la peine à chasser par ce moyen les chagrins et les soucis, bien que l'espérance qu'il avait de prolonger sa vie au moyen

[1] La lettre fut d'abord attribuée à Castiglione. *Lettere di Negozj del Conte Bald. Castiglione*, Padoue, 1736 et 1769. Daniel Francesconi prouva en 1799 qu'elle était de Raphaël; elle a été, de nos jours, reproduite d'après un manuscrit de Munich, dans PASSAVANT, *Vie de Raphaël*, III, p. 44. Comp. surtout GRUYER, *Raphaël et l'antiquité*, 1864, I, p. 435-457.

Lettere pittoriche, II, 1. Tolomei à Laudi, 14 nov. 1542.

de la gaieté [1], fût déçue par suite de sa mort prématurée.
Jamais on ne pourra détourner ses regards du brillant
tableau que fait Paul Jove de la Rome de Léon X, malgré les ombres qui l'assombrissent, c'est-à-dire l'état de
servitude de ceux qui veulent parvenir, la misère cachée
des prélats, qui, bien que chargés de dettes, sont obligés de
mener un train de vie conforme à leur rang [2]; le hasard
qui préside aux faveurs que Léon X répand sur les littérateurs, enfin la prodigalité ruineuse de ce pontife [3]. Le
même Arioste, qui connaissait si bien cette situation et
qui s'en moquait si gaiement, n'en trace pas moins dans
la sixième satire une image mélancolique et touchante
de ces poëtes distingués qui l'accompagneraient à travers
la ville aux ruines sublimes; il parle avec attendrisse-
ment des doctes conseils qu'il y trouverait pour ses travaux poétiques et des trésors de la Bibliothèque Vaticane.
Voilà ce qui l'attirerait à Rome, et non l'espérance de la
protection des Médicis, à laquelle il a renoncé depuis
longtemps, si l'on voulait l'engager à y retourner comme
envoyé de la cour de Ferrare.

Outre le zèle des archéologues et les grands sentiments patriotiques, les ruines éveillèrent à Rome et
ailleurs des tendances élégiaques et sentimentales. On
trouve déjà dans Pétrarque et dans Boccace des notes
de ce genre (p. 219, 224); le Pogge (p. 221) va voir sou-

---

[1] Il voulait *curis animique doloribus quacunque ratione aditum inter-
cludere;* il aimait la gaieté, le badinage, la musique, et les regardait
comme un moyen de prolonger sa vie. *Leonis X vita anonyma,* dans
Roscoe, ed. Bossi, XII, p. 169.

[2] Parmi les satires de l'Arioste, la I (*Perc'ho molto,* etc.) et la IV
(*Poiche, Annibale,* etc.) doivent être rappelées ici.

[3] Ranke, *les Papes,* I, 408 ss. — *Lettere de' principi,* p. 107. Lettre
de Negri, 1er septembre 1522 : *...Tutti questi cortigiani esausti da Papa
Leone e falliti...* Ils se vengèrent après la mort de Léon X par une
foule de vers moqueurs et d'épitaphes satiriques.

vent le temple de Vénus et de Rome, avec l'idée que c'est celui de Castor et de Pollux, où le Sénat s'assemblait si souvent, et là il s'absorbe dans des méditations sans fin, songeant aux grands orateurs Crassus, Hortensius et Cicéron. Pie II prend tout à fait le ton sentimental quand il fait la description de Tibur [1], et, peu de temps après lui(1467), Polifilo inaugure l'idéalisation des ruines [2]: il montre des débris de voûtes et de colonnades immenses, disparaissant à moitié sous une forêt de platanes, de lauriers, de cyprès séculaires et de buissons inextricables. Dans l'histoire sacrée s'introduit, on ne sait trop comment, l'usage de faire voir le Christ naissant dans les ruines magnifiques d'un palais d'autrefois [3]. Enfin l'habitude d'orner de ruines artificielles des jardins somptueux n'est que la manifestation pratique de ce même sentiment.

[1] Pii II *Commentarii*, p. 251, dans le livre V. — Comp. aussi l'élégie de Sannazar : *Ad ruinas Cumarum urbis vetustissimæ* (*Opera*, fol. 236 ss.).

[2] Polifilo (c'est-à-dire *Franciscus Columna*), *Hypnerotomachia, ubi humana omnia non nisi somnum esse docet atque obiter plurima scita sane quam digna commemorat.* Venise, Alde Manuce, 1499. Comp. sur ce livre si remarquable entre autres Didot, Alde Manuce, Paris, 1875, p. 132-142 et Gruyer, *Raphaël et l'antiquité*, I, p. 191 ss. J. Burckhardt. *Histoire de la Renaissance en Italie*, p. 43 ss., et le livre d'A. Ilg, Vienne, 1872.

[3] Tandis que tous les Pères de l'Église et tous les pèlerins ne connaissent qu'une grotte. Les poëtes aussi peuvent se passer du palais. Comp Sannazaro, *De partu Virginis*, l. II, v, 284 ss.

CHAPITRE III

LES AUTEURS ANCIENS.

Naturellement, les ouvrages littéraires de l'antiquité grecque et romaine étaient infiniment plus nombreux et plus considérables que les monuments de l'architecture ancienne et de l'art ancien en général. On les regardait comme la source de toute science dans le sens le plus absolu du mot. On a souvent parlé des travaux bibliographiques de cette époque des grandes trouvailles; nous ne pouvons qu'ajouter à ce qui a été dit quelques traits sur lesquels on a cru devoir moins insister [1].

Quelque influence que les écrivains de l'antiquité eussent exercée en Italie au moyen âge et surtout pendant le quatorzième siècle, on avait moins découvert des trésors nouveaux que propagé les œuvres que l'on connaissait depuis longtemps. Les poëtes, les historiens, les orateurs, les épistolographes latins les plus célèbres, des traductions latines de certains écrits d'Aristote, de Plutarque et de quelques autres écrivains grecs formaient, en somme, la source à laquelle un petit nombre d'élus de l'époque de Boccace et de Pétrarque puisaient leur inspiration. On

---

[1] Emprunté principalement à Vespasiano Fiorentino, Ier vol. du *Spicileg. Romanum* de Mai, d'après laquelle édition nous avons fait les citations qui précèdent et celles qui suivent; une édition plus récente est celle de Bartoli, Florence, 1859. L'auteur était un libraire florentin qui vendait aussi des copies; il vivait vers le milieu du quinzième siècle et après.

sait que ce dernier possédait un Homère grec qu'il
admirait sans pouvoir le lire ; c'est sous les auspices, et
non sans le concours de Boccace, qu'un Grec calabrais,
nommé Leonzio Pilato, entreprit de faire en latin la
traduction complète de l'Iliade et de l'Odyssée, tentative
qui échoua misérablement[1]. Ce n'est qu'au quinzième
siècle que commence l'ère des découvertes, de la création
systématique de bibliothèques au moyen de copies, et que
se multiplient les traductions du grec en latin ou en
langue vulgaire[2].

Sans l'ardeur passionnée de quelques collectionneurs
d'alors, qui s'imposaient les plus durs sacrifices, nous ne
posséderions cependant qu'une faible partie des auteurs
grecs qui sont parvenus jusqu'à nous. Le pape Nicolas V,
alors qu'il n'était que simple moine, s'était endetté pour
acheter ou pour faire copier des manuscrits ; déjà, à ce
moment de sa carrière, il avouait ouvertement qu'il
partageait les deux grandes passions de la Renaissance : celle des livres et celle des monuments[3]. Devenu
pape, il resta fidèle à ses goûts : il paya des copistes
pour transcrire les œuvres de l'antiquité et des émissaires pour chercher partout des manuscrits anciens ;
Perotto reçut 500 ducats pour la traduction latine de
Polybe, Guarino 1,000 florins d'or pour celle de Stra-

---

[1] Comp. sur ce sujet PETR. *Epist. fam. ed. Fracass.*, l. XVIII, 2,
XXIV, 12, var. 25, et les remarques de Fracassetti dans la traduction italienne, t. IV, p. 92-101, V, p. 196 ss. Voir le même auteur
relativement au fragment d'une traduction d'Homère par Pilato.

[2] On sait que, pour exploiter les amateurs de l'antiquité, on
fabriqua des livres apocryphes. Voir dans les ouvrages d'histoire
littéraire les articles qui concernent Annius de Viterbe.

[3] *Vespas. Fior.*, p 31. *Tommaso da Serezana usava dire, che dua cosa
farebbe, segli potesse mai spendere, ch'era in libri e murare. E l'una e
l'altra face nel suo pontificato.* — Sur les traducteurs, voir dans ÆN.
SYLVIUS, *De Europa*, cap. LIX, p. 459. Compar. surtout G. VOIGT,
la Renaissance de l'antiquité classique, livre V.

bon, et il devait en recevoir encore 500 lorsque le Pape mourut. Filelfo aurait eu 10,000 florins d'or pour une bonne traduction métrique d'Homère ; mais la mort du Pape l'empêcha de se rendre de Milan à Rome. Lorsque Nicolas V mourut, la bibliothèque destinée aux membres de la curie, qui est devenue le noyau de la Bibliothèque Vaticane, comprenait 5,000 volumes, selon les uns, ou 9,000, suivant les autres [1] ; elle devait être installée dans le palais même et en devenir le plus bel ornement, comme jadis le roi Ptolémée Philadelphe avait réservé à sa bibliothèque la place d'honneur dans le palais d'Alexandrie. Lorsque la peste força le Pape (1450) de se retirer avec sa cour à Fabriano, où l'on faisait alors déjà le meilleur papier, il y emmena ses traducteurs et ses compilateurs pour qu'ils ne devinssent pas victimes du fléau.

Le Florentin Niccolò Niccoli [2], membre du cercle d'amis et de savants que réunissait autour de lui Côme de Médicis, employa toute sa fortune à acheter des livres ; enfin, lorsqu'il n'eut plus rien à dépenser, les Médicis lui ouvrirent leur caisse et lui permirent d'y prendre toutes les sommes qu'il demanderait dans ce but. C'est par ses soins qu'Ammien Marcellin, le *De oratore* de Cicéron, le manuscrit de Lucrèce et d'autres ouvrages ont été complétés ; c'est lui qui détermina Côme à acheter à un couvent de Lubeck la meilleure édition de Pline. Il prêtait ses livres avec une noble confiance, laissait lire les gens chez lui tant qu'ils voulaient, et s'entretenait avec eux de ce qu'ils avaient lu. Grâce à Côme, sa bibliothèque, comprenant 800 volumes estimés à 6,000 florins d'or, devint,

---

[1] *Vespas. Fior.*, p. 48 et 658, 665. Compar. J. MANNETTI, *Vita Nicolai V*, dans MURAT., III, II, col. 925 ss. Sur la question de savoir si et comment Calixte III a éparpillé en partie cette collection, voir *Vespas Fior.*, p. 284 ss., avec la note de Mai.

[2] *Vespas. Fior.*, p. 617 ss.

après sa mort (1437), la propriété du couvent de Saint-Marc, à condition qu'elle serait publique. Elle forme encore aujourd'hui une des parties les plus précieuses de la Bibliothèque Laurentienne.

Des deux bibliophiles les plus célèbres par leurs trouvailles, Guarino et le Pogge, ce dernier [1], agissant en partie pour le compte de Niccoli, explora aussi les abbayes de l'Allemagne du Sud, à l'occasion du concile de Constance. Il trouva ainsi six discours de Cicéron, le premier Quintilien complet, le manuscrit de Saint-Gall, connu aujourd'hui sous le nom de manuscrit de Zurich; on dit qu'il ne lui fallut que trente-deux jours pour en faire une copie très-soignée. Il a complété dans leurs parties essentielles Silius Italicus, Manilius, Lucrèce, Valérius Flaccus, Ascon. Pedianus, Columelle, Celse, Aulu-Gelle, Stace, Frontin, Vitruve, Priscien et d'autres auteurs; de concert avec Leonardo Aretino, il découvrit les *douze* dernières pièces de Plaute, ainsi que les Verrines, le *Brutus* et l'*Orateur* de Cicéron.

Un Grec célèbre, le cardinal Bessarion [2], réunit par patriotisme antique 600 ouvrages traitant de sujets païens aussi bien que de sujets chrétiens; il le fit au prix de sacrifices énormes (30,000 florins d'or), et chercha un lieu sûr où il pût les conserver, afin que sa malheureuse patrie, si jamais elle recouvrait sa liberté, pût retrouver sa littérature perdue. La seigneurie de Venise se déclara prête à construire un local, et la bibliothèque de Saint-Marc possède encore aujourd'hui une partie de ces trésors [3].

---

[1] *Vespas. Fior.*, p. 457 ss.

[2] *Vespas. Fior.*, p. 193. Comp. Marin SANUDO, dans MURAT., XXII, col. 1185 ss.

[3] Voir dans MALIPIERO, *Ann. venet.*, *Arch. stor.*, VII, II, p. 653, 655, comment on procéda à l'installation provisoire. Comp. plus haut, p. 92.

La manière dont s'est formée la célèbre bibliothèque des Médicis est extrêmement curieuse; mais c'est une histoire que nous ne pouvons pas raconter ici. Le plus célèbre des agents que Laurent le Magnifique chargea de la composer, est Jean Lascaris. On sait qu'après le pillage de l'an 1494, la précieuse collection dut être reconstituée à grands frais par le cardinal Jean de Médicis (Léon X).

La bibliothèque d'Urbin [1] (qui est aujourd'hui au Vatican) a été la création du grand Frédéric de Montefeltro (p. 56 ss.), qui, dès son enfance, avait constamment trente à quarante copistes disséminés partout, et qui a consacré à son œuvre une somme de plus de 30,000 ducats. Elle fut continuée et complétée d'une manière systématique, principalement avec le concours de Vespasiano; ce que celui-ci raconte à cet égard est surtout remarquable en ce qu'il nous fait connaître l'idéal d'une bibliothèque de ce temps-là. On possédait, par exemple, à Urbin les catalogues de la Bibliothèque Vaticane, de la bibliothèque de Saint-Marc à Florence, de la Bibliothèque Viscontine de Pavie, même le catalogue d'Oxford, et l'on constatait avec orgueil que, sous le rapport de l'intégrité des œuvres des différents auteurs, Urbin l'emportait sur toutes ces bibliothèques célèbres. Peut-être le moyen âge et la théologie formaient-ils l'élément principal de la collection (201 vol. sur 772); on y trouvait un grand nombre de Pères de l'Église, toutes les œuvres de saint Thomas d'Aquin, d'Albert le Grand, de saint Bonaventure, etc.; à part cela, la bibliothèque était très-variée et

---

[1] *Vespas. Fior.*, p. 124 ss., et *Inventario della libreria urbinata compilato nel secolo XV da Federigo Veterano, bibliotecario di Federigo I da Montefeltro, duca d'Urbino*, reproduit par C. Guasti dans le *Giornale storico degli Archivi Toscani*, VI (1862), p. 127-147, et VII (1863), p. 46-55, 130-154. Voir les jugements contemporains sur cette bibliothèque réunis dans FAVRE, *Mélanges d'hist. litt.*, I, 127 ss., note 6.

renfermait, par exemple, tous les ouvrages de médecine qu'il était possible de se procurer. Parmi les « modernes » figuraient en tête les grands auteurs du quatorzième siècle, tels que Dante et Boccace, représentés par leurs œuvres complètes; puis venaient vingt-cinq humanistes d'élite, toujours avec leurs écrits latins et italiens, et tout ce qu'ils avaient traduit. En fait d'auteurs grecs, les Pères de l'Église étaient de beaucoup les plus nombreux; pourtant on lisait à chaque instant dans le catalogue, à propos des classiques notamment : OEuvres complètes de Sophocle, œuvres complètes de Pindare, œuvres complètes de *Ménandre*. Il est évident que ce catalogue a dû disparaître de bonne heure [1] d'Urbin, autrement les philologues n'auraient pas tardé à le publier.

A côté des gens qui collectionnent des livres, on en trouve de bonne heure qui recommandent de ne pas tomber dans l'excès, non pas qu'ils méprisent la science, mais parce qu'ils veulent que la science soit sérieuse et qu'ils redoutent les dangers de la fureur de collectionner. C'est ainsi que Pétrarque déjà tonne contre la mode ou plutôt la manie nouvelle qui consiste à accumuler des livres sans aucun but pratique, et dans le même quatorzième siècle Giovanni Manzini se moque d'un certain habitant de Brescia, âgé de soixante-dix ans, Andreolo de Ochis, qui aurait volontiers donné toute sa fortune, sa femme et lui-même par-dessus le marché, afin de pouvoir agrandir sa bibliothèque.

Souvent aussi nous apprenons des détails intéressants sur la manière dont se faisaient les copies et se formaient les bibliothèques [2]. L'achat direct d'un ancien

---

[1] V. appendice n° 2, à la fin du volume.

[2] Pour ce qui suit, et en partie aussi pour ce qui précède,

manuscrit contenant un texte rare, ou le seul texte côm-
plet, ou même le seul texte existant d'un auteur de
l'antiquité, était naturellement considéré comme une
bonne fortune extraordinaire et n'entrait pas en ligne
de compte. Parmi les copistes, ceux qui entendaient le
grec occupaient le premier rang et prenaient le nom
plus aristocratique de *scrittori;* ils ont toujours été en
petit nombre, et on les payait fort cher [1]. Les autres
étaient des copistes tout court; c'étaient ou des
ouvriers qui n'avaient que ce gagne-pain, ou des moines,
voire même des nonnes qui croyaient, en copiant des
manuscrits, faire une œuvre agréable à Dieu, ou des
maîtres d'école et des savants pauvres qui avaient besoin
d'un gain accessoire. Au commencement de la Renaissance, les copistes mercenaires étaient très-rares et fort
sujets à caution, à tel point que Pétrarque, par exemple,
se plaint amèrement de leur négligence et de leur ignorance; au quinzième siècle, on en trouve un plus grand
nombre; ils sont aussi plus instruits; mais, sous le rapport de la correction, ils n'arrivent jamais à la hauteur
des moines, qui sont les plus consciencieux des copistes.
De plus, ils manquaient de zèle et d'exactitude, à ce qu'il
paraît; rarement ils reproduisaient les signatures, ou, s'ils
le faisaient, c'était avec un grand laisser-aller, sans avoir
conscience du prix de leur travail, sans la noble
ardeur qui nous a valu ces manuscrits français et alle-

compar. W. WATTENBACH, *les Écrivains au moyen âge,* 2ᵉ édition,
Leipzig, 1875, p. 392 ss., 405 ss., 505 et ailleurs. Voir aussi le poëme
De officio scribæ, par Phil. BÉROALDE (*Opuscula, Bas.,* 1509,
fol. LXXI ss.), qui a surtout en vue l'écrivain public.

[1] Quand Piero de Médicis prédit, à la mort du roi bibliophile
Mathias Corvin de Hongrie, que désormais les écrivains seront
obligés de baisser leurs prix, ou qu'autrement ils ne seront plus
occupés par personne (*scil.* que par nous), il ne peut être question que des Grecs. Il y a eu toujours beaucoup de calligraphes

mands si soignés, si remarquables. Le fait est d'autant
plus extraordinaire qu'à l'époque de Nicolas V les
copistes de Rome étaient pour la plupart des Allemands
et des Français [1], « des barbares », comme les appelaient les humanistes italiens; c'étaient probablement
des gens qui avaient affaire à la curie et qui étaient
obligés de gagner leur pain de chaque jour. Lorsque
Côme de Médicis voulut improviser une bibliothèque
pour sa création favorite, la Badia près de Fiesole, il fit
venir Vespasiano, qui lui conseilla de renoncer à acheter
des livres, parce qu'on ne trouverait pas ceux que l'on
désirait, et d'en faire copier. Là-dessus Côme fit un
accord avec lui : Vespasien engagea quarante-cinq
copistes qu'il payait au jour le jour, et put fournir en
vingt-deux mois deux cents volumes complétement
terminés [2]. Côme avait reçu de Nicolas V [3] en personne
la liste des ouvrages à copier. (Naturellement la littérature religieuse et les livres nécessaires pour le service
du chœur formaient la partie la plus importante de
cette bibliothèque.)

On trouve dans ces manuscrits ce beau caractère italien moderne qui fait que la seule vue d'un livre de cette
époque est un plaisir, et dont le premier emploi remonte

en Italie; cette assertion ne peut donc s'appliquer à eux. —
Fabroni *Laurent. Magn. Adnot.* 156. Comp. *Adnot.* 154.

[1] Gaye, *Carteggio*, I, p. 164. Une lettre de 1455, sous Calixte III.
La célèbre Bible miniature d'Urbin a été écrite par un Français
qui travaillait pour Vespasiano. Sur les copistes *allemands* en Italie,
comp. G. Campori dans *Artisti italiani e stranieri negli Stati Estensi*,
Modène, 1855, p. 277, et *Giornale di erudizione artistica*, t. II, p. 360 ss.
Wattenbach, *les Écrivains*, p. 411, note 5. *Imprimeurs allemands*, voir
plus bas, p. 239, note 2.

[2] *Vespas. Fior.*, p. 335.

[3] *Ambr. Trav. Epist.*, I, p. 63. Le Pape en fit autant pour les
bibliothèques d'Urbin et de Pesaro. (Sur celle d'Alexandre Sforza,
voir p. 34.)

jusqu'au quatorzième siècle. Le pape Nicolas V, le Pogge, Giannozzo Mannetti, Niccolò Niccoli et d'autres savants célèbres étaient eux-mêmes des calligraphes distingués et n'admettaient que les belles copies. Le reste du travail, même à défaut de vignettes, était extrémement élégant, comme on le voit particulièrement par les catalogues de la Bibliothèque Laurentienne avec leurs gracieux entrelacs. Quand on copiait pour de grands seigneurs, on n'employait jamais que le parchemin ; à la Bibliothèque Vaticane et dans celle d'Urbin, les reliures étaient uniformément en velours cramoisi avec ferrements d'argent. Étant donné le respect qu'on professait pour le contenu des livres et qu'on voulait montrer aux yeux par le soin matériel qu'on apportait à leur confection, il est facile de comprendre que l'apparition de livres imprimés n'ait pas eu de succès d'abord. Les émissaires du cardinal Bessarion rirent en voyant chez Constantin Lascaris le premier livre imprimé, et se moquèrent de cette invention « qui était née chez les Barbares, dans une ville d'Allemagne » ; Frédéric d'Urbin « aurait rougi » de posséder un livre imprimé [1].

Quant aux malheureux copistes, — je ne parle pas de ceux qui gagnaient leur vie à ce métier, mais de ceux qui, pour avoir un livre, étaient obligés de le copier, — ils saluèrent avec enthousiasme l'invention allemande, malgré les dissertations et les poëmes qu'on fit en leur honneur, malgré les voix qui les encourageaient à continuer leurs nobles travaux [2]. Bientôt, grâce à elle,

----

[1] *Vespas. Fior.*, p. 129.

[2] *Artes — Quis labor est fessis demptus ab articulis*, dans un poëme de Robertus Ursus, écrit vers 1470, *Rerum Ital. script. ex codd. Florent.*, t. II, col. 693. Il se réjouit un peu prématurément de la rapide propagation des auteurs classiques. Compar. LIBRI, *Hist. des sciences mathématiques*, II, 278 ss. Comp. aussi le panégyrique en vers de

les éditions des auteurs latins d'abord et des auteurs
grecs ensuite se multiplièrent en Italie, mais pas si vite
cependant qu'on aurait pu le croire en présence de
l'enthousiasme général dont ces ouvrages étaient l'objet.
Après quelque temps commencent à s'établir les rapports modernes d'auteur à éditeur [1]; sous Alexandre VI
surgit la censure préventive, attendu qu'il n'était plus
guère possible d'anéantir un livre comme cela était
arrivé encore sous Côme de Médicis, qui avait exigé de
Filelfo la suppression d'un ouvrage [2].

A mesure que progressa l'étude des langues et de
l'antiquité, on vit naître et se développer la critique des
textes; mais nous n'avons pas plus à parler de cette
science nouvelle que de l'histoire de la science en
général. C'est la reproduction de l'antiquité dans la littérature et dans la vie des Italiens qui doit seule nous
occuper. Qu'on nous permette pourtant une observation
sur la question des études considérée en elle-même.

La science grecque se concentre principalement à
Florence; on l'y trouve au quinzième siècle et au commencement du seizième. Elle ne s'est jamais généralisée
comme la science latine, soit parce qu'elle avait à triom-
pher de difficultés infiniment plus grandes, soit et
surtout parce que la conscience de la supériorité

Lorenzo Valla, qui se trouve dans la *Revue histor.*, XXXIII, p. 62.
— Les premiers imprimeurs de Rome étaient des Allemands :
Hahn, Pannartz, Schweinheim; Gaspar. Veron. *Vita Pauli II*, dans
Murat., III, col. 1046, et Laire, *Spec. hist. typographiæ Romanæ XV
sæculi*, Rome, 1778 (Gregorovius, VII, 525-533). Sur le premier
privilége accordé à Venise, voir Marin Sanudo, dans Murat., XXII,
col. 1189.

[1] Quelque chose de semblable existait déjà à l'époque où il n'y
avait que des manuscrits; voir *Vespas. Fior.*, p. 656 ss., sur la chronique générale de Zembino de Pistoie.

[2] Fabroni, *Laurent. Magn. Adnot.* 212. — Cela arriva à propos du
pasquin *De exilio*.

romaine et une haine instinctive contre les Grecs éloignaient les Italiens de l'étude de la langue grecque plutôt qu'elles ne les y poussaient[1]. Bien que Pétrarque et Boccace ne se soient occupés du grec qu'en amateurs, l'impulsion qu'ils donnèrent aux études grecques n'en fut pas moins considérable[2], tout en ne se transmettant pas directement à la génération contemporaine; d'autre part, avec la colonie de savants grecs exilés mourut aussi l'étude du grec (vers 1520); heureusement que dans l'intervalle des hommes du Nord (Agricola, Reuchlin, Érasme, les Estienne, Budé) s'y étaient adonnés. La colonie dont nous parlons avait commencé par Manuel Chrysoloras, son parent Jean et Georges de Trébizonde; ensuite vinrent, à l'époque de la prise de Constantinople et après, Jean Argyropoulos, Théodore Gaza, Démétrius Chalcondyle, Théophile et Basile, ses fils et ses dignes héritiers, Andronikos Callistos, Marcos Musuros et la famille des Lascaris, sans compter beaucoup d'autres. Toutefois, lorsque l'asservissement de

[1] Déjà dans Pétrarque on trouve fréquemment l'expression de cette conscience de la supériorité de l'Italie sur la Grèce : *Epp. fam.*, lib. I, *Ep.* III; *Epp. sen.*, lib. XII, *Ep.* II; ce n'est qu'à contre-cœur qu'il fait l'éloge des Grecs : *Carmina*, lib. III, 30 (ed. Rossetti, vol. II, p. 342). Un siècle plus tard, Silvius Ænéas dit (*Comm. de Panormita, de dictis et factis Alphonsi*, Appendice) : *Alphonsus tanto est Socrate major quanto gravior Romanus homo quam Græcus putatur.* Par suite, on fait peu de cas de l'étude de la langue grecque. Il résulte d'un document qui nous a servi plus bas, p. 282, note 2, document qui a été écrit vers 1460, que Porcellio et Tomaso Seneca cherchaient à empêcher le grec de se répandre; de même Paolo Cortese (vers 1490) était contraire à l'étude du grec, parce qu'il la croyait préjudiciable à celle du latin, qu'on avait seul cultivé jusqu'alors : *De hominibus doctis*, p. 20. Les savantes notices de Favre, *Mélanges d'hist. litt.*, I, *passim,* sont très-importantes à consulter pour qui veut connaître la question des études grecques en Italie. On attend un travail de Carlo Malagola sur l'hellénisme à Bologne. Compar. *Gazetta della Emilia*, 19 genn. 1877.

[2] Voir plus haut p. 232, note 1, et surtout G. Voigt, *Renaissance,* p. 323 ss.

la Grèce par les Turcs fut complet, il ne vint plus de nouveaux savants en Italie, sauf les fils des exilés et peut-être quelques Candiotes et Cypriotes. Si la décadence des études grecques commence à la mort de Léon X, cela tient en partie à ce que les esprits suivent un nouveau courant d'idées [1] et sont déjà relativement saturés de la substance de la littérature classique; mais, d'autre part, il est certain aussi que la coïncidence de ce fait avec la disparition graduelle des savants grecs n'est pas tout à fait accidentelle. Cependant vers 1500 l'étude du grec était fort en vogue chez les Italiens; à cette époque-là le grec était cultivé par des gens qui savaient le parler encore un demi-siècle plus tard, tels que les papes Paul III et Paul IV [2]. Mais de tels résultats supposaient nécessairement des rapports constants avec des Grecs d'origine.

En dehors de Florence, Rome et Padoue entretenaient presque toujours des professeurs de grec; Vérone, Ferrare, Venise, Pérouse, Pavie et d'autres villes en avaient du moins de temps à autre [3]. L'étude du grec fut singulièrement facilitée par les produits d'Alde Manuce, de Venise, dans les ateliers duquel furent imprimés pour la première fois en grec les auteurs les plus importants et les plus considérables [4]. Alde y risqua sa fortune; c'était

[1] La disparition définitive des maîtres grecs est constatée par PIERIUS VALERIANUS, *De infelicitate litterat.*, à propos de Jean Lascaris, ed. MENKEN, p. 332. A la fin de ses *Elogia litteraria*, Paul Jove dit des Allemands : .. *Quum litteræ non latinæ modo cum pudore nostro, sed græcæ et hebraicæ in eorum terras fatali commigratione transierint.* (Vers 1540.) De même, près de soixante ans auparavant (1482), Jean Argrypoulos, entendant le jeune Reuchlin traduire Thucydide dans la salle où il faisait ses cours, s'était écrié : *Græcia nostra exilio transvolavit Alpes.* GEIGER, REUCHLIN (Liepzig, 1871), p. 26 ss.

[2] RANKE, les *Papes*, I, 486 ss. — Comp. la fin de cette partie.

[3] Tommaso GAR., *Relazioni della corte di Roma*, I, p. 338, 379.

[4] Georges de Trébizonde avait à Venise, comme professeur, un

un libraire-éditeur comme le monde n'en a pas eu souvent [1].

A côté des études classiques, les études orientales prirent aussi un développement assez remarquable [2]. Déjà Dante avait fait grand cas de l'hébreu, bien qu'il eût de la difficulté à le comprendre; à partir du quinzième siècle, les savants ne se contentèrent plus de faire cas de cette langue, ils essayèrent aussi de l'apprendre à fond. Pourtant cette occupation scientifique fut, dès le début, favorisée ou contrariée par des motifs religieux. Lorsque le Pogge, se reposant des fatigues du concile de Constance, apprenait l'hébreu à Constance et à Bade, chez un Juif baptisé qu'il représente comme étant « bête, lunatique et ignorant, comme le sont d'ordinaire les Juifs qui se font baptiser », il lui fallut se justifier vis-à-vis de Léonardo Bruni, qui voulait lui prouver que la connaissance de la langue hébraïque était chose inutile et même damnable. Puis, chez Gianozzo Manetti, le grand savant, l'illustre homme d'État florentin dont nous avons souvent parlé [3], l'étude de l'hébreu se rattache à la polémique dogmatique dirigée contre les Juifs; le pape Nicolas V le chargea de traduire

traitement annuel de 150 ducats (1459). Voir MALIPIERO, *Arch. stor.*, VII, II, p. 653; comp. ci-dessus (p. 92), relativement à la chaire de grec à Pérouse, *Arch. stor.*, XVI, II, p. 19 de l'introduction. — Quant à Rimini, on ne sait pas positivement si l'on y enseignait le grec; comp. *Anecd. litt.*, II, p. 300. A Bologne, centre de l'étude du droit, Aurispa n'avait qu'un médiocre succès. Pour plus de détails, voir Malagola.

[1] La question est traitée à fond dans le beau livre d'A. F. Didot: *Alde Manuce et l'hellénisme à Venise*, Paris, 1875.

[2] Pour ce qui suit, voir : A. DE GUBERNATIS, *Matériaux pour servir à l'histoire des études orientales en Italie*, Paris, Florence, etc. 1876. Articles de Soave dans le *Bulletino italiano degli studi orientali*, vol. I, 178 ss. On trouvera des renseignements plus détaillés ci-dessous; voir l'appendice n° 3, à la fin du volume.

[3] Comp. notamment plus bas, p. 268 ss.

les Psaumes ; mais, dans un écrit adressé à Alphonse, il dut défendre les raisons qui lui avaient fait entreprendre cette traduction ; sur l'invitation du même pontife, qui promit un prix de 5,000 ducats à celui qui découvrirait le texte hébreu primitif de l'évangile de saint Mathieu, il réunit des manuscrits hébraïques que l'on conserve encore aujourd'hui dans la Bibliothèque Vaticane, et commença un grand ouvrage apologétique contre les Juifs[1]. C'est ainsi que l'Église fit servir l'hébreu à sa cause ; le moine camaldule Ambrogio Traversari apprit cette langue[2], et le pape Sixte IV, qui fit construire la Bibliothèque Vaticane et qui l'enrichit par de nombreuses acquisitions, paya aussi des copistes (*librarios*) auxquels il fit transcrire des manuscrits latins, grecs et hébreux[3]. L'étude de cette langue orientale se généralisa toujours davantage : on réunit des manuscrits hébreux qui, dans plus d'une bibliothèque, dans celle d'Urbin par exemple, formèrent un des éléments les plus précieux du trésor déjà existant. Dès 1475, on commença à imprimer des livres hébreux en Italie, ce qui facilita l'étude de la langue hébraïque pour les Italiens aussi bien que pour les autres peuples, qui, pendant bien des années encore, demandèrent à l'Italie les ouvrages dont ils avaient besoin ; bientôt il y eut dans toutes les grandes villes des hommes qui s'étaient familiarisés avec cette langue ou qui voulaient l'apprendre ; aussi créa-t-on une chaire d'hébreu à Bologne en 1488, et une autre à Rome

---

[1] Compar. *Commentario della vita Messer Gianozzo Manetti scritto du l'espasiano Bisticci*, Torino, 1862, surtout p. 11, 44, 91 ss. Le Pape céda-t-il réellement aux philologues] de ce temps, qui voulaient proscrire la Vulgate ?

[2] *Vesp. Fior.*, p. 320. — *A. Trav. Epist.*, lib. XI, 16.

[3] PLATINA, *Vita Sixti IV*, p. 332.

en 1514; on en vint même à préférer l'hébreu au grec [1].

De tous les hébraïsants du quinzième siècle, le plus remarquable est Pic de la Mirandole, qui ne se borna pas à pouvoir lire la Bible et à connaître la grammaire hébraïque, mais qui osa même aborder la Kabbale judaïque et s'occupa d'écrits talmudiques. C'est à ses maîtres juifs qu'il devait de pouvoir se livrer à de pareils travaux, car, en général, c'étaient les Juifs qui enseignaient l'hébreu aux chrétiens; plusieurs d'entre eux, surtout ceux qui s'étaient convertis au christianisme, devinrent des professeur considérés et des écrivains de valeur [2].

En fait de langues orientales, on étudia l'arabe à côté de l'hébreu. On était sans cesse ramené à cette langue par la médecine, qui ne voulait plus se contenter des anciennes traductions latines des livres des grands médecins arabes; peut-être les consulats de Venise en Orient, qui entretenaient des médecins italiens, ont-ils aussi contribué à répandre l'étude de cette langue. Mais les études arabes de la Renaissance ne sont qu'un faible souvenir de l'influence que la culture arabe avait exercée au moyen âge sur l'Italie comme sur tout le monde civilisé, influence qui non-seulement précède celle de la Renaissance sous le rapport chronologique, mais qui est même contraire jusqu'à un certain point à cette dernière et qui ne cède pas sans lutte le terrain où elle avait régné si longtemps. Hieronimo Ramuso, médecin à Venise, traduisit de l'arabe une grande partie des œuvres d'Avicenne et mourut à Damas (1486). Andrea Mongajo, de Bellune [3], séjourna longtemps à Damas pour y étu-

----

[1] V. appendice n° 3, à la fin du volume.
[2] V. appendice n° 4, à la fin du volume.
[3] Pierius VALERIAN., *De infelic. litt.*, à propos de MONGAJO, ed. Men-

dier les livres d'Avicenne ; il y apprit l'arabe et corrigea
son auteur favori ; ensuite le gouvernement de Venise
créa pour lui une chaire spéciale à Padoue. L'exemple
donné par Venise fut bientôt suivi par d'autres villes :
des princes et des particuliers collectionnèrent à l'envi
des manuscrits arabes ; la première imprimerie arabe fut
créée à Fano par le pape Jules II, et bénie solennellement en 1514, sous Léon X [1].

Nous avons encore à parler de Pic de la Mirandole,
avant d'examiner l'influence de l'humanisme en général.
Il est le seul qui ait eu le courage de défendre énergiquement la science et la vérité de tous les temps contre
les esprits étroits qui mettaient au-dessus de tout l'antiquité classique [2]. Il estime d'après leur valeur intrinsèque
non-seulement Averroès et les savants juifs, mais encore
les scolastiques du moyen âge ; il croit les entendre
dire : « Nous vivrons éternellement, non pas dans les
écoles des éplucheurs de mots, mais dans le monde des
sages, où l'on ne discute pas sur la mère d'Andromaque
ou sur les fils de Niobé, mais sur l'essence des choses

ken, p. 301. Gubernatis, p. 184, le considère comme identique avec
Andrea Alpago de Bellune, qui, dit-on, a fait également des études
arabes et entrepris des voyages en Orient. Sur les études arabes
en général, voir Gub., p. 173 ss. — Sur une traduction de l'arabe
en italien, faite en 1431, comp. E. NARDUCCI, *Intorno ad una tradu-
cione italiana di una composizione astronomica di Alfonso X, re di Casti-
glia*, Rome, 1865. — Sur RAMUSIO, comp. SANSOVINO, Venezia,
fol. 250.

[1] GUBERNATIS p. 188. Le premier livre contient des prières chré-
tiennes en langue arabe ; la première traduction italienne du
Koran parut en 1547. Dès 1499 se trouvent dans l'ouvrage de
Polifilo (voir plus haut, p. 230, note 2) quelques caractères arabes
naturellement assez peu corrects. — Pour le commencement des
études égyptiennes, comp. GREGOROVIUS, VIII, p. 304.

[2] Surtout dans la lettre importante de l'année 1485, lettre
adressée à Ermolao Barbaro, dans *Ang. Politiani epistolæ*, l. IX. —
Comp. *Jo. Pici oratio de hominis dignitate*. Sur ce discours comp. plus
bas, 4ᵉ part., tout à fait à la fin ; il est plus longuement question
de Pic dans la 6ᵉ partie, ch. IV.

divines et humaines; celui qui approfondira ces questions verra que les Barbares avaient, eux aussi, l'esprit
(*Mercurium*) dans le cœur et non sur la langue. » S'ex-
primant dans un latin énergique et qui ne manque pas
d'élégance, exposant ses idées avec une clarté lumineuse, il méprise le purisme des pédants et la valeur
exagérée qu'ils prêtent à une forme qui n'est pas la leur,
surtout quand ils sacrifient à cet ornement étranger
l'idée même et la grande et forte vérité. On peut voir
par son exemple quel essor la philosophie italienne aurait
pris si une réaction mesquine n'avait troublé la vie intellectuelle dans tout ce qu'elle a d'élevé.

CHAPITRE IV

L'HUMANISME AU QUATORZIÈME SIÈCLE.

Qui a fondu l'esprit antique et l'esprit moderne, et fait de l'antiquité la base de la culture actuelle?

C'est une légion à cent têtes qui ne se montre jamais sous le même aspect; mais ce que savaient les hommes qui la composaient, ce que savaient leurs contemporains, c'est qu'ils étaient un nouvel élément de la société civile. On peut considérer comme leurs principaux précurseurs ces clercs errants du douzième siècle, de la poésie desquels il a été question plus haut (p. 215 ss.); c'est la même existence vagabonde, c'est la même liberté ou plutôt la même licence dans les idées sur la vie et le monde; mais c'est du moins le premier essai de rénovation de la poésie par l'antiquité. En face de la culture du moyen âge qui, au fond, est surtout religieuse, naît une culture nouvelle qui se rattache particulièrement à ce qui a précédé le moyen âge. Ceux qui travaillent à la propager deviennent des personnages importants [1], parce qu'ils savent ce qu'avaient su les anciens, parce qu'ils commencent à penser et bientôt à sentir comme pen-

---

[1] Le Pogge, par exemple, nous dit comment ils se taxaient eux-mêmes (*De avaritia, opp. ed.* 1513, fol. 2, les deux premières phrases de l'introduction); d'après lui, ceux-là seuls peuvent dire qu'ils ont vécu, *se vixisse*, qui ont écrit des livres latins pleins de savoir et d'éloquence ou qui ont traduit du grec en latin.

saient et sentaient les anciens. La tradition qu'ils cherchent à répandre se trouve en mille passages dans les œuvres nouvelles.

Souvent des modernes ont regretté que les débuts d'une culture infiniment plus indépendante, en apparence tout italienne, telle qu'on put la constater à Florence vers 1300, aient été étouffés plus tard par l'humanisme[1]. En ce temps-là, disent-ils, tout le monde savait lire à Florence, même les âniers chantaient les strophes de Dante; les meilleurs manuscrits italiens avaient appartenu primitivement à des ouvriers; alors avait été possible l'apparition d'une encyclopédie populaire comme le « Tesoro » de Brunetto Latini, et tous ces faits avaient eu pour cause première la trempe des caractères telle qu'elle pouvait résulter à Florence de la participation de tous aux affaires publiques, du développement du commerce, des voyages et surtout de l'exclusion systématique de l'oisiveté. Alors aussi les Florentins étaient considérés dans le monde entier et regardés comme propres à tout; ce n'est pas à tort que le pape Boniface VIII les avait nommés le cinquième élément. A partir de 1400, l'envahissement de l'humanisme avait étouffé ces aptitudes nationales; on n'avait plus attendu que de l'antiquité la solution de tous les problèmes, et la littérature s'était réduite à un amas de citations; la ruine de la liberté était la conséquence de cet état de choses, attendu que cette érudition reposait sur un respect servile de l'autorité, sacrifiait le droit municipal au droit romain, et que, pour ce motif, elle briguait et obtenait la faveur des tyrans.

Nous reviendrons de temps à autre sur ces griefs

---

[1] Surt. LIBRI, *Histoire des sciences mathém.*, II, 159 ss., 258 ss.

pour en discuter la valeur et pour faire ressortir les profits qui ont compensé les pertes. Pour le moment, nous n'avons qu'à poser tout d'abord en fait que la culture du quatorzième siècle, de ce siècle si bien trempé, a dû nécessairement contribuer elle-même au complet triomphe de l'humanisme, et que ce sont précisément les représentants les plus illustres du génie italien qui ont ouvert les portes au culte servile que le quinzième siècle a professé pour l'antiquité.

Dante vient en tête. Si une suite de génies de sa valeur avait pu développer la culture italienne, elle aurait acquis et conservé un caractère profondément original, malgré la présence des éléments antiques. Mais l'Italie et l'Occident n'ont pas produit un second Dante ; il est et reste donc celui qui, le premier, a assuré à l'antiquité la prépondérance dans la vie intellectuelle. Il est vrai que, dans la *Divine Comédie,* il ne mit pas le monde antique et le monde chrétien sur la même ligne, mais il les présente constamment comme étant parallèles ; de même que le moyen âge avait rapproché des types et des anti-types pris dans les histoires et parmi les figures de l'Ancien et du Nouveau Testament, de même il réunit généralement un exemple chrétien et un exemple païen du même fait [1]. Mais il ne faut pas oublier que l'histoire et le monde chrétiens étaient connus, tandis que l'histoire et le monde antiques étaient relativement inconnus, qu'ils parlaient davantage à l'imagination et qu'ils ont dû nécessairement exciter un intérêt plus général alors

---

[1] *Purgatorio,* XVIII, contient, par ex., des preuves sérieuses : Marie s'enfuit en franchissant les montagnes, César court en Espagne ; Marie est pauvre et Fabricius désintéressé. — A ce propos, il faut rendre attentif à l'introduction des sibylles dans l'histoire profane de l'antiquité, telle que l'essaye, vers 1360, Uberti dans son *Dittamondo* (I, chap. xiv, xv).

qu'il n'y avait plus de Dante pour établir l'équilibre entre ces deux mondes opposés.

Aujourd'hui nous ne voyons plus guère dans Pétrarque que le grand poëte italien; chez ses contemporains, au contraire, son principal titre de gloire est qu'il représentait en quelque sorte l'antiquité dans sa personne, qu'il imitait la poésie latine dans tous les genres, qu'en écrivant de grands ouvrages d'histoire et des traités de philosophie, il ne cherchait pas à faire oublier les ouvrages des anciens, mais à en propager la connaissance, et qu'il écrivait des lettres ou plutôt des dissertations sur des questions de détail relatives à l'antiquité, questions dont l'importance, insignifiante pour nous, était énorme à une époque où la science ne s'était pas encore vulgarisée. Du reste, Pétrarque lui-même n'espérait et ne désirait arriver à la gloire que par ses écrits latins; par contre, il faisait peu de cas de ses poésies italiennes; comme il l'affirme souvent, il les aurait même détruites si par là il avait pu les effacer de la mémoire des hommes.

Il en est de même de Boccace; il y avait un siècle qu'il était célèbre dans toute l'Europe avant que de ce côté-ci des Alpes on connût son *Décaméron*[1]; on ne l'admirait que pour ses compilations mythographiques, géographiques et biographiques en langue latine[2]. L'un de ces recueils, intitulé : *De genealogia deorum*, contient au quatorzième

---

[1] La première traduction allemande du *Décaméron*, faite par H. Steinhœwel, fut imprimée en 1472 et ne tarda pas à devenir un livre populaire. Les traductions du *Décaméron* italien étaient presque toujours précédées de la nouvelle de Griselidis, racontée par Pétrarque en latin.

[2] SCHUCK, dans son *Étude sur l'hum. ital.* au quatorzième et au quinzième siècle, Breslau, 1865, et dans une dissertation qui se trouve dans FLECKEISEN et MASIUS, *Annales phil. et pédag.*, t. XX (1874), a parlé en termes excellents de ces écrits latins de Boccace.

et au quinzième livre un appendice où il discute l'attitude de l'humanisme naissant vis-à-vis de son siècle. Qu'on ne s'y trompe pas; il ne parle que de la « poésie »; mais, en y regardant de plus près, on remarquera qu'il a en vue toute l'activité intellectuelle des poëtes philologues[1]. C'est elle dont il combat les ennemis avec une énergie infatigable; il en veut à ces ignorants frivoles qui ne songent qu'à faire bonne chère et à mener joyeuse vie; à ces théologiens sophistes pour qui l'Hélicon, la fontaine de Castalie et le bois sacré de Phébus ne sont que folie pure; à ces jurisconsultes avides d'or, qui regardent la poésie comme une chose superflue, puisqu'elle ne mène pas à la fortune; enfin aux moines mendiants (désignés au moyen de périphrases assez transparentes) qui se plaisent à accuser le paganisme et à tonner contre l'immoralité du siècle[2]. Vient ensuite la partie positive de sa thèse, c'est-à-dire la preuve que la poésie des anciens et des modernes qui sont leurs successeurs ne contient rien de mensonger; il finit par l'éloge de la poésie, notamment du sens profond, du sens allégorique qu'il faut chercher chez les poëtes, de la légitime obscurité dont elle s'enveloppe à dessein afin de rester inaccessible aux profanes, c'est-à-dire aux ignorants.

---

[1] POETA désigne encore chez Dante (*Vita nuova*, p. 47) seulement celui qui se sert de la langue latine, tandis qu'on emploie les expressions *Rimatore, Dicitore per rima*, pour le poëte italien. Sans doute les mots et les idées se confondent avec le temps.

[2] Pétrarque lui-même, étant au comble de la gloire, se plaint à ses heures de mélancolie que sa mauvaise étoile l'ait condamné à vivre sur ses vieux jours au milieu de coquins — *extremi fures*. — Voir la lettre fictive à Tite-Live, *Epp. fam. ed. Fracass.*, lib. XXIV, *ep.* 8. On sait que Pétrarque défendait la poésie et comment il la défendait (comp. GEIGER, *Petr.*, p. 113-117). Outre les ennemis que Boccace a combattus, il a pris encore à partie les médecins; comp. *Invectivæ in medicum objurgantem*, lib. I et III.

Enfin l'auteur justifie les nouveaux rapports de son temps avec le paganisme en général[1]. « Sans doute, dit-il, la situation était tout autre alors que l'Église primitive avait encore à se défendre contre les païens ; aujourd'hui, grâce à Jésus-Christ, la véritable religion est forte et puissante, le paganisme est détruit, et l'Église victorieuse est maîtresse du camp ennemi ; aujourd'hui, on peut étudier et faire revivre le paganisme presque (*fere*) sans danger. » Quoi qu'il en soit, Boccace n'a pas toujours été aussi libéral. Sa défection tenait en partie à sa nature mobile et changeante, en partie au préjugé encore très-commun à cette époque, qu'il n'était pas convenable qu'un théologien s'occupât de l'antiquité. Ce qui l'intimidait aussi, c'était l'avertissement du moine Gioacchino Ciani, parlant au nom du défunt Pietro Petroni : Boccace mourrait bientôt, avait dit la voix prophétique, s'il ne renonçait pas à ses travaux païens. Il était fermement résolu à abandonner ses études. Pour le détourner de ce lâche dessein, il fallut les sérieuses exhortations de Pétrarque, il fallut que le poëte lui démontrât victorieusement que l'humanisme est compatible avec la religion[2].

Il y avait donc un élément nouveau dans le monde et une nouvelle classe d'hommes qui le représentait. Il est inutile de discuter la question de savoir si cet élément aurait dû s'arrêter au milieu de son développement, se restreindre à dessein et réserver les droits de l'élément national pur. Il suffit de dire que tout le monde était convaincu que c'était l'antiquité même qui était la

---

[1] Boccace défend énergiquement la poésie proprement dite dans sa lettre à Jacques Pizinga, dans les *Opere volgari*, vol. XVI, p. 36 ss. Et pourtant il ne reconnaît comme poésie que ce qui s'inspire de l'antiquité ; de plus, il ne connaît pas les troubadours.

[2] PETR., *Epp. senil.*, lib. I, *Ep.* 5.

plus belle source de gloire pour la nation italienne.

Cette première génération de poëtes philologues célèbre une cérémonie symbolique qui lui est particulière, qui ne disparaît pas même au quinzième et au seizième siècle, mais qui perd peu à peu sa haute valeur : c'est le couronnement des poëtes. L'origine de cette cérémonie se perd dans la nuit du moyen âge ; elle n'est jamais arrivée à des rites déterminés et constants ; c'était une démonstration publique, une manifestation visible de la gloire littéraire [1], et, pour cette raison même, elle est quelque chose de mobile et de changeant. Dante, par exemple, semble avoir rêvé une fête à moitié religieuse ; il voulait lui-même poser la couronne de laurier sur sa tête, penché sur le baptistère de San Giovanni, où il avait été baptisé comme des centaines de milliers d'enfants de Florence [2]. Il aurait pu, dit son biographe, recevoir partout la couronne de laurier, tant sa gloire était éclatante, mais il ne voulut jamais être couronné que dans sa patrie ; aussi est-il mort sans l'avoir été. Plus loin nous apprenons que cet usage était nouveau, et qu'on le regardait comme ayant été transmis par les Grecs aux anciens Romains. En effet, ce qui le rappelait le plus, c'était le concours des joueurs de cithare, des poëtes et des autres artistes, qui était un souvenir grec et qui avait lieu au Capitole, concours qui, depuis Domitien, s'était renouvelé tous les cinq ans et qui peut-être avait survécu de quelques années à la chute de l'empire romain. Si les poëtes n'osaient pas se couronner eux-mêmes comme l'avait voulu Dante, qui donc avait le droit de les couronner? Albertino Mus-

---

[1] BOCCACCIO, *Vita di Dante*, p. 50 : *La quale (laurea) non scienza accresce, ma è dell' acquistata certissimo testimonio e ornamento.*

[2] *Paradiso*, XXV, 1 ss. — BOCCACCIO, *Vita di Dante*, p. 50 : *Sopra le fonti di San Giovanni si era disposto di coronare.* Comp. *Paradiso*, I, 25.

sato (p. 179) fut couronné à Padoue (1310), par l'évêque et par le recteur de l'Université; l'Université de Paris, dont le recteur était un Florentin, et la municipalité de Rome se disputèrent l'honneur de couronner Pétrarque (1341); même l'examinateur qu'il avait choisi, le roi Robert d'Anjou, aurait voulu célébrer la cérémonie à Naples, mais Pétrarque préféra se faire couronner au Capitole par le sénateur de Rome. Pendant quelque temps cet honneur fut le but de l'ambition des poëtes; Jacques Pizinga, haut fonctionnaire sicilien, le brigua entre autres [1]. Mais tout à coup parut en Italie Charles IV, qui se faisait un vrai plaisir d'imposer au vulgaire ignorant par des cérémonies pompeuses. Partant de l'hypothèse que le droit de couronner les poëtes avait appartenu autrefois aux empereurs romains et qu'il devait, par conséquent, l'exercer aussi, il couronna, à Pise, le savant florentin Zanobi della Strada (15 mai 1355), au grand scandale de Pétrarque, qui se plaint que le « laurier barbare ait osé orner le front de l'homme aimé des Muses d'Ausonie », et à la grande contrariété de Boccace, qui ne veut pas reconnaître la valeur de cette *laurea pisana* [2]. On pouvait, en effet, se demander de quel droit un demi-Slave jugeait le mérite de poëtes italiens. Cependant, à partir de cette époque, les empereurs voyageant en Italie couronnèrent des poëtes, tantôt dans une ville, tantôt dans une autre (p. 21); au

---

[1] Lettre de Boccace au même, dans les *Opere volgari,* vol. XVI, p. 36 : *Si præstet Deus, concedente senatu Romuleo...*

[2] Matt. VILLANI, V, 26. Il y eut un cortége qui fit solennellement le tour de la ville à cheval; la suite de l'Empereur, les barons escortèrent le poëte. BOCCACE, voir ailleurs; PÉTR., *Invectivæ contra medicum præf.* Comp. aussi *Epp. fam. volgarizzate da Fracassetti,* vol. III (1865), p. 128. Sur le discours prononcé au couronnement par ZANOBI, voir *Friedjung,* p. 308 ss. — Fazio degli Uberti fut aussi couronné, mais on ne sait pas où ni par qui.

quinzième siècle, le Pape et d'autres princes ne voulurent pas rester en arrière, jusqu'à ce qu'on en vint à ne plus tenir aucun compte des traditions. A l'époque de Sixte IV [1], l'Académie romaine de Pomponius Lætus distribuait de sa propre autorité des couronnes aux poëtes. Les Florentins avaient au moins le tact de ne couronner les humanistes célèbres qu'à leur mort; c'est ainsi que furent couronnés Charles et Léonard Arétin; l'oraison funèbre du premier fut prononcée par Matteo Palmieri, celle du second par Giannozzo Manetti; la cérémonie eut lieu devant tout le peuple et en présence des membres du Concile. L'orateur était au chevet du catafalque sur lequel était couché le corps, couvert d'un vêtement de soie [2]. En outre, on érigea à Charles Arétin un mausolée (à S. Croce), qui est un des plus beaux de la Renaissance.

[1] Jac. VOLATERRAN., dans MURAT., XXIII, col. 185.
[2] *Vespas. Fior.*, p. 575, 589. — *Vita Jan. Manetti*, dans MURAT., XX, col. 543. — Léonard Arétin était tellement célèbre, même de son vivant, qu'il venait des gens de tous les pays pour le voir, et qu'un Espagnol se jeta à genoux devant lui. *Vesp.*, p. 568. — La municipalité de Ferrare donna la somme alors considérable de 109 ducats pour le monument à élever à Guarino (1461). Sur les couronnements de poëtes en Italie, voir FAVRE, *Mélanges d'histoire littéraire*, 1856, I, p. 65 ss.

CHAPITRE V

L'influence de l'antiquité sur la culture, dont nous avons à parler maintenant, supposait tout d'abord le triomphe de l'humanisme dans les universités. Il y régnait en effet, mais non dans la mesure et sans produire les résultats qu'on pourrait se figurer.

Ce n'est que dans le cours du treizième et du quatorzième siècle que les universités se multiplient en Italie [1], lorsque la vie, s'enrichissant sans cesse d'éléments nouveaux, imposa le devoir de donner plus de soins à la culture individuelle. Au commencement, elles n'avaient, en général, que trois chaires : celle de droit canon, celle de droit civil et celle de médecine ; avec le temps chaque université eut un professeur de rhétorique, un profes-

---

[1] Comp. LIBRI, *Histoire des sciences mathém.*, II, p. 92 ss. — On sait que la prospérité de Bologne était plus ancienne ; Pise florissait déjà au quatorzième siècle ; elle fut détruite par Florence, son ennemie, mais relevée plus tard (1472) par Laurent le Magnifique, *ad solatium veteris amissæ libertatis,* comme le dit P. JOVE, *Vita Leonis X,* l. I. — L'université de Florence (comp. GAYE, *Carteggio,* I, p. 461-560, *passim;* Matteo VILLANI, I, 8 ; VII, 90) existait déjà en 1321 avec l'instruction obligatoire pour les enfants du pays ; elle fut réorganisée après la peste noire de 1357 et entretenue au moyen d'une somme annuelle de 2,500 florins d'or ; mais elle retomba et fut rétablie en 1357. La chaire d'exégèse de Dante, créée en 1373, à la suite d'une pétition signée par un grand nombre de citoyens, fut plus tard presque toujours réunie à celle de philologie et de rhétorique ; c'est dans ces conditions qu'elle fut occupée par Filelfo.

seur de philosophie et un professeur d'astronomie, qui n'était souvent qu'un adepte de l'astrologie. Les traitements étaient loin d'être uniformes; parfois on donnait même un capital au titulaire d'une chaire. A mesure que la culture fit des progrès, l'émulation se développa, et l'on vit des universités se débaucher réciproquement les maîtres célèbres; c'est ainsi que Bologne, dit-on, dépensa quelquefois la moitié de ses revenus (20,000 ducats) pour son université. En général, les nominations étaient temporaires [1]; souvent les maîtres n'étaient nommés que pour un semestre; il en résultait que les professeurs menaient une vie errante comme celle des acteurs; pourtant il y avait aussi des nominations à vie. Souvent il fallait promettre de ne pas répéter ailleurs les leçons faites dans une université. Outre les titulaires, il y avait encore des professeurs libres et non rétribués.

Parmi les chaires que nous avons citées, celle de rhétorique était naturellement le but de l'ambition des humanistes; les chances de succès des candidats étaient proportionnées à la connaissance qu'ils avaient de l'antiquité; le plus sûr de réussir était celui qui était capable d'enseigner aussi le droit, la médecine, la philosophie ou l'astronomie. L'état de la science et la situation des maîtres étaient encore fort peu déterminés. D'autre part il ne faut pas oublier que certains professeurs de droit et de jurisprudence obtenaient et conservaient les traitements les plus élevés; l'État, qui employait les premiers, rétribuait ainsi les consultations qu'il pouvait avoir à leur

---

[1] Fait à considérer dans les dénombrements, comme, p. ex., lorsqu'on dressa la liste des professeurs enseignant à Pavie, vers 1400 (Corio, *Storia di Milano*, fol. 290) : on inscrivit entre autres vingt juristes.

demander pour ses revendications et ses procès A
Padoue, il y avait, au quinzième siècle, un traitement
annuel de 1,000 ducats pour un professeur de droit [1], et
l'on voulait donner 2,000 ducats avec le droit de soigner
des clients [2] à un médecin célèbre qui, jusqu'alors, n'avait
été payé que 700 florins d'or à Pise. Lorsque le jurisconsulte Bartolommeo Socini, professeur à Pise, accepta
de la république vénitienne un poste à Padoue, et qu'il
voulut se rendre dans cette ville, le gouvernement de
Florence l'arrêta au passage et ne voulut lui rendre la
liberté que contre une caution de 18,000 florins d'or [3]. Du
moment qu'on faisait un tel cas de ces branches d'enseignement, il est facile de comprendre que des philosophes
éminents se soient voués à l'enseignement du droit et
de la médecine; d'autre part, tous ceux qui voulaient se
faire un nom dans une spécialité étaient obligés de faire
preuve d'une forte culture littéraire. Nous parlerons bientôt de l'activité des philologues appliquée à d'autres objets.

Cependant les postes confiés aux philologues, bien
qu'assez largement rétribués dans certains cas [4] et rendus
plus lucratifs encore grâce à des avantages accessoires,
manquaient en somme de stabilité; aussi le même homme
pouvait-il être attaché successivement à toute une série
d'établissements scientifiques. On aimait le changement,
on voulait sans cesse du nouveau, chose facile à comprendre, étant donné l'état de la science, qui en était à
ses débuts et qui, par suite, dépendait des personnes.

[1] Marin SANUDO, dans MURAT., XXII, col. 990.
[2] FABRONI, *Laurent. Magn. Adnot.* 52, de l'ann. 1491.
[3] ALLEGRETTO, *Diari sanesi*, dans MURAT., XXIII, col. 824.
[4] Filelfo demanda cinq cents florins d'or dans la lettre où il
priait Laurent de le nommer à l'université de Pise, nouvellement
fondée. Comp FABRONI, *Laurent. Magn.*, II, p. 75 ss. Les négociations furent rompues, mais non pas seulement à cause des prétentions élevées de Filelfo.

Du reste, le professeur qui faisait des cours sur des auteurs anciens n'appartenait pas toujours à l'université de la ville où il enseignait; vu la facilité qu'on avait pour aller et venir, et le grand nombre de locaux dont on pouvait disposer (dans les couvents, etc.), rien n'était plus commun que les cours libres et privés. Au commencement du quinzième siècle[1], alors que l'université de Florence était à son apogée, que les courtisans d'Eugène IV et peut-être déjà de Martin V se pressaient dans les amphithéâtres, que Charles Arétin et Filelfo rivalisaient dans l'enseignement public, il y avait une deuxième université presque complète chez les Augustins de S. Spirito et toute une société d'hommes savants chez les Camaldules du couvent des Anges; de plus, de simples particuliers, d'un rang considérable, se cotisaient pour faire faire certains cours de philologie et de philosophie, ou même en faisaient seuls les frais. A Rome, les travaux philologiques et archéologiques restèrent longtemps étrangers à l'université (*sapienza*); ils étaient dus presque exclusivement à l'initiative de certains papes et de certains prélats, ou bien émanaient des fonctionnaires attachés à la chancellerie pontificale. Ce n'est que sous Léon X (1513) qu'eut lieu la grande réorganisation de l'université; on y appela quatre-vingt-huit professeurs, parmi lesquels se trouvaient des hommes capables en matière d'archéologie, sans qu'il y eût toutefois dans le nombre des savants de premier ordre; mais l'éclat de la *sapienza* reconstituée sur de nouvelles bases ne fut que passager. — Nous avons dit quelques mots (p. 241 ss.) des chaires de grec et d'hébreu qui avaient été fondées en Italie.

---

[1] Comp. *Vespasian. Fior.*, p. 271, 572, 580, 625. — *Vita Jan. Manetti*, dans Murat., XX, col. 531 ss.

Pour se faire une idée du mouvement scientifique d'alors, il faut autant que possible oublier l'organisation de nos académies modernes. Les relations personnelles, les discussions savantes, l'usage constant du latin, et même du grec chez un grand nombre, enfin les fréquents changements de maîtres et la rareté des livres donnaient aux études d'alors une forme que nous ne pouvons nous représenter qu'avec peine.

Il y avait des écoles latines dans toutes les villes tant soit peu considérables, bien moins pour préparer aux hautes études que parce que l'étude du latin venait immédiatement après la lecture, l'écriture et le calcul; au latin lui-même succédait la logique. Un fait capital, c'est que ces écoles dépendaient, non de l'Église, mais de l'administration municipale; il y en avait même qui étaient de simples entreprises privées.

Sous les auspices de quelques humanistes distingués, les études étaient arrivées à un grand développement; elles devinrent avec le temps la base d'une éducation supérieure. A l'éducation des enfants de deux maisons princières de la haute Italie se rattachent des institutions qu'on peut appeler uniques dans leur genre.

A la cour de Jean-François de Gonzague (qui régna de 1407 à 1444), à Mantoue, parut l'illustre Vittorino da Feltre [1] (né en 1397, mort en 1446), qui de son vrai nom s'appelait Vittore dai Rambaldoni — il aimait mieux se dire de Mantoue que de Feltre. — C'était un de ces hommes qui consacrent toute leur existence à un but unique, et

---

[1] *Vespas. Fior.*, p. 460. PRENDILAQUA (élève de Vitt.), *Intorno alla vita di V. d. F.*, publié pour la première fois par Natale dalle Laste, 1774, traduit par Giuseppe BRAMBILLA, *Como*, 1871. C. ROSMINI, *Idea dell' ottimo precettore nella vita e disciplina di Vittorino da Feltre e de' suoi discepoli*, Bassano, 1801. Nouveaux écrits de Racheli (Milan, 1832), Benoît (Paris, 1853).

qui sont armés de l'énergie et de l'intelligence nécessaires pour l'atteindre. Il n'a presque rien écrit; il a fini
par détruire des vers faits dans sa jeunesse, après
les avoir gardés longtemps. Il étudiait avec ardeur, mais
sans rechercher les titres, qu'il méprisait comme tout ce
qui est purement extérieur; il se lia intimement avec
des maîtres, des collègues et des étudiants dont il sut
conserver l'amitié. Il menait de front les exercices du
corps et les travaux de l'intelligence : il excellait dans
l'art de l'équitation, de la danse, de l'escrime; il s'habil-
lait toujours de même, hiver comme été, ne portait que
des sandales même par le froid le plus rigoureux, et vivait
de telle manière qu'il arriva à un âge avancé sans avoir
jamais été malade. Quant à ses passions, à son goût pour
le plaisir, à son penchant à la colère, il les combattit si
bien qu'il resta chaste pendant toute sa vie, et que rarement il blessa quelqu'un par une parole injurieuse.

Il commença par élever les fils et les filles de la maison
régnante, et fit une véritable savante d'une des prin-
cesses confiées à ses soins; mais lorsque sa réputation se
fut répandue dans toute l'Italie et même au delà, lorsque des jeunes gens de grandes et riches familles accou-
rurent de tous côtés, même de l'Allemagne, pour recevoir
ses leçons, Gonzague lui permit de les instruire; il alla
plus loin : il prit à tâche de faire de Mantoue un centre
d'éducation pour les enfants des plus nobles familles.
C'est là qu'on vit pour la première fois la gymnastique
et les exercices du corps entrer dans le programme des
écoles et se combiner heureusement avec l'enseignement
scientifique. A tous ces élèves vinrent s'en joindre d'autres, dans l'éducation desquels Vittorino reconnaissait
peut-être le but le plus élevé de son existence; c'étaient
des jeunes gens pauvres, mais bien doués (ils étaient par-

fois au nombre de 80), qu'il nourrissait et instruisait chez lui « *per l'amore di Dio* ». Plus il venait d'élèves, plus il fallait de maîtres pour enseigner, sous la direction de Vittorino, ce qui répondait le mieux aux aptitudes des jeunes gens qu'ils devaient instruire. Gonzague avait à lui payer annuellement 240 florins d'or; il lui bâtit, de plus, une maison magnifique, *la Giocosa*, dans laquelle le maître demeurait avec ses élèves, et plus d'une fois il prit sa part des dépenses qu'entraînaient l'entretien et l'instruction des élèves pauvres; quand Vittorino avait besoin de quelque chose, il s'adressait à des princes et à des gens riches, qui n'accueillaient pas toujours ses demandes et qui, par leur dureté, le forçaient à contracter des dettes. Il finit pourtant par se trouver dans une honnête aisance; il possédait à la campagne une propriété où il allait passer les vacances avec ses élèves, et il avait une bibliothèque célèbre dont il aimait à prêter et même à donner les livres; mais il n'entendait pas qu'on la dépouillât de sa propre autorité. Le matin, il lisait des livres de dévotion, puis il se flagellait et allait à l'église; ses élèves étaient aussi obligés de fréquenter l'église à son exemple, de se confesser une fois par mois et d'observer rigoureusement les jeûnes prescrits. Les jeunes gens qu'il dirigeait éprouvaient pour lui un respect mêlé de crainte; quand ils avaient commis quelque méfait, une rude punition suivait immédiatement la faute. Il était vénéré non-seulement de ses élèves, mais encore de tous ses contemporains; on faisait exprès le voyage de Mantoue pour aller le voir.

Guarino de Vérone [1] (1370-1460) s'occupa davantage de

---

[1] *Vespas. Fior.*, p. 646, dont C. ROSMINI, *Vita e disciplina di Guarino Veronese e de' suoi discepoli*, Brescia, 1805-6, 3 volumes, dit (t. II, p. 36) : *Formicolante di errori di fatto.*

la science pure. Appelé à Ferrare (1429) par Nicoló d'Este pour faire l'éducation de son fils Lionel, il devint professeur d'éloquence et enseigna les deux langues anciennes à l'université de cette ville lorsqu'il eut accompli sa mission. Même à côté de Lionel, il avait formé de nombreux élèves de différents pays; il réunissait dans sa maison des jeunes gens pauvres et studieux qu'il entretenait en partie ou même tout à fait; les soirées jusque bien avant dans la nuit étaient consacrées à des entretiens dont la science était l'objet et à la répétition des cours. Lui aussi tenait extrêmement aux pratiques religieuses et aux bonnes mœurs. Guarino étudiait la Bible et était en relation avec des contemporains remarquables par leur piété; mais il ne craignit pas d'écrire contre ces derniers une apologie des écrivains profanes; si la plupart des humanistes de ce siècle n'ont pas toujours été recommandables par leurs sentiments religieux et par leur moralité, cela n'a pas tenu aux leçons et aux exemples de Vittorino et de Guarino. On comprend difficilement que, malgré ses occupations régulières, Guarino ait trouvé le temps de traduire de nombreux auteurs grecs et d'écrire de grands ouvrages, fruit de ses études personnelles[1]. Mais Guarino n'avait pas la

---

[1] Sur cette question et pour le jugement à porter sur Guarino, voir FACIUS, *De viris illustribus*, p. 17 ss., et CORTESIUS, *De hominibus doctis*, p. 13. Tous deux s'accordent à dire que les savants de toute la génération suivante se vantaient d'avoir été les élèves de Guarino; mais tandis que Fazio fait l'éloge de ses ouvrages, Cortese croit que sa gloire aurait gagné à ce qu'il n'écrivit pas. Guarino et Vittorino étaient liés et s'étaient aidés mutuellement dans leurs études; leurs contemporains aimaient à les comparer l'un à l'autre; ils donnaient ordinairement l'avantage à Guarino (SABEL-LICO, *Dial. de lat. ling. reparata*, dans ROSMINI, II, 112.). Il faut surtout remarquer l'attitude qu'il prit vis-à-vis d'Ermafrodito; comp. ROSMINI, II, 46 ss. On vante chez Guar. et Vitt. leur extrême sobriété, — ils ne buvaient jamais de vin pur; — ils avaient tous deux les mêmes principes d'éducation : jamais ils ne se servaient de la

sagesse, la retenue et la douceur qui distinguaient Vittorino; il s'emportait facilement; aussi sa violence amenait-elle des querelles fréquentes entre lui et les savants de son temps.

Dans la plupart des cours d'Italie, l'éducation des enfants des princes était, au moins en partie et pour un certain nombre d'années, confiée aux humanistes, ce qui leur fit faire un pas de plus dans la vie des cours. Les traités sur l'éducation des princes, qui étaient réservés autrefois à la plume des théologiens, sont désormais du domaine des humanistes. A partir de Pier-Paolo Vergerio, ces traités se multiplient en Italie; ils pénètrent même en Allemagne, grâce à Sylvius Ænéas, qui adresse à deux jeunes princes allemands de la maison de Habsbourg[1] de longues dissertations ayant pour objet le développement de leur esprit et la connaissance de leurs devoirs; il va sans dire qu'il leur recommande de cultiver l'humanisme dans le sens italien, mais surtout il les exhorte à tâcher de devenir de bons souverains et des guerriers accomplis. Ænéas savait peut-être qu'il prêchait dans le désert; aussi faisait-il en sorte que ces écrits se répandissent encore ailleurs. Nous reparlerons plus loin des rapports des humanistes avec les princes.

---

verge pour punir leurs élèves; la plus grave des punitions qu'infligeait Vittorino consistait à forcer l'enfant de s'agenouiller et de se coucher par terre, afin que tous ses condisciples pussent le voir.

[1] A l'archiduc SIGISMOND, *Epist.*, 105, p. 600, et au roi Ladislas, son puîné, p. 695; le dernier traité est intitulé : *Tractatus de liberorum educatione* (1450).

CHAPITRE VI

LES PROMOTEURS DE L'HUMANISME

Tout d'abord il convient de nommer les citoyens de différentes villes, particulièrement de Florence, qui ont fait de l'étude de l'antiquité le but principal de leur vie, et qui sont devenus de grands savants ou simplement des amateurs éclairés qui protégeaient la science. (Comp. p. 236 ss.) Ils jouent un rôle très-important, notamment à l'époque de transition qui marque le commencement du quinzième siècle, parce que chez eux l'humanisme prend un caractère pratique et devient un élément nécessaire de la vie de tous les jours. Ce n'est qu'après eux que des princes et des papes se sont mis sérieusement à le cultiver.

Nous avons déjà parlé plusieurs fois de Niccoló Niccoli et de Giannozzo Manetti. Vespasiano[1] nous représente Niccoli comme un homme qui voulait que, même dans les objets extérieurs qui l'entouraient, tout lui rappelât l'antiquité. Sa personne majestueuse, drapée dans un vêtement flottant, apparaissant dans une maison remplie des antiquités les plus merveilleuses, faisait tout d'abord une impression profondément originale ; il

---

[1] P. 625. Sur Niccoli, voir un discours du POGGE, *Opera*, éd. 1513, fol. 102 ss., et une *Vita* de Manetti dans son livre, *De illustribus longavis.*

était en toutes choses d'une propreté raffinée, mais surtout à table; là on voyait devant lui, sur une nappe d'une blancheur éblouissante, des vases antiques et des coupes de cristal[1]. La manière dont il gagne à ses intérêts un jeune Florentin passionné pour le plaisir[2], est trop amusante pour que nous ne la racontions pas ici.

Piero de Pazzi, fils d'un riche négociant, et destiné à succéder à son père, doué d'un physique avantageux et très-adonné aux plaisirs du monde, ne pensait à rien moins qu'à la science. Un jour qu'il passait devant le palais du podestat[3], Niccoli l'appela; il s'empressa de venir auprès du savant respecté, bien qu'il ne lui eût jamais parlé auparavant. Niccoli lui demanda qui était son père; il répondit : Messire André de Pazzi. — Quel est ton métier? continua l'autre. Piero répondit avec le sans façon de la jeunesse : Je prends du bon temps, *attendo a darmi buon tempo.* Niccoli lui dit alors : Étant le fils d'un tel père et doué d'un extérieur aussi heureux, tu devrais rougir d'ignorer la science latine, qui te ferait honneur; si tu ne l'étudies pas, tu ne seras considéré de personne, et dès que la fleur de la jeunesse sera fanée, tu seras un homme sans aucune valeur (*virtù*). Lorsque Piero entendit ces paroles, il reconnut aussitôt que le savant avait raison, et il lui dit qu'il étudierait volontiers s'il trouvait un maître; à quoi Niccoli répondit : Je m'en charge. Et en effet, il lui procura un maître instruit qui se mit à lui apprendre le latin et le grec; c'était un nommé Pontano; Piero le fit demeurer dans sa maison et lui donna un traitement annuel de 100 florins d'or. Au lieu de vivre dans la débauche

[1] Les mots suivants de Vespasiano sont intraduisibles : *A vederlo in tavola cosi antico come era, era una gentilezza.*

[2] *Ibidem*, p. 485.

[3] D'après *Vespas.*, p. 271, c'était un cénacle où l'on disputait aussi.

comme il l'avait fait jusqu'alors, Piero étudia jour et nuit; il fut l'ami de tous les gens instruits et devint un homme d'État éminent. Il apprit par cœur toute l'*Énéide* et un grand nombre de discours de Tite-Live, profitant pour cela du trajet qu'il avait à faire entre Florence et sa maison de campagne de Trebbio [1].

Giannozzo Mannetti [2] (1393-1459) représente l'antiquité à un autre point de vue et dans un sens plus élevé. Il était d'une précocité remarquable : à peine sorti de l'enfance, il avait déjà fait l'apprentissage du commerce et était teneur de livres chez un banquier ; mais après quinze ans d'un travail ingrat, considérant combien cette occupation était vaine et stérile, il éprouva un désir violent de se vouer à la science, par laquelle seule l'homme peut s'assurer l'immortalité. Il fut un des pre-

[1] Pour compléter ces détails sur Nicoli, faisons remarquer que, comme Vittorini, lui non plus n'a rien écrit, parce qu'il était convaincu que ses œuvres n'auraient jamais la perfection qu'il rêvait, que ses sens étaient tellement délicats qu'il *neque rudentem asinum, neque secantem serram, neque muscipulam vagientem sentire audireve poterat*. Mais il ne faut pas oublier ses côtés faibles. Il enleva à son frère une jeune fille qu'aimait ce dernier, Benvenuta; il s'attira par là la colère de Léonard Arétin ; Benvenuta le brouilla avec bon nombre de ses amis. Il s'irritait quand on refusait de lui confier des livres; un jour il eut avec Guarino une querelle violente pour un motif de ce genre. Il n'était pas exempt d'une envie mesquine ; c'est cette passion qui fit qu'il s'attaqua à Chrysoloras, au Pogge et à Filelfo, et qu'il chercha à les éloigner de Florence.

[2] Sur sa *vita* par Naldius NALDI, dans MURAT., XX, col. 532 ss. D'autre part, Vespasiano BISTICCI, *Commentario della vita di Messer Giannozzo Mannetti*, publié pour la première fois par P. Fanfani dans *Collezione di opere inedite o rare*, vol. II, Torino, 1862. Il faut distinguer le commentaire de la courte biographie de Mannetti, écrite par le même auteur, dans laquelle on renvoie fréquemment au commentaire. Vesp. était très-lié avec G. M.; il voulait dans la biographie en question faire le portrait idéal d'un homme d'État pour Florence corrompue. — Vesp. est la source à consulter pour NALDI. Comp. aussi le fragment qui se trouve dans GALETTI, *Phil. Vill. liber.* Flor., 1847, p. 129-138. Un demi-siècle après sa mort, G. M. était à peu près oublié. Comp. Paolo CORTESE, p. 21

miers laïques qui s'enterra dans les livres, et devint, comme nous l'avons dit (p. 256), un des plus grands savants de son temps. Lorsque l'État l'employa comme chargé d'affaires, directeur des contributions et gouverneur (à Pescia, à Pistoie et à Mugello), il remplit ces fonctions en homme qui aurait conçu tout à coup un idéal élevé, fruit naturel de ses études et de ses sentiments religieux. Il fit rentrer les impôts les plus odieux, que l'État avait décrétés, mais sans accepter aucune rétribution pour sa peine; comme gouverneur de province, il refusa tous les présents, repoussa toutes les tentatives de corruption dont il fut l'objet, exigea de ses subordonnés une obéissance aveugle et un entier désintéressement, veilla à l'importation des grains nécessaires, mit un frein à la fureur du jeu, termina des procès sans nombre et fit en général tout ce qu'il put pour calmer les passions contre lesquelles il avait à lutter. Les habitants de Pistoie l'aimaient et l'honoraient comme un saint; jamais ils ne purent découvrir pour lequel des deux partis qui divisaient leur ville il avait le plus de sympathie; lorsque le terme de sa mission fut arrivé, les deux factions rivales envoyèrent une députation à Florence pour demander qu'on le maintînt en fonction. Comme pour créer un symbole de la destinée commune et des droits de tous, il composa dans ses heures de loisir l'histoire de la ville, qui fut reliée en pourpre et conservée dans le palais de Pistoie comme un objet sacré [1]. Lors de son départ, la ville lui fit cadeau d'une bannière brodée à ses armes et d'un magnifique casque en argent. De même qu'à Pistoie, Mannetti défendit, en qualité d'envoyé extraordinaire, les intérêts de sa patrie contre

[1] Le titre de cet ouvrage est cité en latin et en italien dans Bisticci, *Commentario,* p. 109, 112.

Venise et Rome, et contre le roi Alphonse, veilla sur l'honneur de sa ville natale avec un soin jaloux, mais refusa toutes les distinctions qu'on voulut lui accorder ; grâce à ses discours et à ses négociations, il se couvrit de gloire et fut honoré du surnom de prophète, à cause de la sûreté avec laquelle il savait prévoir les événements.

Parmi les autres citoyens savants qui, à cette époque, vivaient à Florence, il faut mettre en première ligne Vespasiano (qui les connaissait tous). Le ton, le milieu dans lequel il écrit, l'autorité qu'il exerce dans ce monde de gens instruits, paraissent encore plus importants que ses travaux eux-mêmes. Même dans une traduction, à plus forte raison dans les indications sommaires auxquelles il faut nous borner, il serait impossible de faire ressortir ce qui constitue surtout la valeur de son livre. Il n'est pas un grand écrivain, mais nul ne connait mieux que lui le mouvement intellectuel d'alors, et il en apprécie l'importance mieux que personne.

Si l'on cherche à analyser le charme que les Médicis du quinzième siècle, surtout Côme l'ancien († 1464) et Laurent le Magnifique († 1492), ont exercé sur Florence et sur leurs contemporains en général, on trouve que le secret de cette merveilleuse influence, c'est qu'ils se sont mis à la tête du mouvement intellectuel de cette époque, sans parler de leur supériorité politique. Un homme qui a la situation de Côme, à la fois grand négociant et chef de parti, qui, de plus, a pour lui tout ce qui pense, étudie et écrit, que sa naissance place au premier rang parmi les Florentins et que sa culture fait considérer comme le plus grand des Italiens, celui-là est réellement un souverain. En outre, Côme posséd-la gloire d'avoir reconnu dans la philosophie de Plac ton[1] la plus belle fleur de l'esprit antique, d'avoir nourri son entourage de cette idée et d'avoir fait éclore au sein de l'humanisme une seconde et plus belle renaissance de l'antiquité. L'histoire nous renseigne très-exactement sur les détails de cette révolution[2]; tout se rattache aux efforts du savant Jean Argyropoulos, appelé par le prince à Florence, et au zèle infatigable que Côme lui-même a déployé dans ses dernières années; aussi Marsile Ficin pouvait-il se dire, en ce qui concernait le platonisme, le fils intellectuel de Côme. Sous Pierre de Médicis, Marsile Ficin se voit déjà chef d'école; le fils de Pierre, petit-fils de Côme, l'illustre Laurent, abandonne la doctrine péripatéticienne pour se ranger sous sa bannière; ses condisciples les plus remarquables sont Bartolommeo Valori, Donato Acciajuoli et Pierfilippo Pandolfini. Ce maître éloquent et enthousiaste a déclaré en plusieurs endroits de ses écrits que Laurent a approfondi tous les mystères de la doctrine de Platon, et exprimé maintes fois la conviction que sans elle il serait difficile d'être un bon citoyen et un chrétien sincère. Le célèbre groupe de savants qui se réunit autour de Laurent était uni par l'esprit élevé de cette philosophie idéaliste et se distinguait entre toutes les réunions

[1] Ce qu'on en connaissait auparavant ne peut avoir été que fragmentaire. En 1438, il y eut à Ferrare une singulière discussion sur e contraste existant entre Platon et Aristote; cette discussion eut lieu entre Hugo de Sienne et les Grecs venus au concile. Comp. ÆNEAS SYLVIUS, *De Europa*, cap. LII. (*Opera*, p. 450.)

[2] Dans Nic. VALORI, *Vie de Laurent le Magn.*, éd. GALETTI, p. 167. — Comp. *Vespas. Fior.*, p. 426. Les premiers protecteurs d'Arg. furent les Acciajuoli. *Ibid.*, 192. Le cardinal Bessarion et son parallèle entre Platon et Aristote. *Ibid.*, 223 : Cusanus le platonicien. *Ib.*, 308 : le Catalan Narciso et sa discussion avec Argyropoulos. *Ib.*, 571 : différents dialogues de Platon traduits par Léonard Arétin. *Ib.* 298 : *Influence nouvelle du néoplatonisme.* Sur Marsile FICIN, voir REUMONT, *Laurent de Médicis*, II, p. 27 ss.

du même genre. Ce n'est que dans un pareil milieu que Pic de la Mirandole pouvait se sentir heureux. Mais le plus bel éloge qu'on puisse faire de Laurent, c'est de dire que sa cour, tout en professant le culte de l'antiquité, était le sanctuaire de la poésie italienne, et que de tous ses titres de gloire, celui-là peut être considéré comme le plus beau. Comme homme d'État, chacun a le droit de le juger comme il l'entend; mais rien ne serait plus injuste que de l'accuser d'avoir surtout protégé des médiocrités dans le domaine de l'intelligence, et de prétendre que c'est par sa faute que Léonard de Vinci et le mathématicien Fra Luca Pacciolo se sont expatriés, et que Toscanella, Vespucci et d'autres n'ont pas trouvé l'appui qu'ils méritaient. Sans doute il n'a pas été universel; mais de tous les grands qui ont jamais cherché à protéger et à développer la science, il a été un des plus heureusement doués, un de ceux qui l'ont aimée et cultivée pour elle-même, par suite d'un besoin inné.

Le siècle actuel a l'habitude de proclamer assez haut l'importance de la culture en général et de l'étude de l'antiquité en particulier. Mais nulle part, comme chez ces Florentins du quinzième siècle et du commencement du seizième, on ne trouva cette ardeur enthousiaste, cette passion de la science, ce besoin de s'instruire qui domine tous les autres. Ce fait est attesté par des preuves indirectes qui ne laissent aucune place au doute : on n'aurait pas si souvent permis aux filles de cultiver la science, si on ne l'avait regardée comme le bien le plus précieux de cette vie; on n'aurait pas fait de la terre d'exil le séjour du bonheur, comme Palla Strozzi; on n'aurait pas vu des hommes, qui d'ailleurs ne craignaient pas d'user et d'abuser des plaisirs, garder assez de force et d'ardeur pour écrire une savante critique de l'histoire naturelle de Pline, comme l'a fait Philippe Strozzi[1]. Il ne s'agit pas ici de distribuer l'éloge ou le blâme, mais de constater une tendance particulière, aussi commune qu'énergique.

Outre Florence, il y avait encore en Italie bien des villes où des individus et des sociétés mettaient tous les moyens en œuvre pour favoriser la cause de l'humanisme et pour protéger les savants qui vivaient parmi eux. Ce fait ressort d'une foule de correspondances échangées à cette époque[2]. Tous les grands esprits prêchaient presque exclusivement le culte de la science.

Mais il est temps d'examiner ce qu'était l'humanisme à la cour des princes (voir plus haut, p. 265). Nous avons déjà indiqué plus haut (p. 8, 172) le rapport intime qu'il y avait entre le tyran et le philologue, qui tirait, lui aussi, toute sa valeur de sa personnalité et de son talent; ce dernier préférait franchement les cours aux villes libres, n'eût-ce été qu'à cause des avantages matériels qu'il trouvait auprès des princes. A l'époque où l'on croyait que le grand Alphonse d'Aragon deviendrait le maître de toute l'Italie, Sylvius Ænéas[3] écrivait à un autre Siennois : « Si, sous sa domination, l'Italie trouvait la paix, j'aimerais mieux que ce résultat fût obtenu sous lui que sous le gouvernement des villes;

---

[1] VARCHI, *Stor. florent.*, l. IV, p. 321. C'est une biographie écrite avec beaucoup d'esprit.

[2] Les biographies de Rosmini citées plus haut, p. 261, note 1, et 263, note 1, celles de Guarino et de Vittorino, ainsi que SHEPHERD, *Life of Poggio*, surtout dans la traduction italienne de T. Tonelli, remarquable par des additions et des corrections nombreuses (2 vol. Florence, 1825), et la correspondance du Pogge, publiée par cet auteur (2 vol. Florence, 1832 ss.), les lettres du Pogge dans Mai, *Spicilegium*, t. X, Rome, 1844, p. 221-272, contiennent beaucoup de détails là-dessus.

[3] *Epist.* 39, *Opera*, p. 526, à Mariano Socino.

car un prince généreux récompense tous les mérites[1]. »
De nos jours, on a trop insisté sur le côté méprisable de
ces rapports entre princes et littérateurs, sur les flatteries payées, de même qu'autrefois on a pris à la lettre
les éloges prodigués par les savants aux souverains. A
tout considérer, il y a toujours un fait capital qui milite
en faveur des derniers : c'est qu'ils croyaient devoir se
mettre à la tête du mouvement intellectuel de leur
temps et de leur pays, quelque restreint qu'il pût être.
Enfin la sécurité avec laquelle certains papes[2] envi-
sagent les conséquences de la culture de leur époque, a
réellement quelque chose d'imposant. Nicolas V était
tranquille sur le sort de l'Église, parce que des milliers
d'hommes savants lui prêtaient leur appui. Pie II est
loin de faire des sacrifices aussi considérables pour la
science, sa cour de poëtes est très-médiocrement peuplée,
mais lui-même est encore bien plus le chef de la république des lettres que son avant-dernier prédécesseur,
et il jouit de cette gloire avec une parfaite sécurité.
Paul II est le premier à qui l'humanisme de ses secrétaires inspire de la crainte et de la défiance ; ses trois
successeurs, Sixte, Innocent et Alexandre, acceptent
bien des dédicaces et se laissent attribuer toutes les vertus que l'adulation est capable d'imaginer, — il y eut

[1] Il ne faut pas oublier qu'il se produit des plaintes nombreuses
et constantes sur l'insignifiance de la protection accordée par les
princes aux lettres et sur l'indifférence d'un grand nombre
d'entre eux à l'égard de la gloire. On en trouve des exemples
dans *Bapt. Mantuan. Eclog.*, V, qui est encore du quinzième siècle,
et dans Ambrogio TRAVERSARI, *De infelicitate principum*. — Il n'était
pas possible de satisfaire tout le monde.

[2] Pour la protection dont les papes ont honoré les lettres jusque
vers la fin du quinzième siècle, nous devons nous borner ici à
renvoyer à GREGOROVIUS, *Histoire de la ville de Rome au moyen âge*,
t. VII et VIII. Pour Pie II en particulier, comp. G. VOIGT, *Silvius
Ænias*, devenu pape sous le nom de Pie II, t. III (Berlin, 1863),
p. 406-440.

même une *Borgiade,* écrite probablement en hexamètres[1]; — mais ils sont trop occupés ailleurs et songent trop à trouver d'autres points d'appui pour rechercher les louanges des poëtes philologues. Jules II trouve des poëtes pour chanter sa gloire, parce que sa carrière est faite pour inspirer le talent (p. 150), mais il ne semble pas, du reste, s'être beaucoup préoccupé des poëtes en général. Après lui vient Léon X, « comme à Romulus succède Numa », c'est-à-dire qu'après le pontificat belliqueux de Jules II, on s'attendait à voir un pontificat pacifique, entièrement consacré aux Muses. Le plaisir de lire de belle prose latine et des vers harmonieux entrait dans le programme de la vie de Léon X; sous ce rapport, la protection qu'il a accordée aux lettres a eu certainement un heureux effet : ses poëtes latins ont reproduit dans des élégies, des odes, des épigrammes et des épîtres sans nombre cet heureux et brillant esprit de l'époque de Léon X, dont la biographie de Paul Jove est animée[2]. Peut-être n'y a-t-il pas dans toute l'histoire de l'Occident un seul prince qui ait été célébré par tant de voix, malgré le peu de faits éclatants que présente

---

[1] Lil. Greg. GYRALDUS, *De poetis nostri temporis,* à propos du Sphaerulus de Camerino (*Opp.,* II, p. 394). Le brave homme ne put finir son ouvrage à temps, et quarante ans plus tard il l'avait encore dans son bureau. — Sur les maigres honoraires donnés par Sixte IV, comp. Pierio VALER., *De infelic. litt.,* p. 369 ss., à propos de Théodore Gaza. Il reçut cinquante florins d'or pour la traduction et l'annotation d'un ouvrage d'Aristote *ab eo, a quo se totum inauratum iri speraverat.* — Sur la persistance systématique des papes qui ont précédé Léon X à ne pas donner le chapeau de cardinal à des humanistes, comp. l'oraison funèbre du card. Egidio, *Anecd. litt.,* IV, p. 307, composée par Lor. Grana.

[2] Les meilleures productions de ce genre se trouvent dans les *Deliciæ poetarum Italorum,* et dans les appendices des différentes éditions de ROSCOE, *Léon X.* Bien des poëtes et des écrivains, tels que ALCYONUS, *De exilio,* ed. MENKEN, p. 10, disent sans détour qu'ils aiment à louer Léon X, parce qu'ils espèrent ainsi devenir immortels.

sa vie. Les poëtes pouvaient l'aborder principalement
vers l'heure de midi, alors que les musiciens avaient
cessé leurs concerts[1]; mais un des membres les plus
illustres de cette pléïade de poëtes courtisans[2] donne à
entendre que ces solliciteurs s'attachaient toujours et
partout à ses pas et qu'ils le poursuivaient jusque dans
l'intérieur de son palais; ceux qui n'arrivaient pas à
s'approcher de sa personne tentaient de l'intéresser en
leur faveur par une supplique en forme d'élégie, dans
laquelle figuraient toutes les divinités de l'Olympe[3]. Car
Léon X, qui était prodigue et qui ne voulait voir autour
de lui que des visages contents, donnait avec une libéralité qui, sous ses avares successeurs, devint bien vite
légendaire[4]. Nous avons déjà parlé de la réorganisation
de la *sapienza,* entreprise par lui (p. 260). Pour ne pas
estimer au-dessous de sa valeur l'influence de Léon X
sur l'humanisme, il faut voir les choses de haut; il ne faut
pas se laisser tromper par l'ironie apparente avec laquelle
il traite parfois les lettres et les lettrés (p. 196 et 197);
il faut la juger par l' « impulsion » souvent féconde qu'il
a donnée aux travaux littéraires de son époque. Le
retentissement qu'ont eu les ouvrages des humanistes
italiens en Europe depuis 1250 environ, les imitations
qu'ils ont provoquées, le mouvement littéraire qui s'en-
suivit, tout cela a pour cause première l'initiative de

---

[1] Paul Jov., *Elogia doct. vir.,* p. 131, à propos de Guido Posthumus.

[2] Pierio VALERIANO dans sa *Simia.*

[3] Voir l'élégie de Jean Aurèle Mutius, dans les *Deliciæ poet. Ital.*

[4] L'histoire connue de la bourse en velours couleur de pourpre
contenant des rouleaux d'or de différente grandeur, dans laquelle
Léon puise au hasard, se trouve dans GIRALDI, *Hecatommithi,* VI,
Nov. 8. Par contre, les improvisateurs latins qui égayaient les
repas de Léon X recevaient des coups de fouet quand ils faisaient
des vers par trop boiteux. Lil. Greg. GYRALDUS, *De poetis nostri
temp. opp.,* II, p. 398 (Bas., 1580).

Léon X. C'est ce pontife qui, dans le privilége accordé pour l'impression de Tacite[1] qui venait d'être retrouvé, pouvait dire que les grands auteurs sont la règle de la vie, la consolation dans le malheur; que la protection accordée aux savants et l'acquisition de livres excellents lui ont paru de tout temps une des plus nobles tâches, et qu'il remerciait le ciel de lui avoir permis de servir l'humanité en favorisant la publication de ce livre.

De même que la dévastation de Rome dispersa les artistes, de même elle chassa les littérateurs dans toutes les directions, et c'est à partir de ce moment (1527) que la gloire de cet illustre protecteur des lettres qui n'était plus se répandit jusqu'aux extrémités de l'Italie.

Parmi les princes séculiers du quinzième siècle, c'est Alphonse le Grand, roi de Naples (p. 43), qui montre le plus grand enthousiasme pour l'antiquité. Il paraît que cette passion pour les anciens était toute naïve et toute spontanée, et que, dès le jour de son arrivée en Italie, les monuments et les écrits du monde antique firent sur lui une impression profonde, qui décida de toute la suite de son existence; peut-être aussi était-il stimulé par l'exemple d'un de ses ancêtres, Robert, l'illustre protecteur de Pétrarque, qu'il voulut égaler ou surpasser. Il céda avec une facilité extraordinaire son triste pays d'Aragon et tout ce qui en dépendait à son frère, afin de ne plus vivre que pour sa nouvelle position. Il eut successivement ou simultanément à son service[2] Georges de Trébizonde, Chrysoloras le jeune, Laurent Valla, Barthélemi Faccio et Antoine Panormita, qui devinrent ses

---

[1] ROSCOE, *Leone X*, ed. BOSSI, IV, 181.

[2] *Vespas. Fior.*, p. 68 ss. La traduction qu'A. fit faire du grec, p. 93. — *Vita Jan. Manetti*, dans MURAT., XX, col. 541 ss., 450 ss., 495. — PANORMITA, *De dictis et factis Alphonsi, regis Aragonum, libri quatuor. Commentar. in eosdem Æneæ Sylvii*, publié par Jacques SPIEGEL, Bâle, 1538.

historiographes; ce dernier était chargé de lui expliquer, à lui et à sa cour, l'historien latin Tite-Live, et ces
leçons journalières n'étaient pas même interrompues par
les campagnes du prince. Ces savants lui coûtaient tous
les ans 20,000 florins d'or; il donna 1,000 florins d'or
à Panormita pour son ouvrage; outre les 500 ducats
de traitement annuel qu'il accordait à Facio, il fit don à
ce savant d'une somme de 1,500 florins d'or pour son
histoire d'Alphonse, et il lui écrivit quand le livre fut
terminé : « Je ne prétends pas vous payer votre ouvrage,
car il est un de ceux qui ne peuvent se payer, même si
je vous donnais une de mes meilleures villes; mais avec
le temps je tâcherai de m'acquitter envers vous[1]. »
Lorsqu'il prit pour secrétaire Giannozzo Mannetti,
auquel il faisait la plus brillante situation, il lui dit : « Je
partagerais avec vous mon dernier morceau de pain. »
Déjà lorsque ce savant avait été envoyé par Florence
pour complimenter le prince Ferrante à l'occasion de
son mariage, il avait fait une telle impression sur le roi
que ce prince resta immobile sur son trône, « ainsi
qu'une statue de bronze », et qu'il ne songea pas même
à chasser une mouche qui, au commencement du discours de Mannetti, s'était posée sur son nez. Il consultait
Vitruve pour la restauration du château royal; il emportait partout avec lui des ouvrages anciens; il regardait
comme perdue la journée où il n'avait rien lu, ne se
laissait déranger dans ses lectures ni par la musique, ni
par un bruit quel qu'il fût, et méprisait les autres princes

---

[1] Alphonse lui-même ne parvenait pas à contenter tout le monde,
p. ex., le Pogge; comp. Shepherd Tonelli, *Vita di Poggio*, II, 108 ss.,
et la lettre du P. à Facius, dans *Fac. de vir. ill.*, ed. Mehus, p. 88,
où il dit d'Alph. : *Ad ostentationem quædam facit quibus videatur doctis
viris favere,* ainsi que la lettre du Pogge dans Mai, *Spicil.*, t. X,
p. 241.

qui ne cultivaient pas eux-mêmes la science ou qui ne la protégeaient pas. Son endroit favori semble avoir été la bibliothèque du château de Naples, qu'il savait fort bien ouvrir lui-même en l'absence des bibliothécaires; là il s'asseyait près d'une fenêtre d'où l'on avait une vue admirable sur la mer, et écoutait les docteurs quand ils discutaient, sur la Trinité, par exemple. Car il était profondément religieux; outre Tite-Live, il se faisait aussi lire et commenter la Bible; aussi, après l'avoir lue quatorze fois, la savait-il à peu près par cœur. Aux jeunes filles qui voulaient entrer dans un couvent, il donnait la dot nécessaire, fréquentait assidûment les églises et écoutait les sermons avec une religieuse attention. Qui pourrait dire ce qu'il éprouva à la vue des prétendus ossements de Tite-Live, découverts à Padoue (p. 183)? Lorsque, sur ses instantes prières, il obtint des Vénitiens un os du bras de l'historien latin, et qu'il reçut cette relique avec un saint respect, il dut y avoir dans son âme un singulier mélange de sentiments chrétiens et païens. Dans une campagne qu'il fit dans les Abruzzes, on lui montra de loin Sulmone, la patrie d'Ovide; il salua la ville et remercia le génie du lieu; il était évidemment heureux de pouvoir justifier les prédictions du grand poëte au sujet de sa gloire future [1]. Un jour, il eut même la fantaisie de renouveler une cérémonie antique. C'était lors de sa fameuse entrée dans Naples définitivement conquise (1443) : non loin du Mercato, on pratiqua dans le mur d'enceinte une brèche large de 40 aunes; c'est par là qu'il entra dans la ville, assis sur un char d'or ainsi qu'un triomphateur romain [2]. Le souvenir de ce fait est consacré par un magnifique arc de triomphe élevé dans

---

[1] OVID., *Amores*, III, 11. — Jovian. PONTAN., *De principe.*
[2] *Giorn. napolet.*, dans MURAT., XXI, col. 1127.

le Castello Nuovo ; — sa dynastie napolitaine (p. 46 ss.) n'a pas hérité grand'chose de cet enthousiasme de l'antiquité, non plus que de ses autres bonnes qualités.

Un prince infiniment plus instruit qu'Alphonse, c'était Frédéric d'Urbin[1], l'illustre élève du grand maître Vittorino da Feltre, qui avait moins de monde autour de lui, qui ne connaissait pas la prodigalité et qui, dans l'exploitation des trésors de l'antiquité comme en toutes choses, procédait avec méthode. C'est pour lui et pour Nicolas V qu'ont été écrites la plupart des traductions d'auteurs grecs, ainsi qu'un grand nombre des meilleurs commentaires, des meilleures études, etc. Il dépensait beaucoup, mais avec intelligence, pour payer les gens qu'il employait. Il n'était pas question d'une cour de poëtes à Urbin ; le prince lui-même était le premier des lettrés. Mais l'antiquité n'était qu'un des éléments de sa culture intellectuelle ; prince, général, homme accompli, il possédait une grande partie de la science d'alors et se servait de ses connaissances pour en faire un usage pratique. Comme théologien, il comparait, par exemple, saint Thomas et Scot ; il connaissait aussi les anciens Pères de l'Église de l'Orient et de l'Occident ; les premiers ne lui étaient abordables que dans des traductions latines. Dans la philosophie, il semble avoir entièrement abandonné Platon à son contemporain Côme de Médicis ; quant à Aristote, il en connaissait très-bien nonseulement la morale et la politique, mais encore la physique et d'autres écrits. Dans ses autres lectures, il avait une préférence marquée pour les historiens de l'antiquité, qu'il possédait au complet ; c'étaient eux et non les poëtes « qu'il relisait et se faisait relire sans cesse ».

---

[1] *Vespas. Fior.*, p. 3, 119 ss. — *Volle aver piena notizia d'ogni cosa, cosi sacra come gentile.* — Comp. plus haut, p. 56 ss. et 235 ss.

Les Sforza [1] également sont tous plus ou moins instruits et se déclarent les protecteurs des lettres, comme on l'a vu plus haut (p. 30, 49). Il est probable que le duc François regardait l'intervention des humanités dans l'éducation de ses enfants comme une chose que des raisons politiques rendaient toute naturelle ; toute la famille, en général, semble avoir attaché une grande importance à ce que le prince fût à la hauteur des hommes les plus instruits. Ludovic le More, qui est lui-même un latiniste de premier ordre, s'intéresse à tout ce qui est du domaine de l'intelligence et va bien au delà de l'antiquité sous ce rapport (p. 53 ss.).

Même les petits souverains recherchaient ce genre de supériorité, et c'est leur faire injure que de croire qu'ils n'entretenaient leurs littérateurs de cour que pour être adulés par eux. Un prince comme Borso de Ferrare (p. 62) ne nous apparaît plus, malgré sa vanité, comme un homme qui s'attend à être immortalisé par les poëtes, bien que ceux-ci l'aient chanté dans une « Borséide » et dans d'autres compositions de ce genre ; il a trop le sentiment de sa puissance pour concevoir une ambition aussi mesquine. Mais, d'autre part, le commerce des savants, le goût de l'antiquité, le besoin de savoir lire et écrire d'élégantes épîtres latines étaient, en ce temps-là, inséparables de l'autorité souveraine. Combien le duc Alphonse, ce prince si instruit (p. 62), a-t-il regretté que son état maladif l'eût forcé, dans sa jeunesse, à recourir aux travaux manuels pour rétablir sa santé[2]! Ou bien

---

[1] Chez le dernier Visconti, Tite-Live et les romans de chevalerie français, sans compter Dante et Pétrarque, se disputent encore la préférence du prince (p. 38). Il avait l'habitude de renvoyer au bout de quelques jours les humanistes qui se présentaient chez lui et qui voulaient le « rendre célèbre ». Comp. *Decembrio*, dans MURAT., XX, col. 1114.

[2] Paul. JOVII *Vita Alfonsi ducis.*

a-t-il simplement usé de ce prétexte pour écarter les lettrés? Une âme comme la sienne était fermée, même pour ses contemporains.

Même les plus petits tyrans romagnols sont plus ou moins tenus d'avoir à leur cour un ou plusieurs humanistes attitrés; chez eux, le précepteur et le secrétaire ne sont souvent qu'une seule et même personne, qui, de temps à autre, devient le factotum de la cour[1]. Généralement on est porté à rire de ces arrangements domestiques et à mépriser les cours qui se les permettent; mais on oublie que les choses de l'esprit ne se mesurent pas à l'importance des milieux.

Dans tous les cas, c'était une singulière vie que celle qu'on menait à la cour de Rimini sous le hardi païen et condottiere Sigismond Malatesta. Il avait autour de lui un grand nombre de philologues; il en dota quelques-uns richement, en leur donnant des terres, par exemple, pendant que d'autres étaient officiers et avaient ainsi leur existence assurée[2]. Dans son château (*arx Sismundea*) ils ont souvent des discussions fort violentes en présence du « *rex* », comme ils l'appellent; dans leurs poésies latines, ils le chantent comme de raison et célèbrent ses amours avec la belle Isotta, en l'honneur de laquelle fut

---

[1] Sur Collenuccio à la cour de Jean Sforza de Pesaro (fils d'Alexandre, p. 34), qui finalement le récompensa en le faisant mourir, p. 172, note 3. — Chez le dernier Ordelaffo, de Forli, c'est Codrus Urceus qui remplit ces fonctions (1447-1480); plaintes près de son lit de mort dans *C. U. Opp.*, Ven., 1506, fol. 54; sur le séjour à Forli, v. *Sermo* VI. Comp. Carlo MALAGOLA, *Della vita di C. U.*, Bologna, 1877, cap. IV. — Parmi les tyrans lettrés il faut aussi nommer Galeotti Manfreddi, de Faenza, assassiné par sa femme en 1488, et quelques Bentivogli de Bologne.

[2] *Anecdota litterar.*, II, p. 305 ss., 405. Basinius de Parme se moque de Porcellio et de Tommaso Seneca : en leur qualité de parasites affamés, dit-il, ils sont encore obligés, sur leurs vieux jours, de jouer aux soldats, tandis que lui est pourvu d'*ager* et de *villa*.

reconstruite l'église de San Francesco à Rimini, destinée à devenir un jour son tombeau, *Divæ Isottæ Sacrum.* Quand les philologues meurent, on les dépose dans (ou sous) les sarcophages dont sont ornées les niches des deux murs extérieurs de cette même église ; une inscription dit que tel ou tel humaniste a été enseveli là à l'époque où régnait Sigismond, fils de Pandolphe[1]. On croirait difficilement aujourd'hui qu'un monstre pareil à ce prince ait éprouvé le besoin de cultiver son esprit et de vivre avec des savants ; et pourtant le pape Pie II, qui l'excommunia, le brûla en effigie et lui fit la guerre, a dit de lui : « Sigismond connaissait les historiens et était versé dans la philosophie ; il semblait né pour réussir dans tout ce qu'il entreprenait[2]. »

[1] Pour plus de détails sur ces tombeaux, voir KEYSSLER, *Derniers Voyages*, p. 924.

[2] Pii II *Comment.*, l. II, p. 92. *Historiæ* est ici le résumé de toute l'antiquité. Paulus Cortesius en fait aussi un grand éloge.

CHAPITRE VII

REPRODUCTION DE L'ANTIQUITÉ.
ÉPISTOLOGRAPHIE ET DISCOURS LATIN.

L'humaniste était un personnage absolument indispensable aux républiques aussi bien qu'aux princes et aux papes ; il fallait leur concours pour la rédaction des lettres et pour les discours publics et solennels.

Il faut qu'au point de vue du style le secrétaire soit bon latiniste ; par suite, on ne se croit sûr de trouver que chez un humaniste la culture et les qualités dont un secrétaire a besoin. C'est ainsi que les savants les plus distingués du quinzième siècle ont servi l'État pendant une grande partie de leur vie. Leur origine n'était pour rien dans l'importance qu'on leur attribuait : des quatre grands secrétaires florentins qui tinrent la plume de 1427 à 1465 [1], trois sont originaires de la ville sujette d'Arezzo. Ce sont Lionardo (Bruni), Carlo (Marzuppini) et Benedetto Accolti ; le Pogge était de Terra-Nuova, qui faisait également partie du territoire de Florence. Depuis longtemps plusieurs des plus grands emplois

---

[1] Fabroni, *Cosmus*, Adnot. 118. — *Vespas. fior.*, *passim*. — On trouve un passage important sur ce que les Florentins exigeaient de leurs secrétaires (*quod honor apud Florentinos magnus habetur*) dans B. Facius, quand il raconte la nomination du Pogge comme secrétaire (*De vir. ill.*, p. 17) ; voir Æneas Sylvius, *De Europa*, cap. LIV. (*Opera*, p. 454.)

étaient confiés à des étrangers. Lionardo, le Pogge et Giannozzo Mannetti ont aussi été pendant quelque temps secrétaires des papes, et Charles Arétin devait le devenir. Blondin de Forli fut élevé à cette dignité; malgré tous les obstacles, Lorenzo Valla finit par y parvenir également. A partir de Nicolas V et de Pie II [1], le palais pontifical attire de plus en plus les talents les plus remarquables; même les derniers papes du quinzième siècle, qui d'ailleurs ne se distinguent guère par l'amour des lettres, suivent cette tradition. Dans l'histoire des papes écrite par Platina, la vie de Paul II n'est qu'une satire amusante dirigée par l'humaniste contre le pape qui ne savait pas traiter la chancellerie comme elle méritait de l'être, qui ne savait pas honorer selon son mérite cette pléiade de « poëtes et d'orateurs qui répandaient sur la curie autant d'éclat qu'ils en recevaient d'elle ». Il faut voir ces messieurs, si fiers et si riches, qui s'entendaient à exploiter leur position aussi bien que les papes eux-mêmes [2], il faut les voir s'emporter quand surgit une question de préséance, quand, par exemple, les avocats consistoriaux prétendent avoir le même rang qu'eux ou même le pas sur eux [3]. Ils en appellent tout d'une haleine à l'évangéliste saint Jean, à qui le ciel avait dévoilé ses secrets, au secrétaire de Porsenna,

---

[1] Comp. plus haut, p. 132, 274, et G. VOIGT, Sylvius ÆNÉAS, sous le nom de *Pie II*, t. III, p. 418 ss., à propos des changements souvent entrepris et souvent avortés que Pie II fit faire dans l'abréviature.

[2] Comp. l'opinion de Jacques Spiegel, 1521, relatée dans les comptes rendus des séances de l'Académie de Vienne, LXXVIII, p. 333.

[3] *Anecdota litt.*, I, p. 119 ss. Plaidoyer (*Actio ad cardinales deputatos*) de Jacobus Volaterranus, au nom des secrétaires, datant certainement de l'époque de Sixte IV (VOIGT, p. 552, note 3). — Les prétentions à l'humanisme des avocats consistoriaux reposaient sur leur éloquence, comme celles des secrétaires sur leur talent à écrire des lettres.

que M. Scévola avait pris pour le roi lui-même, à Mécène,
qui était le secrétaire d'Auguste, aux archevêques, qui
en Allemagne s'appellent chanceliers, etc. [1]. Les écrivains apostoliques ont entre les mains les premières
affaires du monde, car quel autre qu'eux écrit et décrète
dans les questions relatives à la foi catholique, à la lutte
contre l'hérésie, au rétablissement de la paix, à la média-
tion entre les plus grandes monarchies? Quel autre
qu'eux dresse les tableaux statistiques de toute la chrétienté? Ce sont eux qui frappent d'admiration les rois,
les princes et les peuples par l'expression de la volonté
des papes; ils rédigent les ordres et les instructions pour
les légats, le pape a seul le droit de leur commander.
Les deux célèbres secrétaires et stylistes de Léon X,
Pierre **Bembo** et Jacques Sadolet [2], devinrent illustres
entre tous.

Mais toutes les chancelleries n'écrivaient pas avec élégance; il y avait un certain méchant style particulier
aux fonctionnaires et un affreux latin qui étaient fort

---

[1] C'est la véritable chancellerie impériale sous Frédéric III que
Sylvius Ænéas connaissait le mieux. Comp. *Epp.* 23 et 105, *Opera,*
p. 516 et 607.

[2] Les lettres de Bembo et de Sadolet ont été souvent imprimées;
celles du premier, p. ex., dans les *Opera,* Bâle, 1556, vol. II, où
l'on fait une distinction entre les lettres écrites au nom de Léon X
et des lettres particulières; celles du dernier sont les plus complètes, 5 vol., Rome, 1760. Carlo Malagola a écrit quelques articles
sur ces deux auteurs dans la revue *Il Baretti,* Turin, 1875. Nous
parlerons plus bas de l'Asolani de Bembo; sur l'importance de
Sadolet comme écrivain latin, un contemporain, Petrus Alcyonius,
De exilio, ed Menken, p. 119, s'est exprimé de la manière suivante :
Solus autem nostrorum temporum aut certe cum paucis animadvertit elocu-
tionem emendatam et latinam esse quasi fundamentum oratoris, ad eamque
obtinendam necesse esse latinam linguam expurgare quam inquinarunt non-
nulli exquisitarum litterarum omnino rudes et nullius judicii homines qui
partim ex circumpadanis municipiis, partim ex transalpinis provinciis in
hanc urbem confluxerunt. Emendavit igitur eruditissimus hic vir corruptam
et vitiosam latinæ linguæ consuetudinem, pura ac integra loquendi ratione.

répandus. Dans les documents publiés par Corio sur
l'histoire de Milan, on est frappé du contraste qui existe
entre le style de ces pièces et celui des quelques lettres
qui ont dû être écrites par les membres de la famille
princière eux-mêmes, et cela dans les circonstances les
plus graves [1]; elles sont de la latinité la plus pure.
Garder son style même à l'heure du danger, c'était
comme une règle de savoir-vivre et une suite de l'habitude. Outre les fonctionnaires, il y avait naturellement aussi des particuliers, des savants de tout genre qui
écrivaient. Le but des lettres était rarement celui que
nous nous proposons, nous autres modernes, savoir de
renseigner un absent sur notre situation, de l'instruire
de nouvelles de toute sorte; on les regardait plutôt
comme un travail littéraire et on les écrivait, moitié pour
faire preuve de culture intellectuelle, moitié pour se poser
dans l'opinion du destinataire. La lettre commença par
remplacer la dissertation savante, et Pétrarque, qui a le
premier donné cet exemple, peut être considéré comme
le rénovateur du style épistolaire des anciens, ne serait-ce
que parce qu'il remplace le « vous », légué par le latin du
moyen âge, par le classique « tu ». Plus tard, les lettres
devinrent des assemblages de phrases ingénieuses et élégamment tournées, par lesquelles on essayait d'encoura-
ger ou d'humilier ses inférieurs, d'encenser ou d'attaquer
ses collègues, de glorifier ou d'implorer ses supérieurs [2].

---

[1] Corio, *Storia di Milano,* fol. 449, la lettre d'Isabelle d'Aragon à
son père Alphonse de Naples; fol. 451, 464, deux lettres du More à
Charles VIII. — Comp. avec ces lettres l'historiette qui se trouve
dans les *Lettere pittoriche,* III, 86 (Sébast. del Piombo à Arétin):
comment, pendant le sac de Rome, Clément VII réunit ses savants
au château et leur fait faire à chacun le brouillon d'une supplique à Charles-Quint.

[2] Pour l'épistolographie en général, comp. G. Voigt, *Renaissance,*
p. 414-427

C'est à titre de modèles qu'on étudiait avec beaucoup de soin les recueils de lettres de Cicéron, de Pline et d'autres écrivains. Aussi vit-on paraître dès le quinzième siècle des traités d'épistolographie et des formulaires de lettres latines ; ces ouvrages formèrent une branche des grands travaux de grammaire et de lexicographie dont la quantité nous étonne encore aujourd'hui. Plus les profanes s'évertuaient à ces exercices en s'aidant de secours de ce genre, plus les maîtres faisaient d'efforts ; les lettres de Politien et, au commencement du seizième siècle, celles de Pierre Bembo étaient regardées comme des chefs-d'œuvre de perfection, non-seulement au point de vue de la latinité, mais encore à celui de l'épistologra-phie en général.

A côté des lettres latines, le seizième siècle produit aussi des modèles de lettres italiennes, et ici encore Bembo tient le premier rang [1]. C'est un genre tout moderne ; les auteurs s'écartent à dessein de la forme latine, tout en restant fidèles à l'esprit de l'antiquité. Sans doute ces lettres sont en partie confidentielles ; toutefois elles sont pour la plupart écrites en vue d'une publication possible et dans la pensée qu'elles pourraient se répandre à cause même de leur élégance. Aussi trouve-t-on, dès 1530, des recueils imprimés de lettres provenant de différents auteurs ou bien d'un seul ; disons que Bembo devint aussi célèbre par ses lettres italiennes que par ses lettres latines [2].

Mais au-dessus de l'épistolographe se place l'orateur [3],

[1] Bembo croyait encore devoir s'excuser d'écrire en italien : *Ad Sempronium, Bembi Opera*, Bâle, 1556, vol. III, p. 156 ss.

[2] Sur les collections de lettres d'Arétin, voir plus haut p. 206 ss. On avait déjà imprimé au quinzième siècle des recueils de lettres latines.

[3] Que l'on compare les discours qui figurent dans les *Opera* de

ce qui est chose naturelle à une époque et chez un peuple où tout le monde était passionné pour la parole vivante et où l'image du sénat et des orateurs romains régnait dans tous les cœurs. L'éloquence est complétement émancipée; elle est affranchie de l'Église dans le sein de laquelle elle avait trouvé un refuge au moyen âge; elle forme un des éléments nécessaires et un des ornements naturels de toute existence considérable. Beaucoup de moments solennels qui sont aujourd'hui remplis par la musique appartenaient à l'éloquence latine ou italienne. Et pourtant Bartolommeo Fazio se plaint que l'orateur de son temps soit bien moins partagé que ne l'était l'orateur antique : des trois genres d'éloquence dans lesquels celui-ci pouvait briller, un seul est resté ouvert aux modernes, attendu que l'éloquence judiciaire est réservée aux juristes, et que les discours prononcés dans le conseil des princes doivent être faits en italien[1].

Peu importaient le rang et la condition de l'orateur; ce qu'on lui demandait avant tout, c'était la haute culture littéraire. A la cour de Borso de Ferrare, le médecin du prince, Jeronimo da Castello, adressa un discours de bienvenue à Frédéric III aussi bien qu'à Pie II[2]; dans les églises, des laïques mariés montaient en chaire aux jours de fête ou de deuil, et même pour célébrer des saints. Les membres du concile de Bâle qui n'étaient pas Italiens durent être surpris lorsqu'au jour de la fête de saint

Philelphus, de Sabellicus, de Beroaldus, et les écrits et biographies de Gian. Mannetti, Sylvius Ænéas, etc.

[1] B. F. *De viris illustribus*, ed. MEHUS, p. 7. Mannetti aussi, ainsi que l'a raconté Vesp. BISTICCI, *Commentario*, p. 51, a prononcé beaucoup de discours en italien, mais les a écrits ensuite en latin. — Les savants du quinzième siècle, Paolo Cortese p. ex., ne jugent en général les travaux passés qu'au point de vue de l'*eloquentia*.

[2] *Diario Ferrarese*, dans MURAT., XXIV, col. 198, 205.

Ambroise, l'archevêque de Milan fit prêcher Sylvius Æneas, qui n'était pas encore entré dans les ordres ; malgré les murmures des théologiens, le concile accepta cette nouveauté et écouta l'orateur avec le plus grand plaisir [1].

Un mot sur les principales occasions qui s'offraient aux orateurs de parler en public.

D'abord ce n'est pas pour rien que les envoyés d'État à État portent le nom d'orateurs : à côté de la négociation secrète il y avait un inévitable morceau de parade, un discours public, prononcé avec le plus de solennité possible [2]. Généralement un seul avait mission de parler au nom de l'ambassade, qui était souvent fort nombreuse ; mais il arriva pourtant à Pie II, devant lequel chacun cherchait à se faire entendre, d'être obligé d'essuyer les discours de tous les membres d'une députation [3]. D'autre part, des princes instruits et bien doués aimaient à parler eux-mêmes, soit en italien, soit en latin. Les enfants de la maison Sforza étaient dressés à cet exercice; Galéas-Marie, étant tout jeune encore, prononça, en 1455, un discours très-coulant devant le grand conseil de Venise [4], et, au congrès de Mantoue (1459), sa sœur Hippolyte adressa une allocution fort élégante au pape

[1] Pii II *Comment.*, l. I, p. 10.

[2] Autant était grand le succès de l'orateur heureux, autant il était terrible de rester court devant de nombreuses et brillantes assemblées. On en trouve des exemples dans Petrus CRINITUS, *De honesta disciplina*, V, cap. III. Comp. *Vespas. fior.*, p. 319, 430.

[3] Pii II *Comment.*, l. IV, p. 205. C'étaient, de plus, des Romains qui l'attendaient à Viterbe. *Singuli per se verba fecere, ne alius alio melior videretur, cum essent eloquentia ferme pares.* — Le fait qu'on ne permit pas à l'évêque d'Arezzo de parler au nom de la députation envoyée par les états italiens au nouveau pontife Alexandre VI, est compté très-sérieusement par Guichardin (au commencement du t. I) au nombre des causes qui aidèrent à amener les malheurs de l'Italie.

[4] Communiqué par Marin SANUDO, dans MURAT., XXII, col. 1160.

Pie II [1]. Ce pontife lui-même avait, à toutes les époques de sa vie, travaillé à sa grandeur future en cultivant l'éloquence. Il avait beau être le premier diplomate et le savant le plus remarquable de la curie, peut-être ne serait-il pas devenu pape sans sa réputation d'orateur et sans le charme de sa parole. « Car rien n'était plus sublime que ses élans [2]. » Certainement qu'avant l'élection son éloquence le faisait remarquer comme le plus digne d'occuper le Saint-Siége.

Ensuite on adressait aux princes des allocutions, souvent fort longues, à l'occasion des réceptions solennelles. Naturellement cela n'avait lieu que si le prince aimait ou voulait passer pour aimer l'éloquence [3], et s'il avait sous la main un orateur capable de donner la réplique, que ce fût un lettré de la cour, un professeur de l'Université, un fonctionnaire, un médecin ou un ecclésiastique.

On saisit aussi avec empressement toute autre occasion politique, et, suivant le renom de l'orateur, tout le public instruit accourt à l'envi. Lors du renouvellement annuel de certains hauts fonctionnaires, même lors de l'entrée en fonction de nouveaux évêques, un humaniste est

[1] Pii II Comment., l. II, p. 107. Comp. p. 87. — Une autre femme orateur de rang princier, qui prononça des discours en italien, était Madonna Battista Montefeltro, mariée à un Malatesta, qui harangua le roi Sigismond et le pape Martin. Comp. Arch. stor., IV, I, p. 442, note.

[2] De expeditione in Turcas, dans MURAT., XXIII, col. 68. Nihil enim Pii concionantis majestate sublimius. — Outre la complaisance naïve avec laquelle Pie raconte lui-même ses succès, comp. CAMPANUS, Vita Pii II, dans MURAT., III, II, passim. Plus tard, sans doute, on jugea ces discours d'une manière moins favorable; comp. G. VOIGT, Silvius Æneas, II, p. 275 ss.

[3] Un jour pourtant Charles-Quint, écoutant à Gênes un discours latin et ne pouvant suivre le langage fleuri de l'orateur, dit en soupirant à P. Jove : « Ah! combien mon maître Adrien avait raison autrefois quand il me prédisait que je serais un jour puni de ma paresse à apprendre le latin ! » — Paul Jov., Vita Hadriani VI. Les princes qui avaient été harangués faisaient ordinairement

chargé de prendre la parole ; souvent[1] il parle en strophes saphiques ou en hexamètres ; bien des fonctionnaires entrant en charge sont obligés de prononcer un discours sur leurs devoirs futurs, par exemple « sur la justice » ; heureux si leurs études les ont préparés à subir cette épreuve. A Florence, les condottieri eux-mêmes, quelles que soient leur origine et leur culture, payent leur tribut à l'éloquence, et, quand on leur remet le bâton du commandement, on les fait haranguer en présence de tout le peuple par le plus lettré des secrétaires d'État[2]. Il paraît qu'au pied ou près de la Loggia dei Lanzi, le portique où le gouvernement paraissait devant le peuple, on avait élevé une tribune aux harangues (*rostra, ringhiera*).

Parmi les anniversaires, on célèbre surtout par des discours commémoratifs ceux de la mort des princes. L'oraison funèbre proprement dite est surtout réservée à l'humaniste, qui la prononce à l'église, en costume laïque, non-seulement devant le cercueil des princes, mais encore devant celui des fonctionnaires et d'autres personnages considérables[3]. Souvent il en est de même des discours prononcés aux cérémonies de fiançailles ou aux mariages ; seulement, dans ce dernier cas, l'orateur (paraît-il) parle non pas à l'église, mais dans le palais, témoin le discours prononcé par Filelfo, au château de

répondre par leurs orateurs attitrés ; c'est ainsi que Frédéric III répondit par la bouche de Sylvius Æneas à l'allocution de Giannozzo Mannetti ; Vesp. Bist., *Commentario*, p. 64.

[1] Lil. Greg. Gyraldus, *De poetis nostri temp.*, à propos de Collenuccio Filelfo, qui était laïque et marié, prononça dans la cathédrale de Côme le discours d'installation pour l'évêque Scarampi (1460). Rosmini, *Filelfo*, II, p. 122 ; III, p. 147.

[2] Fabroni, *Cosmus*, adnot. 52.

[3] Ce qui pourtant choqua quelque peu Jac. Volaterranus (dans Murat., XXIII, col. 171) lors de la fête de l'anniversaire de la mort de Platina.

Milan, lors du mariage d'Anne Sforza avec Alphonse d'Este. (Il est possible cependant que ce discours ait été prononcé dans la chapelle du palais.) Même des particuliers de haute condition se donnaient à l'occasion le luxe de payer un orateur extraordinaire pour une cérémonie de ce genre. A Ferrare, on priait simplement Guarino[1] d'envoyer un de ses élèves pour faire l'allocution tradi tionnelle. Aux mariages et aux enterrements, l'Église ne s'occupait que des détails matériels.

En fait de discours académiques, ceux qui sont prononcés par les professeurs eux-mêmes lors de leur entrée en fonction ou de l'ouverture des cours[2] sont rehaussés de tous les ornements que la rhétorique peut fournir. De même, les cours ordinaires se rapprochaient souvent du discours proprement dit[3].

---

[1] *Anecdota litt.*, I, p. 299, dans l'oraison funèbre prononcée par Fedra en l'honneur de Lod. Podocataro ; c'est lui que Guarino désignait de préférence pour de semblables missions. Mais Guarino lui-même a prononcé plus de cinquante oraisons funèbres et discours d'apparat, qui sont énumérés dans Rosmini, *Guarino*, II, p. 139-146.

[2] On trouve beaucoup de discours d'ouverture de ce genre dans les ouvrages de Sabellicus, de Beroaldus major, de Codrus Urceus, etc. Parmi les ouvrages de ce dernier se trouvent aussi des poésies, qu'il a lues publiquement *in principio studii*.

[3] Voir le succès remarquable qu'avaient les cours de Pomponazzo dans Paul. Jov., *Elogia vir. doct.*, p. 134, qui remarque entre autres que P. parlait souvent de telle manière que ses auditeurs auraient pu écrire tout ce qu'il disait. En général, il paraît que les discours qui devaient être parfaits sous le rapport de la forme, s'apprenaient par cœur ; le fait est affirmé formellement par Giannozzo Mannetti (*Commentario*, p. 39) ; comp. le récit qui se trouve au même endroit, p 64 ss., avec cette observation qui se trouve à la fin, que Mannetti parlait mieux sans préparation que Charles Arétin après qu'il avait préparé son discours. Par contre, on raconte de Codrus Urceus que, comme il avait la mémoire ingrate, il lisait ses discours.(*Vita*, après les œuvres de C. U., Ven., 1506, fol. LXX.) — Le mérite exagéré qu'on attribuait à l'orateur est attesté par le passage suivant : *Ausim affirmare, perfectum oratorem (si quisquam modo sit perfectus orator) ita facile posse nitorem, lætitiam, lumina et umbras rebus dare quas oratione exponendas suscipit, ut pictorem*

Pour les avocats, c'était la composition de l'auditoire qui déterminait la nature des discours. Suivant les circonstances, l'orateur appelait à son aide toutes les ressources de la philologie et de l'antiquité.

Un genre à part, ce sont les harangues adressées en italien aux soldats, soit avant, soit après l'action. Frédéric d'Urbin [1] était passé maître dans la harangue militaire : il savait admirablement enflammer le courage de ses bataillons lorsqu'ils étaient là, prêts à combattre. Il est possible que bien des discours qui figurent chez les écrivains militaires du quinzième siècle, par exemple chez Porcellius (p. 126), soient en partie des œuvres d'imagination pure; mais il se peut aussi qu'ils reposent souvent sur des paroles qui ont été réellement prononcées. Les allocutions adressées à la milice florentine [2], organisée depuis 1506, surtout d'après les conseils de Machiavel, allocutions prononcées lors des revues et plus tard à l'occasion d'une fête annuelle particulière, ont encore un caractère différent. L'orateur y parle du patriotisme en général; c'est un citoyen portant la cuirasse et l'épée qui les prononce devant la milice assemblée.

Enfin, au quinzième siècle, le serment proprement dit n'est parfois guère différent du discours ordinaire, vu que beaucoup d'ecclésiastiques étaient entrés dans le mouvement qui avait l'antiquité pour point de départ, et qu'ils étaient jaloux de faire valoir leurs connaissances littéraires. Bernardin de Sienne lui-même, ce prédica-

----

suis coloribus et pigmentis facere videmus. (Petrus ALCYONIUS, *De exilio,* ed. Menken, p. 136.)

[1] *Vesp. Fior.*, p. 103. Comp. l'*Histoire*, p. 598, où il raconte comment Giannozzo Mannetti vint le trouver dans son camp.

[2] *Archiv. stor.*, XV, p. 113, 121. *Introduction de Canestrini*, p. 32 ss., la reproduction de deux harangues militaires; la première, prononcée par Alemanni, est d'une beauté remarquable et digne du moment (1528).

teur des rues qu'on regardait comme un saint, même de son vivant, et qui était adoré du peuple, regardait comme un devoir de ne pas dédaigner les cours de rhétorique du célèbre Guarino, bien qu'il n'eût à prêcher qu'en italien. En ce temps-là on était aussi exigeant à l'égard des prédicateurs de carême qu'on l'a été à n'importe quelle époque; parfois il y avait aussi un auditoire qui ne craignait pas la philosophie dans la chaire et qui demandait même à y retrouver les idées philosophiques qui lui étaient familières[1]. Il ne s'agit ici que des prédicateurs de premier ordre que le hasard appelait à parler en latin. Comme nous l'avons dit, bien des occasions de se faire entendre leur étaient enlevées par des laïques lettrés. Ce sont des laïques qui prennent la parole à certaines fêtes de saints, aux enterrements et aux mariages, lors de l'installation des évêques, etc., même à la première messe d'un ecclésiastique ami; ce sont des laïques qui, le jour de la fête solennelle[2], prononcent le discours d'apparat devant le chapitre d'un ordre. Cependant, au quinzième siècle, c'était généralement des moines qui prêchaient devant la cour pontificale, quelle que fût la cérémonie à célébrer. Sous Sixte IV, Giacomo de Volterra relève les noms de ces prédicateurs officiels, et il les critique selon les règles de l'art[3]. Fedra Inghirami, célèbre comme prédicateur sous

---

[1] Voir là-dessus Faustinus Terdoceus, dans sa satire *De triumpho stultitiæ*, lib. II.

[2] On trouve ces deux cas extraordinaires dans SABELLICUS. (*Opera,* fol. 61-82. *De origine et auctu religionis,* discours prononcé en chaire à Vérone, devant le chapitre des Carmes déchaux, et : *De sacerdotii laudibus,* discours prononcé à Venise. Comp. 292, note 3.)

[3] Jac. VOLATERRANI *Diar. Roman.,* dans MUR., XXIII, *passim.* — On cite, col. 173, un sermon extrêmement remarquable, prononcé devant la cour, mais toutefois en l'absence accidentelle du Pape : le Père Paolo Toscanella fulmina contre le Pape, la famille du

Jules II, avait reçu l'ordination et était chanoine à Latran; parmi les prélats, il y en avait beaucoup qui s'exprimaient élégamment en latin. En général, le seizième siècle amène, sous ce rapport comme sous d'autres, une diminution dans les priviléges jusqu'alors excessifs dont les humanistes avaient joui. Nous reviendrons plus loin sur cette question.

Quels étaient, en somme, la nature et le contenu de ces discours? Le bien dire naturel n'aura sans doute pas manqué aux Italiens pendant le moyen âge, et de tout temps la rhétorique avait fait partie des sept arts libéraux; mais s'il s'agit de la résurrection de la méthode antique, il faut, d'après Philippe Villani [1], en attribuer le mérite à un Florentin, Bruno Casini, qui mourut de la peste en 1348, dans un âge peu avancé. Il fixa les règles de l'invention, de la déclamation, du geste et du maintien tels que les anciens les avaient conçus; son but en cela était tout pratique : il voulait rendre les Florentins capables de s'exprimer avec aisance dans les conseils et dans les réunions publiques. Il n'était pas le seul à demander que l'éducation oratoire eût un caractère pratique ; tout le monde estimait fort ceux qui parlaient un latin élégant et qui savaient improviser un discours en cas de besoin [2]. L'étude toujours plus assidue des discours et des écrits théoriques de Cicéron, de Quintilien et des panégyristes impériaux, l'apparition de nouveaux ouvrages didactiques spéciaux [3], et la masse d'idées et

pontife et les cardinaux; Sixte l'apprit et se contenta de sourire.

[1] Fil. VILLANI, *Vitæ*, ed. Galetti, p. 30.

[2] Comp. plus haut p. 293, note 3.

[3] Georg. TRAPEZUNT. *Rhetorica*, le premier système complet. — Sylvius ÆNÉAS, *Artis rhetoricæ præcepta* (1456), dans les *Opera*, p. 992-1034, ne s'occupe à dessein que de la syntaxe et de la construction; son livre est, du reste, caractéristique pour la routine dont il est un parfait modèle. Il nomme plusieurs autres théoriciens

de choses antiques dont on pouvait et devait grossir le trésor de ses propres idées, toutes ces circonstances achevèrent de donner à l'éloquence italienne le caractère qui la distingue.

Ce caractère varie toutefois selon les individus. Plus d'un discours respire une véritable éloquence, notamment ceux qui se renferment dans le sujet lui-même; tels sont, en général, ceux qui nous restent de Pie II. D'autre part, les effets merveilleux qu'obtint Giannozzo Mannetti[1] dénotent un orateur comme on en a peu vu à n'importe quelle époque. Les discours solennels qu'il prononçait comme ambassadeur devant Nicolas V, devant le doge et le Conseil de Venise, étaient des événements dont le souvenir ne s'effaçait pas de sitôt. Beaucoup d'orateurs, par contre, profitaient de l'occasion pour flatter quelques auditeurs de distinction et pour citer, sans ordre et sans choix, une foule de mots et de faits empruntés à l'antiquité. Cela durait quelquefois deux et même trois heures; aussi la patience de l'auditoire ne peut-elle s'expliquer que par l'intérêt passionné qui s'attachait aux anciens, par l'insuffisance et par le petit nombre des travaux philologiques qui existaient avant que l'imprimerie fût répandue partout. Ce genre de discours avait toujours la valeur que nous avons attribuée

---

dont la plupart sont inconnus aujourd'hui. Comp. G. VOIGT, II, 262 ss. D'autres d'Aug. Dati, etc.

[1] Sa *Vita,* dans MURAT., XX, est toute pleine des effets de son éloquence. — Comp. *Vespas. Fior.,* 592 ss., et *Commentario,* p. 30. Sans doute ces discours ne font pas sur nous une impression particulière, p. ex. celui qui a été prononcé au couronnement de Frédéric III; voir FREHER-STRUVE, *Script. rer. Germ.,* III, p. 4-19. Sur le discours prononcé par Mannetti aux funérailles de Léon Arétin, SHEPHERD-TONELLI, *Poggio,* II, 67 ss., dit, après en avoir cité de nombreux passages : *L'orazione ch'ei compose, è ben la cosa la più meschina che potesse udirsi, piena di puerilità volgare nello stile irrilevante negli argomenti ed' una prolissità insopportabile.*

à certaines lettres de Pétrarque (p. 255 et 287). Pourtant quelques orateurs allaient par trop loin. La plupart des discours de Filelfo sont un affreux pêle-mêle de citations classiques et bibliques, rattachées à une série de lieux communs; dans l'intervalle, l'auteur célèbre la personnalité des grands dont il s'est proposé de faire l'éloge en leur prêtant, par exemple, toutes les vertus cardinales, et ce n'est qu'à grand'peine qu'on découvre, chez lui et chez d'autres, les quelques éléments historiques de valeur qui s'y trouvent réellement. Le discours d'un docte professeur de Plaisance, par exemple, discours prononcé à l'occasion de la réception du duc Marie-Galéas, commence par l'éloge de C. Julius César, mêle une foule de citations antiques à d'autres citations prises dans un ouvrage allégorique de l'auteur, et se termine par de bonnes leçons fort indiscrètes à l'adresse du souverain [1]. Heureusement la soirée était déjà fort avancée, et l'orateur dut se contenter de remettre au prince le manuscrit de son panégyrique. Filelfo lui-même commence un discours de fiançailles par les mots suivants : Aristote, le célèbre péripatéticien, etc.; d'autres s'écrient dès l'exorde : Publius Cornélius Scipion, etc., comme si eux-mêmes et leurs auditeurs ne pouvaient attendre les citations. A la fin du quinzième siècle, le goût s'épura tout à coup, et cela surtout grâce aux Florentins; à partir de cette époque, les orateurs deviennent plus sobres de citations; il faut dire que dans l'intervalle les recueils et les livres à consulter sont devenus plus nombreux, et que le premier venu peut y trouver sans peine ces citations qui, jusqu'alors, avaient émerveillé les princes et le peuple.

---

[1] *Annales Placentini*, dans Murat., XX, col. 918.

Comme la plupart des discours étaient élaborés dans le silence du cabinet, l'imprimerie s'emparait des manuscrits et répandait au loin les discours prononcés. Par contre, il fallait la sténographie pour recueillir les paroles des grands improvisateurs [1]. En outre, tous les discours que nous possédons n'étaient pas destinés à être prononcés réellement; tel est, par exemple, le panégyrique de Ludovic le More, par Béroalde, que le prince n'a connu que sous la forme d'un manuscrit [2]. De même que l'on composait des lettres avec des adresses imaginaires à titre d'exercice, de formulaires, même d'écrits de tendance, de même il y avait des discours fictifs [3], destinés à servir de modèles en cas de réception de hauts fonctionnaires, de princes, d'évêques, etc.

Pour l'éloquence comme pour le reste, la mort de Léon X (1521) et le sac de Rome (1527) inaugurent l'ère de la décadence. P. Jove [4], qui avait eu peine à s'échapper

---

[1] P. ex., les discours de Mannetti. Comp. *Vesp. Commentario*, p. 30. Il en était de même de Savonarole; comp. PERRENS, *Vie de Savonarole*, I, p. 163. Cependant les sténographes ne pouvaient pas toujours le suivre, non plus que des improvisateurs entraînés par leur verve. Savonarole prêchait en italien; comp. Pasq. VILLARI (traduit par BERDUSCHEK, I, 268 ss.).

[2] Ce n'est pas un des meilleurs. *Opuscula Beroaldi*, Bâle, 1509, fol. XVIII-XXI. Ce qu'il y a de plus remarquable, c'est le trait final : *Esto tibi ipsi archetypon et exemplar, teipsum imitare*, etc.

[3] Alberto di Ripalta a écrit des lettres et des discours de ce genre; comp. l'ouvrage composé par son père et continué par lui, *Annales Placentini*, dans MURAT., XX, col. 914 ss., où le pédant raconte d'une manière tout à fait instructive sa carrière littéraire.

[4] Pauli Jovii *Dialogus de viris litteris illustribus*, dans TIRABOSCHI, t. VII, parte IV. — Cependant il dit une dizaine d'années plus tard, à la fin des *Elogia litteraria* : *Tenemus adhuc*, lorsque l'Allemagne avait conquis le premier rang dans la philologie, *sinceræ et constantis eloquentiæ munitam arcem*, etc. Tout le passage, traduit en allemand dans GREGOROVIUS, VIII, p. 217 ss., a une importance toute particulière au point de vue du jugement porté par un Italien sur l'Allemagne; c'est à ce titre que nous nous en sommes servi encore plus bas.

de la ville éternelle, en donne les raisons; ses vues, bien qu'étroites, ne manquent pas de justesse :

« **Les** représentations de **Plaute** et de **Térence,** qui étaient autrefois l'école de la bonne latinité pour les Romains de distinction, ont dû céder la place à des comédies italiennes. L'orateur élégant ne trouve plus l'admiration qui accueillait jadis ses discours. C'est pourquoi les avocats consistoriaux, par exemple, ne travaillent plus que le début de leurs rapports; le reste n'est plus qu'un informe pêle-mêle où il n'y a ni lien ni transition. Les discours de circonstance et les sermons eux-mêmes sont tombés bien bas. S'agit-il de l'oraison funèbre d'un cardinal ou d'un grand, les exécuteurs testamentaires se gardent de s'adresser au meilleur orateur de la ville; ils louent à bas prix quelque aventurier, quelque pédant sans vergogne, qui n'aspire qu'à se faire à tout prix une certaine notoriété. Le mort, se dit-on, est insensible à la présence de ce singe habillé de deuil qui, du haut de la chaire, commence par faire entendre une voix sourde et larmoyante pour se laisser aller peu à peu à de véritables hurlements. Même les sermons prononcés les jours de fête, quand le pontife officie en personne, sont maigrement rétribués; ce sont encore des moines de tous les ordres qui se sont emparés de la chaire et qui prêchent comme s'ils étaient en face des auditeurs les plus barbares. Il y a quelques années encore, un pareil sermon, prononcé à la messe en présence du Pape, pouvait conduire à la dignité épiscopale. »

CHAPITRE VIII

A l'épistolographie et à l'éloquence des humanistes nous rattacherons encore leurs autres productions, qui, en même temps, sont plus ou moins des souvenirs immédiats de l'antiquité.

Nous parlerons tout d'abord du traité suivi ou présenté sous la forme du dialogue [1], qui était empruntée directement à Cicéron. Pour être juste à l'égard de ce genre de travaux, pour ne pas le condamner d'emblée comme étant une source d'ennui, il faut considérer deux points : le siècle qui brisa les entraves du moyen âge avait besoin, dans beaucoup de questions de morale et de philosophie, d'être initié aux doctrines de l'antiquité; ce furent les auteurs de traités et de dialogues qui se chargèrent de l'éclairer sous ce rapport. Ces lieux communs que nous trouvons dans leurs écrits étaient pour eux et pour leurs contemporains des vues laborieusement retrouvées sur des objets dont personne n'avait plus parlé depuis les anciens. Puis ils aiment à s'entendre parler sur ces matières, peu leur importe que

---

[1] Une espèce particulière, ce sont les dialogues à moitié satiriques que Pandolfo Collenuccio et surtout Pontano ont imités de Lucien. Ce sont eux qui ont donné l'exemple à Érasme et à U. de Hutten. — Il est probable que, pour les traités proprement dits, des parties des ouvrages moraux de Plutarque ont, de bonne heure, servi de modèle.

ce soit en latin ou en italien. Grâce à ces ouvrages, la langue devient plus libre et plus variée qu'elle ne l'est dans la narration historique ou dans le discours et dans les lettres; aussi, parmi les écrits italiens de ce genre, en est-il plusieurs qui passent encore aujourd'hui pour des modèles. Beaucoup de ces travaux ont été déjà cités ou le seront encore à cause des idées qu'ils renferment; ici nous devons nous borner à en parler comme genre littéraire. A partir des lettres et des traités de Pétrarque jusque vers la fin du quinzième siècle, c'est l'élément antique qui domine dans cette sorte d'ouvrages, comme dans les discours des orateurs; peu à peu l'originalité prend la place de l'imitation, jusqu'au moment où Bembo dans les *Asolani,* et Luigi Cornaro[1] dans la *Vita sobria,* produisent des modèles classiques. Une raison majeure de ce fait, c'est que, dans l'intervalle, les matériaux légués par l'antiquité s'étaient en quelque sorte déposés dans de volumineux recueils spéciaux, et qu'ils n'étaient plus un embarras pour les auteurs de traités.

Il était inévitable que l'humanisme s'emparât aussi de l'histoire. Si l'on fait une comparaison superficielle entre ces histoires et les chroniques d'autrefois, notamment des ouvrages admirables, riches de couleur et de vie, comme ceux de Villani, on regrettera vivement cette transformation. Combien tout ce qu'écrivent les humanistes est terne et conventionnel à côté de ces beaux travaux, même sans excepter les successeurs immédiats de Villani! Quel abîme entre Léonard Arétin et le Pogge, et ces illustres chroniqueurs de Florence[2]! Le lecteur se dit

[1] Voir là-dessus plus bas, 4e partie, chap. v.
[2] Comp. la mordante épigramme de Sannazar :

> Dum patriam laudat, damnat dum Poggius hostem
> Nec malus est civis, nec bonus historicus.

sans cesse qu'entre les périodes de Tite-Live et les phrases de César qu'il retrouve chez un Facius, un Sabellicus, un Folieta, un Senarega, un Platina (dans l'*Histoire de Mantoue*), chez Bembo (dans les *Annales de Venise*) et même chez Paul Jove (dans les *Histoires*), la couleur individuelle et locale, l'intérêt des faits ont dû souffrir. On se méfie davantage quand on s'aperçoit que le vrai mérite de Tite-Live, le modèle adopté par les historiographes [1], a été méconnu par eux, qu'ils l'ont vu dans ce fait qu'il « a transformé par la grâce et la richesse de son style une tradition sèche et décolorée » ; on trouve même chez ces auteurs un singulier aveu : c'est que l'histoire doit passionner, charmer, émouvoir le lecteur par les artifices d'un style savant, comme si l'histoire pouvait remplacer la poésie. D'autre part, il faut songer que beaucoup d'historiens humanistes, travaillant sur commande, sont peu instruits de ce qui se passe hors de leur portée, et que les rares données qu'ils peuvent recueillir, ils sont souvent obligés de les exposer de manière à plaire à leurs protecteurs et à leurs patrons. Enfin l'on se demande si le mépris des choses modernes, que ces mêmes humanistes professent parfois [2] ouvertement, n'a pas *dû* avoir une influence fâcheuse sur leur manière de les concevoir et d'en parler. Malgré lui, le lecteur a plus de sympathie pour les annalistes latins et italiens, pour ces écrivains sans prétention qui sont restés fidèles à la manière ancienne, pour ceux de Bo-

---

[1] BENEDICTUS, *Caroli VIII hist.*, dans ECCARD, *Script.*, II, col. 1577.
[2] Petrus Crinitus se plaint de ce mépris, *De honesta discipl.*, l. XVIII, cap. IX. Les humanistes ressemblent en cela aux auteurs de la fin de l'antiquité, qui évitent aussi d'être de leur temps. — Comp. BURCKHARDT, l'*Époque de Constantin le Gr.*, p. 285 ss. Comme contraste, voir plusieurs mots du Pogge dans VOIGT, *Renaissance*, p. 443 ss.

logne et de Ferrare, par exemple; il a plus de confiance
en eux; il sait encore bien plus de gré aux meilleurs des
chroniqueurs proprement dits qui écrivent en italien, à
un Marin Sanudo, à un Corio, à un Infessura, jusqu'à la
brillante série des grands historiens italiens, qui écrivent
dans leur langue maternelle, série qui ouvre si brillam-
ment le seizième siècle.

En réalité, il est incontestable que la langue du pays
convenait bien mieux que la langue latine à l'historien
de son temps. L'italien aurait-il aussi mieux valu pour le
récit de faits passés depuis longtemps et pour la critique
historique? C'est une question qui, pour l'époque dont
nous parlons, comporte plusieurs réponses. Le latin était
alors la *lingua franca* des savants, non-seulement dans
le sens international, entre Anglais, Français et Italiens,
par exemple, mais encore dans le sens interprovincial,
c'est-à-dire que la langue parlée par le Lombard, le
Vénitien, le Napolitain, n'était pas reconnue par le Florentin, bien qu'elle fût toscanisée depuis longtemps et
qu'elle ne conservât que de faibles traces de provincia-
lisme. Cela n'aurait pas tiré à conséquence pour les
chroniques locales, qui étaient assurées de trouver des
lecteurs sur les lieux mêmes; mais il n'en aurait pas été
de même de l'histoire du passé, pour laquelle il fallait
chercher un cercle de lecteurs plus étendu. Ici l'on pouvait sacrifier la sympathie locale d'une population à la
sympathie générale des savants. Jusqu'où serait allée la
réputation de Blondus de Forli, par exemple, s'il avait
écrit ses savants ouvrages dans un italien à moitié romagnol? Ces livres remarquables seraient certainement
tombés dans l'oubli, rien que par suite de l'indifférence
des Florentins, tandis qu'écrits en latin, ils exercèrent
la plus grande influence sur tout l'Occident. Les Flo-

rentins eux-mêmes écrivaient d'ailleurs en latin au quinzième siècle, non pas seulement parce qu'ils avaient des instincts de lettrés, mais aussi parce que c'était un plus sûr moyen de répandre leurs livres.

Enfin, il y a aussi des chroniques contemporaines en latin, qui ont toute la valeur des meilleures chroniques italiennes. Dès que disparaît le récit continu imité de Tite-Live, ce lit de Procuste de tant d'auteurs, les historiens paraissent tout transformés. Ce même Platina, ce même Paul Jove que l'on ne suit dans leurs grands ouvrages historiques qu'autant qu'on est obligé de le faire, se révèlent tout à coup comme de parfaits biographes. Nous avons déjà parlé incidemment de Tristan Caracciolo, de l'ouvrage biographique de Facius, de la topographie vénitienne de Sabellico, etc.; il en est d'autres dont nous dirons plus tard quelques mots. La théorie de l'art d'écrire l'histoire apparaît de bonne heure, ainsi qu'était apparue la théorie de l'art d'écrire des lettres et de composer des discours. S'appuyant sur des paroles de Cicéron, elle proclame tout d'abord la haute valeur et l'importance de l'histoire; elle est assez hardie pour appeler Moïse et les évangélistes de simples historiens, et ne manque pas de recommander vivement l'amour de la vérité et l'impartialité la plus rigoureuse [1].

Les récits du passé portaient, comme de raison, surtout sur l'antiquité classique. Mais ce qu'on chercherait moins chez ces historiens humanistes, ce sont des travaux considérables sur l'histoire générale du moyen âge. Le premier ouvrage important de ce genre fut la Chro-

---

[1] Lorenzo Valla, dans la préface de l'*Historia Ferdinandi regis Arag.*; voir comme contraste Giacomo Zeno dans la *Vita Caroli Zeni*, MURAT., XIX, p. 204. Comp. aussi *Guarino*, dans ROSMINI, II, 62 ss., 177 ss.

nique de Matteo Palmieri (449-1449), qui commence à l'époque où s'arrête Prosper Aquitanus; elle eut, à cause de son style, le malheur de déplaire aux écrivains postérieurs, à Paolo Cortese, par exemple. Si l'on ouvre par hasard les Décades de Blondus de Forli, on n'y trouvera pas sans étonnement une histoire universelle « *ab inclinatione Romanorum imperii* », comme chez Gibbon; c'est un livre plein d'études sur les sources des auteurs de chaque siècle; les trois cents premières pages retracent l'histoire des premiers temps du moyen âge jusqu'à la mort de Frédéric II. Voilà les ouvrages que l'Italie produisait pendant que dans le Nord on en était encore aux chroniques des papes et des empereurs et aux *Fasciculis temporum*. Nous n'avons pas à rechercher ici de quels ouvrages Blondus a tiré parti, ni où il a trouvé réunis tous les documents qu'il a consultés; mais dans l'histoire de l'historiographie moderne il faudra bien un jour lui faire cet honneur. N'y eût-il que ce livre, on serait en droit de dire que l'étude de l'antiquité a seule rendu possible celle du moyen âge; c'est elle qui, la première, a habitué l'esprit à prendre à l'histoire un intérêt objectif. Sans doute il faut ajouter que le moyen âge était passé pour l'Italie d'alors, et que l'esprit pouvait l'étudier parce qu'il en était affranchi. On ne peut pas dire qu'il lui ait rendu justice tout de suite, ni même qu'il l'ait traité avec respect; dans les arts s'établit un violent préjugé contre ce qu'il a produit, et les humanistes datent de leur apparition le commencement d'une ère nouvelle : « Je commence à espérer, je commence à croire, dit Boccace[1], que

---

[1] Dans la lettre à Pizinga, dans ses *Opere volgari*, vol. XVI, p. 38. — Raph. Volaterranus fait encore commencer le monde intellectuel au quatorzième siècle, Volaterranus, c. à d. l'auteur dont les premiers livres contiennent de précieux résumés d'histoire spéciale pour cette époque.

Dieu a pitié du nom italien depuis que je vois que son inépuisable bonté redonne aux Italiens des âmes pareilles à celles des anciens, car ils cherchent la gloire par d'autres voies que par la rapine et la violence, c'est-à-dire par la poésie qui rend immortel. » Cependant ce sentiment étroit et peu juste n'exclut pas chez les grands esprits le désir de connaître le moyen âge, à une époque où, dans le reste de l'Europe, il n'était pas encore question d'études de ce genre; il se forma pour le moyen âge une critique historique[1], parce que l'habitude de traiter tous les sujets d'une manière rationnelle devait tourner aussi au profit des études de l'histoire. Au quinzième siècle déjà, les chroniques locales se ressentent de l'influence de cet esprit nouveau; en effet, les fables qui défiguraient l'histoire primitive de Florence, de Venise, de Milan, etc., disparaissent pendant que les chroniques du Nord sont condamnées à ressasser encore longtemps les rêveries creuses qui les défrayaient depuis le treizième siècle.

Nous avons déjà parlé, à propos de Florence (p. 95), de l'étroite connexion qui existait entre l'histoire locale et la gloire. Venise ne pouvait pas rester en arrière des autres villes; après un grand triomphe oratoire remporté par un Florentin[2], un ambassadeur vénitien se hâte d'écrire à Venise pour qu'elle envoie également un orateur; de même, les Vénitiens veulent une histoire qui puisse soutenir la comparaison avec les ouvrages de

[1] En cela Pétrarque est encore un de ceux qui donnent l'exemple. Comp. surtout ses recherches sur la charte autrichienne provenant, comme on le prétend, de César. *Epp. sen.*, XVI, 1.

[2] Comme celui que remporta Giannozzo Mannetti en présence de Nicolas V, de toute la curie et de nombreux étrangers venus de loin; comp. *Vespas. Fior.*, p. 591; pour plus de détails voir le *Commentario*, p. 37-40.

Léonard Arétin et du Pogge. C'est ainsi qu'après des négociations infructueuses avec Jean-Marie Filelfo et d'autres, Sabellico écrivit au quinzième siècle les Décades, et que Pierre Bembo fit son *Historia rerum Venetarum.* Ces deux livres, dont le second n'est que la continuation du premier, ont été formellement demandés par Venise à leurs auteurs.

Les grands historiens florentins du seizième siècle (p. 103 ss.) sont de tout autres hommes que les écrivains latins P. Jove et Bembo. Ils écrivent en italien, non pas seulement parce qu'ils ne sont plus capables de rivaliser avec l'élégance raffinée des latinistes d'alors, mais parce qu'ils veulent, comme Machiavel, revivre, pour ainsi dire, dans le passé et présenter les faits sous une forme vivante, parce qu'ils veulent, comme Guichardin, Varchi et la plupart des autres, frapper l'esprit de leurs lecteurs en exposant des vues neuves et fécondes. Même quand ils n'écrivent que pour un petit nombre d'amis, comme l'a fait Vettori, un instinct irrésistible les pousse à s'entourer de témoignages, à s'expliquer et à se justifier à propos de la part qu'ils ont prise aux événements.

Malgré l'originalité de leur style et de leur langue, on reconnaît qu'ils ont subi l'influence de l'antiquité, et on ne les concevrait pas sans elle. Ce ne sont plus des humanistes, mais ils ont traversé l'humanisme et sont plus pénétrés de l'esprit qui anime les historiens anciens que la plupart des imitateurs de Tite-Live : ce sont des citoyens qui écrivent pour des citoyens, comme faisaient les Thucydide et les Tacite.

CHAPITRE IX

LATINISATION GÉNÉRALE DE LA CULTURE.

Nous ne pouvons pas suivre l'humanisme dans les sciences spéciales ; chacune d'elles a son histoire particulière, dans laquelle les savants italiens de cette époque, riches des trésors qu'ils ont découverts chez les anciens [1], forment une section considérable ; c'est avec eux que commence l'âge moderne des différentes sciences, mais sans que la ligne qui les sépare du passé soit toujours parfaitement distincte. Même pour la philosophie, nous sommes obligé de renvoyer aux travaux historiques spéciaux. L'influence des philosophes anciens sur la culture italienne paraît tantôt immense, tantôt insignifiante : immense, quand on songe que les idées

---

[1] On trouvait déjà alors qu'Homère à lui seul représentait la somme de tous les arts et de toutes les sciences, qu'il était une encyclopédie. Comp. Codri Urcei *opera, Sermo XIII,* fin. Il dit (*Sermo XIII, Habitus in laudem liberalium artium; Opera,* ed. Ven., 1506, fol. XXXVIIIb) : *Eia ergo bono animo esto; ego græcas literas tibi exponam et præcipue divinum Homerum a quo ceu fonte perenni, ut scribit Naso, Vatum pieriis ora rigantur aquis. Ab Homero grammaticam discere poteris, ab Homero rhetoricam, ab Homero medicinam, ab Homero astrologiam, ab Homero fabulas, ab Homero historias, ab Homero mores, ab Homero philosophorum dogmata, ab Homero artem militarem, ab Homero coquinariam, ab Homero architecturam, ab Homero regendarum urbium modum percipies et in summa quicquid boni, quicquid honesti animus hominis discendi cupidus optare potest in Homero facile poteris invenire.* On trouve des idées analogues dans *Sermo* VII et VIII, *Opera,* fol. XXVI ss., qui ne se rapportent qu'à Homère.

d'Aristote, surtout celles qui sont contenues dans sa Morale[1] et dans sa Politique, sont devenues de bonne heure le bien commun des lettrés de toute l'Italie, et que le philosophe grec faisait loi en matière de métaphysique[2]; insignifiante, au contraire, si l'on considère le peu d'action qu'ont eue, au point de vue dogmatique, les philosophes anciens et même les philosophes florentins, ces fervents adeptes de Platon, sur l'esprit de la nation italienne. Tout ce qui ressemble à une action de ce genre n'est, en général, qu'un phénomène normal de la culture intellectuelle, qu'une conséquence naturelle du mouvement des esprits en Italie. A propos de la religion, nous aurons encore quelques remarques à faire. Pourtant, dans la plupart des cas, ce n'est pas la culture générale qui est en jeu, mais seulement ce qui se produit chez certains individus ou dans certains cercles savants, et même là il faudrait chaque fois faire la distinction entre le culte sérieux de l'antiquité et un engouement passager qui n'est qu'une affaire de mode. Car pour beaucoup d'esprits l'amour de l'antiquité n'était que cela, même quand l'étude des anciens les faisait arriver à une véritable érudition.

Cependant tout ce qui nous paraît affecté aujourd'hui ne l'était pas forcément en ce temps-là. L'usage de prendre pour noms de baptême des noms grecs et romains, par exemple, est plus beau et plus respectable que la mode actuelle qui consiste à prendre (surtout pour des noms de femme) des noms tirés des romans. Du moment qu'on met le monde antique au-des-

---

[1] Un cardinal du temps de Paul II fit exposer même à ses cuisiniers la morale d'Arist. Comp. Gasp. VERON., *Vita Pauli II*, dans MURATORI, III, II, col. 1034.

[2] Pour l'étude d'Aristote en général, on consultera avec beaucoup de fruit un discours d'Hermolaus Barbarus.

sus des saints, il paraît tout simple et tout naturel que les familles nobles donnent aux fils les noms d'Agamemnon, d'Achille et de Tydée [1], que le peintre nomme son fils Apelle et sa fille Minerve, etc. [2]. L'adoption d'un nom harmonieux, emprunté à l'antiquité, pour remplacer un nom de famille qu'on n'aime pas à porter, est tout aussi facile à justifier. On renonçait volontiers à un nom géographique, qui avait l'inconvénient de désigner toute une classe de citoyens et qui n'était pas encore devenu nom patronymique, quand en même temps il devenait incommode comme nom de saint; c'est ainsi que Filippo de S. Gemignano prit le nom de Callimaque. Celui qui, après avoir été méconnu et offensé par sa famille, s'illustrait comme savant à l'étranger, pouvait être fier, même s'il était un Sanseverino, d'échanger son nom contre celui de Julius Pomponius Lætus. De même la traduction d'un nom en grec et en latin (dont l'usage se répandit presque exclusivement en Allemagne) est excusable chez une génération

---

[1] BURSELLIS, *Ann. Bonon.*, dans MURAT., XXIII, col. 898.

[2] VASARI, XI, p. 189, 257, *Vite di Sodoma e di Garofalo*. A Rome, ce furent naturellement les femmes de mœurs légères qui s'emparèrent des noms les plus ronflants de l'antiquité, tels que ceux de Julie, Lucrèce, Cassandre, Porcia, Virginie, Penthésilée, sous lesquels elles figurent dans Arétin. Il est possible que les Juifs aient adopté en ce temps-là les noms des grands ennemis des Romains, de ceux qui appartenaient à la race sémitique, tels que ceux d'Amilcar, d'Annibal, d'Asdrubal, qu'ils portent encore si fréquemment à Rome. (Cette dernière observation ne saurait subsister. Pour les premiers temps *Zunz* ne connaît pas de semblables noms de Juifs, Leipzig, 1837, nouvellement imprimé sous le titre : *Recueil des écrits de Zunz*, t. II, Berlin, 1876; STEINSCHNEIDER, dans son : *Il Buonarrotti, Ser.* II, vol. VI, 1871, p. 196-199, ne connaît pas de Juif qui ait porté un de ces noms; même aujourd'hui, d'après les renseignements pris par le prince Buoncompagni auprès de M. Tagliacopo, employé aux Archives israélites à Rome (lettre à M. le docteur M. Steinschneider, déc. 1876), il n'y a que quelques Juifs qui portent le nom d'Asdrubal, et pas un qui porte celui d'Amilcar ou d'Annibal.

qui parlait et qui écrivait en latin, et qui avait besoin de noms qui fussent non-seulement déclinables, mais encore faciles à mettre dans la prose et dans les vers. Ce qui est blâmable et souvent ridicule, c'est le *demi*-changement d'un nom auquel on veut donner un air classique et une autre signification, que ce soit un nom de baptême ou un surnom. C'est ainsi qu'on changea Giovanni en Jovianus ou Janus, Piero en Pierius ou Petreius, Antonio en Aonius, etc. L'Arioste, qui se moque tant de cette manie [1], a vu encore donner à des enfants les noms de ses héros et de ses héroïnes [2].

De même, on ne doit pas juger trop sévèrement les dénominations antiques que les écrivains latins donnent aux fonctions, aux cérémonies, etc. Tant qu'on se contente d'un latin simple et facile à comprendre, comme celui qu'on trouve dans les écrivains qui se succèdent depuis Pétrarque jusqu'à Sylvius Ænéas, cet usage ne fut pas trop fréquent; mais il dégénéra nécessairement en abus à partir du moment où l'on s'efforça d'écrire la langue de Cicéron dans toute sa pureté. Alors il ne fut plus possible de trouver des équivalents pour toutes les choses modernes, à moins de recourir à de savantes périphrases. Le pédantisme se fit un plaisir de donner aux conseils municipaux le titre de *Patres conscripti*, de désigner les nonnes sous le nom de *Virgines vestales*, de traiter chaque saint de *Dius* ou *Deus,* tandis que des gens

> Quasi che'l nome i buon giudici inganni,
> E che quel meglio t'abbia a far poeta,
> Che non farà lo studio di molt' anni!

C'est ainsi que l'Arioste se moquait de cette manie dans la satire VII, vers 64; il faut dire que le hasard lui avait donné un nom harmonieux.

[2] Ou même d'après ceux de Bojardo, qui sont en partie les siens.

d'un goût plus raffiné, tels que Paul Jove, n'usaient de pareilles dénominations que lorsqu'ils ne pouvaient pas faire autrement. Comme Paul Jove semble n'attacher aucune importance à ces noms empruntés à l'antiquité, on n'est pas trop choqué de voir, dans ses périodes harmonieuses, les cardinaux s'appeler *senatores,* leur doyen *princeps senatus,* l'excommunication *diræ* [1], le carnaval *Lupercalia,* etc. L'exemple de cet auteur même fait voir combien il faut se garder de voir dans ces détails de style l'indice de l'influence absolue de l'antiquité sur la vie moderne.

Il nous est impossible de pousser plus loin l'histoire du style latin. Pendant deux siècles entiers, les humanistes ont vanté la langue latine comme étant la seule dans laquelle on pût écrire. Le Pogge [2] regrette que Dante ait composé son grand poëme en italien; on sait que l'illustre poëte avait essayé du latin, et qu'il a commencé par écrire le commencement de l'*Enfer* en hexamètres. Tout l'avenir de la poésie italienne tient à ce qu'il n'a pas continué dans cette voie; cependant Pétrarque (voir plus haut, p. 251) comptait plus sur ses poésies latines que sur ses sonnets et ses *Canzone;* on conseillait

---

[1] C'est ainsi que les soldats de l'armée française (1512) sont *omnibus diris ad inferos devocati.* Nous reparlerons plus bas du bon chanoine Tizio, qui s'y prenait plus sérieusement et qui lança contre les troupes étrangères une formule d'anathème tirée de Macrobe.

[2] *De infelicitate principum,* dans Poggii *Opera,* éd. Bâle, 1513, fol. 152 : *Cuius (Dantis) exstat poema præclarum, neque si litteris latinis constaret, ulla ex parte poetis superioribus* (les anciens) *postponendum.* Cortesius (*De hominibus doctis,* p. 7) dit : *Utinam tam bene cogitationes suas latinis litteris mandare potuisset, quam bene patrium sermonem illustravit!* En parlant de Pétrarque et de Boccace, le même auteur fait entendre des plaintes du même genre. D'après Boccaccio, *Vita di Dante,* p. 74, il y avait déjà beaucoup de gens, *et dans le nombre des gens sages,* qui se demandaient pourquoi Dante n'avait pas écrit son poëme en latin.

encore à l'Arioste d'écrire son poëme en latin. Il n'y a jamais eu de joug plus dur en matière littéraire [1]; mais la poésie a échappé en grande partie à cette contrainte, et aujourd'hui nous pouvons dire sans trop d'optimisme : Il est bon que la poésie italienne ait eu deux organes, car elle a produit dans les deux langues des œuvres excellentes et originales. Peut-être en peut-on dire autant de la prose; la place occupée dans le monde par la culture italienne tient à ce que certains sujets ont été traités en latin [2] — *Urbi et Orbi* — pendant que la prose italienne a été le mieux maniée par les auteurs mêmes à qui il en coûtait de ne pas écrire en latin.

Depuis le quatorzième siècle, tout le monde s'accordait à la considérer comme la source la plus pure de la prose. Cela ne provenait pas seulement de la haute idée qu'on avait de son style et de sa manière de composer, mais surtout de ce que le caractère aimable de l'épistolographe, l'éclat de l'orateur, la clarté du philosophe se retrouvaient dans l'esprit italien. Pétrarque reconnaît

[1] Si l'on veut savoir jusqu'où allait le fanatisme sous ce rapport, que l'on compare Lil. Greg. GYRALDUS, *De poetis nostri temporis*, en plusieurs endroits. Vespasiano Bisticci est un des rares écrivains de cette époque qui reconnaissent franchement qu'ils ne se sont pas beaucoup occupés de latin. *Commentario della vita di Gian. Man.*, p. 2. Cependant il en savait assez pour mettre des citations latines dans ses écrits et pour lire des lettres écrites en latin, *ibid.*, 96, 165 ss. Pour la préférence exclusive accordée au latin, on peut aussi citer le passage suivant de Petr. ALCYONIUS, *De exilio.* ed. Menken, p. 213. Il dit que, si Cicéron revenait à la vie et voyait Rome, *omnium maxime illum credo perturbarent ineptiæ quorundam qui omisso studio veteris linguæ quæ eadem hujus urbis et universæ Italiæ propria erat, dies noctesque incumbunt in linguam Geticam aut Dacicam discendam eamdemque omni ratione ampliandam, cum Goti, Visigoti et Vandali (qui erant olim Getæ et Daci) eam in Italos invexerint, ut artes et linguam et nomen Romanum delerent.*

[2] Sans doute il y a aussi des exercices de style, comme, p. ex., dans les *Orationes*, etc., de BEROALDUS MAJOR, les deux nouvelles traduites de Boccace en latin, et même une canzone de Pétrarque.

parfaitement chez lui les faiblesses de l'homme privé et de l'homme d'État [1]; seulement il le respecte trop pour s'en réjouir; après lui l'épistolographie prend Cicéron pour modèle presque exclusif (voir plus haut, p. 288), et les autres genres, à l'exception du genre narratif, en ont fait autant. Mais le vrai cicéronianisme, celui qui s'interdit toute expression non authentique, n'apparaît qu'à la fin du quinzième siècle, lorsque les écrits grammaticaux de Laurent Valla eurent fait sentir leur influence dans toute l'Italie, lorsque les assertions des historiens de la littérature romaine eurent été contrôlées et comparées [2]. C'est alors seulement qu'on distingue jusqu'aux plus fines nuances de style dans la prose des anciens, et l'on retrouve toujours, comme résultat final, cette certitude consolante que Cicéron seul est le modèle parfait, ou bien, si l'on veut embrasser tous les genres, que c'est « ce siècle immortel et presque divin de Cicéron [3] ». Alors on vit des hommes tels que Pierre Bembo, Pierio Valeriano et d'autres s'appliquer de toutes leurs forces à suivre ce modèle incomparable; même des gens qui avaient longtemps résisté au courant et qui s'étaient formé un vocabulaire tiré des plus anciens auteurs [4],

---

[1] Comp. les lettres de Pétrarque adressées du haut de l'empyrée à des ombres illustres. *Epp. fam.* (ed. Fracass.) lib. XXIV, 3, 4. (Et dans la même édit. t. II, p. 497.) Voir aussi *Epp. sen.*, XIV, 1 (imprimé souvent à part sous le titre : *De rep. opt. administranda*, plus haut p. 9, note 1) : *Sic esse doleo, sed sic est.*

[2] Jovian. Pontanus donne dans son *Antonius* une image burlesque du purisme fanatique qui régnait à Rome.

[3] HADRIANI (Cornetani) *Card. S. Chrysogoni de sermone latino liber.* Voir surtout l'Introduction. Il trouve dans Cicéron et ses contemporains la latinité « en elle-même ». Le même Codrus Urceus qui voyait dans Homère la science absolue (voir plus haut, p. 309, note 1), dit : *Opp. ed.* 1506, fol. LXV : *Quicquid temporibus meis Aut vidi aut studui libens Omne illud Cicero mihi felici dedit omine;* dans un autre poëme (*ibid.*), il alla jusqu'à affirmer que : *Non habet huic similem doctrinæ Græcia mater.*

[4] Paul. Jov., *Elogia doct. vir.*, p. 187 ss., à prop. de Bapt. Pius.

finirent par céder et par adorer Cicéron ; Longolius se
laissa décider par Bembo à ne lire que Cicéron pendant
cinq années entières ; le même savant se promit de ne
plus employer aucun mot qui ne figurât dans cet auteur ;
enfin cet engouement universel aboutit à cette longue
querelle où les deux partis avaient pour chefs Érasme et
l'aîné des Scaliger.

Car même les admirateurs de Cicéron étaient loin
d'être assez bornés pour l'admettre comme la source
unique du latin. Encore au quinzième siècle, Politien et
Ermolao Barbaro voulaient créer une latinité originale,
individuelle [1], naturellement en s'appuyant sur une érudition « vaste, presque illimitée ». Mais ils ne réussirent
pas à faire partager leurs idées à leurs élèves ; Paul Jove,
qui nous raconte ces faits, a également poursuivi le même
but. Il est le premier qui ait laborieusement rendu en
latin une foule d'idées modernes, surtout des idées
d'esthétique ; ses efforts n'ont pas toujours été heureux,
mais il est arrivé parfois à une force et à une élégance
remarquables. Ses portraits en latin des grands peintres
et des grands sculpteurs de cette époque [2] sont un singulier mélange de perfection et de faiblesse. Léon X, qui

---

[1] Paul. Jov., *Elogia doct. vir.*, p. 145, à propos de Naugerius. Il dit
que leur idéal était : *aliquid in style proprium, quod peculiarem ex
nota mentis effigiem referret, ex naturæ genio effinxisse.* Polit. à Cortesius (*Epist.*, lib. VIII, ep. 16) : *Mihi vero longe honestior tauri facies, aut
item leonis quam simiæ videtur : ego malo esse assecla et simia Ciceronis
quam alumnus.* Politien se gênait déjà d'écrire ses lettres en latin
quand il était pressé ; comp. Raph. VOLAT., *Comment. urban.*, l. XXI.
Pour Pic et ses idées sur la langue latine, comp. la lettre citée
plus haut, p. 246, note 2.

[2] Paul. Jov., *Dialogus de viris litteris illustribus;* dans TIRABOSCHI,
ed. Venez. 1796, t. VII, p. 4. On sait que pendant quelque temps
P. Jove eut l'idée d'entreprendre le grand travail qu'exécuta
ensuite Vasari. — Dans ce dialogue il pressent aussi que l'habitude d'écrire en latin se perdra bientôt tout à fait, et il le
regrette.

mettait sa gloire à ce que *lingua latina nostro pontificatu dicatur facta auctior,* penchait, en matière de latin, vers des idées libérales, non exclusives [1], ce qui devait être nécessairement chez un homme passionné comme lui pour toutes les jouissances; il demandait que ce qu'il avait à entendre ou à lire fût exprimé en latin vraiment pur, plein de vie et d'élégance, mais rien de plus. Enfin Cicéron ne donnait pas de modèle pour la conversation en latin; il fallait donc, bon gré, mal gré, adorer d'autres dieux à côté de lui. Cette lacune fut comblée par les représentations, assez fréquentes à Rome et ailleurs, des comédies de Plaute et de Térence, qui équivalaient pour les acteurs à un exercice incomparable; c'était une manière excellente d'apprendre le latin usuel. Ce fut la découverte de pièces de Plaute dans le *Cod. Ursinianus* et la translation de ce dernier à Rome (en 1428 ou 1429) qui donnèrent l'idée d'étudier et d'exploiter la comédie latine de l'antiquité; la comédie latine moderne avait désormais des modèles classiques. Un certain nombre d'années après, sous Paul II [2], on loue le savant cardinal de Theanum (probablement Niccolò Forteguerra de Pistoie) de s'occuper des pièces de Plaute qui sont le moins bien conservées, de celles où manquent les listes des personnages, et d'étudier l'auteur tout entier à cause de la langue; peut-être est-ce grâce à lui qu'on s'est mis à représenter ces pièces. Pomponius Lætus s'intéressa à ces représentations, les fit multiplier; il était régisseur

---

[1] Dans le bref de 1517, adressé à Franc. de'Rosi, rédigé par SADOLET, dans ROSCOE, *Leo X*, ed. Rossi, VI, p. 172.

[2] Gaspar. VERONENS. *Vita Pauli II,* dans MURAT., III, II, col. 1031. De plus, on jouait quelquefois Sénèque et des imitations latines de drames grecs.

[3] A Ferrare, on jouait le plus souvent Plaute en italien, tel que l'avaient traduit Collenuccio et Guarino le jeune; Isabelle de Gonzague se permettait de le trouver ennuyeux Pour la comédie

chaque fois que l'on jouait Plaute [1] dans les palais des riches prélats. L'habitude de ces divertissements savants se perdit à partir de 1520 environ, et Paul Jove, comme nous l'avons vu (p. 300), trouve dans ce fait une des causes de la décadence de l'éloquence.

Citons, avant de finir, un pendant du cicéronianisme dans le domaine de l'art : le vitruvianisme des architectes [1]. Ici se confirme encore la loi générale qu'on peut constater dans le phénomène de la Renaissance, savoir que le mouvement intellectuel précède le mouvement artistique. Dans le cas particulier dont nous parlons, les deux mouvements sont séparés par une vingtaine d'années, si l'on compte depuis le cardinal Adrien de Corneto (1505) jusqu'aux premiers vitruviens purs.

latine en général, comp. R. PEIPER, dans FLECKEISEN et MASIUS, *Nouvelles Annal. phil. et pédag.*, XX, Lpz. 1874, p. 131-138, et *Archives d'histoire littér.*, V, p. 541 ss. — Sur Pomp. LÆTUS comp. *Sabellici opera, Epist.*, l. XI, fol. 56 ss., et, plus bas, la fin de cette partie.

[1] Comp. BURCKHARDT, *Histoire de la Renaissance en Italie*, p. 38-41.

CHAPITRE X

LA POÉSIE NÉO-LATINE.

Enfin le plus beau titre de gloire des humanistes est la poésie néo-latine. Il faut en parler ici, en tant qu'elle sert à caractériser l'humanisme.

Nous avons montré plus haut (p. 316) de quel engouement elle était l'objet, combien elle a été près de l'emporter définitivement. On peut être convaincu tout d'abord que ce n'est pas par caprice ni sans poursuivre un but sérieux que la nation la plus spirituelle et la plus cultivée du monde d'alors renonçait dans la poésie à une langue comme la langue italienne. Il faut qu'elle y ait été déterminée par une raison d'un ordre supérieur.

Cette raison, c'était l'admiration de l'antiquité. Comme toute admiration véritable et sans réserve, elle engendra nécessairement l'imitation. Même à d'autres époques et chez d'autres peuples on trouve une foule de tentatives isolées dans ce sens; mais ce n'est qu'en Italie qu'étaient réunies les deux conditions essentielles de la durée et du développement de la poésie latine : l'accueil empressé de tous les gens cultivés de la nation et le réveil partiel de l'antique génie italien chez les poëtes eux-mêmes; on dirait entendre les accents à peine affaiblis de la lyre d'autrefois. Les meilleures œuvres qui surgissent, sont, non pas des imitations, mais des créations originales. Celui qui dans les arts ne peut pas supporter des formes dérivées, celui qui n'apprécie pas l'antiquité ou qui, au contraire, la regarde comme inaccessible ou inimitable, celui qui est d'une sévérité inexorable pour des poëtes qui ont dû, par exemple, retrouver ou deviner la quantité d'une foule de syllabes, celui-là doit laisser cette littérature de côté. Les plus belles productions ne sont pas faites pour résister à une critique absolue, il suffit qu'elles soient une source de plaisir pour le poëte et pour des milliers de ses contemporains [1].

Ce qui réussit le moins, c'est l'épopée tirée d'histoires et de légendes de l'antiquité. Comme on le sait, on refuse les qualités essentielles d'une vivante poésie épique aux modèles latins et même aux Grecs, sauf Homère; comment auraient-elles pu se rencontrer chez les Latins de la Renaissance? Quoi qu'il en soit, l'*Afrique* de Pétrarque [2] a eu peut-être des lecteurs et des auditeurs aussi nombreux et aussi enthousiastes que n'importe quelle épopée moderne. Il n'est pas sans intérêt de rappeler le but et l'origine de ce poëme. Le quatorzième siècle avait parfaitement raison de voir dans l'époque de la deuxième guerre punique l'apogée de la grandeur romaine; c'est donc cette époque que voulait et devait chanter Pétrarque. Si Silius Italicus avait été déjà découvert, il aurait choisi peut-être une autre matière; mais, à défaut d'un autre sujet, Scipion l'Africain intéressait le quatorzième siècle à tel point qu'un autre poëte, Zanobi

---

[1] Pour la suite, voir les *Deliciæ poetarum Italor.* — Paul. JOVIUS, *Elogia.* — Lil. Greg. GYRALDUS, *De poetis nostri temporis;* — les annexes de ROSCŒ, *Leone X,* ed. ROSSI.

[2] Deux nouvelles éditions du poëme ont été publiées par Pingaud (Paris, 1872) et par Corradini (Padoue, 1874); en 1874 ont paru aussi deux traductions italiennes par G. B. Gaudo et A. Palesa. Sur l'*Africa,* comp. L. GEIGER, *Pétrarque,* p. 122 ss. et 270, note 7

di Strada, s'était déjà proposé de le chanter; ce n'est que par considération pour Pétrarque qu'il s'effaça, bien que son poëme fût déjà assez avancé [1]. Si quelque chose pouvait justifier l'apparition de cette épopée, c'était l'intérêt général qui, à cette époque et plus tard, s'attachait à Scipion; on se passionnait pour lui comme s'il vivait encore, et bien des gens le mettaient au-dessus d'Alexandre, de Pompée et de César [2]. Combien d'épopées modernes peuvent se vanter d'avoir un sujet aussi populaire, un sujet où le mythe se réunit à l'histoire? Aujourd'hui sans doute l'*Afrique* ne trouverait plus de lecteurs. Pour d'autres sujets historiques il faut que nous renvoyions aux histoires littéraires.

Le développement du mythe antique, le comblement des lacunes politiques qu'il renferme sont déjà plus productifs. La poésie italienne s'empara de bonne heure aussi de cette veine : nous citerons comme exemple la Théséide de Boccace, qui passe pour le meilleur de ses ouvrages poétiques. Sous Martin V, Maffeo Vegio composa en latin un treizième livre à ajouter à l'Énéide; ensuite on trouve une quantité d'essais sans valeur dans le genre de Claudien, une Méléagride, une Hespéride, etc. Mais ce qu'il y a de plus remarquable, ce sont les mythes nouvellement imaginés, qui peuplent les plus belles contrées de l'Italie d'une foule de dieux, de

[1] Filippo VILLANI, *Vitæ*, ed. Galetti, p. 16.

[2] *Franc. Aleardi oratio in laudem Franc. Sfortiæ*, dans MURAT., XXV, col. 384. — Dans le parallèle entre Scipion et César, Guarino et C. A. (Cyriacus Anconitanus) regardaient le premier comme le plus grand, le Pogge (*Opera epp.*, fol. 125, 135 ss.) accordait la palme au second; il y eut à ce sujet de grandes discussions. Voir SHEPH.-TONELLI, I, 262 ss., et ROSMINI, *Guarino*, II, p, 97-118. — Sur Scipion et Annibal dans les miniatures d'Attavante, voir VASARI, IV, 41, *Vita di Fiesole*. Les noms de ces deux grands hommes ont été employés pour Picinino et Sforza, p. 126.

nymphes, de génies et aussi de bergers; car ici l'élément épique et l'élément pastoral sont désormais inséparables. Nous aurons occasion de faire ressortir ailleurs ce fait que dans les églogues tantôt narratives, tantôt dialoguées, qui ont paru depuis Pétrarque, la vie pastorale est déjà presque entièrement[1] conventionnelle, et qu'elle sert de cadre à des idées et à des sentiments quelconques; nous n'avons à parler en ce moment que des nouveaux mythes. On voit ici plus nettement qu'ailleurs que les dieux antiques ont une double signification dans la Renaissance : d'une part, ils remplacent les abstractions, les généralités, et rendent inutiles les figures allégoriques; d'autre part, ils sont en même temps un élément de poésie libre et indépendant, une sorte de beauté neutre qui peut trouver sa place dans toute espèce de poésie et qui se prête à mille combinaisons variées. Boccace ouvre la marche avec son monde imaginaire de dieux et de bergers des environs de Florence, avec son Ninfale d'Ameto et son Ninfale de Fiésole, qui sont écrits en italien. Mais le chef-d'œuvre du genre pourrait bien être le Sarca de Pierre Bembo[2], la demande en mariage de la nymphe Garda par le fleuve de ce nom, le magnifique banquet nuptial dans une grotte du monte Balbo, les prédictions de Manto, fille de Tirésias, sur la naissance de l'enfant Mincius, la fondation de Mantoue et la gloire future de

---

[1] Il y aura également lieu de parler plus bas des brillantes exceptions que forment les auteurs qui donnent à la vie champêtre les couleurs de la réalité.

[2] Imprimé dans Mai, *Spicilegium Romanum*, vol. VIII, p. 488-504 (comprenant environ cinq cents hexamètres). Pierio amplifia ce mythe; voir son *Carpio* dans les *Deliciæ poet. Ital.*; voir aussi les écrits secondaires de P. V., Cologne, 1811, p. 42-46. — Les fresques de Brusasorci, dans le palais Murari, à Vérone, représentent le sujet du Sarca.

Virgile, qui naîtra de l'union de Mincius avec la nymphe d'Andes, Maïa. Sur ce beau rococo humaniste, Bembo trouva de fort beaux vers et, à la fin, une apostrophe à Virgile que tout poëte peut lui envier. On a l'habitude de faire peu de cas de ces choses-là et de les regarder comme de la déclamation pure ; comme il s'agit d'une affaire de goût, il n'y a pas de discussion possible.

On voit aussi naître de volumineux poëmes épiques dont le sujet était biblique ou religieux, et qui étaient écrits en hexamètres. Les auteurs n'avaient pas toujours pour but d'obtenir de l'avancement ou de gagner la faveur pontificale ; chez les meilleurs et même chez les novices comme Batista Mantovano, il est permis de supposer le désir tout désintéressé de servir la cause de la religion en la célébrant dans leur savante poésie latine, qui ne se conciliait que trop avec la manière à demi païenne dont ils concevaient le catholicisme. Gyraldus énumère un grand nombre de ces poëtes ; à la tête de tous sont Vida avec sa Christiade et Sannazar avec ses trois chants « *De Partu Virginis*[1] ». Sannazar (né en 1458, mort en 1530) impose par sa marche puissante et toujours égale, par la hardiesse avec laquelle il mêle ensemble le paganisme et le christianisme, par la vérité plastique de ses descriptions, par la perfection de son travail. Il n'avait pas à redouter la comparaison lorsqu'il faisait entrer les vers de la quatrième églogue de Virgile dans le chant des bergers près de la crèche (III, 200 ss.). Quand il parle de l'autre monde, il a parfois des traits d'audace dantesque ; je citerai comme exemple le roi

---

[1] Nouvellement publié et traduit par Th. A. FASSNACHT, dans les *Trois Perles de la poésie néo-latine*, Leutkirch et Leipzig 1875. Comp., d'autre part, les *OEuvres de Gœthe* (éd. de Hempel), XXII, p. 157 et 411.

David s'élevant dans le limbe du patriarche jusqu'au chant et à la prophétie (I, 236 ss.), l'Éternel trônant dans son manteau, qui brille des images de tous les êtres élémentaires, qui adresse la parole aux esprits célestes (III, 17 ss.). D'autres fois, il ne craint pas de mêler la mythologie antique à son sujet, sans toutefois paraître réellement baroque, parce qu'il ne considère en quelque sorte le polythéisme païen que comme un cadre, et qu'il ne donne à ses dieux que des rôles secondaires. Si l'on veut apprendre à connaître tout ce dont l'art était capable en ce temps-là, il faut tenir compte d'un ouvrage comme celui-là. Le mérite de Sannazar paraît d'autant plus grand que d'ordinaire le mélange de l'élément chrétien et de l'élément païen est bien plus gênant dans la poésie que dans l'art plastique; ce dernier peut constamment dédommager les yeux par quelque beauté positive et tangible; de plus, il est, en général, plus indépendant de la signification des objets que ne l'est la poésie, attendu que dans les œuvres plastiques le travail de l'imagination porte plutôt sur la forme, et que dans la poésie elle porte plutôt sur l'idée. Le bon Battista Mantovano avait essayé d'un autre système dans son calendrier des jours de fête [1] : au lieu de faire servir les dieux et les demi-dieux à l'histoire sainte, ils les met, à l'exemple des Pères de l'Église, en opposition avec elle; pendant que l'ange Gabriel salue la Vierge à Nazareth, Mercure est descendu du mont Carmel, l'a suivi et écouté malicieusement à la porte· puis il vient redire aux dieux assemblés ce qu'il a entendu, et les porte ainsi aux résolutions les plus violentes. D'autres fois [2], sans doute, il faut que Thétis, Cérès, Éole, etc., rentrent dans le

---

[1] *De sacris diebus.*
[2] P. ex. dans sa huitième églogue.

devoir, et reconnaissent de bon gré la puissance de la Madone.

La gloire de Sannazar, le grand nombre de ses imitateurs, les hommages enthousiastes des hommes les plus éminents de cette époque, de Bembo, qui composa son épitaphe, de Titien, qui fit son portrait, tout cela montre combien il était nécessaire à son siècle et combien ses contemporains l'estimaient. Vivant au commencement de la Réforme, il résolut ce problème difficile : il sut être entièrement classique tout en restant chrétien; aussi les papes Léon et Clément lui en surent-ils le plus grand gré.

Enfin, l'histoire du temps fut aussi traitée en hexamètres ou en distiques, tantôt sous la forme narrative, tantôt sous forme de panégyrique; mais, en général, cette sorte d'ouvrage était composée en l'honneur d'un prince ou d'une maison princière. Ainsi naquirent une Sforciade [1], une Borséide, une Borgiade (voir plus haut p. 275, note 1), une Laurentiade, une Trivulciade, etc. Sans doute les auteurs de ces compositions ont entièrement manqué leur but, car ceux dont le nom est immortel n'ont pas dû leur gloire à cette espèce de poëmes pour lequels le monde a une répugnance invincible, même s'ils sont l'œuvre d'hommes de talent. Il en est tout autrement de ces compositions plus petites, de ces œuvres de genre qui se bornent à retracer une scène de la vie des hommes célèbres; tel est, par exemple, le beau poëme sur la *Chasse de Léon X près de Palo* [2] ou le *Voyage de Jules II*,

---

[1] Il y a deux Sforciades qui n'ont pas été imprimées et qui sont inachevées, l'une de Filelfo l'aîné, l'autre de Filelfo le jeune. Sur ce dernier ouvrage comp. FAVRE, *Mélanges d'hist. litt.*, I, p. 156; sur le premier, voir ROSMINI, *Filelfo*, II, p. 157-175. Celui-ci devait aller jusqu'à 12,800 vers; il contient entre autres ce passage : Le soleil s'éprend de Blanche.

[2] ROSCOE, *Leone X*, ed. BOSSI, VIII, 184; ainsi qu'un poëme de

par Adrien DE CORNETO (p. 151). Il y a aussi de brillantes descriptions de chasses par Hercule Strozza, par Adrien, que nous venons de nommer, etc.; il serait regrettable que le lecteur moderne en voulût à ces poëtes à cause de la flatterie qui a inspiré leurs œuvres. La perfection de la forme et la valeur historique de ces poëmes, valeur souvent considérable, assurent à ces gracieuses compositions une vie plus longue que ne le sera celle de mainte poésie connue de notre temps.

En somme, ces ouvrages sont toujours d'autant meilleurs que l'auteur y vise moins au pathétique et à la généralité. Il y a de petites poésies épiques composées par des maîtres célèbres qui, en abusant de la mythologie, produisent sans le savoir l'impression la plus comique du monde. Tel est le poëme d'Hercule Strozza [1] sur la mort de César Borgia (p. 143, note 2). On entend les plaintes de Rome, qui avait mis tout son espoir dans les papes espagnols, Calixte III et Alexandre VI, et qui, après eux, regardait César comme l'homme providentiel. Le poëte profite de la circonstance pour raconter toute l'histoire du prince jusqu'à la catastrophe de 1503. Puis il demande à la Muse quels avaient été à ce moment [2] les conseils des dieux, et Erato raconte ce qui suit : dans l'Olympe, Pallas prit parti pour les Espagnols, Vénus pour les Italiens; toutes deux se jetèrent aux genoux de Jupiter, sur quoi le maître des dieux les embrassa, les calma l'une et l'autre, et s'excusa de ne rien faire parce qu'il était impuissant contre le destin filé par

même style, XII, 130. — Combien le poëme d'Angilbert sur la cour de Charlemagne est-il déjà près de cette Renaissance! Comp. PERTZ, *Monum.*, II.

[1] STROZZII *Poetæ*, p. 31 ss. *Cæsaris Borgiæ ducis epicedium.*

[2] *Pontificem addiderat, flammis lustralibus omnes.*
Corporis ablutum labes, Diis Jupiter ipsis, etc.

es Parques ; mais les promesses des dieux, dit-il, s'accompliront par l'enfant de la maison d'Este-Borgia [1] ; après avoir raconté les aventures merveilleuses dont fourmille l'histoire du berceau des deux familles, il affirme qu'il ne lui est pas possible d'accorder à César l'immortalité qu'il a dû refuser jadis à un Memnon ou à un Achille, malgré des intercessions puissantes, et il termine par l'assurance consolante qu'avant de mourir, César tuera encore beaucoup de monde sur les champs de bataille. Mars s'en va donc à Naples pour y préparer la discorde et la guerre ; quant à Pallas, elle court à Nepi et y apparaît à César malade, sous les traits d'Alexandre VI ; après l'avoir exhorté à se résigner et à se contenter de la gloire de son nom, la déesse pontificale disparaît « comme un oiseau ».

Quoi qu'il en soit, c'est se priver volontairement d'un plaisir parfois très-réel que de condamner et de rejeter toute œuvre plus ou moins mélangée de souvenirs de la mythologie antique ; quelquefois l'art a relevé et ennobli cet élément conventionnel dans la poésie aussi bien que dans la peinture et la sculpture. Même l'amateur trouve des commencements de parodie, par exemple, dans la Macaronéide (p. 198 ss.), à laquelle sert de pendant la fête comique des dieux, par Giovanni Bellini.

Bien des poëmes narratifs écrits en hexamètres sont de simples exercices ou des remaniements d'histoires en prose ; le lecteur préférera naturellement ces derniers. A la fin, tout fut célébré en vers ; toutes les guerres particulières, toutes les cérémonies furent chantées ; elles

---

[1] C'est celui qui fut plus tard Hercule II de Ferrare, né le 4 avril 1508, probablement peu de temps avant ou après la composition de ce poëme. *Nascere, magne puer, matri exspectate patrique,* lit-on vers la fin.

le furent quelquefois même par les humanistes allemands
du temps de la Réforme [1]. Cependant on aurait tort d'attribuer ce déluge de poëmes à l'oisiveté ou à la facilité
excessive avec laquelle tout le monde écrivait en vers.
Chez les Italiens, du moins, cette exubérance qui a produit tant de récits, de tableaux historiques et même de
pamphlets en tercets s'explique par le sentiment du
style porté à la plus haute puissance. De même que le
projet de constitution politique de Niccolo da Uzzano,
la revue de l'histoire du temps par Machiavel, la biographie de Savonarole par un troisième, le siége de Piombino
par Alphonse le Grand [2], raconté par un quatrième, etc.,
se produisaient sous cette forme du tercet italien,
si difficile à manier, afin de mieux frapper le lecteur,
de même beaucoup d'autres écrivains pouvaient avoir besoin de l'hexamètre pour forcer leur public à l'attention.
C'est la poésie didactique qui montre le mieux ce qu'on
pouvait supporter et ce qu'on demandait sous cette forme.
Ce genre de poésie prend au seizième siècle un développement extraordinaire; on voit même les humanistes les plus
éminents descendre jusqu'à chanter en hexamètres latins
des opérations purement matérielles, des choses ridicules
ou repoussantes, telles que la fabrication de l'or, le jeu
des échecs, l'élève des vers à soie, l'astrologie, la syphilis

---

[1] Comp. les recueils des *Scriptores rerum Germanicarum* de SCHARDIUS, FREHER, etc., et plus haut, p. 160, note 1.

[2] UZZANO, voir *Arch. stor. ital.*, IV, I, 296. — MACCHIAVELLI, *I Decenali*. — Histoire de Savonarole sous le titre de *Cedrus Libani*, par
Fra BENEDETTO; comp. P. VILLARI, trad. par Berduschek, I, p. 19,
note 2. — *Assedio di Piombino*, dans MURAT., XXV. — A mettre en
parallèle le Theuerdank de l'empereur Maximilien et de Melchior
Pfinzing, nouv. édit. par Haltaus, Quedlinb. et Leipzig, 1836, et
autres ouvrages rimés qui ont paru dans le Nord à cette époque.
Comparer tout particulièrement les chants populaires historiques
de l'Allemagne, datant du quinzième et du seizième siècle, que
nous possédons en si grand nombre.

(*morbus Gallicus*), etc. ; il faut y ajouter un certain nombre de poëmes italiens de longue haleine. De nos jours on a l'habitude de condamner tous ces ouvrages sans les avoir lus, et nous serions incapables de dire jusqu'à quel point ces poëmes didactiques méritent qu'on s'en occupe[1]. Une chose est certaine, c'est que des époques où le sentiment du beau était infiniment plus développé que dans la nôtre, c'est que le monde grec à son déclin, le monde romain et la Renaissance n'ont pas pu se passer de ce genre de poésie. On peut objecter, il est vrai, que ce n'est pas le sentiment du beau qui nous manque, que nous sommes plus sérieux en tout, et que la nécessité de répandre partout ce qui est digne d'être enseigné exclut la forme poétique ; mais ce sont là des questions que nous n'avons pas à examiner.

Un de ces ouvrages didactiques se publie encore de temps en temps[2] : c'est le Zodiaque de la vie, par Marcellus Palingenius (Pier Angello Manzolli), protestant de Ferrare, ouvrage qui fut composé vers 1528. L'auteur rattache aux plus hautes questions, à celles qui ont Dieu, la vertu, l'immortalité pour objet, l'étude d'un grand nombre de détails, et, sous ce rapport, son livre offre de précieux témoignages pour l'histoire des mœurs. Cependant, au fond, ce poëme sort déjà du cadre de la Renaissance, de même que, par suite de son caractère

---

[1] A propos des *Collivazione*, écrites en *versi sciolti* italiens par L. Alamanni (une des plus anciennes éditions, Paris, 1540 ; nouvelle édition des Œuvres, 2 vol., Florence, 1867), on pourrait soutenir que tous les passages ayant une valeur poétique sont directement ou indirectement empruntés aux poëtes de l'antiquité.

[2] P. ex. par C. G. WEISE, Lpz., 1832. Le livre, divisé en douze parties dont les titres portent les noms des douze signes du zodiaque, est dédié à Hercule II de Ferrare. Dans la dédicace on lit ce remarquable passage : *Nam quem alium patronum in tota Italia invenire possum, cui musæ cordi sint, qui carmen sibi oblatum aut intelligat, aut examine recto expendere sciat?* Palingenius aussi emploie indifféremment l'un pour l'autre Jupiter et Deus.

didactique, la mythologie cède le pas à l'allégorie.

C'était dans la poésie lyrique, et spécialement dans l'élégie, que le poëte philologue se rapprochait le plus de l'antiquité; on peut en dire autant de l'épigramme.

Dans le genre léger, Catulle exerça une véritable fascination sur les Italiens. Bien des madrigaux latins, remarquables par leur élégance, bien des invectives, bien des billets méchants ne sont que des paraphrases de Catulle; puis on trouve des élégies sur la mort d'un petit chien ou d'un perroquet, qui rappellent à chaque instant le « moineau de Lesbie », sans qu'on puisse y découvrir un mot de ce petit poëme. Quoi qu'il en soit, il y a des opuscules de ce genre qui peuvent tromper même le connaisseur sur la date de leur composition [1], à moins que quelque détail matériel ne fasse voir clairement qu'ils sont du quinzième ou du seizième siècle.

Par contre, il est à peu près impossible de trouver des odes saphiques ou alcaïques, etc., qui ne trahissent par quelque coin leur origine moderne. Le caractère moderne se reconnaît généralement à cette faconde de rhéteur dont Stace donne le premier exemple dans l'antiquité, à l'absence de la concentration lyrique qui doit caractériser ce genre de poésie. Certaines parties d'une ode, deux ou trois strophes réunies, peuvent bien avoir l'air d'être un fragment antique, mais le tout ne saurait guère faire illusion. Et quand par hasard la couleur est franchement antique, comme dans la belle ode à Vénus, par Andrea Navagero, on reconnaît facilement une simple paraphrase de chefs-d'œuvre de l'antiquité [2].

---

[1] Le premier poëme comique de L. B. Alberti, qui portait comme nom d'auteur celui de Lepidus, passa longtemps pour une œuvre antique.

[2] Poésie imitée (comp. plus bas, p. 332, note 1) du début de Lucrèce et d'Horace, *Odes*, IV, I.

Quelques poëtes lyriques s'emparent du culte des saints, et leurs invocations sont calquées assez habilement sur des odes d'Horace ou de Catulle où sont traités des sujets analogues. Citons comme exemple Navagero, dans l'ode à l'archange Gabriel, et surtout Sannazar (p. 323 ss.), qui pousse très-loin le mélange de l'élément chrétien et de l'élément païen. Il célèbre de préférence le saint dont il porte le nom[1], dont la chapelle se trouve dans son admirable campagne située près du Pausilippe, « à l'endroit où la mer absorbe la source qui jaillit du rocher et où les flots viennent battre le mur du petit sanctuaire ». Tous les ans, il voit revenir avec bonheur la fête de saint Nazaire; les guirlandes de feuillage dont la petite église est ornée, surtout en ce jour solennel, lui semblent être des dons offerts en sacrifice. Même lorsqu'il accompagne Frédéric d'Aragon sur la terre d'exil, à Saint-Nazaire, près de l'embouchure de la Loire, il offre à son vénéré patron, quand vient le jour de sa fête, des couronnes de buis et de feuilles de chêne; il se rappelle avec douleur ces belles années où les jeunes gens de tout le Pausilippe venaient à sa fête dans des barques enguirlandées, et il supplie le Ciel de hâter l'heure de son retour[2].

Ce qui surtout paraît antique au point de faire illusion, c'est une foule de poëmes écrits en vers élégiaques ou simplement en hexamètres, poëmes qui embrassent tous les genres, depuis l'élégie proprement dite jusqu'à l'épigramme. De même que les humanistes exploitaient le

---

[1] Nous avons déjà appris à connaître, à propos d'une circonstance plus sérieuse (p. 72), cette habitude de mêler les saints à des actes éminemment profanes. Comp. aussi l'élégie de Sannazar : *In festo die divi Nazarii martyris. Sannazari Elegiæ*, 1535, fol. 166 ss.

[2]
    Si satis ventos tolerasse et imbres
    Ac minas fatorum hominumque fraudes,
    Da, Pater, tecto salientem avito
    Cernere fumum!

texte des poëtes élégiaques latins avec une extrême
liberté, de même ils se sentaient capables de les imiter
avec succès. L'élégie de Navagero à la Nuit contient
autant de réminiscences que n'importe quel poëme de ce
genre, ce qui ne l'empêche pas d'avoir un cachet tout à
fait antique. En général, la première préoccupation de
Navagero[1] est de trouver un sujet vraiment poétique,
qu'il traite ensuite non pas servilement, mais avec une
noble indépendance, dans le style de l'Anthologie,
d'Ovide, de Catulle, et même des églogues de Virgile;
il use de la mythologie avec une extrême modération;
il composera, par exemple, une prière à Cérès ou à
d'autres divinités champêtres, pour retracer la vie dans
ce qu'elle a de simple et de primitif. Il n'a pas achevé
un salut à la patrie, qu'il avait commencé lors de son
retour de sa mission en Espagne; nous aurions un char-
mant poëme de plus si la fin avait répondu à ce début :

> *Salve, cura Deum, mundi felicior ora,*
> *Formosæ Veneris dulces, salvete, recessus,*
> *Ut vos post tantos animi mentisque labores*
> *Aspicio lustroque libens, ut munere vestro .*
> *Sollicitas toto depello e pectore curas* [2]

La forme élégiaque ou hexamétrique est de rigueur
pour quiconque veut exprimer des idées élevées ou de
nobles sentiments; l'appel au patriotisme (p. 151, l'élégie
à Jules II), l'apothéose des princes, la tendre mélancolie
d'un Tibulle, se servent de ce moule consacré par
l'usage[3]. François-Marie Molza, qui, dans les adulations

---

[1] Andr. NAUGERII *orationes duæ carminaque aliquot*, Ven., 1530, in-4°.
Sur lui et sur sa mort voir Pier. VAL., *De inf. litt.*, ed. Mencken,
p. 226 ss.

[2] Comparer le salut de Pétrarque à l'Italie, qui est plus ancien
d'un siècle (composé en 1353), dans PETR., *Carmina minora*, ed. Bos-
setti, II, p. 266 ss.

[3] On voit ce qu'on pouvait dire à Léon X par la prière que

qu'il prodigue à Clément VII et aux Farnèse, rivalise avec Stace et Martial, a trouvé, dans une élégie adressée par le poëte malade « à ses amis », des pensées sur la mort qui sont aussi belles et aussi antiques que celles de n'importe quel auteur ancien, et cela sans faire à l'antiquité des emprunts bien considérables[1]. Du reste, c'est Sannazar qui a le mieux connu et le plus complétement reproduit l'élégie romaine; il n'y a pas d'auteur qui ait autant brillé, comme poëte élégiaque, par la variété et par l'excellence de ses poëmes. Nous aurons encore à le citer de temps en temps à propos du sujet de quelques-unes de ses élégies.

Enfin, l'épigramme latine était à cette époque quelque chose de sérieux, attendu que quelques lignes bien expressives, gravées sur un monument ou transmises de bouche en bouche, suffisaient à fonder la gloire d'un savant. La prétention de s'illustrer par l'épigramme remonte bien haut : lorsqu'on sut que Guido della Polenta voulait orner d'un monument le tombeau de Dante, il arriva de tous les côtés des épitaphes[2], composées « par des gens qui voulaient *se montrer* ou simplement honorer la mémoire du poëte ou même gagner les bonnes grâces de Polenta ». Sur le tombeau érigé à l'archevêque Giovanni Visconti (mort en 1354) dans le dôme de Milan, on lit, après trente-six hexamètres, la mention suivante : « Gabrius de Zamoreis, de Parme, docteur en droit, a fait ces vers. » Peu à peu l'on vit se former toute une littérature dans ce genre; l'épigramme fleurit,

Guido Postumo Silvestri adresse au Christ, à Marie et à tous les saints de laisser encore longtemps ce *Numen* sur la terre, attendu qu'ils étaient en nombre suffisant au ciel. Imprimé dans Roscoe, *Leone X*, ed. Bossi, V, 337.

[1] Molza, *Poesie volgari e latine*, publ. par Pierantonio Serassi, Bergamo, 1747.

[2] Boccaccio, *Vita di Dante*, p. 36.

grâce à l'influence de Martial et de Catulle. Le plus beau titre de gloire était de faire des épigrammes qui eussent l'air d'être antiques, d'avoir été copiées sur un monument de l'antiquité[1], ou qui fussent tellement remarquables que toute l'Italie les savait par cœur ; c'est ce qui arriva pour quelques épigrammes de Bembo. Quand la ville de Venise payait 600 ducats d'honoraires à Sannazar pour les trois distiques qu'il avait composés en son honneur[2], on ne pouvait la taxer de prodigalité : elle ne faisait qu'honorer l'épigramme comme la forme la plus concentrée de la gloire ; c'est ce qu'elle était aux yeux de tous les gens instruits de cette époque. D'autre part, personne n'était assez puissant pour être au-dessus d'une épigramme bien mordante ; les grands eux-mêmes avaient besoin de doctes conseils pour les inscriptions qu'ils pouvaient avoir à composer, car des épitaphes ridicules, par exemple, risquaient d'être recueillies dans le but d'égayer le public[3]. La science de l'épigraphie et celle de l'épigramme se donnaient la main ; la première reposait sur l'étude assidue des inscriptions antiques.

Rome était par excellence la ville de l'épigramme et des inscriptions. Dans cet État où l'hérédité n'existait

---

[1] Sannazar se moque d'un individu qui l'avait irrité par des falsifications de ce genre : *Sint vetera hæc aliis, mi nova semper erunt* (ad *Rufum, Opera*, 1535, fol. 41a).

[2] De mirabili urbe Venetiis (*Opera*, fol. 38b)
Viderat Adriacis Venetam Neptunus in undis
   Stare urbem et toto ponere jura mari :
Nunc mihi Tarpejas quantumvis Jupiter arces
   Objice et illa tui mœnia Martis ait,
Si pelago Tybrim præfers, urbem adspice utramque,
   Illam homines dices, hanc posuisse Deos.

(Ces vers ont été traduits de bonne heure en allemand par Chrétien Warnecki.)

[3] *Lettere de' principi*, I, 88, 98.

pas, il fallait que chacun s'occupât de perpétuer son souvenir ; en même temps le petit poëme moqueur était une arme contre des rivaux gênants. Déjà Pie II énumère avec satisfaction les distiques que son poëte en titre, Campanus, a faits à l'occasion sous son gouvernement. Sous les pontifes qui lui succédèrent, on vit fleurir l'épigramme satirique, qui atteignit le comble de l'insolence quand elle prit à partie Alexandre VI et les siens. Sannazar n'avait relativement rien à craindre quand il composait les siennes ; mais d'autres, vivant dans le voisinage de la cour, étaient exposés aux plus grands dangers (p. 141). A la suite de huit distiques contenant des menaces, que l'on trouva un jour affichés à la porte de la bibliothèque[1], Alexandre fit renforcer sa garde de 800 hommes[2] ; on peut se figurer comment il aurait traité le poëte si celui-ci s'était laissé prendre. Sous Léon X, les épigrammes latines foisonnaient ; qu'il s'agit de louer le Pape ou de le décrier, de châtier des ennemis, de frapper des victimes sous ou sans le voile de l'anonyme, de parler sur des sujets réels ou imagi-

---

[1] MALIPIERO, *Ann. veneti, Arch. stor.,* VII, I, p. 508. A la fin on lit les vers suivants, qui renferment une allusion au taureau figurant dans les armes des Borgia :

> Merge, Tyber, vitulos animosos ultor in undas;
> Bos cadat inferno victima magna Jovi[1]

[2] Sur toute cette question voir ROSCOE, *Leone X,* ed. Bossi, VII, 211-216 ; VIII 214-221 (les lettres qui forment l'introduction des *Coryciana*). Ce recueil des *Coryciana,* imprimé en 1524 et fort rare aujourd'hui, ne contient que les poésies latines ; Vasari a vu encore chez les Augustins un livre spécial où se trouvaient aussi des sonnets, etc. La manie d'attacher des vers au groupe devint si contagieuse qu'on fut obligé d'isoler ce groupe au moyen d'un grillage, et même de le rendre invisible. La transformation de *Goritz* en un *Corycius senex* est tirée des *Géorgiques* de Virgile, IV, 127. Sur la fin malheureuse de cet homme après le sac de Rome, voir Pierio VALERIANO, *De infelic. litterat.,* ed. Mencken, p. 360 ss. Je compte parler ailleurs de *Corycius* et du recueil des *Coryciana.*

naires, en étant spirituel ou méchant, triste ou seulement mélancolique, il n'y avait pas de forme plus heureuse que celle-là. On voyait alors cent vingt personnes s'évertuer à faire en vers latins une inscription digne du célèbre groupe de la Mère de Dieu avec sainte Anne et l'Enfant, qu'André Sansovino sculptait pour l'église de Saint-Augustin ; c'était moins la piété qui les inspirait que le désir de plaire au Mécène qui avait commandé ce groupe. Celui-ci, qui était référendaire des suppliques adressées au Pape, Jean Goritz de Luxembourg, ne se contentait pas de faire célébrer le service divin le jour de la fête de sainte Anne ; il avait aussi l'habitude de donner un grand banquet littéraire dans ses jardins, sur la pente du Capitole. Ce n'était pas une œuvre oiseuse de passer en revue tous les poëtes qui cherchaient fortune à la cour de Léon X, dans un grand poëme, « *De poetis urbanis* », comme celui d'Arsillus [1], homme qui n'avait besoin ni de la protection du Pape ni de personne, et qui se réservait son franc parler vis-à-vis de ses confrères. — Sous Paul III et après lui, l'épigramme décline ; par contre, l'épigraphe continue de fleurir et

---

[1] Ce poëme parut d'abord dans les *Coryciana* avec une introduction sous forme de lettres écrites par Silvanus et par Corycius lui-même ; plus tard il fut réimprimé souvent, p. ex., dans Roscœ, *Leone X*, ed. Bossi, t. VII, p. 223 ss. (comp. *ibid.*, p. 216-222) ; et dans les *Deliciæ*, comp. Paul. Jov., *Elogia vir. doct*, p. 179, à propos d'Arsillus. Dans notre poëme, Arsillus ne fait guère usage de la liberté de son jugement ; il loue à tort et à travers. Sur le grand nombre d'auteurs d'épigrammes, voir *Lil. Greg. Gyraldus*. Une des plumes les plus méchantes, c'était Marcantonio Casanova. *Gyraldus*, p. 394. Sur M. C. comp. Pier. VALER., *De infel. litt.*, ed. Mencken, p. 376 ss., et Paul. Jov., *Elog. vir. doct.*, p. 142 ss., qui, du reste, dit de lui : *Nemo autem eo simplicitate ac innocentia vitæ melior ;* voir aussi Arsillus, qui rappelle ses *placidos sales*. Quelques-unes de ses poésies se trouvent aussi dans les *Coryciana*, J3a ss., L1a, L4b. — Parmi ceux qui sont moins connus, il faut distinguer J. Thomas Musconius (voir les *Deliciæ*).

ne succombe qu'au dix-septième siècle, tuée par l'emphase.

A Venise aussi, l'épigramme a son histoire particulière, que nous pouvons suivre grâce à la « Venezia » de Sansovino. On trouvait toute une série d'échantillons dans les devises (*brievi*) qui figuraient sur les portraits des doges, dans la grande salle du palais dogal; ce sont ordinairement de deux à quatre hexamètres qui contiennent ce qu'il y a d'essentiel dans la vie publique de chaque doge[1]. De plus, au quatorzième siècle, les tombeaux portaient des inscriptions laconiques en prose, qui ne contenaient que des faits, et à côté se trouvaient des hexamètres emphatiques ou des vers léonins. Au quinzième siècle, on travaille mieux le style; au seizième, ce soin de la forme arrive à son apogée, et bientôt apparaît l'antithèse inutile, la prosopopée, le pathos, en un mot l'enflure. Assez souvent on trouve des pointes; il n'est pas rare de voir la critique des vivants se cacher sous l'éloge des morts. Bien longtemps après, on rencontre quelques épitaphes dont les auteurs ont cherché à être simples et naturels.

L'architecture et l'ornementation se prêtaient aux inscriptions, même nombreuses, tandis que le gothique du Nord ne trouve qu'avec peine une place convenable pour une inscription et que, sur un tombeau, par exemple, il la relègue volontiers aux endroits les plus menacés, c'est-à-dire aux bords.

Par ce que nous avons dit jusqu'ici, nous ne prétendons pas avoir convaincu le lecteur de la valeur propre de cette poésie latine des Italiens. Il ne s'agit que d'indiquer la place qu'elle occupe dans l'histoire de la cul-

---

[1] Marin SANUDO, dans les *Vite de' duchi di Venezia* (MURAT., XXII), les cite régulièrement.

ture intellectuelle et le développement qu'elle a pris par la force des choses. Du reste, on en trouve de bonne heure la caricature[1] : c'est la poésie macaronique, dont l'échantillon le plus remarquable est le *Opus macaronicorum,* écrit par Merlin Coccaie (c'est-à-dire Théophile Folengo de Mantoue). Nous reparlerons de temps à autre du fond de cette poésie; quant à la forme, ce sont des vers hexamètres ou autres composés de mots latins et de mots italiens avec des désinences latines; ce qu'il y a de plus plaisant dans ce mélange, c'est qu'il produit l'effet d'une série de *lapsus linguæ* et qu'on croit entendre le bredouillement d'un improvisateur latin qui se presse trop. Des imitations formées d'allemand et de latin ne peuvent pas en donner une idée.

---

[1] SCARDEONIUS, *De urb. Patav. antiq.* (GRÆV., *Thes.,* VI, III, col. 270), cite comme le véritable inventeur de ce genre de poésie un certain Odaxius de Padoue, qui vivait vers le milieu du quinzième siècle. Mais déjà bien avant lui on trouve partout des vers macaroniques.

CHAPITRE XI

Après avoir, depuis le commencement du quatorzième siècle, fourni plusieurs générations brillantes de poëtes philologues, rempli l'Italie et le monde du culte de l'antiquité, formé la base du développement intellectuel et de l'éducation, souvent même joué un rôle considérable dans le domaine politique, et reproduit avec éclat la littérature ancienne, les humanistes tombèrent partout en discrédit au seizième siècle, c'est-à-dire à une époque où l'on ne voulait pas encore se passer tout à fait de leurs leçons et de leur savoir. On continue à parler, à écrire comme eux, mais personnellement on ne veut plus faire partie de leur corporation. Jusqu'alors on les avait surtout accusés d'orgueil, on leur avait reproché leurs excès scandaleux; désormais une troisième voix se fait entendre, celle de la contre-réforme : on les accuse d'incrédulité.

Pourquoi, dira-t-on, ces reproches, fondés ou non, n'ont-ils pas été formulés plus tôt? Ils l'ont été d'assez bonne heure, mais sans grand résultat, évidemment parce qu'on dépendait encore trop des humanistes, parce qu'ils étaient exclusivement les dépositaires et les propagateurs des trésors de l'antiquité. Mais l'apparition de nombreuses éditions imprimées des auteurs classiques[1], de manuels et d'ouvrages à consulter, faits avec soin, émancipa le peuple et le dispensa de recourir continuellement aux humanistes; lorsqu'on vit qu'ils étaient devenus moins nécessaires, l'opinion se déclara tout à fait contre eux. Les bons comme les mauvais souffrirent de ce revirement.

Ce sont les humanistes eux-mêmes qui sont les premiers auteurs des accusations dont nous avons parlé. De tous ceux qui ont jamais formé une caste, ce sont eux qui ont eu le moins d'esprit de corps ou qui ont le moins respecté le sentiment de la confraternité quand il voulait se manifester. D'autre part, quand ils se mettaient à s'attaquer, tous les moyens leur étaient bons. Ils passent en un clin d'œil des arguments scientifiques aux invectives et aux calomnies les plus grossières; ils veulent, non pas réfuter leur adversaire, mais l'anéantir. Cela tient en partie à leur entourage et à leur position; nous avons vu par quelles alternatives de gloire et d'abaissement a passé le siècle dont ils étaient les organes les plus actifs. En outre, dans la vie réelle, leur situation était telle qu'ils étaient sans cesse réduits à défendre leur existence. C'est dans ces conditions qu'ils écrivaient, péroraient et se déchiraient les uns les autres. Les œuvres du Pogge contiennent à elles seules assez d'infamies pour faire condamner toute la corporation, et ce sont précisément ces *Opera Poggii* qui ont été le plus souvent réimprimées des deux côtés des Alpes. Qu'on ne se réjouisse pas trop tôt si l'on trouve au quinzième siècle une figure inattaquable en apparence; en cherchant bien, on risque toujours de rencontrer une calomnie qui la ternit, même si

____

[1] Il ne faut pas oublier que les classiques furent imprimés de très-bonne heure avec des scholies anciennes et des commentaires modernes.

l'on n'y croit pas. Les nombreux poëmes licencieux et l'imprudence des poëtes tournant en ridicule leur propre famille, comme, par exemple, dans le dialogue de Pontanus intitulé « Antoine », firent le reste. Le seizième siècle connaissait tous les témoignages qui s'élevaient contre les humanistes, et il s'était fatigué à la longue d'une caste si sujette à caution. Le corps tout entier dut expier ses propres erreurs, ainsi que l'estime exagérée qu'on lui avait accordée jusqu'alors. Sa mauvaise fortune voulut que le plus grand poëte de la nation s'exprimât sur son compte avec le calme d'un mépris écrasant [1].

Parmi ces reproches, qui finirent à un moment donné par former un faisceau redoutable, il n'y en avait que trop de fondés. Bien des philologues gardèrent des mœurs pures et restèrent sincèrement religieux; ce serait montrer qu'on ne connaît guère cette époque que de les condamner en masse; mais beaucoup d'entre eux étaient coupables, surtout ceux dont la voix était le plus écoutée.

Trois choses expliquent et atténuent peut-être leur faute : les faveurs exagérées dont ils étaient l'objet quand la fortune leur souriait; l'incertitude de leur existence matérielle, où l'éclat et la misère se succédaient brusquement, suivant le caprice du maitre et la méchanceté de leurs ennemis; enfin l'influence de l'antiquité, qui jetait les esprits dans une fausse voie. Les anciens faisaient tort à leur moralité sans leur communiquer la leur; même en matière religieuse, l'antiquité agissait sur eux surtout par son côté sceptique et négatif, puisqu'il ne pouvait pas être question d'adopter sérieusement le polythéisme d'autrefois. C'est précisément parce qu'ils

[1] Ariosto, *Satira* VII. De l'année 1531.

concevaient l'antiquité d'une manière dogmatique, c'est-à-dire comme un modèle constant pour la pensée et pour l'action, que leur position devenait fausse. Mais s'il y a eu un siècle qui s'est aveuglé volontairement et qui a divinisé le monde ancien avec ce qu'il a produit, ce ne sont pas quelques individus qu'il faut en accuser ; il faut voir là dedans quelque chose de providentiel. La cause de la culture est intimement liée à ce fait, et tout son avenir tient à ce que l'antiquité s'est emparée de la vie moderne et y a pris le premier rang.

La carrière des humanistes était généralement telle que les caractères les mieux trempés pouvaient seuls la parcourir sans se dégrader. Le premier danger provenait souvent des parents eux-mêmes, qui développaient l'enfant de fort bonne heure et en faisaient un petit prodige [1] en vue d'une condition qui passait pour être la première de toutes. Mais, en général, les enfants prodiges ne dépassent pas une certaine limite, ou bien ils sont obligés de traverser les plus dures épreuves pour arriver à se développer et à se faire un nom. Pour le jeune homme ambitieux, la gloire de l'humaniste et la brillante figure qu'il faisait étaient un dangereux appât ; lui aussi trouvait « que les instincts élevés que lui avait donnés la nature ne lui permettaient plus de s'abaisser aux choses

---

[1] On en trouve plusieurs ; je le prouverai plus bas. L'enfant prodige Giulio Campagnola n'est pas du nombre de ceux qui ont été poussés par l'ambition. (Comp. SCARDEONIUS, *De urb. Patav. antiq.*, dans GRÆV., *Thesaur.*, VI, III, col. 276.) — Sur l'enfant prodige Cechino Bracci, mort en 1544, dans sa quinzième année, comp. TRUCCHI, *Poesie ital. inedite*, III, p. 229. — Sur la manière dont le père de Cardano voulait lui *memoriam artificialem instillare* et lui enseigna l'astrologie arabe dès l'âge le plus tendre, comp. CARDANUS, *De propria vita,* cap. XXXIV. — On pourrait aussi compter ici Manoello, à moins qu'on ne veuille attacher aucune importance à ce qu'il a dit : « Je suis à six ans comme à quatre-vingts. » Comp. *Litt. de l'Orient*, 1843, p. 21.

communes et viles [1] ». Et c'est ainsi qu'il se lançait dans une vie agitée, dévorante; tour à tour précepteur, secrétaire, professeur, valet des princes, se consumant dans des études ingrates, en butte à des inimitiés mortelles, à des dangers incessants, élevé aux nues ou accablé de mépris, opulent aujourd'hui, demain misérable, il est l'image vivante de l'instabilité. On voyait souvent le mérite le plus vulgaire l'emporter sur le savoir le plus réel. Mais le grand mal était que cette condition ne comportait guère une demeure fixe, attendu qu'elle rendait les changements de résidence nécessaires ou qu'elle empêchait l'individu de se plaire longtemps quelque part. Se fatiguant lui-même de ceux au milieu desquels il vivait, se sentant mal à l'aise parmi des ennemis acharnés à le perdre, il finissait par se décourager et par lasser un entourage amoureux de la nouveauté (p. 258). Malgré tout ce qui, dans cette situation, rappelle les sophistes du temps des empereurs, tels que les décrit Philostrate, ceux-ci étaient dans une condition meilleure, ils étaient généralement riches ou se résignaient plus aisément aux privations; en somme, leur vie était plus facile, parce qu'ils étaient moins des savants que des rhéteurs toujours prêts à parler. L'humaniste de la Renaissance, au contraire, est obligé de posséder une vaste érudition et de savoir se plier aux situations et aux occupations les plus diverses. Pour s'étourdir, il use du plaisir et en abuse; on le croit capable de tout, et, en effet, il se met au-dessus de toutes les lois de la morale vulgaire. On ne saurait concevoir de pareils caractères sans un orgueil qui résiste à tout; ils en ont besoin, ne fût-ce que pour rester supérieurs aux événements; la

[1] Expression employée par Philippe VILLANI, *Vite*, p. 5, dans une circonstance pareille.

haine et le culte dont ils sont tour à tour l'objet fortifient nécessairement en eux ce sentiment. Ils sont les exemples et les victimes les plus remarquables de la subjectivité livrée à elle-même.

Les accusations et les portraits satiriques datent de loin, comme nous l'avons fait observer; la raillerie guettait toute personnalité marquante, tout genre de célébrité. En outre, les victimes fournissaient des armes terribles contre elles-mêmes, et la médisance n'avait qu'à les employer. Au quinzième siècle encore, Battista Mantovano, énumérant les sept monstruosités [1], range les humanistes et beaucoup d'autres sous la rubrique : orgueil; il montre ces soi-disant fils d'Apollon s'avançant avec une gravité de commande, l'air fâché et hargneux, semblables à la grue qui picore, tantôt regardant leur ombre, tantôt affamés de louange. Il était réservé au seizième siècle de leur faire sérieusement leur procès. C'est ce que nous apprend l'Arioste, mais surtout leur historien spécial, Gyraldus; sa dissertation [2], écrite sous Léon X, dont il appelle le siècle l'âge d'or, fut probablement remaniée vers 1540. Nous y trouvons quantité d'exemples anciens et modernes du peu de moralité et des misères des lettrés; en outre, l'auteur formule de temps à autre les graves accusations que la voix publique dirige contre eux. Ce qu'on leur reproche surtout, c'est leur violence, leur vanité, leur entêtement, le culte qu'ils ont pour leur personne, les désordres de leur vie privée, les dérèglements de tout genre, l'hérésie, l'athéisme; puis le talent de parler sans conviction, leur funeste

---

[1] Bapt. MANTUAN., *De calamitatibus temporum*, l. I.

[2] Lil. Greg. GYRALDUS, *Progymnasma adversus litteras et litteratos, Opp* ed. Bas. 1850, II. p. 422-445. Les dédicaces sont de 1540 et 1541; l'ouvrage lui-même est adressé à Jean-Franc. Pic; ainsi, de toute façon il a été achevé avant 1533 (v. pl. h. p. 41 ss.).

influence sur les puissants, leur langage pédantesque, leur ingratitude envers leurs maîtres, les basses adulations qu'ils prodiguent aux princes, qui commencent par amorcer le lettré et finissent par le laisser mourir de faim, etc. L'ouvrage se termine par une observation sur l'âge d'or, qui régnait à l'époque où il n'y avait pas encore de science. Une de ces accusations ne tarda pas à devenir plus grave que toutes les autres : c'est celle d'hérésie. Gyraldus lui-même, faisant réimprimer plus tard une œuvre de jeunesse tout à fait sans conséquence [1], est obligé de se cramponner au manteau du duc Hercule II de Ferrare [2], parce que la parole est à des gens qui trouvent qu'il ferait mieux d'employer son temps à traiter des sujets chrétiens qu'à faire des recherches sur la mythologie. Il fait observer que, vu l'esprit du temps, ces travaux sont à peu près les seuls qui soient innocents, c'est-à-dire neutres, tout en étant dignes d'occuper l'homme de science.

Si l'histoire de la culture est tenue de rechercher des témoignages où le sentiment humain domine et parle plus haut que l'accusation elle-même, elle doit surtout consulter l'ouvrage de Pierio Valeriano « sur le malheur des savants [3] »; c'est une source plus précieuse que tout ce qu'on pourrait imaginer. Ce livre a été écrit sous la lugu-

---

[1] Lil. Greg. GYRALDUS, *Hercules. Opp.*, I, p. 544-570. La dédicace est un monument parlant des premières menaces de l'inquisition.

[2] Hercule était généralement considéré, ainsi que nous l'avons vu plus haut (p. 329, note 2), comme le dernier protecteur des savants.

[3] *De infelicitate litteratorum.* — Sur les éditions, voir plus haut p. 110, note 1. Après avoir quitté Rome, Pierre Val. a vécu encore longtemps comme professeur à Padoue, où il jouissait de la considération générale. A la fin de son ouvrage, il exprime l'espérance que Charles-Quint et Clément VII inaugureront des temps meilleurs pour les savants.

bre impression du sac de Rome, dont les conséquences n'épargnent pas même les lettrés, et qui apparaît à l'auteur comme le dernier et le plus cruel des coups qu'un destin ennemi ne cesse depuis longtemps de porter à l'Italie. Pierio obéit à un sentiment juste et vrai en somme ; il ne va pas imaginer un démon envieux qui persécute les gens d'esprit à cause de leur génie ; il se borne, au contraire, à constater des faits où le hasard a souvent la plus grande part. Il ne veut ni écrire une tragédie, ni montrer les événements comme étant le résultat du conflit de causes d'un ordre supérieur ; c'est pourquoi il raconte aussi des choses vulgaires. Nous apprenons à connaître des gens qui, à des époques troublées, perdent d'abord leurs revenus, puis aussi leurs places, des ambitieux qui courent deux emplois et n'en obtiennent aucun, des avares misanthropes qui portent toujours leur argent cousu sur eux et qui meurent fous après en avoir été dépouillés, d'autres qui acceptent des lits dans un hospice et qui ensuite se consument de regret d'avoir perdu leur liberté. Puis l'auteur s'apitoie sur nombre d'individus qui sont morts de la fièvre ou de la peste, et dont les écrits sont brûlés en même temps que leur literie et leurs habits ; d'autres sont menacés dans leur vie par des collègues jaloux ; tel est assassiné par un domestique rapace ; tel autre est arrêté en voyage par des malfaiteurs et languit dans un cachot parce qu'il ne peut pas payer de rançon. Plus d'un meurt rongé par un chagrin secret, à la suite d'une humiliation trop vivement ressentie ; un Vénitien est emporté par la douleur, parce que son fils, un enfant prodige, est mort ; la mère et l'oncle ne tardent pas à mourir à leur tour, comme si l'enfant les entraînait tous dans la tombe. Un certain nombre de lettrés, surtout des Florentins, finissent par le suicide [1], d'autres sont frappés par la justice secrète d'un tyran. Qui est encore heureux à la fin? et comment peut-on l'être? est-ce par l'insensibilité complète en présence d'une pareille catastrophe? Un des interlocuteurs du dialogue dans lequel Pierio a fait entrer tous ses récits, trouve une solution à ces questions; c'est l'illustre Gasparo Contarini; il suffit de voir ce nom pour s'attendre à des vérités profondes. Il cite comme type du savant heureux Fra Urbano Valeriano de Bellune [2], qui fut longtemps professeur de grec à Venise, visita la Grèce et l'Orient, parcourut encore à la fin de sa carrière tantôt un pays, tantôt un autre, sans jamais monter sur une bête de somme, qui ne posséda jamais un denier, refusa tous les honneurs et toutes les distinctions, et mourut dans sa quatre-vingt-quatrième année, après une vieillesse pleine de sérénité, sans avoir jamais été malade, sauf à la suite d'une chute qu'il fit du haut d'une échelle. Qu'est-ce qui le distinguait des humanistes? Ceux-ci ont plus de liberté, plus d'indépendance qu'il n'en faut pour être heureux; le moine mendiant, au contraire, enfermé dans un couvent depuis son enfance, n'avait jamais mangé ou dormi son soûl et, par suite, était devenu insensible aux privations; aussi conservait-il une parfaite égalité d'âme, même au milieu des tribulations, et, par cette impression qui se dégageait de sa personne, il agissait plus sur ses auditeurs que par son grec; son exemple leur disait qu'il dépend de nous-mêmes de succomber à l'adversité ou de la supporter courageusement. « Au milieu du dénûment et

---

[1] Comp. DANTE, *Inferno*, XIII, v. 58 ss.; surtout 93 ss., où Petrus de Vineis parle de son suicide.

[2] Pier. VALER., ed. Mencken, p. 397 ss., 402. Il est l'oncle de l'écrivain dont nous parlons.

du malheur, il était heureux parce qu'il voulait l'être, parce qu'il n'avait pas été gâté par la fortune, qu'il n'était ni fantasque, ni inconstant, ni difficile à satisfaire, et qu'il savait toujours se contenter de peu ou de rien. » — Si nous entendions Contarini lui-même, nous trouverions peut-être encore un motif religieux à côté de ces traits de philosophie pratique; mais l'image de ce philosophe qui parle en sandales nous édifie suffisamment. Nous trouvons, dans un milieu différent, un caractère semblable; c'est celui de Fabio Calvi de Ravenne [1], le commentateur d'Hippocrate. Il vécut jusqu'à un âge avancé, ne se nourrissant que d'herbes et de racines, « comme autrefois les pythagoriciens »; il habitait une masure qui ne valait guère mieux que le tonneau de Diogène; sur la pension que lui payait le pape Léon X, il ne prélevait que le strict nécessaire, et donnait le reste aux pauvres. Il ne garda pas la santé comme Fra Urbano; aussi est-il probable qu'à sa dernière heure il ne sourit pas comme celui-ci, car, lors du sac de Rome, les Espagnols l'entraînèrent malgré ses quatre-vingt-dix ans, dans l'intention de le rançonner, et il mourut dans un hôpital, à la suite des privations qu'on lui avait fait endurer. Mais son nom est sauvé de l'oubli, parce que Raphaël a aimé le vieillard comme un père, l'a respecté comme un maître et l'a toujours consulté en toutes choses. Peut-être les conseils de Fra Urbano avaient-ils surtout pour objet la restauration archéologique de l'ancienne Rome (p. 228), peut-être aussi des questions beaucoup plus élevées. Qui pourrait dire la part de Fabio dans l'idée de l'*École d'Athènes* et d'autres grandes compositions de Raphaël?

---

[1] Cœlii CALCAGNINI *Opera*, ed. Basil. 544, p. 101, dans le VII⁰ livre des *Épîtres*. N⁰ 27, lettre à Jacques Ziegler. — Comp. Pierio VAL., *De inf. litt.*, ed. Mencken, p. 369 ss.

Nous voudrions bien finir par le portrait d'un savant à la fois aimable et heureux, tel que Pomponius Lætus, par exemple; malheureusement nous n'avons d'autres documents sur lui que la lettre de son élève Sabellicus [1], qui représente à dessein Lætus sous des traits antiques. Esquissons à tout hasard cette figure de l'auteur en question. Il était (p. 311) un bâtard de la maison des Sanseverino de Naples, princes de Salerne; mais il ne voulait pas les reconnaître, et, en réponse à l'invitation de venir vivre près d'eux, il leur écrivit ce billet fameux : *Pomponius Lætus cognatis et propinquis suis salutem. Quod petitis fieri non potest. Valete.* C'était un tout petit homme avec de petits yeux vifs, toujours vêtu d'une manière singulière; dans les vingt ou trente dernières années du quinzième siècle, il fut professeur à l'université de Rome, et, en cette qualité, il habitait tantôt la maison ornée d'un jardin qu'il possédait sur le mont Esquilin, tantôt sa vigne du Quirinal. Là il élevait ses canards et d'autres volatiles, ici il cultivait sa terre en observant rigoureusement les préceptes de Caton, de Varron et de Columelle; il passait les jours de fête en pleine campagne, pêchant ou prenant des oiseaux, ou bien buvant frais à l'ombre, près d'une source ou sur les bords du Tibre. Il méprisait les richesses et les douceurs de la vie. Il ne connaissait ni l'envie ni la médisance, et il ne souffrait pas dans son voisinage les gens affligés de cette triste passion; il se réservait une grande liberté de parole à l'égard de ses supérieurs; du reste, à part les dernières années de sa vie,

---

[1] M. Ant. SABELLICI *Opera, Epist.*, l. XI, fol. 56. L'ouvrage a aussi paru à part sous le titre : SABELLICUS, *Vita Pomponii Læti*, Strasb., 1510. Voir la biographie correspondante dans les *Elogia*, p. 76 ss , de Paul Jove.

il était généralement considéré comme un contempteur de la religion. Compris parmi les humanistes que persécuta le pape Paul II, il avait été livré par Venise à ce pontife; mais aucun moyen n'avait pu lui arracher des aveux indignes de lui. A partir de ce moment, les papes et les prélats l'invitèrent à venir chez eux, lui prêtèrent leur appui, et lorsqu'à la faveur des troubles du pontificat de Sixte IV sa maison fut pillée, on fit en sa faveur des collectes qui produisirent plus qu'il n'avait perdu. Il était consciencieux comme professeur; on le voyait, même avant le jour, descendre avec sa lanterne du mont Esquilin; toujours il trouvait la salle pleine avant de commencer son cours, car les gens accouraient dès minuit pour s'assurer une place; comme il bégayait dans la conversation, il s'appliquait à parler lentement en chaire, ce qui n'ôtait rien au charme de sa parole. Les rares ouvrages qu'il a faits sont écrits avec soin. Personne ne traitait avec autant de respect les textes grecs ou latins; du reste, telle était la vénération que lui inspirait l'antiquité qu'à la vue de monuments quelconques des anciens temps, il restait comme en extase ou se mettait à verser des larmes abondantes. Comme il quittait volontiers ses études quand il pouvait rendre service à d'autres, on l'aimait beaucoup; aussi, quand il mourut, Alexandre VI alla-t-il jusqu'à envoyer ses courtisans pour accompagner son corps, qui fut porté par les plus considérables parmi ses auditeurs; quarante évêques et tous les ambassadeurs étrangers assistèrent à ses funérailles, qui eurent lieu à Araceli.

Lætus avait eu l'idée de faire représenter à Rome des comédies anciennes, particulièrement des pièces de Plaute, et il avait dirigé lui-même ces représentations (p. 317). Aussi, tous les ans, il célébrait le jour de la fondation de la ville par une fête où ses amis et ses élèves prononçaient des discours et récitaient des vers : c'est à l'occasion de ces solennités que se forma l'Académie romaine, qui survécut à Lætus. C'était une société libre qui n'avait aucun caractère officiel; en dehors des anniversaires dont nous avons parlé, elle se réunissait[1] quand un ami des lettres l'invitait ou qu'il s'agissait de fêter la mémoire d'un de ses membres, de Platina par exemple. Dans ce cas, un prélat qui en faisait partie commençait par dire la messe; ensuite Pomponius montait en chaire et prononçait le discours d'usage; un autre membre de l'Académie lui succédait et récitait des distiques. Le banquet obligé, assaisonné de discussions savantes et de récitation de vers, terminait la fête, qu'elle fût triste ou joyeuse; rappelons que les académiciens, sans en excepter Platina lui-même, passèrent de bonne heure pour être de fins gourmets[2]. Parfois ils jouaient des farces dans le goût des atellanes. Comme société libre à tous les égards, cette académie subsista avec ses caractères primitifs jusqu'au sac de Rome; elle reçut l'hospitalité d'un Angelus Coloccius, d'un Jean Corycius (p. 336) et d'autres. Comme pour toute société de ce genre, il est difficile d'apprécier exactement l'influence que l'Académie romaine a eue sur la vie[3] intellectuelle de la nation; quoi qu'il en soit, Sadolet lui-même la compte parmi les meilleurs souvenirs de sa jeunesse. Un grand nombre d'académies se formèrent dans différentes villes, selon que le nombre et la valeur des humanistes résidant dans le pays, ou la protection des riches et des

---

[1] Jac. VOLATERRAN. *Diar. Rom.,* dans MURAT., XXIII, col. 161, 171, 185. — *Anecdota litter.,* II, p. 168 ss.

[2] Paul. JOV., *De Romanis piscibus,* cap. XVII et XXXIV.

[3] SADOLETI *Epist.* 106, de l'ann. 1529.

grands, rendirent possibles de tels établissements; beaucoup d'entre elles disparurent ou se transportèrent ailleurs. Telle fut l'Académie de Naples, qui se réunit autour de Jovianus Pontanus et dont une partie alla s'établir à Lecce [1]; celle de Pordenone, qui forma la cour du général Alpiano, etc. Nous avons parlé plus haut (p. 54) de celle de Ludovic le More et du rôle particulier qu'elle jouait dans l'entourage du prince.

Vers le milieu du seizième siècle, ces sociétés semblent avoir subi une transformation complète. Les humanistes, qui ont perdu le rang élevé qu'ils occupaient dans la vie et qui sont devenus suspects à la contre-réforme, cessent d'avoir la direction des académies; d'ailleurs, dans ces corps savants l'italien prend la place du latin. Bientôt chaque ville tant soit peu importante eut son académie avec un nom aussi bizarre que possible, et avec une fortune propre, provenant de cotisations et de legs. Outre l'habitude de réciter des vers, ces académics adoptèrent [2], à l'exemple des Latins d'autrefois, le banquet périodique et l'usage des représentations scéniques; les drames représentés étaient joués, soit par 'es académiciens eux-mêmes, soit par des jeunes gens qu' ls dirigeaient par leurs conseils; plus tard, ce furent des acteurs payés. Le sort du théâtre italien, plus tard même celui de l'opéra, sont restés longtemps entre les mains de ces sociétés.

---

[1] Anton. GALATEI *Epist.* 10 et 12, dans MAI, *Spicileg. Rom.*, vol. VIII.

[2] C'est ce qu'on avait vu déjà avant le milieu du siècle. Comp. Lil. Greg. GYRALDUS, *De poetis nostri temp.*, II.

APPENDICES

PREMIÈRE PARTIE

APPENDICE N° 1.

PROJETS DE CROISADE DE CHARLES IV.

C'était un Italien, Fazio degli Uberti (*Dittamondo,* l. VI, cap. **v,**
vers 1630), qui croyait Charles IV capable de faire encore une
croisade en Terre Sainte. Le passage dont il s'agit est un des
meilleurs du poëme, et il est caractéristique même sous d'autres
rapports. Le poëte est chassé du Saint Sépulcre par un grossier
Turcoman.

> Coi passi lunghi e con la testa bassa
>   Oltre passai e dissi : ecco vergogna
>   Del cristian che'l saracin qui lassa !
> Poscia al pastor (le Pape) mi volsi per rampogna :
>   E tu ti stai, che sei vicar di Christo
>   Co' frati tuoi a ingrassar la carogna?
> Similimente dissi a quel sofisto (Charles IV)
>   Che sta in Buemme (Bohême) a piantar vigne e fichi,
>
>   E che non cura di sì caro acquisto :
> Che fai? perchè non segui i primi antichi
>   Cesari de' Romani, e che non segui,
>   Dico, gli Otti, i Corradi, i Federichi?
> E che pur tieni questo imperio in tregui ?
>   E se non hai lo cuor d'esser Augusto,
>   Che nol rifiuti? e che non ti dilegui? etc.

Environ huit ans auparavant, vers 1352, Pétrarque avait écrit
à Charles IV (*Epistolæ familiares,* lib. XII, ep. 1, ed. Fracassetti,
vol. II, p. 160) : Simpliciter igitur et aperte... pro maturando
negotio Terræ Sanctæ... oro... tuo egentem auxilio quam primum
invisere velis Ausoniam.

APPENDICE N° 2.

NOUVELLES DES HECATOMMITTI.

Les nouvelles des *Hecatommitti* de Giraldi, qui sont relatives à des personnages princiers de la maison d'Este, se trouvent, à l'exception d'une seule (I, nov. 8), dans le sixième livre, qui est dédié à François d'Este, marquis della Massa, au commencement de la deuxième partie de l'ouvrage entier, de celle qui porte la dédicace à Alphonse II, « le cinquième duc de Ferrare ». Aucune nouvelle ne se rapporte à ce prince, auquel le dixième livre est dédié particulièrement; une seule se rapporte à son prédécesseur, Hercule II (voir plus bas); les autres se rapportent à Hercule Ier, « le deuxième duc », et à Alphonse Ier, « le troisième duc de Ferrare ». Les histoires racontées sur le compte de ces princes sont quelquefois des histoires d'amour; mais c'est le plus petit nombre. L'une d'elles (I, nov. 8) raconte l'insuccès du roi de Naples voulant amener Hercule d'Este à enlever à Borso la domination de Ferrare, et une autre (VI, nov. 10) vante la conduite généreuse d'Hercule à l'égard de quelques conspirateurs. Les deux nouvelles qui se rapportent à Alphonse Ier (VI, nov. 2, 4), dans la dernière desquelles Alphonse ne joue qu'un rôle secondaire, sont également, ainsi que nous l'apprenons par l'épigraphe et surtout par la déd cace au susdit François, *atti di cortesia* envers des chevaliers et des prisonniers, mais non envers des dames, et les deux autres seules sont des histoires d'amour. Elles sont de telle nature qu'elles ont bien pu être racontées du vivant du héros : elles sont destinées à prouver que les princes sont magnanimes, généreux, modérés dans leurs désirs et vertueux. L'une d'elles (VI, nov. 1) se rapporte aussi à Hercule Ier, qui était mort depuis longtemps lorsque les nouvelles ont été réunies; une seulement (VI, nov. 3) se rapporte à Hercule II, qui vivait encore à cette époque (né en 1508, mort en 1568, fils de Lucrèce Borgia, mari de Renée), et dont le poëte dit : *Il giovane, che non meno hà benigno l'animo, che cortese l'aspetto, come già il vedemmo in Roma, nel tempo ch' egli, in vece del padre, venne à Papa Hadriano.* Voici en quelques lignes l'histoire qui le concerne : La belle Lucile, fille d'une pauvre veuve noble, aime Nicandre, mais ne peut pas l'épouser parce que le père de ce dernier défend au jeune homme de se marier avec une fille sans fortune. Hercule, qui voit Lucile et qui est frappé de sa beauté, gagne la mère de la jeune personne, pénètre, grâce à elle, dans la chambre à coucher de celle dont il s'est épris, mais il se laisse toucher par les supplications de la jeune fille, à tel point qu'il

respecte son innocence et facilite même son mariage avec
Nicandre en lui donnant une dot.

Dans BANDELLO les nouv. II, 8, 9, se rapportent à Alexandre de
Médicis, la nouv. 26 à Marie d'Aragon, la nouv. III, 26, et IV, 13,
à Galéas Sforza, les nouv. III, 36, 37, à Henri VIII d'Angleterre, et
la nouv. II, 27, parle de l'empereur d'*Allemagne* Maximilien Ier.
L'Empereur, « dont la bonté naturelle et la libéralité plus
qu'impériale sont vantées par tous les écrivains », s'était séparé
de sa suite en poursuivant un cerf et s'était égaré. En sortant de
la forêt, il demande son chemin à un paysan. Celui-ci, qui est
occupé à charger du bois, prie l'Empereur, qu'il ne connaissait
pas, de lui donner un coup de main. Maximilien l'aide de bonne
grâce; mais, pendant qu'il est en train de travailler, sa suite
arrive et le salue respectueusement. Il a beau faire signe à ses
gens de faire trêve à leurs salutations, le paysan le reconnaît et
le supplie de lui pardonner de l'avoir traité avec autant de sans
façon. Mais l'Empereur relève le pauvre homme, lui fait un riche
présent, l'invite à venir le voir le lendemain et lui accorde de
nombreux priviléges. Le narrateur termine ainsi : *Dimostro Cesare
nello smontar da cavallo e con allegra ciera aiutar il bisognoso contadino,
una indicibile e degna d' ogni lode humanità, et in sollevarlo con danari e
privilegii dalla sua faticosa vita, aperse il suo veramente animo Cesareo.*
(II, 415.) Il y a aussi une histoire des Hecatommitti, VIII, nov. 5,
qui se rapporte à *Maximilien.* C'est l'histoire qui s'est partout
répandue, grâce à Shakespeare, qui en a tiré son drame intitulé :
« Mesure pour mesure » (voir à ce sujet le « Wendunmuth » de
Kirchhof, publ. par Pesterley, t. V, p. 152 ss.), histoire que Giraldi
a transportée à Inspruck et qu'il attribue à Maximilien. L'auteur
fait aussi un grand éloge de cet empereur. Après l'avoir nommé
d'abord tout simplement *Massimiano il Grande,* il le désigne comme
un prince *che fù raro essempio di cortesia, magnanimità, e di singolare
giustizia.*

APPENDICE N° 3.

LA STATISTIQUE EN ITALIE, AU MOYEN AGE.

On trouve une revue statistique de Milan très-importante, quoique restreinte, dans *Manipulus Florum* (MURAT., XI, 711 ss.); elle date
de l'année 1288. On y voit figurer le nombre des portes cochères,
le chiffre de la population, celui des hommes en état de porter
les armes, le nombre des maisons des nobles, des fontaines, des
fours, des débits de vin, des boucheries, des pêcheurs, la quantité
de blé nécessaire à l'alimentation, le nombre des chiens, des

oiseaux de chasse, le prix du bois, du foin, du vin et du sel; plus le relevé des juges, des notaires, des médecins, des maîtres d'école, des copistes, des armuriers, des maréchaux ferrants, des hôpitaux, des cloîtres, des couvents et des corporations religieuses. On trouve une revue statistique peut-être plus ancienne encore dans le *Liber de magnatibus Mediolani*, par Henri DE HERVORDIA, éd. Potthast, p. 165. Compar. aussi la statistique d'Asti en 1250, par Ogerius ALPHERIUS (*Alfieri*), *De gestis Astensium*, *Histor. patr. monumenta scriptorum*, t. III, col. 684 ss.

APPENDICE N° 4.

SUR L'AUTHENTICITÉ DE LA CHRONIQUE DE DINO COMPAGNI.

Le passage relatif à la chronique de Dino Compagni qui se trouve dans les éditions antérieures a été omis ici en raison du caractère apocryphe de cette chronique; c'est Paul Scheffer-Boichhorst qui a prouvé que ce document n'était pas authentique (*Études sur Florence*, Leipzig, 1874, p. 45-210); plus tard il est revenu sur cette question et a répondu victorieusement aux arguments d'un critique fort distingué (C. HEGEL, *la Chronique de Dino Compagni, Essai de réhabilitation*, Leipzig, 1875). L'opinion de Scheffer a prévalu presque partout en Allemagne (comp. M. BERNHARDI, *l'État de la question de Dino, Revue histor.*, N. F. 1877, t. 1er); du reste, Hegel admet que le texte que nous possédons est le produit d'un remaniement ultérieur de la chronique que Dino avait laissée inachevée. Il s'est élevé, même en Italie, des voix autorisées contre l'authenticité de la chronique en question, bien que le grand nombre ait fait semblant d'ignorer l'attaque dirigée par la critique contre ce document. (Compar. surtout P. FANFANI, dans la revue *Il Borghini* et dans le livre intitulé : *Dino Compagni vendicato*, Milano, 1875.) Sur la plus ancienne histoire de Florence en général compar. HARTWIG, *Recherches*, etc., Marburg, 1876; de plus, C. HEGEL, dans la *Revue historique de H. de Sybel*, t. XXXV.

APPENDICE N° 5.

LA RICHESSE EN ITALIE A LA FIN DU MOYEN AGE.

Sur la question de la richesse publique en Italie, je ne puis, faute d'autres ressources, que réunir quelques données éparses, telles que le hasard me les a fait trouver. Il faut laisser de côté certaines exagérations évidentes. Les monnaies d'or, auxquelles se rapportent les principales données, sont : le ducat, le sequin, le florin d'or et l'écu d'or. Leur valeur est à peu près la même, c'est-à-dire de neuf à dix marcs de notre monnaie.

A *Venise*, le doge André Vendramin (1478), qui possédait 170,000 ducats, passait pour très-riche. (MALIPIERO, *loc. cit.*, VII, II, p. 666.) La fortune confisquée à Colleoni s'élevait à 216,000 ducats ; voir *ibid.*, p. 244.)

Vers 1460, le patriarche d'Aquilée, Lod. Patavino, qui avait une fortune de 200,000 ducats, était considéré comme étant « presque le plus riche de tous les Italiens » (Gasp. VERONENS., *Vita Pauli II*, dans MURAT., III, II, col. 1027). On trouve ailleurs des données tout à fait invraisemblables.

Sur le commerce du blé et le prix des céréales sur le marché de Venise, voir surtout MALIPIERO, *loc. cit.*, VII, II, p. 709 ss. (Notice de 1498.)

Vers 1522, ce n'était plus Venise qui passait pour la ville la plus riche de l'Italie ; c'étaient Gênes et Rome. (D'après le témoignage d'un certain Franc. Vettori ; voir la *Storia* de cet auteur, dans *Archiv. stor. append.*, t. VI, p. 343.) BANDELLO, *Parte II, nov.* 34 et 42, parle d'Ansaldo Grimani, le plus riche négociant génois de son temps.

Entre 1400 et 1580, la valeur de l'argent baisse de moitié, d'après Franc. Sansovino (*Venezia*, fol. 151 *bis*).

Dans la *Lombardie*, le prix des céréales est, vers le milieu du quinzième siècle, au prix qu'elles valaient chez nous vers le milieu du siècle actuel, comme 3 est à 8. (*Sacco di Piacenza*, dans *Archiv. stor.*, append., t. V. Note de l'éditeur Scarabelli.)

A *Ferrare*, on appelait gens riches, à l'époque du duc Borso, ceux qui avaient 50,000 ou 60,000 ducats. (*Diario Ferrarese*, MUR., XXIV, col. 207, 214, 218. On trouve une donnée invraisemblable, col. 187.)

Pour *Florence*, il y a des données d'une nature tout exception-nelle, qui ne conduisent pas à des conclusions toujours exactes ; tels sont certains emprunts de princes étrangers qui nominale-ment sont consentis par une seule maison ou par un petit nombre de banquiers, mais qui, en réalité, sont de grandes opérations intéressant toute une société de prêteurs. Il en est de même de ces amendes énormes qu'infligeaient les tribunaux : on dit, par exemple, que, de 1430 à 1453 soixante-dix-sept familles payèrent 4,875,000 florins d'or (VARCHI, III, p. 115 ss.) ; le seul Giannozzo Mannetti, dont il sera encore souvent question, dut verser la somme de 135,000 florins d'or, à la suite de quoi il se trouva réduit à la mendicité (REUMONT, I, 157).

La fortune de Jean de Médicis s'élevait, à la mort de ce prince

(1428), à 179,221 florins d'or; de ses deux fils, Côme et Laurent, le dernier à lui seul laissa en mourant (1440) 235,137 florins d'or (FABRONI, *Laur. Med.*, adnot. 2). Le fils de Côme, Piero, laissa (1469) 237,982 écus (REUMONT, *Laurent de Médicis*, I, 286).

Un fait qui prouve le développement de la richesse publique, c'est qu'au quatorzième siècle déjà les quarante-quatre boutiques d'orfévres du Ponte Vecchio rapportaient à l'État 800 florins d'or de loyer annuel (VASARI, II, 114, *V. di Taddeo Gaddi*). — Le *Journal de Buonaccorso Pitti* (dans DELÉCLUZE, *Florence et ses vicissitudes*, vol. II) est plein de chiffres qui ne prouvent après tout que le prix élevé de toutes choses et le peu de valeur de l'argent.

Pour *Rome*, les recettes de la curie, qui provenaient de toute l'Europe, ne peuvent naturellement pas servir de base; de même, on ne peut guère se fier aux indications relatives aux trésors de certains papes et à la fortune des cardinaux. Le célèbre banquier Augustin Chigi laissa (1520) un avoir total de 800,000 ducats. (*Lettere pittoriche*, I, append. 48).

APPENDICE N° 6.

PROJETS DE CHARLES VIII CONTRE ALEXANDRE VI.

D'après CORIO (fol. 479), Charles songeait à un concile, à la déposition du Pape, même à sa translation en France, translation qui ne devait se faire qu'à son retour de Naples. D'après BENE-DICTUS, *Carolus VIII* (dans ECCARD, *Scriptores*, II, col. 1584), Charles, qui était alors à Naples, voyant que le Pape et les cardinaux refusaient de reconnaître sa nouvelle couronne, eut certainement l'idée *de Italiæ imperio deque pontificis statu mutando*, mais presque aussitôt il y renonça et voulut se contenter de l'humiliation personnelle d'Alexandre. — Par les documents publiés dans le livre de PILORGERIE, *Campagne et bulletins de la grande armée d'Italie commandée par Charles VIII*, 1494-1495 (Paris, 1866), on voit quels dangers Alexandre a courus à certains moments (p. 111, 117, etc.). Dans une lettre de l'archevêque de Saint-Malo à la reine Anne, qui figure dans cet ouvrage (p. 35), on lit ces paroles textuelles : « Si nostre Roy eust voulu obtemperer à la plupart des messeigneurs cardinaulx, ilz eussent fait ung autre Pappe en intention de refformer l'Église ainsi qu'ilz disaient. Le Roy désire bien la reformacion, mais ne veult point entreprendre de sa depposicion. »

APPENDICE Nº 7.

CRIMES DES BORGIA.

De tous les historiens du temps, Panvinio et Jove sont les seuls qui allèguent ce fait (*Contin. Platinæ,* p. 329); le premier dit : *Insidiis Cæsaris fratris interfectus... connivente... ad scelus patre.* JOVE, *Elogia vir. ill.,* p. 202, s'exprime d'une manière presque identique. Ces deux assertions, qui datent du milieu du seizième siècle, doivent-elles ôter toute autorité aux autres, p. ex., aux récits de Malipiero et de Matarazzo (où le coupable est Jean Sforza)? (Compar. l'excellent recueil des plus anciennes traditions relatives à la question dans *Gregorovius,* VII, p. 399-407, d'après lesquelles César est positivement l'auteur du crime, mais qui laissent fort indécise la question de savoir si Alexandre avait connaissance du projet de César ou s'il était allé jusqu'à l'approuver.) Il est certain que le trouble profond dans lequel on vit Alexandre après le crime, semble indiquer sa complicité. Le cadavre de la victime fut repêché dans le Tibre; voici ce que dit à ce sujet Sannazar (*Opera omnia latine scripta,* 1535, fol. 41a) :

> Piscatorem hominum ne te non, Sexte, putemus,
> Piscaris natum retibus, ecce, tuum.

Outre l'épigramme ci-dessus, on trouve dans le *Recueil de Sannazar,* fol. 36b, 42b, 47b, 51ab, des épigrammes sur, c'est-à-dire contre Alexandre VI; on y remarque l'épigramme connue contre Lucrèce Borgia (indiquée dans GREGOROVIUS, I, 314) :

> Ergo te semper cupiet Lucretia Sextus?
> O fatum dirl nominis : hic pater est?

Les autres maudissent sa cruauté et proclament que sa mort est le commencement d'une ère de paix. Il y a aussi dans SANNAZAR, fol. 43b, une épigramme qui a trait au jubilé (voir p. 147, note 4). D'autres non moins fortes (fol. 34b, 35a, 42b, 43a) sont dirigées contre César Borgia; la plus mordante de toutes est celle-ci :

> Aut nihil aut Cæsar vult dici Borgia; quidni?
> Cum simul et Cæsar possit, et esse nihil.

Bandello en a tiré parti, IV nov. 11.

DEUXIÈME PARTIE

APPENDICE N° 1.

Codri Urcei vita, à la suite de ses *Opera*, publié pour la première fois à Bologne, en 1502. Sans doute on entrevoit déjà l'adage : *Ubi bene, ibi patria.* — C. U. ne prend pas le nom de l'endroit où il est né, mais celui de Forli, où il a séjourné longtemps; comp. MALAGOLA, *Codro Urceo*, Bologna, 1877, cap. v, et app. XI. — La masse de jouissances intellectuelles neutres, qui ne dépendent pas du lieu, et que les Italiens instruits devenaient de plus en plus capables de goûter, allégeait considérablement pour eux le poids de l'exil. Du reste, le cosmopolitisme est un des signes distinctifs de toute époque où l'on découvre de nouveaux mondes et où l'on ne se sent plus chez soi dans sa propre patrie. Il apparaît chez les Grecs après la guerre du Péloponèse, comme l'a dit Niebuhr. Platon n'était pas un bon citoyen, et Xénophon en était un mauvais; enfin Diogène proclamait l'absence de patrie un véritable bonheur, et s'appelait lui-même ἄπολις, comme on le voit dans Diog. Laërce. — Il y a lieu de parler ici d'un livre remarquable : Petrus Alcyonius, dans son ouvrage : *Medices Legatus de exilio libri duo*, Ven., 1522 (imprimé dans Mencken : *Analecta de calamitate litteratorum*, Leipzig, 1707, p. 1-250), a consacré à la question de l'exil une longue dissertation, qui fatigue par sa prolixité. Il y essaye de combattre par le raisonnement et par des exemples historiques les trois raisons qui font regarder l'exil comme un mal : 1° parce que l'exilé est obligé de vivre hors de sa patrie; 2° parce qu'il perd nécessairement sa part de l'honneur dont jouit sa patrie; 3° parce qu'il est privé de la présence de ses parents et de ses amis, et il arrive à cette conclusion que l'exil n'est pas un mal. Toute son argumentation peut se réduire à ceci : *Sapientissimus quisque omnem orbem terrarum unam urbem esse ducit. Atque etiam illam veram sibi patriam esse arbitratur quæ se peregrinantem exceperit, quæ probitatem, pudorem, virtutem colit, quæ optima studia, liberales disciplinas amplectitur, quæ etiam facit, ut peregrini omnes honesto otio teneant statum et famam dignitatis suæ.*

APPENDICE N° 2.

Nobilitatis fastu, et encore *sub obtentu religionis*, dit Pie II (*Comment.*, X, p. 473). La nouvelle espèce de gloire a dû paraître incommode à bien des gens qui étaient habitués à autre chose.

Charles Malatesta fit renverser et jeter dans le Tibre la statue de Virgile, sous prétexte qu'il était irrité de voir les hommages que lui rendaient les habitants de Mantoue; ce fait est généralement admis comme vrai, il est surtout attesté par une invective composée par P. P. Vergerio contre C. M. en 1397 : *De diruta statua Virgilii P. P. V. eloquentissimi oratoris epistola ex tugurio Blondi sub Apolline*, publ. par Marco Mantova BENAVIDES (sans indic. de date ni de lieu, mais en tout cas avant 1560). Il résulte de cet écrit que, jusqu'au moment où il a paru, la statue n'avait pas été remise à sa place; cette invective aurait-elle été la cause occasionnelle de sa restauration? Barthélemy FACIUS (*De vir. ill.* (1456), p. 9 ss., dans la vie de P. P. V.) le dit : *Carolum Malatestam invectus, Virgilii statua, quam ille Mantuæ in foro everterat, quoniam gentilis fuisset, ut ibidem restitueretur, effecit*, mais il est seul à l'affirmer. Il est certain qu'à ma connaissance du moins il n'existe pas de chroniques contemporaines pour l'histoire de Mantoue à cette époque (*Platinæ hist. Mant.*, dans MURAT., XX, ne contient rien sur tout cet épisode); mais les historiens postérieurs s'accordent à dire que la statue n'a pas été remise en place. On peut renvoyer à PRENDILAQUA, *Vita di Vitt. di Feltre*, ouvrage écrit peu de temps avant l'année 1446 (édit. 1871, p. 78), où il est question de la disparition de la statue, mais non de sa restauration, et de l'ouvrage principal *Ant. Possevini jun., Gonzaga*, Mantoue, 1628, où l'auteur raconte (p. 486) l'outrage fait à la statue, les murmures et même la résistance violente du peuple, et la *promesse*, faite par le prince afin de calmer la multitude, que la statue serait remise en place; il ajoute ensuite : *Nec tamen restitutus Virgilius est*. Il y a plus. Le 17 mars 1499, Jacopo d'Hatry écrit à Isabelle d'Este qu'il a parlé à Pontano du projet qu'avait la princesse d'élever une statue à Virgile dans la ville de Mantoue, et que Pontano, enchanté de cette idée, s'est écrié que si Vergerio vivait encore, il en serait encore plus heureux : *Che non se attristo, quando el conte Carolo Malatesta persuase abuttare la statua di Virgilio nel fiume*. Ensuite l'auteur de la lettre parle en détail de l'érection de la statue future et cite l'inscription qu'elle devait porter : *P. Virg. Mantuanus*, et *Isabella Marchionissa Mantuæ restituit;* il dit aussi qu'Andrea Mantegna était bien l'artiste qu'il fallait pour exécuter cette œuvre. Mantegna en a fait, en effet, le dessin. (Le dessin et la lettre en question se trouvent dans BASCHET : *Recherches de documents d'art et d'histoire dans les archives de Mantoue; documents inédits concernant la personne et les œuvres d'Andrea Mantegna* dans la *Gazette des beaux-arts*, XX (1866), p. 478-492, surtout 486 ss.) Il résulte clairement de cette lettre que C. Malatesta n'a pas fait remettre en place la statue de Virgile. Dans COMPARETTI, *Virgile au moyen âge*, l'histoire est racontée d'après Burkhardt, mais sans indication de source. C'est à titre de curiosité que je rappelle que Léopold Camille Volta (*Prose e poesie pel giorno natalizio di Virgilio*, p. 53) a révoqué en doute l'histoire du renversement de la statue, et cela *non senza ragione*, comme le dit ROSMINI, *Vita de Vitt. di Feltre*, p. 63, note a.

APPENDICE N° 3.

Dans le triomphe que nous citons, Pétrarque ne s'arrête que sur des personnages de l'antiquité; dans son recueil, *De rebus memorandis*, il ne parle que fort peu des contemporains; dans les *Casus virorum illustrium* (parmi les hommes figurent aussi un grand nombre de femmes, outre Philippa Catinensis, dont il parle en dernier lieu; même la déesse Junon y trouve place) de Boccace il n'y a que la fin du huitième livre et le neuvième et dernier qui parlent des temps postérieurs à l'antiquité proprement dite. Le remarquable écrit de Boccace : *De claris mulieribus*, se rapporte aussi presque exclusivement à l'antiquité. Il part d'Ève, parle ensuite de quatre-vingt-dix-sept femmes de l'antiquité et de sept du moyen âge ; la première de celles-ci est la papesse Jeanne, et la dernière la reine Jeanne de Naples. De même, bien plus tard, le vingt et unième livre des *Commentarii urbani* de Raph. Volaterranus, qui forme le neuvième de l'Anthropologie, est consacré aux femmes; dans le vingt-deuxième et dans le vingt-troisième il est surtout question des papes et des empereurs. — Dans l'ouvrage *De claris mulieribus* de l'Augustin Jacques Bergomensis (imprimé en 1497, mais écrit antérieurement; comp p. 172, note 1), c'est l'antiquité et encore plus la légende qui domine; mais ensuite viennent quelques biographies remarquables d'Italiennes. Quelques biographies de femmes du temps sont dues à Vespasiano da Bisticci (*Arch. stor. ital.*, IV, 1, p. 430 ss.). SCARDEONIUS (*De urb. Patav. antiq Græc. thesaur.*, VI, III, col. 405 ss.) n'énumère que des Padouanes célèbres : d'abord une légende du temps de la migration des peuples, puis des tragédies inspirées au treizième et au quatorzième siècle par les luttes des partis; ensuite d'autres femmes héroïques, la fondatrice d'un couvent, la conseillère politique, la femme médecin, la mère de fils nombreux et distingués, la femme savante, la jeune paysanne qui meurt pour sauver son innocence, enfin la femme instruite, la femme artiste du seizième siècle, qui inspire les poëtes; finalement la femme poëte et celle qui écrit des nouvelles. Un siècle plus tard, la femme professeur serait venue enrichir cette galerie de femmes célèbres. — Voir les *Femmes célèbres de la maison d'Este,* dans l'ARIOSTE, *Rol.,* XIII.

APPENDICE N° 4.

Bartolommeo Facio et Paolo Cortese.

Bartholomæi Facii de viris illustribus liber fut publié pour la première fois par L. Mehus (Florence, 1745). Commencé par l'auteur (qui est connu par ses autres travaux historiques, et qui vivait à la cour du roi Alphonse de Naples), après qu'il eut terminé l'histoire du roi Alphonse, cet ouvrage fut terminé en 1456, ainsi que l'indiquent des allusions aux combats de Huniade et l'ignorance où était Facius de l'élévation de Silvius Ænéas au rang de cardinal (comp. toutefois VAHLEN, *Laurentii Vallæ opuscula tria,* Vienne, 1869, p. 67, note 1). Ce livre n'est jamais cité par les contemporains, et ne l'est que rarement par les écrivains postérieurs. L'auteur a voulu peindre les hommes célèbres *ætatis memoriæque nostræ;* en effet, il ne mentionne que ceux qui sont nés dans le dernier quart du quatorzième siècle et qui vivaient encore vers le milieu du quinzième ou qui étaient morts peu de temps auparavant. Il ne parle généralement que d'Italiens, excepté quand il s'agit d'artistes et de princes; parmi les souverains, il rappelle l'empereur Sigismond et Albert-Achille de Brandebourg. Il dispose les différentes biographies, non d'après l'ordre chronologique, ni d'après la gloire dont les divers personnages ont joui, mais *ut quisque mihi prior occurrerit,* et il compte parler dans une deuxième partie de ceux qu'il a omis. Il divise les hommes célèbres en neuf catégories; presque chaque division est précédée d'une introduction consacrée aux personnages et aux faits les plus saillants. Voici ces catégories : 1° poëtes; 2° orateurs; 3° jurisconsultes; 4° médecins (auxquels l'auteur rattache les philosophes et les théologiens); 5° peintres; 6° sculpteurs; 7° citoyens remarquables; 8° généraux; 9° princes et rois. Parmi les derniers, il voue une attention toute particulière au pape Nicolas V et au roi Alphonse de Naples. A part cela, ses biographies sont fort courtes, le plus souvent élogieuses; pour les généraux et les princes, elles se bornent à l'énumération de leurs faits et gestes; pour les artistes et les écrivains, à la nomenclature de leurs œuvres. Il n'est pas question d'une description ou d'une appréciation des différents ouvrages qu'il énumère; il n'entre dans les détails qu'à propos de certaines œuvres d'art, surtout à propos de celles qu'il a vues lui-même ; on trouve tout aussi peu chez lui des portraits et des jugements : il loue d'une manière tout à fait générale les personnages qu'il rappelle, ou se contente même de les nommer purement et simplement. L'auteur ne parle pas non plus de lui-même ; il dit tout au plus que Guarino a été son maître, que Manetti a écrit un livre sur un sujet qu'il (Facius) a aussi traité, que Bracellius est son compatriote, et qu'il est lié avec le peintre Pisano de Vérone (p. 17, 18, 19, 48) ; mais à propos de Lor. Valla, par ex., il ne dit pas un mot des violentes querelles qu'il a eues avec ce savant. Par contre, il ne manque pas de manifester sa haine contre les Turcs et sa piété (p. 64), de nommer, dans son patriotisme italien, les Suisses des barbares (p. 60), et de dire de P. P. Vergerius : *Dignus qui totam in Italia vitam scribens exegisset* (p. 9).

Parmi tous les hommes célèbres, ce sont les savants qu'il estime le plus, et entre ceux-ci il préfère les *oratores*, auxquels il a consacré presque le tiers de son livre ; cependant il rend justice aux jurisconsultes distingués et montre une prédilection toute particulière pour les médecins, qu'il divise fort bien en théoriciens et en praticiens ; il raconte de ces derniers des diagnoses et des opérations bien faites. Aux médecins il rattache les théologiens et les philosophes, ce qui n'est pas moins étrange que de le voir mettre immédiatement après la partie qui traite des médecins celle qui est consacrée aux peintres, c'est-à-dire à des artistes qui, comme il le dit lui-même, sont de la famille des poëtes. Malgré le respect qu'il a pour la science, respect qui se manifeste même dans les éloges qu'il donne aux princes protecteurs des savants, il est trop courtisan pour ne pas enregistrer, à propos des savants dont il fait la biographie, les faveurs dont ils ont été l'objet de la part des princes, et pour ne pas désigner les princes, dans l'introduction de la partie qui leur est consacrée, comme des hommes qui *veluti corpus membra, ita omnia genera quæ supra memoravimus, regunt ac tuentur.*

La langue dont se sert l'auteur est simple et naturelle, et, malgré le peu de détails qu'il donne, on trouve dans ce livre bon nombre d'observations instructives. Il est à regretter que Facius ne soit pas entré plus avant dans les particularités de la vie de ses personnages, et qu'à l'énumération des écrits qu'il cite il n'ait pas ajouté quelques mots indiquant leur contenu ou déterminant leur valeur.

Paolo Cortese (né en 1465, mort en 1510) est bien plus succinct dans son écrit *De hominibus doctis dialogus* (publié pour la première fois à Florence, en 1734). Ce dialogue, écrit vers 1490 sans doute, parce qu'il parle de la mort d'Antonius Geraldinus, survenue en 1488, et qu'il est dédié à Laurent de Médicis, qui n'a vécu que jusqu'en 1492, se distingue de l'ouvrage de Facius, écrit un quart de siècle auparavant, non-seulement par l'exclusion de tous les hommes étrangers à la science, mais encore par des détails intérieurs et extérieurs : d'abord par la forme, qui est celle d'un dialogue entre l'auteur et ses deux interlocuteurs, Alexandre Farnèse et Antonius, par les digressions qui résultent de là, par la manière dont l'auteur parle des différents personnages, enfin par la façon dont il conçoit sa tâche. Tandis que Facius ne veut renseigner le lecteur que sur les hommes de son temps, Cortese ne parle que de ceux qui ne sont plus, en partie même de ceux qui sont morts depuis longtemps, de sorte qu'il élargit son cercle plus qu'il ne le rétrécit en excluant les vivants; tandis que Facius réunit des ouvrages et des faits qu'il se borne à mentionner, Cortese se prononce sur l'activité littéraire de ses personnages, qu'il suppose connue. Ses jugements sont déterminés par l'idée qu'il s'est faite de l'éloquence, idée d'après laquelle celui-là seul mérite une place importante, qui s'est distingué, comme orateur, par le maniement de la langue classique et pure de Cicéron. Aussi ne loue-t-il que modérément Dante et Pétrarque, et les blâme-t-il d'avoir négligé les ressources que leur offrait le latin et d'avoir fait une part trop large à l'italien; par contre, il considère comme un titre de gloire pour Guarino d'avoir au moins entrevu l'éloquence parfaite à travers un nuage, pour Léonard Aretino d'avoir offert à ses contemporains *aliquid splendidius;* mais, pour lui, Sylvius Ænéas est le premier *in quo apparuit sæculi mutati signum.* Ce point de vue est pour l'auteur le plus important de tous; peut-être n'a-t-il jamais été considéré d'une manière aussi étroite que par Cortese; comme le censeur des meistersænger allemands, il veille avec un soin jaloux sur la langue, et assigne à chacun sa place selon qu'il parlé une langue plus ou moins parfaite. Pour se faire une idée de la manière dont procède Cortese, il suffit de lire la remarque qu'il fait sur un de ses devanciers, qui a également écrit un grand recueil de biographies : *Ejus sunt viginti ad filium libri scripti de claris scriptoribus, utiles admodum qui jam fere ab omnibus legi sunt desiti. Est enim in judicando parum acer, nec servit aurium voluptati, quum tractat res ab aliis ante tractatas; sed hoc ferendum. Illud certe molestum est, dum alienis verbis sententiisque scripta infarcit et explet sua; ex quo nascitur maxime vitiosum scribendi genus, quum modo lenis et candidus, modo durus et asper appareat, et sic in toto genere tanquam in unum agrum plura inter se inimicissima sparsa semina.*

Quand il parle des autres personnages, il n'est pas si explicite; il les expédie pour la plupart en quelques phrases, et il en est beaucoup qu'il se contente de nommer, sans ajouter un mot. Malgré cela, ses jugements sont très-instructifs, bien qu'on ne puisse pas les approuver tous. Il est impossible d'entrer dans des détails, surtout puisque nous avons déjà mis à profit plus d'une de ses appréciations; dans leur ensemble elles nous donnent une idée assez nette de la manière dont se sont formés les jugements d'une époque postérieure, aux dehors plus brillants, sur une époque antérieure, peut-être plus riche comme valeur absolue, mais où la perfection de la forme était certainement moindre.

Facius, l'auteur de l'ouvrage biographique dont nous avons parlé, est nommé par Cortese; mais celui-ci ne mentionne pas l'écrit en question. De même que Facius, Cortese est un humble courtisan; seulement Laurent de Médicis est pour lui ce qu'était Alphonse de Naples pour Cortese, il est patriote comme Facius; comme lui, il ne loue qu'à regret ce qui vient de l'étranger, et, s'il est obligé de le faire, il ajoute l'assurance qu'il ne veut pas nuire à ce qu'a produit son pays (p. 48, à propos de Janus Pannonius).

Bernardus Paperinius, l'éditeur du livre de Cortese, a réuni toute sorte de documents sur cet auteur. Il faut ajouter que la traduction latine des nouvelles de L. B. Alberti : *Hippolytus et Dejanira*, a été imprimée pour la première fois dans les *Opere di L. B. A.*, vol. III, p. 439-463.

APPENDICE N° 5.

Ce qui prouve combien était grande la gloire des humanistes, c'est qu'on vit surgir des imposteurs qui cherchèrent à exploiter à leur profit ces noms célèbres. C'est ainsi qu'à Vérone on vit un jour venir un homme au costume étrange, aux gestes bizarres; conduit devant le chef de la municipalité, il débita avec beaucoup d'emphase des vers latins et de la prose latine empruntés aux œuvres de Panormita; aux questions qu'on lui fit, il répondit qu'il était Panormita lui-même et sut raconter sur la vie de cet auteur tant de détails généralement inconnus que tout le monde le prit pour Panormita. Par suite de cette erreur, les fonctionnaires et les savants de Vérone le fêtèrent à l'envi; il sut soutenir assez longtemps son rôle jusqu'à ce qu'enfin la supercherie fut découverte par Guarino et d'autres, qui connaissaient personnellement Panormita. Comp. ROSMINI, *Vita di Guarino*, II, p. 44 ss., 171 ss. — Un petit nombre d'humanistes seulement s'abstinrent de se vanter comme le faisaient presque tous. Codrus Urceus (*Vita*, à la suite des *Opera*, 1506, fol. LXX) avait l'habitude de répondre quand on lui demandait ce qu'il pensait de tel ou tel homme illustre : *Sibi scire videntur*. A propos du jurisconsulte Antonius Butriensis, Barth. Facius, *De vir. ill.*, p. 31, raconte ce qui suit : *Id unum in eo viro notandum est, quod neminem unquam, adeo excellere homines in eo studio volebat, ut doctoratu dignum in examine comprobavit.*

TROISIÈME PARTIE

APPENDICE N° 1.

Carmina Burana, dans la « Bibliothèque de la Société littéraire de Stuttgard », t. XVI (Stuttg., 1847). — Le séjour à Pavie (p. 68 *bis*), l'Italie qui est le théâtre des faits, la scène de la *pastorella* sous l'olivier (p. 146), le *pinus* pris pour un arbre des prés qui donne une ombre épaisse (p. 156), le mot *bravium* qui revient plusieurs fois (p. 137, 144), mais notamment la forme *Madii* pour *Madji* (p. 141), semblent nous donner raison. — L'opinion émise par Burkhardt, savoir qu'un Italien a fait les meilleures pièces des *Carmina Burana*, ne peut se soutenir. Les raisons alléguées par ce savant sont assez faibles en elles-mêmes (p. ex. ce qu'il dit de Pavie : *Quis Papiæ demorans castus habeatur?* vers qui peut s'expliquer par une locution proverbiale ou par un court séjour de l'auteur à Pavie ; voir plus bas ; elles tombent devant les raisons contraires et perdent toute leur force en présence de la personnalité du poëte, qui se dessine assez nettement dans l'ouvrage. Les raisons que fait valoir O. HUBATSCH (*les Chants des clercs errants du moyen âge*, Gœrlitz, 1870, p. 87) contre l'origine italienne des *Carmina Burana* sont, entre autres, le blâme qu'il dirige contre les prélats italiens et les éloges qu'il décerne aux prélats allemands, les injures qu'il adresse aux étrangers comme à une *gens proterva*, et la qualification de *transmontanus* qu'il donne au poëte. La personnalité du poëte reste certainement mal définie. De ce qu'il s'appelle Walther, il ne s'ensuit pas que son origine soit nettement établie. Autrefois on l'identifiait avec Gualterus de Mapes, chanoine de Salisbury et chapelain des rois d'Angleterre vers la fin du douzième siècle ; depuis Giesebrecht (*les Clercs errants ou goliards et leurs chants. Revue mensuelle générale*, 1855), on l'a identifié avec Gauthier de Lille ou Chatillon, qui alla de France en Angleterre et en Allemagne, et qui de là a peut-être suivi l'archevêque Reinald de Cologne en Italie (1164 et 75). Même si l'on abandonne cette hypothèse, contre laquelle Hubatsch, p. ex., a élevé quelques objections, il n'en reste pas moins certain que c'est en France qu'il faut chercher l'origine de tous ces chants, car c'est de ce pays, c'est des écoles régulières où se formaient ces chanteurs errants, qu'ils se sont répandus particulièrement en Allemagne, où ils ont été étendus et mêlés d'expressions allemandes, tandis que l'Italie est restée tout à fait étrangère à cet art du chant, ainsi que l'a prouvé Giesebrecht. Le traducteur italien de l'ouvrage de Burckhardt, D. Valbusa, conteste dans une note relative à notre passage (I, p. 235) l'origine italienne des *Carmina Burana;* mais ce qu'il dit des termes allemands, français et anglais qui figurent dans ces poésies ne s'applique pas aux termes cités par Burckhardt.

APPENDICE N° 2.

Était-ce peut-être lors de la prise d'Urbin par l'armée de César Borgia? — On révoque en doute l'existence du manuscrit; mais je ne puis croire que Vespasiano ait fait figurer les sentences de Ménandre, qui ne forment, comme on le sait, que quelques centaines de vers, sous la rubrique : *Tutte le opere*, et qu'il ait rangé ces fragments parmi les auteurs dont nous avons des fragments plus considérables (tels que notre Sophocle et notre Pindare actuels). Il est possible qu'on finisse par découvrir Ménandre.

L'inventaire de la Bibliothèque d'Urbin (p. 235, note 1), qui date encore du quinzième siècle, ne concorde pas tout à fait avec ce que dit Vespasiano, ni avec les remarques faites par Burckhardt dans le texte; mais, en sa qualité de catalogue officiel, il mérite plus de confiance que Vespasiano, qui n'est peut-être pas tout à fait exèmpt du reproche d'exagération et d'inexactitude, défauts qu'on trouve dans ses descriptions en général. D'abord le manuscrit de Ménandre manque entièrement dans cet inventaire. Par suite, Mai est bien fondé à douter de son existence; au lieu de : « toutes les œuvres de Pindare », on trouve ici : *Pindarus olimpia et pithia;* l'inventaire n'établit aucune démarcation entre les écrivains anciens et les écrivains modernes; les œuvres de Dante (*Comœdiœ thusco carmine*) et de Boccace n'y figurent pas d'une manière complète, tandis que les écrits de Pétrarque y sont tous mentionnés. Rappelons encore que l'inventaire cite beaucoup d'écrits humanistes qui n'ont pas été imprimés et qui sont restés inconnus jusqu'ici, qu'il contient des recueils des priviléges des princes de Montefeltro, et qu'il énumère soigneusement les dédicaces qui ont été faites au prince Frédéric d'Urbin, soit pour des traductions, soit pour des livres originaux.

APPENDICE N° 3.

BENEDICTUS FALCUS, *De origine Hebraicarum, Græcarum Latinarumque linguarum*, Naples, 1520.

POUR DANTE, comp. WEGELE : DANTE, 2ᵉ édit., p. 268, et LASINIO : *Dante e le lingue semitiche*, dans la *Rivista orientale* (Flor., 1867-1868). Sur le POGGE : *Opera*, p. 297. Lion. BRUNI, *Epist.* lib. IX, 12. Comp. GREGOROVIUS, VII, p. 555, et SHEPHERD TONELLI, *Vita di Poggio*, I, p. 65. La lettre du Pogge à Niccoli, dans laquelle il traite de l'hébreu, a été récemment publiée en français et en latin sous le titre : *les Bains de Bade*, par POGGE, par Antony MÉRAY, Paris, 1876. Le Pogge désirait particulièrement savoir d'après quels principes S. Jérôme avait traduit la Bible, tandis que Bruni posait en fait que, puisque la traduction de la Bible par saint Jérôme existait, c'était montrer de la méfiance à l'égard de cette œuvre. que d'étudier l'hébreu pour lire la Bible dans l'original. Sur Mannetti considéré comme collectionneur de manuscrits hébreux, voir Steinschneider, le traité cité plus bas, note 203. — Sur les manuscrits hébreux d'Urbin, comp. l'inventaire cité plus haut, p. 235, note 1, VII, 152 ss., en tout soixante et un manuscrits, parmi lesquels *Opus mirabile et integrum, cum glossis mirabiliter scriptis in modum avium, arborum et animalium in maximo volumine, ut vix a tribus hominibus feratur.* Ainsi que cela semble résulter du catalogue dressé par Assemanni, ces manuscrits se trouvent aujourd'hui pour la plupart dans la bibliothèque du Vatican. Sur les premiers livres hébreux imprimés, voir STEINSCHNEIDER et CASSEL : *la Typographie hébraïque*, dans ERSCH et GRUBER, *Encyclopédie pratique*, sect. II, t. XXVIII, p. 34, et *Catal. Bodl. de Steinschneider*, 1852-60, p. 2821, 2866. Un fait caractéristique, c'est que des deux premiers imprimeurs, l'un est de Mantoue, l'autre de Reggio en Calabre, et qu'ainsi l'impression de livres hébreux commence presque simultanément aux deux extrémités de l'Italie. L'imprimeur de Mantoue était un médecin juif qui dans ses travaux typographiques se faisait seconder par sa femme. Rappelons, à titre de curiosité, que dans l'Hypnerotom achia de Polifilo écrite en 1467, imprimée en 1499 (voir plus haut, p. 230, note 2), se trouve fol. 68a un passage en hébreu, tandis que dans les livres publiés par les Alde avant 1501 on ne trouve jamais de caractères hébraïques. Les Italiens versés dans la connaissance de la langue hébraïque se trouvent énumérés dans *A. de Gubernatis*, p. 30 ss.; mais les preuves à l'appui manquent pour les différents savants cités par cet auteur. (Marco Lippomanno a été omis; comp. STEINSCHNEIDER, dans l'ouvrage cité plus bas.) Pier. VALE-RIAN, *De infel. litterat.*, ed. Menken, p. 296, cite Paolo de Canale comme un hébraïsant très-érudit. Mag. Vincentius était professeur à Bologne en 1488; comp. *Costituzione, discipline e riforme dell' antico studio bolognese, memoria del prof. Luciano Scarabelli*, Piacenza, 1876; professeur à Rome en 1514 : Agarius Guidacerius, d'après Gregorovius, VIII, p. 292, et les passages qui y sont cités. Sur Guid., comp. Steinschneider, *Manuel de bibliographie*, Leipzig, 1859, p. 56, 157-161.

APPENDICE N° 4.

L'activité littéraire des Juifs en Italie est trop grande et elle a eu une influence trop considérable sur les Italiens pour qu'on puisse tout à fait la passer sous silence. Les remarques ci-dessous que j'ai reléguées parmi les notes pour ne pas trop encombrer le texte, sont le fidèle résumé des communications de M. le docteur M. Steinschneider de Berlin, que je me fais un devoir de remercier ici pour son empressement à m'obliger. Steinschneider lui-même a donné des renseignements complets sur le sujet qui nous occupe dans sa dissertation aussi savante qu'instructive : *Litteratura italiana dei Giudei*, qui a paru dans la Revue intitulée : *Il Buonarotti*, vol. VI, VIII, XI, XII, Rome, 1871-77; je renvoie à cet ouvrage une fois pour toutes.

Il y avait beaucoup de Juifs à Rome à l'époque du second temple. Ils avaient si bien adopté la langue et la culture italiennes que même sur les tombeaux ils ne se servaient plus de la langue hébraïque, mais du grec et du latin. (*Notes de Garucci*, comp. Steinschneider, *Bibliographie hébraïque*, VI (1863), p. 102.) C'est surtout dans la basse Italie que, pendant le moyen âge, la culture grecque se conserva chez les Juifs comme chez le reste de la population. D'après la tradition, quelques Juifs ont suivi les cours de l'université de Salerne, et plusieurs d'entre eux ont, par leurs travaux scientifiques, rivalisé avec les chrétiens (comp. Steinschneider, Donnolo, dans les Archives de Virchow, t. XXXIX et XL). Cette prépondérance de la culture grecque subsista jusqu'à la conquête de la basse Italie par les Arabes. Mais, même avant cette époque, les Juifs de l'Italie centrale s'étaient efforcés d'égaler ou de devancer ceux de leurs coreligionnaires qui habitaient le sud du pays; les savants juifs se concentrèrent à Rome, et, dès le dixième siècle, ils se répandirent jusqu'à Cordouc, Kairouan et dans l'Allemagne du Sud. Grâce à ces émigrations, les Juifs italiens s'emparent de l'enseignement hébraïque. Ils ont exercé indirectement une grande influence par leurs ouvrages, particulièrement par le livre d'Aruch, écrit par Nathan ben Iechiel (1101), grand dictionnaire destiné à faciliter l'intelligence du Talmud, des Midraschim et du Thargum, «ouvrage qui ne décèle pas, il est vrai, un esprit scientifique bien profond, mais qui offre de si abondants matériaux et repose sur des sources si anciennes » que même aujourd'hui c'est encore un trésor où l'on trouve à puiser (Abraham GEIGER, *le Judaïsme et son histoire*, Breslau, t. II. 1865, p. 170, et du même auteur : *Écrits posthumes*, t. II, Berlin, 1875' p. 129 et 154). Un peu plus tard, au treizième siècle, la littérature judaïque mit, en Italie, les Juifs en contact avec les chrétiens, et reçut une sorte de consécration officielle grâce à Frédéric II et, peut-être à un degré encore plus élevé, grâce à son fils Manfred. Ce contact est prouvé par le fait qu'un Italien, Nicolò di Giovinazzo, étudia avec un Juif, Moïse ben Salomon, la traduction en hébreu du célèbre ouvrage de Maimonides, More Nebuchim; la sanction dont nous avons parlé est attestée par le fait que l'Empereur, qui se distinguait par ses opinions libérales en matière de religion aussi bien que par son goût pour les études orientales, fit faire probablement la traduction latine de l'ouvrage susdit et qu'il fit venir le célèbre Anatoli de Provence en Italie, pour traduire en hébreu les écrits d'Averroès (comp. STEINSCHNEIDER, *Bibliogr. hébraïque*, XV, p. 80. Comp. aussi RENAN : *Averroès et l'Averroïsme*, 3ᵉ éd., Paris, 1866, p. 290). Ces faits seuls suffiraient à prouver la connaissance que des Juifs savants avaient de la langue latine; par suite, des relations suivies entre Juifs et chrétiens étaient possibles; elles s'établirent en effet et furent tantôt amicales, tantôt déterminées par la polémique. Dans la seconde moitié du treizième siècle, Hillel b. Samuel s'adonne encore bien plus qu'Anatoli à l'étude de la littérature latine; il avait étudié en Espagne, mais il revint en Italie et y traduisit toute sorte d'ouvrages du latin en hébreu, entre autres des écrits d'Hippocrate, qu'il traduisit d'une version latine (imprimée en 1647 par Gaioitius et considérée comme étant sa propriété); dans cette traduction il mit quelques mots italiens destinés à éclaircir le texte, et c'est peut-être par l'emploi de ces mots ou par toute son activité littéraire en général qu'il s'attira le reproche de mépriser les doctrines judaïques.

Mais les Juifs ne s'en tiennent pas là; à la fin du treizième siècle et au quatorzième, ils se rapprochent de la science chrétienne et des principaux représentants de la culture de la Renaissance à tel point que l'un d'eux, Giuda Romano, étudia avec ardeur la philosophie scolastique et écrivit sur cette science une série de traités en hébreu qui n'ont pas été imprimés jusqu'à présent; dans un écrit destiné à servir d'éclaircissement à un texte hébraïque, il emploie des termes italiens; il est ainsi l'un des premiers Juifs qui aient fait cette innovation (STEINSCHNEIDER, Giuda ROMANO, Rome, 1870). L'autre, le cousin de Giuda, Manoello, ami de Dante, écrit, à l'imitation du grand poëte florentin, une sorte de *Divine Comédie* en langue hébraïque; il y fait l'éloge de Dante et, de plus, il déplore sa mort dans un sonnet italien (Abraham GEIGER, dans sa *Revue judaïque*, t. V, Breslau, 1867, p. 286-301). Le troisième, qui est né vers la fin du siècle, Moïse Riete, a écrit quelques ouvrages en italien. (On en trouve la preuve dans le catalogue des manuscrits hébreux existant à Leyde, 1858.) Au quinzième siècle on peut même reconnaître nettement l'influence de la Renaissance sur un écrivain juif, Messer Léon, qui, écrivant un traité de rhétorique, n'a pas seulement puisé à des sources judaïques, mais a tiré aussi parti de Cicéron et de Quintilien. Un des plus célèbres écrivains juifs du quinzième siècle en Italie est Élie del Medigo; c'est un philosophe qui enseigna publiquement à Padoue et à Florence, et qui fut un jour choisi par le sénat de Venise comme arbitre dans une grande discussion philosophique. (Abraham GEIGER, *Écrits posthumes*, Berlin, 1876, t. III, p. 3.) E. d. M. a été avec Jochanan Alemanno le maître de Pic de la Mirandole (comp. STEINSCHNEIDER, *Litt. polém. et apolog.*, Lpzg, 1877, Append. 7, § 25). La série des savants juifs en Italie se termine par Kalonymos ben David et Abraham de Balmes (mort en 1523), auxquels on doit une grande partie des traductions latines d'Averroès dont on se servait encore au dix-septième siècle dans l'enseignement public à Padoue. On est d'autant plus fondé à compter parmi les savants l'Alde juif, Gerson Soncino, que, d'une part, il a pu faire de sa librairie le centre des publications hébraïques et que, d'autre part, il fit concurrence au grand Alde lui-même, en imprimant des ouvrages grecs (STEINSCHNEIDER, GERSON SONCINO ET ALDE MANUCE, Berlin, 1858).

FIN DU TOME PREMIER.

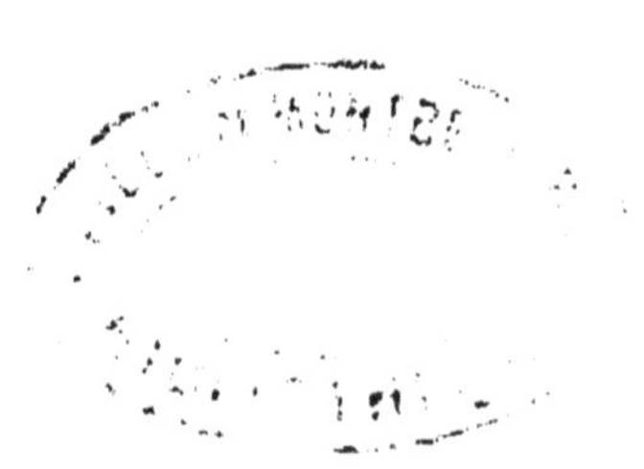

TABLE DES MATIÈRES

DU TOME PREMIER.

DEUXIÈME PARTIE.

LE DÉVELOPPEMENT DE L'INDIVIDU.

TROISIÈME PARTIE.

LA RÉSURRECTION DE L'ANTIQUITÉ.

FIN DE LA TABLE DU TOME PREMIER.

PARIS. — TYP. PLON-NOURRIT ET Cⁱᵉ, 8, RUE GARANCIÈRE. — 8670.

www.ingramcontent.com/pod-product-compliance
Ingram Content Group UK Ltd.
Pitfield, Milton Keynes, MK11 3LW, UK
UKHW010910160726
13695UKWH00007B/121